Uni-Taschenbücher 384

UTB

Eine Arbeitsgemeinschaft der Verlage

Birkhäuser Verlag Basel und Stuttgart
Wilhelm Fink Verlag München
Gustav Fischer Verlag Stuttgart
Francke Verlag München
Paul Haupt Verlag Bern und Stuttgart
Dr. Alfred Hüthig Verlag Heidelberg
J. C. B. Mohr (Paul Siebeck) Tübingen
Quelle & Meyer Heidelberg
Ernst Reinhardt Verlag München und Basel
F. K. Schattauer Verlag Stuttgart-New York
Ferdinand Schöningh Verlag Paderborn
Dr. Dietrich Steinkopff Verlag Darmstadt
Eugen Ulmer Verlag Stuttgart
Vandenhoeck & Ruprecht in Göttingen und Zürich
Verlag Dokumentation München-Pullach

Wayne C. Booth

Die Rhetorik der Erzählkunst 1

Übersetzt von Alexander Polzin

Quelle & Meyer Heidelberg

Original: The Rhetoric of Fiction. Chicago 1961

ISBN 3-494-02040-X

 Printed in Germany. Satz und Druck: Druckhaus Darmstadt GmbH. Umschlaggestaltung: Alfred Krugmann, Stuttgart. Gebunden bei der Großbuchbinderei Sigloch, Stuttgart.

Vorwort des Übersetzers

Die Übersetzung des vorliegenden, in der modernen Literaturwissenschaft einen festen Platz einnehmenden Buches stand unter dem Leitgedanken, das Werk einem möglichst großen Leserkreis zugänglich zu machen. Aus diesem Grund habe ich sämtliche fremdsprachigen Zitate in deutscher Sprache wiedergegeben, wobei ich entweder vorhandene Übersetzungen herangezogen oder die betreffende Textstelle selbst übersetzt habe. Ist ein zitiertes Werk also bereits übersetzt, werden beim ersten Mal der deutsche und der fremdsprachige Titel angegeben, später dann nur noch der deutsche. Im anderen Falle erscheint nur der Originaltitel.

Das gesamte deutsche Manuskript wurde von Professor Booth und seiner Mitarbeiterin, Erika Nolan, gelesen und mit Anmerkungen versehen, die ich bei der endgültigen Überarbeitung entsprechend berücksichtigt habe. An dieser Stelle möchte ich ihnen meinen Dank für die wertvollen interpretatorischen Hinweise aussprechen. Mein besonderer Dank gilt aber auch der Lektorin des Verlages, Brigitte Gerlinghoff, die die Übersetzung mit großem Engagement betreut hat, sowie Dr. Herwig Friedl für seine stets bereichernde Kritik und nicht zuletzt meiner Frau für ihre tatkräftige, aufmunternde Mitarbeit.

Heidelberg, im Dezember 1974 Alexander Polzin

Vorwort

Wenn ich über die Rhetorik der Erzählliteratur schreibe, gilt mein Hauptinteresse nicht didaktischer Literatur, Werken also, die Werbe- oder Lehrzwecken dienen. Mein Gegenstand ist vielmehr die Technik der nichtdidaktischen Erzählwerke, verstanden als Kunst der Kommunikation mit dem Leser – mit anderen Worten die rhetorischen Mittel, die dem Autor eines Epos, eines Romans oder einer Kurzgeschichte zur Verfügung stehen, wenn er, bewußt oder unbewußt, versucht, dem Leser seine fiktionale Welt zu suggerieren. Die von einer so verstandenen Rhetorik aufgeworfenen Probleme finden sich zwar auch in didaktischen Werken, wie *Gullivers Reisen (Gulliver's Travels), Pilgerreise (Pilgrim's Progress)* und *1984*, noch deutlicher zeigen sie sich jedoch in nichtdidaktischen Werken wie *Tom Jones, Middlemarch* und *Licht im August (Light in August)*. Lassen sich denn überhaupt ästhetische Gründe zur Verteidigung einer Kunst anführen, die voller rhetorischer Hinweise ist? Was für eine Kunst ist das, die es Flaubert gestattet, mitten in seine Handlung hineinzuplatzen und von Emma zu sagen: „.. ohne sich bewußt zu werden, daß sie drauf und dran war, da einzulenken, wo sie sich eben noch so sehr empört hatte, und ohne im mindesten zu ahnen, daß sie sich prostituierte?" Wie die Antwort der Kritiker auch ausfällt, gerade diese unverhohlene, klar erkennbare Verwendung rhetorischer Mittel hat ihnen oft Kopfzerbrechen bereitet. Doch bedarf es keiner tiefgreifenden Analyse, um zu zeigen, daß die verdeckte Rhetorik der modernen Erzählkunst die gleichen Probleme aufwirft, wenn auch nicht so augenfällig. Wenn daher Henry James sagt, er habe einen *ficelle* erfunden, weil der Leser, nicht der Held, einen „Freund" brauche, dann ist dieses scheinbar dramatische Vorgehen immer noch rhetorisch; es wird diktiert von dem Bemühen, dem Leser das Verständnis des Werkes zu erleichtern.

Ich bin mir bewußt, daß ich bei der Behandlung der Mittel, mit denen der Autor seinen Leser lenkt, das Technische eigenmächtig von allen sozialen und psychologischen Faktoren losgelöst habe, die sich auf Autoren wie Leser auswirken. Gewisse, von verschiedenen Leserkreisen zu verschiedenen Zeitpunkten erhobene Forderungen mußte ich weitgehend ausklammern – so den Aspekt der rhetorischen Beziehungen, den Q. D. Leavis in *Fiction and the Reading Public*, Richard Altick in *The English Common Reader* und Ian Watt in *The Rise of the Novel* mit großem Scharfsinn behandelt haben. Entschiedener noch habe ich Fragen über jene psychischen Voraussetzungen im Leser ausgeschlossen, aus denen sich das fast universale Interesse an der Erzählliteratur erklärt – jene Fragen also, mit denen sich Simon Lesser in *Fiction and the Unconscious* auseinandersetzt. Schließlich mußte ich auch die Psychologie des Autors außer acht lassen sowie den ganzen Fragenkomplex, in welcher Beziehung diese zum schöpferischen Prozeß steht. Kurz gesagt, ich habe viele der interessanten Fragen zur Erzählkunst ausgeklammert. Als Entschuldigung hierfür sei gesagt, daß ich nur so hoffen konnte, die nunmehr enger gefaßte Frage, ob sich Rhetorik mit Kunst vereinbaren lasse, in angemessener Weise behandeln zu können.

Indem ich Technik als Rhetorik behandle, erwecke ich vielleicht den Eindruck, den freien und unerklärlichen Prozeß der schöpferischen Phantasie auf die listige Berechnung kommerzieller Unterhalter zu reduzieren. Sicher ist die Frage wichtig, welcher Unterschied zwischen Künstlern besteht, die ihre Wirkung bewußt einkalkulieren, und solchen, die sich einfach äußern, ohne den Leser von vornherein beeinflussen zu wollen – gleichwohl ist sie gegen die Frage abzugrenzen, ob das Werk eines Autors sich mitteilt, und zwar ungeachtet seines Ursprungs. Welchen Erfolg ein Autor mit seiner Rhetorik hat, hängt nicht davon ab, ob er sich beim Schreiben Gedanken über seine Leser gemacht hat; wenn also „bloße Berechnung" keinen Erfolg garantieren kann, dann gilt wohl auch, daß selbst der am stärksten unreflektierte und dionysische Dichter nur dann Erfolg hat, wenn er auch uns an seinem Tanz teilnehmen läßt. Von meiner eigentlichen Aufgabe her kann ich jenen Quellen künstlerischen Erfolges, die rein logisch nie erschlossen werden könnten, nicht gerecht werden; aber man kann diese Begrenzung akzeptieren, ohne die Bedeutung des Nicht-Rationalisierbaren zu bestreiten oder die Untersuchung auf Werke zu beschränken, deren Verfasser bewußt an ihre Leser dachten.

Ich hätte diese Arbeit überhaupt nicht unternehmen können, ohne mich weit aus dem sicheren Hafen meines Fachgebietes zu entfernen. Ich weiß, daß trotz der von mir aufgewendeten Sorgfalt Fachleute für einzelne Epochen oder Autoren sicher faktische oder interpretatorische Fehler entdecken werden, wie sie einem Fachmann nicht unterlaufen würden. Ich hoffe jedoch, daß meine Argumentation im großen und ganzen nicht damit steht oder fällt, ob der Leser meinen Analysen ausnahmslos zustimmt. Sie sollen illustrieren, nicht endgültig entscheiden, und obgleich das Buch meines Erachtens etliche Beiträge zur Rezeption einzelner Werke enthält, hätte jede kritische Schlußfolgerung sich ebenso anhand vieler anderer Werke veranschaulichen lassen. Wenn überhaupt etwas an meiner Sache ist, kann der erfahrene Leser die Illustrationen ergänzen und jene ersetzen, die ihm fehlerhaft erscheinen. Mein Ziel ist es nicht, jedermann über meine Lieblingsautoren ins Bild zu setzen, sondern vielmehr, Leser wie auch Romanschriftsteller zu befreien von den Zwängen abstrakter Regeln über das, was Romanautoren tun müssen, indem ich sie in systematischer Weise darauf hinweise, was gute Romanautoren effektiv getan haben.

Die literaturkritischen Werke, denen ich Dank schulde, sind so umfassend wie möglich in den Fußnoten und in der Bibliographie berücksichtigt. Danken für eine mehr persönliche Hilfe möchte ich Cecile Holvik – sie war immer mehr als eine Schreibkraft – sowie jenen, die eine detaillierte Kritik zu früheren Entwürfen vorgebracht haben: Ronald S. Crane, Leigh Gibby, Judith Atwood Guttman, Marcel Gutwirth, Laurence Lerner, John Crowe Ransom und – Entwurf um Entwurf, Jahr um Jahr – meiner Frau. Ich danke der John-Simon-Guggenheim-Stiftung für die finanzielle Unterstützung, die mir die Fertigstellung des ersten Entwurfs ermöglicht hat, sowie dem Earlham College für den Forschungsurlaub, in dem ich den letzten Entwurf abgeschlossen habe.

Ronald Crane zugeeignet

Inhalt

Teil I: Künstlerische Reinheit und die Rhetorik der Erzählkunst

Teil I: Künstlerische Reinheit und die Rhetorik der Erzählkunst

I Erzählen und Darstellen

Auktoriales „Erzählen" in der frühen Erzählliteratur

Einer der augenfälligsten Kunstgriffe des Erzählers besteht darin, die Szenerie hinter der Handlung zu beleuchten, um so ein glaubhaftes Bild von der seelisch-geistigen Disposition der einzelnen Figuren zu vermitteln. Mögen unsere Vorstellungen von der natürlichen Erzählweise noch so vielgestaltig sein – das Künstlerische tritt unverkennbar immer dort in Erscheinung, wo der Autor uns etwas erzählt, was einfach kein Mitglied der sogenannten Lebenswirklichkeit wissen kann. Im wirklichen Leben mangelt es uns an einem inneren Spürsinn, der uns über andere Menschen absolut zuverlässig Aufschluß gibt; wir kennen nur uns selbst, und dabei haben wohl die meisten von uns ein allzu schmeichelhaftes Bild von sich. Es mag mithin etwas seltsam anmuten, daß wir in der Literatur über Motive von Anfang an unmittelbar und maßgebend aufgeklärt werden, ohne dabei auf jene fragwürdigen Urteile über andere angewiesen zu sein, die uns im eigenen Leben immer wieder unterlaufen.

„Es war ein Mann im Lande Uz, der hieß Hiob; und dieser Mann war [untadelig und rechtschaffen], gottesfürchtig und dem Bösen feind."[1] Mit einem einzigen Satz hat uns der unbekannte Autor in einer Weise informiert, wie wir es über reale Personen, ja selbst über unsere engsten Freunde nie sein können. Doch handelt es sich hier um eine Information, die wir nicht in Frage stellen dürfen, wenn wir den Fortgang der Geschichte begreifen wollen. Im wirklichen Leben würden wir jedoch die vertrauliche Mitteilung eines Freundes, daß *sein* Freund „untadelig" und „rechtschaffen" sei, aufgrund unseres Wissens um den Charakter des Sprechenden oder auch um die menschliche Fehlbarkeit schlechthin nicht vorbehaltlos hinnehmen. Selbst dem glaubwürdigsten Zeugen würden wir nicht ebenso uneingeschränkt wie jenem Autor vertrauen, aus dessen Feder die einleitenden Worte über Hiob stammen.

Im Buch Hiob stoßen wir gleich zu Anfang auf zwei Szenen, die keinerlei vertrauliche Mitteilung enthalten: die Versuchung Gottes durch

[1] „Das Buch Hiob", *Zürcher Bibel* (Verlag der Zwingli-Bibel Zürich, 1966), S. 525 f. [ ] in Anlehnung an Booth Änderung vom Übersetzer.

Satan und Hiobs erste Prüfungen und Klagen. Doch schließt der erste Teil wiederum mit einem Urteil, wie es kein Leser aus einem realen Geschehen ableiten könnte: „In alledem versündigte sich Hiob nicht und redete nichts Törichtes wider Gott."[1a] Woher wissen wir, daß Hiob sich nicht versündigte? Wer soll und kann sich zu einer Frage wie dieser äußern? Nur Gott selbst könnte mit letzter Bestimmtheit sagen, ob Hiob Törichtes wider ihn redete. Dennoch spricht der Autor das Urteil, und wir stellen es nicht in Frage.

Nun mag zunächst der Eindruck entstehen, als wolle uns der Autor nicht auf seine unbestätigte Aussage festlegen – er beruft sich nämlich allein auf Gottes Zeugnis im Gespräch mit Satan, um seine Überzeugung von Hiobs Untadeligkeit zu bestätigen. Und nachdem die drei Freunde Hiobs auf diesen eingeredet haben und er sich selbst zu dem ihm Widerfahrenen geäußert hat, tritt Gott erneut in Erscheinung, um die Wahrheit von Hiobs Aussagen zu bestätigen. Inwieweit nun aber die Worte Gottes überzeugend wirken, liegt letztlich beim Autor – ist er doch derjenige, der sich auf Gott beruft und uns versichert, daß dieser und kein anderer zu uns spreche.

Diese Form des auktorialen Eingriffs war bis in die jüngste Zeit in der Erzählkunst weit verbreitet. So lobt Aristoteles zwar Homer dafür, daß er sich als Autor weniger einmische als andere Dichter, doch findet sich selbst bei Homer kaum eine Seite ohne irgendwelche direkten Erläuterungen zu Motiven, Erwartungen und der jeweiligen Bedeutsamkeit von Ereignissen. Und mag auf die Götter auch oft kein Verlaß sein, so gilt das nicht für Homer, jedenfalls nicht für Homer, so wie wir ihn kennen. Was er uns erzählt, ist im allgemeinen wahrscheinlich hintergründiger und kommt der Wahrheit näher als alles, was wir je über reale Personen und Vorgänge in Erfahrung bringen. Die einleitenden Zeilen der *Ilias*, die gewissermaßen eine Invokation suggerieren, geben uns beispielsweise sehr deutlich Aufschluß über das Thema der Erzählung, das da lautet: „Singe den Zorn, o Göttin, des Peleiaden Achilleus, / Ihn, der entbrannt den Achaiern unnennbaren Jammer erregte" (I. Gesang, 1f.).[2] Ohne Umschweife werden wir aufgefordert, mehr das Wohl der Griechen als das der Trojaner im Auge zu behalten. Wir erfahren, daß sie „Heldensöhne" mit „tapferen Seelen" waren und daß sie nach dem Willen Zeus' „zum Raub ... den Hunden" sein sollten. Und schließlich wird uns mitgeteilt, daß insbesondere der Streit zwischen Agamemnon, dem „Herrscher des Volks", und dem edlen Achil-

---

[1a] *Ibid.*, S. 526.

[2] *Ilias/Odyssee* in der Übertragung von Johann Heinrich Voß (Winkler München, 1963).

leus von Apollon inszeniert wurde. Im wirklichen Leben könnte uns keine dieser Informationen die nötige Sicherheit geben – dieses Gefühl der Sicherheit empfinden wir jedoch, wenn Homer uns beim Lesen der *Ilias* ständig über die Schulter schaut und dabei streng über unsere Überzeugungen, Interessen und Sympathien wacht. Seine Kommentare sind zwar gewöhnlich kurz und erscheinen oft in Gestalt eines Gleichnisses, doch vermitteln sie uns ein genaues Bild von jedem einzelnen – so wissen wir, wer schuldig und wer unschuldig stirbt, wer als Tor und wer als Weiser endet. Ebenso erfahren wir, sobald der Autor dies für begründet hält, was die handelnden Personen denken: „... da erwog mit wankendem Sinn Diomedes, / Ob er ... umlenkt' ... / Dreimal sann er umher in des Herzens Geist und Empfindung ..." (VIII. Gesang, 167–69).

In der *Odyssee* arbeitet Homer genauso systematisch und mit eingeschobenen Kommentaren darauf hin, daß wir an unserer von ihm vermittelten Meinung getreulich festhalten. E. V. Rieu[3] nennt Homer wohl zweifellos zu Recht einen „unpersönlichen" und „objektiven" Autor, jedenfalls in dem Sinne, daß Homers Individualität in seinem Werk unsichtbar bleibt – dennoch will Homer mit seinen bewußten und unverhohlenen „Einmischungen" einzig und allein sicherstellen, daß unser Urteil über den „göttergleichen", „erfindungsreichen", „edlen" und „weisen" Odysseus angemessen positiv ausfällt. „... Es jammerte seiner die Götter; / Nur Poseidon zürnte dem göttergleichen Odysseus / Unablässig, bevor er sein Vaterland wieder erreichte" (I. Gesang, 19–21).

Die Hauptfunktion der Eröffnungszene im Palast des Zeus erfüllt sich denn auch nicht darin, daß die mißliche Lage des Odysseus dargestellt wird. Homer erwartet vielmehr von uns eine innere Anteilnahme an dieser Lage, und Athenes einleitende Entgegnung auf Zeus' Worte spiegelt bereits die maßgebende Bewertung des weiteren Geschehens. „Aber mich kränkt in der Seele des weisen Helden Odysseus / Elend, welcher so lang, entfernt von den Seinen, sich abhärmt / Auf der umflossenen Insel, der Mitte des wogenden Meeres" (I. Gesang, 48–50). Und so reagiert Zeus auf Athenes Vorwurf, er vernachlässige Odysseus: „O wie könnte ich doch des edlen Odysseus vergessen? / Sein, des weisesten Mannes, und der die reichlichsten Opfer / Uns Unsterblichen brachte ... / Poseidon verfolgt ihn ... mit heißer / Unaufhörlicher Rache ..." (I. Gesang, 65–69).

Auch wenn von den Feinden des Odysseus die Rede ist, ergreift der Dichter ohne Umschweife entweder selbst das Wort oder führt die Götter als Zeugen an. Die Freier der Penelope machen so zwangsläufig

[3] *The Odyssey* in der Übertragung von E. V. Rieu (Penguin ed., 1959), S. 10.

einen negativen Eindruck auf uns, während für Telemachus nur Bewunderung bleibt. Das Verhalten des Telemachus will Homer aber nicht nur durch Athene befürworten lassen, auch er selbst bringt mit zahlreichen Worten des Lobes sein Urteil mit ein. Die „schamlosen", „schwelgenden" und „rasenden" Freier bilden den Gegensatz zu dem „verständigen" (zwar beinahe aussichtslos jungen) Telemachus und dem „guten" Mentor. „Und der verständige Jüngling Telemachus sagte dagegen ..." (IV. Gesang, 290). Der gutwillige Mentor „erhub im Volk die Stimme ... und sagte: / Höret mich jetzt ..., was ich euch sage .." (II. Gesang, 229 f.). Dagegen läßt der Dichter kaum eine Gelegenheit aus, um die Freier offen zu kritisieren: „Also sprachen die [großsprecherischen] Freier und wußten nicht, was geschehen war" (IV. Gesang, 772). Auch setzt uns Homer ins Bild, sobald Zweifel am Charakter einer handelnden Person auftauchen: „Ihr antwortete drauf der gute verständige Medon: / Königin ..." (IV. Gesang, 696 f.). Daß Medon dann einige hundert Seiten später im Gemetzel des Odysseus unversehrt bleibt, kann uns kaum überraschen.

Diese umfassende auktoriale Lenkung in Verbindung mit Athenes göttlichem Zeugnis, daß die Götter mit Telemachus „keinen Zwist haben" und übereingekommen sind, daß er „sicher heimgelangen soll", hat zur Folge, daß wir uns bei der Lektüre von Odysseus' erstem Abenteuer im fünften Gesang vollkommen darüber im klaren sind, worauf wir hoffen und was wir befürchten sollen. Unzweifelhaft gilt unser Mitgefühl dem Helden und unsere Verachtung den Freiern. Es versteht sich wohl von selbst, daß ein anderer Dichter, hätte er die gleichen Episoden vom Blickwinkel der Freier her gestaltet, uns mühelos in die gleichen Abenteuer geführt hätte, nur eben mit völlig andersgearteten Hoffnungen und Befürchtungen.[4]

Die unverhohlene und auktoriale Rhetorik, wie wir sie im Buch Hiob und in Homers Werken angetroffen haben, ist nie völlig aus der Erzählkunst verschwunden. Doch wie wir alle wissen, werden wir dieses Phänomen bei typisch modernen Romanen und Kurzgeschichten wohl kaum vorfinden.

Er hatte sich da etwas Lustiges ausgedacht, als er noch reiste. Wenn er mit der Bahn fuhr, und der Zug hielt in irgendeiner Ortschaft, sagen wir, nun, in Benton zum Beispiel, dann schaute er aus dem Wagenfenster hinaus und las die Ladenschilder.

---

[4] Einige Leser befürchten an dieser Stelle vielleicht, ich könnte, ohne es zu merken, einem „affektiven Trugschluß" erliegen. Ich werde daher in den Kapiteln III–V versuchen, ihrer durchaus verständlichen Besorgnis Rechnung zu tragen.

Wenn da zum Beispiel eine Tafel war, „Henry Smith, Weisswaren", dann schrieb sich Jim den Namen und die Ortschaft auf, und wenn er dann ankam, wo immer er hinfuhr, dann schickte er eine Postkarte an Henry Smith in Benton, ohne Unterschrift; auf der Karte stand nur, nun, zum Beispiel: „Frag Deine Frau nach dem Bücherreisenden, der letzte Woche einen Nachmittag bei ihr verbrachte", oder „Frag Deine Frau, wer ihr Gesellschaft leistete, als Du das letzte Mal in Carterville warst." Unterschrieben war die Karte mit „ein Freund". Natürlich wußte er nie, was dabei herauskam, aber er konnte es sich lebhaft vorstellen, und das genügte.
... Eine ulkige Kruke![5]

Die meisten Leser von Lardners „Haarschneiden" („Haircut", 1926) werden festgestellt haben, daß Lardners Meinung von Jim sich hier wesentlich von der des Sprechers unterscheidet. Dies ist jedoch von niemandem in der Geschichte geäußert worden. Auch Lardner tritt nicht in Erscheinung, um sich dahingehend zu äußern, zumindest nicht in der Weise, wie Homer in seinen epischen Werken gegenwärtig ist. Wie so viele andere moderne Autoren tritt er in den Hintergrund, verzichtet er auf das Privileg der direkten Einmischung, zieht sich hinter die Kulissen zurück und überläßt es seinen Figuren, mit ihrem Schicksal auf der Bühne fertigzuwerden.

Sie wußte im Schlaf, daß sie in ihrem Bett war, aber nicht in dem Bett, in das sie sich vor ein paar Stunden gelegt hatte, und auch das Zimmer war nicht das gleiche ... aber es war ein Zimmer, das sie irgendwie kannte. Ihr Herz war ein Stein, der außen auf ihrer Brust lag; ihre Pulse waren träge und setzten aus, und sie wußte, daß etwas Seltsames geschehen würde, obwohl die frühen Morgenwinde noch kühl durch das Gitterfenster wehten ...
Jetzt muß ich aufstehen und weggehen – während sie alle noch still sind. Wo sind meine Sachen? Die Dinge haben ihren eigenen Willen hier, sie verstecken sich, wo sie Lust haben ... Welches Pferd soll ich mir jetzt leihen, für diese Reise, die ich nicht machen wollte ... Komm jetzt, Graylie, sagte sie und nahm den Zügel, wir müssen schneller sein als Tod und Teufel ...[6]

Hier ist die Beziehung zwischen Autor und Sprecher komplexer. Katherine Anne Porters Miranda („Fahles Pferd und fahler Reiter" [„Pale Horse, Pale Rider", 1936]) läßt sich nicht einfach wie Lardners Friseur als menschlich und geistig unterentwickelt einordnen; die zwischen Figur, Autor und Leser wirkenden ironischen Beziehungen sind weitaus schwieriger zu beschreiben. Doch stellt sich dem Leser im wesentlichen das gleiche Problem wie in „Haarschneiden". Die Geschichte prä-

[5] „Haarschneiden", *Champion* (Diogenes Zürich, 1963), S. 11–13.
[6] *Fahles Pferd und fahler Reiter* in der Übertragung von Maria von Schweinitz (Diogenes Zürich, 1963), S. 227–29.

sentiert sich unkommentiert, der Leser erhält also keine Anleitung in Form einer ausdrücklichen Bewertung.

Seit Flaubert sind viele Autoren und Kritiker der Überzeugung, daß „objektive", „unpersönliche" oder „dramatische" Erzählweisen naturgemäß all denen überlegen sind, bei denen der Autor oder dessen zuverlässiger Sprecher direkt in Erscheinung treten. Wie wir in den drei folgenden Kapiteln sehen werden, reduzierte man nun den mit dieser veränderten Betrachtungsweise einhergehenden komplexen Sachverhalt auf die recht einfache Unterscheidung zwischen „Darstellen" als der künstlerischen und „Erzählen" als der nichtkünstlerischen Ausdrucksform. „Ich werde euch überhaupt nichts *erzählen*", sagt ein feinsinniger junger Romancier zur Verteidigung seiner Kunst. „Ihr dürft meine Figuren ruhig belauschen, nur werden sie manchmal die Wahrheit sagen und manchmal nicht – dann müßt ihr selbst entscheiden, wann sie das eine, wann sie das andere tun. Das tut ihr ja jeden Tag. So sagt euer Metzger: ‚Das hier ist vom Besten', und ihr antwortet: ‚Das sagen Sie!' Sollen also meine Figuren weniger die Gefangenen ihrer Wünsche sein als euer Metzger? Ich kann vieles *darstellen*, aber eben nur darstellen ... Ebensowenig wie ihr von einem Romanschriftsteller erwarten werdet, daß er euch genau erzählt, *wie* etwas gesagt wird, ebensowenig werdet ihr auch von ihm erwarten, daß er neben eurem Stuhl steht – und euch das Buch hält."[7]

Die veränderte Einstellung zur Stimme des Autors im Erzählwerk wirft jedoch Probleme auf, die viel tiefer wurzeln, als es diese vereinfachte Version der Perspektive vermuten ließe. Vor vierzig Jahren lehrte uns Percy Lubbock, daß „die Romankunst erst da beginnt, wo der Romanschriftsteller sich mit dem Gedanken trägt, seine Geschichte *darzustellen*, ja, sie so zu präsentieren, daß sie sich selbst erzählt."[8] Hier mag er in mancher Hinsicht recht gehabt haben – doch ergeben sich aus dieser Feststellung wohl mehr Fragen als Antworten.

Denn wie ist es zu erklären, daß uns eine von Fielding „erzählte" Episode mitunter lebensnaher verwirklicht erscheint als viele der Szenen, die Nachahmer von James oder Hemingway so akkurat „dargestellt" haben? Warum wird ein Werk durch einige eingeschobene Kommentare des Autors zerstört, während uns die fortgesetzten Kommentare in *Tristram Shandy* sogar noch fesseln können? Was tut ein Autor überhaupt, wenn er „sich einmischt", um uns etwas über seine Geschichte zu „erzählen"? Derlei Fragen zwingen uns zu einer genauen

[7] Mark Harris, „Easy Does It Not", in: *The Living Novel*, ed. Granville Hicks (New York, 1957), S. 117.

[8] *The Craft of Fiction* (London, 1921), S. 62.

Beobachtung dessen, was eigentlich geschieht, wenn ein Autor den Leser voll in den Bann seines Werkes zieht; sie führen uns letztlich zu einem Überblick über die Erzähltechnik schlechthin, der zwangsläufig weit über die begrenzten Vorstellungen hinausgeht, die wir mehrfach unter dem Begriff der „Perspektive" hier und da akzeptiert haben.

Zwei Geschichten aus dem „Decamerone"

Unsere Aufgabe wird sich einfacher anlassen, wenn wir zunächst einige Geschichten herausgreifen, die geschrieben wurden, lange bevor sich jemand Gedanken darüber machte, wie der Bau der Erzählkunst von rhetorischen Verunreinigungen zu befreien sei. So erscheinen uns die Geschichten in Boccaccios *Decamerone*[9] äußerst unkompliziert – vielleicht sogar einfältig und unsinnig –, wenn wir dieselben Fragen an sie richten, auf die wir in so vielen modernen Erzählungen stoßen. Schlimm genug, daß die Figuren für unsere Begriffe zweidimensional sind und in keiner Hinsicht irgendwelche Tiefen erkennen lassen; viel gravierender ist jedoch, daß die Perspektive des Erzählers ständig zwischen ihnen pendelt, wobei jener heute so viel bewunderte Brennpunkt des Erzählens und die Folgerichtigkeit völlig außer acht gelassen werden. Legen wir an diese Geschichten aber ihren eigenen Maßstab, so entdecken wir sehr bald, daß ihre natürliche Wirkung auf außerordentlichen und vielfältigen Kunstgriffen basiert.

Der Stoff der neunten Geschichte des fünften Tages ist an sich recht konventionell und alltäglich. Es war einmal ein junger Liebhaber, Federigo, der sein ganzes Vermögen daransetzte, Monna Giovanna, eine tugendsame verheiratete Frau, zu gewinnen, und der dann, als er abgewiesen wurde, ein Leben in Armut auf sich nahm; dabei blieb ihm von seinen früheren Besitztümern nichts außer seinem geliebten Falken. Da starb der Mann dieser Frau. Ihr Sohn, der Federigos Falken ebenfalls liebgewonnen hatte, wurde ernsthaft krank und bat Monna, von Federigo den Falken zu erbitten, damit er ihm Trost spende. Widerstrebend ging sie zu Federigo, um ihn um den Falken zu bitten. Federigo war über ihren Besuch zutiefst ergriffen und zugleich entschlossen, trotz seiner Armut in angemessener Weise für ihr Wohlbefinden zu sorgen. Aber seine Speisekammer war leer, und so tötete er den Falken und setzte ihr ihn vor. Da deckte sich das Mißverständnis auf, und die Mutter kehrte mit leeren Händen zu ihrem Sohn zurück, der bald darauf starb. Die kinderlose Witwe jedoch war von Federigos großmütiger

---

9 Übersetzt von Karl Witte (Aufbau-Verlag Berlin und Weimar, 1971[6]). Alle Zitate stammen aus dieser Ausgabe.

Geste, ihr seinen Falken aufzutragen, so beeindruckt, daß sie ihn zu ihrem zweiten Ehemann nahm.

Aus einer solchen Geschichte, wie sie hier nur skizziert ist, hätte man eine beliebige Anzahl in sich geschlossener Fabeln mit völlig unterschiedlichen Wirkungen entwickeln können. So hätte daraus eine Farce entstehen können, unter Betonung der törichten Überspanntheit Federigos, seines lächerlichen Getues, als er sich krampfhaft überlegt, was er der Geliebten zum Frühstück vorsetzen könnte, und schließlich der Absurdität des überraschenden Schlusses. Möglich gewesen wäre aber auch ein besinnliches oder komisches Stück über die seltsamen Irrungen des Schicksals, mit dem Schwerpunkt auf der Wandlung Monnas, die ihre abwehrend-stolze Haltung unvermittelt aufgibt – dies läge dann etwa auf der Linie von Christopher Frys in Anlehnung an Petronius geschriebenen *Ein Phönix zuviel (A Phoenix Too Frequent).* Ebensogut wäre aber auch eine Satire denkbar gewesen, in der Ehemann und Sohn in den Blickpunkt rücken, die wie der Falke gleichsam erst beseitigt werden müssen, damit die Überlebenden glücklich sein können. Diese Aufzählung könnte man beliebig fortsetzen.

Im vorliegenden Fall wird jedoch durchweg eine von den hier angestellten Überlegungen abweichende Richtung eingeschlagen. Die fertige Geschichte soll dem Leser größtmögliche Freude bereiten an der rührenden Komödie von Monna und Federigo mit ihrem verdientermaßen guten Ausgang und ihn gleichzeitig froh darüber stimmen, daß die „Liebenden . . . nach bösen und gefahrvollen Zwischenfällen doch noch zu einem glücklichen Ende kommen“, wie es ja in diesem für sämtliche Geschichten des fünften Tages geltenden Leitsatz zum Ausdruck kommt. Obwohl uns diese Figuren beziehungsweise ihre „bösen und gefahrvollen Zwischenfälle“ niemals auch nur annähernd in einem tragischen Licht erscheinen und obwohl wir Federigos übertriebene Leidenschaft und seine rückhaltlose Bereitschaft zur Armut im Grunde auch lächerlich finden, muß unser Lachen doch immer ein wohlwollendes sein. Sosehr Federigo sein Unglück auch verdient, sosehr verdient er auch in der vollendeten Geschichte höchstes Glück, als er Monna gewinnt.

Um unsere Freude über einen derartigen Ausgang zu gewährleisten – eine übrigens nicht unbedingt übermäßige Freude, wenn man bedenkt, daß es daneben noch neun andere Geschichten mit ähnlicher Konzeption gibt –, bedarf es einer sehr genauen Charakterisierung der beiden Hauptfiguren. Zunächst muß also die Heldin, Monna Giovanna, dem Leser das Gefühl geben, daß sie Federigos „überschwengliche“ Liebe vollauf verdient. Der gleiche Effekt ließe sich mit einer längeren, anders angelegten Geschichte erzielen, die sie als tugendhaft Handelnde darstellt; man könnte dann beliebig viel Raum für Episoden verwenden, in denen sie als eine handelnde Person gezeigt wird, die der grenzenlosen Zuneigung Federigos würdig ist. Mindestens ebenso wichtig wie die Genauigkeit ist jedoch in diesem Fall die Ökonomie. Und der kürzeste Weg, dem Leser die Tugenden Monnas eindrucksvoll nahezubringen, besteht für den Erzähler darin, daß er uns von ihnen *erzählt*, wobei er seinen Bericht mit einigen sorgfältig ausgewählten und nach heutigen Maßstäben sehr kurzen und unrealistischen Episoden untermauert. Diese können nun in zwei Formen erscheinen: entweder in einer Form, die James in späteren Jahren als „dahinter zurücktreten" bezeichnete und deren Ziel es war, die innersten Regungen der Heldin aufzudecken, oder aber in Form einer offenen Handlung. Und so beschreibt sie der Erzähler gleich zu Anfang als die „schönste" und „anmutigste" und als „ebenso tugendsam wie schön". In einer einfachen Geschichte wie dieser braucht ihre Schönheit und Anmut durch nichts anderes als durch Federigos dramatisierte Leidenschaft bestätigt zu werden. Unser Glaube an ihre Tugend – eine Eigenschaft, die man bei Boccaccio sicher weniger erwartet als Schönheit und Anmut – wird sowohl durch ihre unwandelbare Tugendhaftigkeit gegenüber Federigos Bemühungen um sie gestützt als auch, was weit wichtiger ist, durch die Reinheit ihrer Gedanken, die uns enthüllt werden.

Als die Dame diese Worte hörte, schwieg sie verwirrt und überlegte lange, was sie nun beginnen solle. Sie wußte wohl, daß Federigo sie lange Jahre geliebt, von ihr aber niemals auch nur die geringste Gunst erlangt hatte, und dachte deshalb bei sich: ‚Wie könnte ich zu ihm schicken oder gehen und ihn um den Vogel bitten, der – nach allem, was ich gehört habe – der beste Falke der Welt ist und ihm außerdem hilft, seinen Lebensunterhalt zu erwerben? Wie könnte ich so taktlos sein, einem Edelmann, dem nichts anderes mehr geblieben ist, diese letzte Freude zu rauben?' Von solchen Gedanken gequält, gab sie ihrem Sohn keine Antwort, sondern schwieg, obwohl sie überzeugt war, daß sie den Falken bekäme, sobald sie um ihn bäte. Schließlich aber siegte die Liebe zu ihrem Sohn, und um ihn zu beruhigen, entschloß sie sich ... selber zu gehen ... und dann ihrem Sohn den Falken zu bringen (S. 631).

Interessant wird diese Stelle zweifellos durch die moralische Entscheidung, die sie wiedergibt, und durch die in dieser Entscheidung implizierte Wirkung auf unser Empfinden. Die Entscheidung mag zwar in einer Hinsicht recht belanglos sein, sie ist jedoch viel bedeutsamer als die meisten Entscheidungen, vor die sich die Figuren der Welt Boccaccios gestellt sehen. Wäre diese Stelle dramatisch ausgebaut worden, hätte sie gewissermaßen die zentrale Episode der Geschichte bilden können – wenngleich eine auf solche Weise entstandene Geschichte sich sehr stark von der uns vorliegenden unterscheiden würde. So wie hier verfahren wird, kommt der Entscheidung genau die Bedeutung zu, die sie für das Ganze haben sollte. Gerade weil wir Monnas Gedanken und Empfindungen aus erster Hand mitgeteilt bekommen, bleibt uns gar nichts anderes übrig, als die hohe Meinung des Erzählers von ihren Vorzügen zu teilen. Sie ist nicht nur einfach tugendhaft, was moralische Konventionen wie die der Keuschheit angeht, sondern besitzt auch in viel grundlegenderen Dingen eine ausgeprägte moralische Empfindsamkeit: Im Gegensatz zu den meisten anderen Frauengestalten Boccaccios ist sie darüber erhaben, den Geliebten gelegentlich zum eigenen Vorteil zu manipulieren. Selbst diese in ihrer Art bewundernswerte Empfindsamkeit tritt hinter einem noch bedeutenderen Wert zurück – „der Liebe zu ihrem Sohn". Doch all dies dient einzig und allein unserem vergleichsweise größeren Interesse an Federigo und dem Falken; nie wird der Versuch unternommen, uns psychologisch oder emotional eng an ihre Person zu binden.

Nachdem wir aus dem *Bericht* des Erzählers wissen, was wir von ihr zu halten haben, und er ihre Person zur Bestätigung seiner Behauptungen kurz *dargestellt* hat – wobei er darauf bedacht ist, daß die Komik des Ganzen nicht hinter unserer Sympathie und Bewunderung für sie zurücktritt –, können wir mit klaren und in gewisser Hinsicht gespannten Erwartungen zur wichtigsten Epidose übergehen. Wir kommen nun zu der relativ langen Passage, in der Monna in wundervoll abgewogenen Worten den Falken von Federigo erbittet, und unsere Hoffnungen konzentrieren sich ganz offensichtlich darauf, daß die Liebenden doch noch zu einem „glücklichen Ende" kommen.

Wenn aber diese kunstvolle Darstellung der bewundernswerten Monna den Leser einnehmen soll, muß er auch in Federigo eine Figur erblicken, die zwar nicht den eigentlichen Helden für ihn verkörpert, der er jedoch die gleiche Bewunderung zollen kann. Denn zuviel Moral zerstört die Komödie und zuwenig macht es uns unmöglich, Federigo Erfolg zu wünschen. Es genügt nicht, seine Tugenden durch sein Handeln darzustellen; seine einzige bewundernswerte Tat ist der Verzicht auf den Falken, und sie wäre leicht als ein weiterer Beweis für seine törichte Überspanntheit zu deuten. Wenn die Geschichte nicht übermäßig lange Episoden enthalten soll, aus denen hervorgeht, daß er trotz seiner Überspanntheit seine Vorzüge hat, dann muß uns der Erzähler kurz und ohne Umschweife die erforderlichen Auskünfte über seinen eigentlichen Charakter erteilen. Daher beschreibt ihn der Erzähler – zwar sich zurückhaltend, aber dennoch mit Worten, die nur ein allwissender Erzähler überzeugend vorbringen kann – und spricht von Federigos „Tapferkeit", seinen „adeligen Sitten", davon, daß er „seine Armut ertrug" und, was das Wichtigste ist, daß „seine Liebe heißer denn je glühte": Damit wird die Welt *seiner* Wünsche deutlich abgesetzt von der in den anderen Geschichten oft dargestellten Welt, in der Liebe aus Gründen der Komik nur noch als Begierde in Erscheinung tritt.

Gestützt werden diese unverhohlen geäußerten Ansichten des Erzählers von dem, was wir von Federigo selbst erfahren. Seine komisch anmutende Verzweiflung, dem geliebten Besuch nichts vorsetzen zu können, und sein entschlossenes Opfern des Vogels werden sehr detailliert wiedergegeben, oft mit – nach modernen Maßstäben sicher vordergründigen – Hinweisen auf seine innere Verfassung, wie: seiner Armut wegen „fühlte er heiße Reue" und „Verzweifelt, sich und sein Schicksal verwünschend, lief er umher, als habe er den Verstand verloren ..., aber wenn er auch die Dame herzlich gerne mit irgendeiner Gabe bewirtet hätte, brachte er es nicht über sich, Fremde oder seinen eigenen Arbeiter um Hilfe zu bitten". All das bietet die Gewähr, daß die herrliche Komödie des Frühstücks letztlich eine Komödie ist, die ein wohlwollendes Lachen hervorruft – billigen wir doch alle uneingeschränkt Federigos Werbung. Und durch die Art, in der die entscheidende Szene dargestellt wird, sehen wir uns in unserer Haltung nur noch bestärkt. „Als Federigo hörte, worum die Dame ihn bat, *und erkannte, daß er ihrem Wunsch nicht willfahren konnte* ... stürzten ihm in ihrer Gegenwart die Tränen aus den Augen ..." Zuerst glaubte Monna, daß „er vor Schmerz weine, weil er seinen geliebten Falken hergeben sollte". Wir wären vielleicht derselben Täuschung verfallen, wenn uns der Autor nicht an der von mir in Kursivschrift angeführten Stelle einen Hinweis gegeben hätte.

Sind wir auf diese Weise erst einmal von seinem Charakter überzeugt, dann entsprechen Federigos wie auch Monnas Worte diesem Bild seines Wesens: wir wissen nun, daß all seine Aussagen getreu seine wahre Geisteshaltung widerspiegeln. Sein langer Diskurs über den Falken dient somit nur zur Bestätigung all dessen, was wir über ihn erfahren haben; und wenn er schließt: „... ich glaube nicht, mich jemals darüber trösten zu können", glauben wir an seine Aufrichtigkeit, obwohl wir die völlige Gewißheit haben und es für uns von Anfang an feststeht, daß die Geschichte zu einem „glücklichen Ende" kommen wird.

Nach allem, was wir bisher gesehen haben, bedarf es nicht mehr allzu vieler Worte. Damit Monna dem Testament gemäß das Erbe zufällt, muß ihr Sohn in einem Kapitelabschnitt sterben, der nur unerheblich länger ist als die wenigen Zeilen, die dem Tod ihres Gatten gewidmet sind. „Dann aber lobte sie bei sich seine Großzügigkeit ..." und beschloß, lieber ihn als einen reichen Freier zu heiraten: „... und so ziehe ich denn einen Mann ohne Reichtum dem Reichtum ohne Mann vor!" Und nach dem, was wir bis dahin wissen, *ist* Federigo ein Mann.

Obwohl sein Bild konventionell, „ohne Tiefe" und „zweidimensional" gezeichnet ist, enthält es alles, was wir brauchen. Wir können daher auch ohne Ironie die abschließenden Worte des Erzählers akzeptieren, wonach Federigo sein Leben in Freude und Fröhlichkeit an der Seite jener Frau beschloß. Alle Zuhörer Fiammettas aber „priesen die Güte Gottes, die Federigo würdigen Lohn bescherte".

Wenn auch wir uns nun freuen über die angemessene Belohnung des komischen, zugleich aber auch würdigen Helden, so liegt das nicht so sehr an einer bestimmten Eigenschaft des Stoffes als vielmehr an der kunstvollen Gestaltung einer lebendigen Fabel aus einem Stoff, der sehr vielfältig hätte verarbeitet werden können. Der Tod des Gatten und des Sohnes, der im vorliegenden Fall Federigos Exaltiertheit nur noch fördert, würde in jedem wirklich objektiven Bericht erheblich mehr Raum einnehmen als Federigos Besorgnis darüber, die Geliebte mit nichts bewirten zu können. Der Tod des Knaben würde bei objektiver Behandlung sicher ebenso ausführlich dramatisiert wie das Zögern der Mutter, Federigo wegen des Falken zu belästigen. Unsere Fabel verlangt jedoch eine Technik, bei der der Leser auf die Seite Federigos gezogen wird.

Natürlich entspricht diese Technik nicht den heutigen Vorstellungen von erzähltechnischer Konsequenz; man hätte diese Geschichte jedoch nicht von ein und demselben Standpunkt aus schreiben können, ohne sie auf das Dreifache ihrer jetzigen Länge auszudehnen und sie damit ihrer konzentrierten Komik zu berauben. Sie durchweg aus Federigos Sicht zu erzählen, würde eine sehr viel längere Einleitung erfordern, und die durch Monnas Besuch ausgelöste Komik ginge teilweise verloren, wenn wir nicht über die Vorbereitungen hierfür besser aufgeklärt wären, als es Federigo unter den gegebenen Umständen sein kann. Umgekehrt wären zahlreiche Umstellungen und Erweiterungen notwendig, um diese Geschichte, die letztlich die des Federigo ist, mit den Augen Monnas zu sehen. Derlei Konjekturen sind in gewisser Weise absurd, da sie Boccaccio sehr wahrscheinlich nie in den Sinn gekommen wären. Doch wird mit ihrer Hilfe sehr eindrucksvoll deutlich, wie sehr Boccaccios Technik sich von den offenkundig strengeren Methoden unterscheidet, die wir gewöhnlich erwarten. In dieser Geschichte gibt es keine wichtige Enthüllung der Wahrheit, keine durchgängige Aufrechterhaltung der Illusion, keine ironische Vielschichtigkeit, keine prophetische Vision, keine ausgiebige Darstellung moralischer Zweideutigkeiten. Wohl besitzt sie eine gewisse beiläufige Ironie; aber das Großartige des Ganzen liegt nicht etwa in der eindeutigen Intensität der Illusion, sondern vielmehr in der Intensität des Vergnügens an der auf knappstem Raum erzielten Komik.

Sollten wir versucht sein, den Erfolg der Geschichte auf einen unreflektierten oder unbeabsichtigten Primitivismus zurückzuführen, genügt ein Rückblick auf die grundlegend verschiedenen Erfahrungen mit anderen Geschichten. Die Wirkung auf den Leser ändert sich mit den jeweils geltenden Sittenregeln, und so kann Boccaccio nie voraussetzen, daß wir immer genau die richtige Einstellung für diese oder jene Geschichte mitbringen. Sicher geht er nicht davon aus, daß seine Leser die Ungehemmtheit seiner höchst ausschweifenden Geschichten uneingeschränkt billigen. Selbst Dioneo, den schamlosesten unter den zehn Erzählern, kostet es einige Mühe, uns auf die Seite derjenigen zu ziehen, die reinen Gewissens über seine schlüpfrigen und oft grausamen Geschichten lachen können. In der unter Umständen Beklemmung auslösenden Geschichte, in der Rustiko, der Mönch, die junge, unschuldige Alibech verführt, als er sie lehrt, den Teufel in die Hölle zu schicken (3. Tag, 4. Geschichte), wird der Charakter und das letztendliche Schicksal des einfältigen Mädchens mit großer Sorgfalt behandelt; nur so kann ein Verhalten uns zum Lachen bringen, das in den meisten Gesellschaftssystemen, auch in dem des Boccaccio, wohl eher als grausam und frevelhaft denn als komisch angesehen worden wäre.

Wenn schon Dioneo, dieser wollüstige junge Höfling, seine Worte in einer unanständigen Geschichte sorgfältig wählen muß, wie muß sich dann erst Fiammetta, die liebreizende Dame bemühen, wenn sie damit anfängt, die Untreue zu loben. Am siebten Tag geht es um „manchen Schabernack ..., den die Frauen – entweder aus Liebe oder zu eigener Rettung – ihren Ehemännern zugefügt haben, gleichviel, ob diese dahinterkamen oder nicht". In der Geschichte mit dem Falken legte es Fiammetta darauf an, Bewunderung für die Tugendhaftigkeit des Federigo und der Monna Giovanna hervorzurufen; nun (in der 5. Geschichte) bedient sie sich anderer rhetorischer Mittel. Da sie dafür zu sorgen hat, daß wir uns über die Bestrafung eines nicht grundlos eifersüchtigen Ehemannes freuen, sagt sie uns in ihrem Kommentar unverblümt, was durch unsere eigenen Ansichten über die Haltung des Ehemannes noch gestützt wird: er ist „von niederer Gesinnung und wenig Bildung", der verdient, wie ihm geschieht. Wichtiger jedoch ist, daß ihrer Geschichte eine kleine Vorrede vorausgeht, die etwa ein Siebtel der Gesamtlänge ausmacht und in der unsere Wertvorstellungen zurechtgerückt werden: „So behaupte ich abschließend, man sollte eine Frau um das, was sie ihrem grundlos eifersüchtigen Ehemann antut, nicht verdammen, sondern eher loben."

Gestützt wird diese allgemeine Behauptung noch dadurch, daß die ganze Geschichte so gelenkt wird, daß der Leser sich die Bestrafung des Ehemannes wünscht, die ja dann recht komisch ausfällt. Der größte Teil der Geschichte wird mit den Augen der Frau gesehen, wobei großer

Nachdruck auf die grotesken Demütigungen gelegt wird, die sie von ihrem dummen, tyrannischen Ehemann erfährt. Den Höhepunkt bildet die ausgiebige Bestrafung, die über den Ehemann in Form einer spitzfindigen, sarkastischen Rede seiner Frau hereinbricht. Und wenn Fiammetta mit den Worten schließt, daß die Frau dieses Hahnreis fortan „einen Freibrief für ihre Vergnügungen" besaß, empfinden wohl nur wenige Leser, daß er etwas anderes als seine gerechte Strafe erhalten hat.

In diesen extremen Beispielen erschöpft sich keineswegs die Vielfalt der Normen, die wir beim Lesen des *Decamerone* unter dem Einfluß der wechselnden Rhetorik annehmen. Die Bewertungsmaßstäbe ändern sich oft so grundlegend, daß es in der Tat schwierig ist, irgendein Muster in Boccaccios Teppich zu erkennen.[10] Diejenigen Fragen, die sich daraus ergeben, daß ein Autor bestimmte Effekte auf Kosten seiner allgemeinen Vorstellungen von moralischer Wahrheit oder Realität in den Vordergrund stellt, will ich an anderer Stelle zu klären versuchen. In bezug auf das bisher Gesagte ist es jedoch wichtig zu erkennen, daß die Unterscheidung zwischen Erzählen und Darstellen im Hinblick auf den hier behandelten Autor völlig unzureichend ist. Boccaccios Kunst liegt nicht in der strikten Beibehaltung einer bestimmten Erzählweise, sondern vielmehr in seiner Fähigkeit, einzelne Formen des Erzählens funktional in einzelne Formen des Darstellens einzugliedern.

Die zahlreichen Stimmen des Autors

In den folgenden drei Kapiteln will ich mich eingehend mit einigen Grundsatzfragen zur Objektivität oder Unpersönlichkeit des Autors befassen. In diesem Zusammenhang wird meistens die Forderung er-

[10] Erich Auerbach beispielsweise vermißt eine allen Geschichten zugrundeliegende moralische Grundhaltung und klare Behandlung der Realität. Solange er sich mit dem beschäftigt, was Boccaccio „nur wegen der komischen Wirkung" – (*Mimesis.* Dargestellte Wirklichkeit in der abendländischen Literatur [Bern, 1946], S. 222) – tut, findet er nichts als Worte des Lobes für sein „zwar festes, aber trotzdem elastisch-perspektivisches kritisches Bewußtsein, welches ohne abstrakte Moralisierung den Erscheinungen ihren eigentümlichen, genau abgetönten moralischen Wert zuteilt" (S. 213). Nur wenn es um die allgemeinsten Eigenschaften geht, die allen Geschichten trotz der unterschiedlichen Erfordernisse des Augenblicks gemein sind, sieht Auerbach sich vor Probleme gestellt und beklagt das „Unklare und Unsichere" in Boccaccios „frühhumanistischer Gesinnung" (S. 223). Auerbachs Bericht ist insofern von unschätzbarem Wert, als er darlegt, wie der ja allen Geschichten Boccaccios gemeinsame Stil als eine Art rhetorisches Mittel dient, das den Leser von der Realität seiner Welt überzeugen soll.

hoben, bestimmte deutliche Hinweise auf die Gegenwart des Autors zu vermeiden. Nur kann man damit rechnen, daß das, was der eine für objektiv hält, für einen anderen ein rotes Tuch ist. Wenn wir bei der Beschäftigung mit der Kritik an der Stimme des Autors eine gewisse Klarheit gewinnen wollen, müssen wir schon irgendeine Vorstellung von den verschiedenen Erscheinungsformen mitbringen, die die auktoriale Gegenwart sowohl in der Erzählkunst als auch in der Auseinandersetzung mit dieser annehmen kann. Was könnten wir denn eigentlich eliminieren, wenn wir versuchen wollten, den Autor aus dem Bau der Erzählkunst zu vertreiben?

Zunächst muß jede direkte Hinwendung zum Leser unterbleiben, also jeder im Namen des Autors gegebene Kommentar. Wenn der Autor des *Decamerone* uns sowohl in der Einleitung als auch im Schlußteil direkt anspricht, wird damit jegliche Illusion, wir hätten es unmittelbar mit Fiammetta zu tun, zerstört. Seit Flaubert sind sich erstaunlich viele Autoren und Kritiker darin einig, daß derart direkte und unvermittelte Einmischungen zu unterlassen sind. Und selbst Autoren, die dem nicht ablehnend gegenüberstehen, haben sich oft – wie E. M. Forster – dagegen ausgesprochen, sofern es sich nicht um bestimmte begrenzte Themen handelt.[11]

Aber was sind eigentlich „Kommentare"? Wenn wir uns also darüber einig sind, alle persönlichen Einmischungen, etwa von der Art Fieldings, zu unterlassen, werden wir uns dann auch gegen ein zurückhaltenderes Kommentieren einhellig aussprechen? Verstößt nicht auch Flaubert gegen seinen eigenen Grundsatz der Unpersönlichkeit, wenn er sich die Freiheit nimmt, uns zu erzählen, daß an dem und dem Ort die schlechtesten Neufchâteler Käse des ganzen Arrondissements hergestellt werden oder daß Emma „nicht imstande war, zu verstehen, was sie nicht fühlte, oder an etwas zu glauben, das sich nicht in altgewohnten Formen kundtat" [12] (S. 54)?

Selbst bei einem völligen Wegfall derartiger Äußerungen wird die Gegenwart des Autors jedesmal deutlich spürbar, wenn er sich mit einer seiner Figuren identifiziert oder sich von ihr distanziert – wenn er also „seinen Blickwinkel wechselt", wie wir heute sagen würden. Flaubert erzählt uns von Emmas sporadischer Fürsorge für Charles: „. . . aber

[11] Forster spricht dem Autor das Recht ab, „den Leser über seine Gestalten ins Vertrauen" zu ziehen, da „Vertraulichkeit dabei gewonnen wird, aber um den Preis von Illusion und Diskretion". Dagegen gesteht er dem Autor das Recht zu, den Leser „über den Lauf der Welt" ins Vertrauen zu ziehen (*Ansichten des Romans* [Suhrkamp Frankfurt, 1962], S. 88).

[12] *Madame Bovary* in der Übersetzung von Ilse Perker und Ernst Sander (Reclam Stuttgart, 1972).

das geschah nicht, wie er meinte, ihm zuliebe; es geschah lediglich um ihretwillen, aus einer egoistischen Regung, aus nervöser Gereiztheit" (S. 77). Ganz offensichtlich ist es Flaubert, der Emmas Motivation und Charles' Mutmaßungen darüber bewußt einander gegenüberstellt, und in der gleichen Weise tritt er hervor, sobald ein neuer Charakter eingeführt wird. Als Emmas Vater beispielsweise seine Tochter und Charles verabschiedet, gedenkt er „seiner eigenen Hochzeit, der früheren Zeiten . . .; auch er war damals sehr fröhlich gewesen . . . Er fühlte sich traurig wie ein ausgeräumtes Haus" (S. 38 f.). Dieses vorübergehende Überwechseln zur Figur des Rouault zeigt, welche Mittel Flaubert anwendet, um uns Urteilskriterien für die Heirat und ein Gefühl für das Kommende zu geben. Wenn wir die uns ständig bewußt werdende Gegenwart des Autors als störend empfinden, dann wohl sicher hier.

Wenn uns aber schon das stört, warum sollten wir dann nicht noch einen Schritt weitergehen und jeglichen Einblick in das Innere der Personen ablehnen – also nicht nur denjenigen, der einen Wechsel der Perspektive erfordert? Das reale Leben gewährt solche inneren Einblicke nicht. Allein die Tatsache, ihnen in der Erzählkunst Raum zu geben, bedeutet eine Einmischung des Autors.[13]

Was diese Sache angeht, so müßten wir ja die zuverlässigen Äußerungen eigentlich aller handelnden Figuren ablehnen und nicht nur die Aussagen des Autors selbst – denn selbst wenn der Akt des Erzählens von einem vollkommen in die Handlung integrierten Erzähler vollzogen wird, ist er nur die nach außen projizierte Vorstellung des Autors von einer Person. Wenn daher nach den Worten Fiammettas „schließlich die Liebe zu ihrem Sohn siegte", gibt sie uns nicht nur einen durchaus verläßlichen Einblick in das Innere Monnas, sondern auch einen Ein-

[13] Solche Einmischungen sind besonders in Erzählungen offenkundig, die vorgeben, historisch zu sein. Und doch ist es noch gar nicht zu lange her, daß intelligente Menschen völlig unbekümmert scheinbar historische Berichte wie die Bibel lesen konnten, die von unzulässigen Einmischungen in die Gedanken einzelner Personen durchsetzt sind. Heute mutet es uns vielleicht seltsam an, daß die Autoren der Evangelien so genau wissen wollen, was Christus fühlt und denkt. „Da hatte er Erbarmen mit ihm, streckte seine Hand aus, rührte ihn an . . ." (Mk. 1,41). „Und alsbald spürte Jesus an sich selbst, daß eine Kraft von ihm ausgegangen war . . . ." (5,30). Woher beziehen die Autoren diese intimen Kenntnisse? Wer berichtete ihnen denn, was am Ölberg geschah, als alle außer Jesus schliefen? Oder von wem haben sie die Kenntnis, daß Christus Gott darum bittet, „diesen Kelch an ihm vorübergehen zu lassen"? Derlei Fragen, so auch, wie Moses einen Bericht über seinen eigenen Tod und sein Begräbnis schreiben konnte, haben im Rahmen einer historischen Kritik zweifellos ihre Berechtigung – im Bereich der Literaturkritik werden sie jedoch allzu leicht überbewertet.

druck davon, wie sie selbst das Geschehen bewertet. In beiden Fällen wird die ordnende Hand des Autors sichtbar.

Doch warum hier stehenbleiben? Der Autor ist in jeder Äußerung einer jeden Figur gegenwärtig, die auf die verschiedenste Weise mit dem Siegel der Verläßlichkeit versehen wird. Sobald wir im Buch Hiob erst einmal wissen, daß Gott Gott ist, und sobald wir wissen, daß aus dem Munde Monnas in der Geschichte mit dem Falken nur Wahres kommt, sprechen aus Gott und Monna gleichsam die Autoren. Und als Flaubert den großen Doktor Larivière einführt, sagt er:

> Er gehörte der großen Chirurgenschule an, die unter Bichats Leitung entstanden war, jener heute verschwundenen Generation philosophischer Praktiker, die ihrer Kunst mit fanatischer Liebe anhingen und sie mit Begeisterung und Scharfsinn ausübten! In seinem Krankenhaus zitterte alles, wenn er in Zorn geriet, und seine Schüler verehrten ihn so sehr, daß sie, kaum daß sie ihre Praxis eröffnet hatten, sich bemühten, ihn auf jede mögliche Weise nachzuahmen ... Er verachtete Ordensauszeichnungen ... er war gastfreundlich, liberal, ein Vater der Armen; er übte die Tugend, ohne an sie zu glauben; er hätte fast für einen Heiligen gegolten, wenn die Gewitztheit seines Geistes ihn nicht hätte gefürchtet werden lassen wie einen Satan (S. 395 f.).

Diese eindeutig auf Larivière übertragene Autorität steigert ganz erheblich die Aussagekraft der unmittelbar folgenden Seiten, auf denen er alle unsere Beobachtungen für uns beurteilt. Doch so nützlich er auch ist, er muß die Szene verlassen, wenn die Stimme des Autors fehl am Platze ist.

Auch hier können wir noch nicht stehenbleiben, obwohl dies zahlreiche Kritiker der Autorenstimme an dieser Stelle getan haben. Wir können beliebig darin fortfahren, das Werk eines Dichters von allen als solchen erkennbaren persönlichen Attributen zu befreien und jede ausgesprochen literarische Anspielung oder farbige Metapher sowie alle mythischen oder symbolhaften Formen daraus verbannen – implizieren doch all diese Merkmale Werturteile. Die Erkenntnis, daß hinter all dem der Autor steht, kann jeder kritische Leser gewinnen.[14]

Schließlich könnten wir auch Jean-Paul Sartre folgen und im Namen des „dogmatischen Realismus" jede auktoriale Gegenwart ablehnen sobald sie eine Einmischung in die natürliche Abfolge, Gewichtung oder zeitliche Verteilung der Ereignisse bedeutet. Sartre sagt, daß seine litera-

[14] Edmund Wilson beklagte sich einmal, als er auf den *Ulysses* von Joyce zu sprechen kam, daß in dem Augenblick, in dem „uns bewußt wird, daß Joyce seinen Text systematisch mit Einschüben versieht" und ihn mit Rätseln, Symbolen und Wortspielen durchsetzt, „die Illusion des Traums verlorengeht" („James Joyce", *Axel's Castle* [New York, 1931], S. 235).

rischen Vorgänger „dem närrischen Unternehmen des Erzählens wenigstens den Schein einer Rechtfertigung zu geben dachten, wenn sie in ihren Erzählungen unaufhörlich, *explicite* und anspielenderweise an die Existenz eines Verfassers gemahnten". Die existentialistischen Romane dagegen sollen „vergessen, einsam und unmerklich zu Schlitten" werden, die die Leser „mitten in ein zeugenloses Universum" befördern. Die Romane sollten „ähnlich wie Dinge, Pflanzen und Begebenheiten existieren und nicht in erster Linie als Produkte des Menschen".[15] Geht man von dieser Voraussetzung aus, dann darf der Autor niemals zusammenfassen, ein Gespräch kürzen oder die Ereignisse dreier Tage in einem Abschnitt unterbringen. „Wenn ich ein halbes Jahr in eine einzige Seite packe, läuft mir der Leser davon." [16]

Sartre behauptet sicher zu Recht, daß in all diesen Dingen die ordnende Hand des Autors sichtbar wird. Die Geschichte von der Bekehrung des Staretz Sossima in *Die Brüder Karamasoff* beispielsweise ließe sich ebensogut an jeder anderen Stelle einfügen. Die Ereignisse der Geschichte Sossimas lagen lange vor der Zeit, in der der Roman einsetzt; und sofern sie nicht an den Anfang gestellt werden, was nicht denkbar ist, gibt es keinen logischen Grund, sie eben nur an einer ganz bestimmten Stelle einzufügen. Wo sie auch stehen, werden sie die Aufmerksamkeit auf den auswählenden Autor lenken, geradeso wie Homers Gegenwart nicht zu übersehen ist, sobald er in der neunzehn Jahre umspannenden *Odyssee* von einer seiner zahlreichen Rückwendungen oder Vorausdeutungen Gebrauch macht. Es beruht nicht auf Zufall, sondern auf Dostojewskis sorgfältig getroffener Entscheidung, daß Sossimas Geschichte unmittelbar auf Iwans Traum vom Großinquisitor folgt. Damit sollen die in dem Traum implizierten Wertbegriffe einer Beurteilung unterzogen werden, geradeso wie alles, was Iwan im Anschluß daran erlebt, als explizite Kritik an seinen eigenen Vorstellungen zu sehen ist. Diese Verkettung, hinter der offensichtlich nichts anderes als der Wille des Autors steht, verrät seine Gegenwart – doch damit ist es nach Sartre wohl nicht getan.

Aber auch Sartre gelangt zu der traurigen Feststellung, daß selbst ohne all diese Formen der auktorialen Gegenwart uns letztlich nichts als ein fragwürdiges künstliches Gebilde bleibt. Solange der Autor sich nicht damit begnügt, „Die drei Bären" oder die Geschichte des Ödipus

---

[15] „Die Situation des Schriftstellers 1947", in: *Was ist Literatur*, übersetzt von Hans Georg Brenner (Rowohlt Hamburg, 1958), S. 134.

[16] *Qu'est-ce que la littérature* (Gallimard, 1948), S. 371: Diese Stelle wurde von A. Polzin übersetzt; das gleiche gilt für alle anderen Stellen, bei denen in der Fußnote der Originaltitel angegeben ist.

einfach genauso nachzuerzählen, wie sie in volkstümlichen Berichten existieren – und selbst dann muß er sich für irgendeine Überlieferung entscheiden –, verrät er sich dem Leser allein schon durch die Auswahl dessen, was er erzählt. Er allein beschließt, die Geschichte des Odysseus und nicht die der Circe oder des Zyklopen Polyphem zu erzählen. Er allein beschließt, die erheiternde Geschichte von Monna und Federigo zu erzählen und nicht einen pathetischen Bericht von Monnas Ehemann und ihrem Sohn zu geben. Und er allein beschließt auch, die Geschichte der Emma Bovary und nicht die als heroisch denkbare Geschichte des Doktor Larivière zu erzählen. Die Persönlichkeit des Autors offenbart sich ebenso leidenschaftlich in der Entscheidung, die Geschichte mit dem Falken oder die der Madame Bovary zu erzählen, wie in den unverblümtesten Kommentaren eines Fielding, Dickens oder einer George Eliot. Alles, was der Autor *darstellt*, dient letztlich auch dem, was er *erzählt*. Die Unterscheidung zwischen Darstellen und Erzählen ist immer bis zu einem gewissen Grad willkürlich.

Kurz gesagt, das Urteil des Autors ist immer gegenwärtig, immer evident für jeden, der danach zu suchen versteht. Ob die Formen, in denen es sich von Fall zu Fall präsentiert, angemessen sind oder nicht, ist immer eine recht komplexe Frage, die sich nicht einfach mit dem Hinweis auf abstrakte Regeln beantworten läßt. Wenn wir uns im folgenden mit dieser Frage auseinandersetzen, dürfen wir nicht vergessen, daß der Autor zwar gewisse Freiheiten bei der Wahl seiner Verkleidung hat, daß es ihm jedoch nie freisteht, sich völlig zurückzuziehen.

II Allgemeine Grundsätze, I: „Echte Romane müssen realistisch sein"

Berechtigte Kritik und Erstarrung im Dogma

Den ersten Schriftstellern, die sich gegen jede beeinflussende Rhetorik im herkömmlichen Sinne aussprachen, stellte sich mit der Stimme des Autors im Erzählwerk ein sehr komplexes Problem. So behandelt beispielsweise James in seinen Vorworten, jenen scharfsinnigen und unentbehrlichen Untersuchungen über die Kunst des Schreibens,[1] die Technik nicht als bloßen Gegensatz zwischen Erzählen und Darstellen, ebensowenig wie er kategorisch alle Methoden außer seinen eigenen ablehnt. Und man darf wohl sagen, daß James seine eigenen Methoden in erstaunlicher Vielfalt variierte. Seine beharrliche Feindschaft galt der geistigen und künstlerischen Trägheit, nicht etwa einer bestimmten Erzähl- oder Darstellungsweise. Es trifft zwar zu, daß er sich einerseits immer stärker der Erforschung der „Kunst des Szenischen" und ihrer Weiterentwicklung zuwandte und sich andererseits zunehmend gegen die auktoriale Erzählweise sträubte. Und er war überzeugt, einen Weg gefunden zu haben, die traditionellen rhetorischen Probleme hauptsächlich mit dramatischen Mitteln zu lösen; und so setzte er ein „Bewußtseinszentrum" ein, durch das alles gesehen und empfunden werden konnte. Mehr noch, bisweilen schien es wirklich so, als bewerte er seine neuen Methoden höher als alle anderen. Von allgemeiner Bedeutung ist jedoch für ihn die Tatsache, daß der Bau der Erzählkunst „nicht ein Fenster, sondern eine Million" [2] hat und daß es bestimmt „fünf Millionen" Möglichkeiten gibt, eine Geschichte zu erzählen, von denen jede gerechtfertigt ist, solange sie dem Werk ein „Zentrum" gibt.[3] Und diese Toleranz übt er nicht nur gegenüber der Technik. In „The Art of Fiction" weist er ausdrücklich jeden Versuch zurück, „bereits im vorhinein endgültig festzulegen, was einen guten Roman ausmache". Unabdingbar bleibt für ihn nur die Forderung, daß „er interessant sei".[4] Und einen Roman wie *Die Schatzinsel* (*Treasure Island*) lobt er, weil „das

[1] Ohne weiteres nachprüfbar in der Ausgabe von R. P. Blackmur, *The Art of the Novel* (New York, 1947). Zur Antizipation der Jamesschen Betonung des dramatischen, unpersönlichen Erzählens, vgl. Richard Stang, *The Theory of the Novel in England, 1850–1870* (New York, 1959).

[2] *Art of the Novel*, S. 46.

[3] Brief an Mrs. Humphry Ward v. 25. Juni 1899, *Letters*, ed. Percy Lubbock (London, 1920), I, 332–36.

[4] „The Art of Fiction", Erstveröffentlichung 1888, zahlreiche Neuauflagen. Meine Zitate stammen aus *Henry James: Selected Fiction*, ed. Leon Edel (Everyman ed., 1953), S. 591.

Angestrebte auf wunderbare Weise" erreicht wird (S. 605), obwohl der Roman nur sehr wenig mit jenem Realismus in bezug auf Stoff und Stil zu tun hat, um den er sich in seinen eigenen Erzählungen bemüht.

Das gleiche gilt für Flaubert, den anderen Autor, auf den sich alle jene Kritiker am häufigsten beziehen, denen es um die Unterscheidung zwischen Erzählen und Darstellen geht. Man kann ihn zwar zur Unterstützung dieses oder jenes Dogmas zitieren, doch hat er sich mit fast allen Problemen, die sich einem Romanschriftsteller stellen, irgendwann einmal befaßt und war sich dabei im klaren, daß zwischen dem im allgemeinen Wünschenswerten und dem im Einzelfall Erreichbaren durchaus eine Spannung besteht.

Es dauerte jedoch nicht lange, und diese flexibel angelegten Untersuchungen wurden schematisiert. Selbst in den Stellungnahmen der ersten Kritiker, die James Gerechtigkeit widerfahren zu lassen suchten, findet diese Systematisierung schon ihren Niederschlag. In Percy Lubbocks *Craft of Fiction* (1921) wird James' Behandlung zahlreicher literarischer Probleme – dazu gehören der Charakter des Autors, seine Methode der Stoffsuche, die vorrangige Bedeutung einiger Themen gegenüber anderen, die Schwierigkeiten bei der Suche nach glaubwürdigen Bewußtseinszentren und die Methoden zur Verschleierung der eigenen rhetorischen Kunstgriffe [5] – auf das eine Erfordernis reduziert: ein Roman sollte dramatisch gestaltet sein. Lubbocks Bericht ist klarer und systematischer als der von James; er gibt uns ein übersichtliches und nützliches Schema, in dem er die Begriffe *Panorama, Bild, Drama* und *Szene* zueinander in Beziehung setzt. Es ist ein Schema, dem auch James zustimmen könnte, doch gibt es in James' Bericht daneben noch wichtige Kriterien, die Lubbock bereits zu vernachlässigen beginnt.

In ähnlicher Weise vertritt Joseph Warren Beach nur gelegentlich dogmatische Ansichten über auktoriales Kommentieren. Selbst als er das „Verschwinden" des Autors als das „beeindruckendste Merkmal des neuen Romans" pries, konnte er dennoch sagen, daß, „wenn es dem Autor gelingt, sein Thema wirkungsvoll darzubieten ... wir nicht sein persönliches Erscheinen kritisieren sollen ... Unsere Hauptkritik gilt vielmehr dem Autor, der sein persönliches Erscheinen zu einem *Ersatz* für die künstlerische Darstellung seines Stoffes macht, in dem Glauben, das Sprechen über den Stoff und seine Darstellung seien ein und dasselbe." [6] Selbst wenn Lubbock und Beach ihre Begeisterung ein wenig

[5] Vgl. die nützliche Tabelle von Blackmur in seiner Einführung zu *The Art of the Novel.*

[6] *The Twentieth-Century Novel: Studies in Technique* (New York, 1932), S. 468.

übertreiben, hat man das Gefühl, daß sie wie alle Verfechter einer neuen Sache dazu berechtigt sind: Das alte redselige Erzählen hatte sich seinen Platz erobert und bedurfte keiner Verteidigung. Es war vielmehr der „neue Typ des Romanschriftstellers", wie Beach zwei Jahre nach James' Tod schrieb, den es „in der Person seines bemerkenswertesten englischsprachigen Vertreters" damals zu verteidigen galt.[7]

Aber die berechtigte Verteidigung des Neuen erstarrte bald im Dogma. Für Ford Madox Ford, der 1930 das im folgenden Zitierte schrieb, war der Kampf um Wahrheit und Klarheit – der Kampf gegen eine immer und unter allen Umständen schlechte Technik – schließlich gewonnen.

Der Romanschriftsteller darf nicht, indem er Partei ergreift, seine Neigungen preisgeben ... Er hat ... wiederzugeben und nicht zu erzählen ...
Im großen und ganzen wird der englische Roman heute von denjenigen Wesensmerkmalen charakterisiert, die ihn bislang nie charakterisiert haben. Niemand wird heute also unter den Gebildeteren oder selbst unter den fast durch und durch Naiven mit Romanen auf Stimmenfang gehen, wie sie die Nachfolger von Bunyan, Defoe und Fielding geschrieben haben ... Kein Autor würde heute ebenso wie Thackeray mit seiner ramponierten Nase und seinen kurzsichtigen Augen mitten in die spannendste Szene eindringen, die er je geschrieben hat, nur um einem zu sagen, daß seine Heldin zwar ein falscher Fuffzger sei, sein eigenes [*sic*] Herz jedoch am richtigen Fleck sei.[8]

Als dann schließlich unverfrorene Kritiker daran gingen, die Aufstellung solcher Regeln zu kommerzialisieren, wurden die Dinge – wie könnte es anders sein – bis zur Karikatur vereinfacht.

Man betrachte nun diesen Ausschnitt [Kobold Knight forderte von den aufstrebenden jungen Autoren des Jahres 1936]:
„Ich hörte vor vielen Jahren, daß Opa Russell wieder geheiratet hatte und ihm noch ein Sohn geboren wurde, John ..."
Wenn einer diese Stelle gelesen hat, was hat er da gesehen? Überhaupt nichts hat er gesehen. Kein Bild wird präsentiert ...
Nun ist diese Form des Erzählens offensichtlich nicht *dramatisches* Erzählen. Sie ist, was ich Erzählen „aus zweiter Hand" nenne. Ein Erzähler berichtet aufs Geratewohl etwas, das sich vor langer Zeit zugetragen hat. Diese Geschichte ... *erzählt sich* bestimmt nicht *selbst*. Es ist vielmehr eine nackte Tatsache, daß diese Geschichte noch nicht einmal begonnen hat, sich zu entfalten ... Und nun beachte man diese Stelle:
„Der großartige Wagen nahm die Haarnadelkurve auf zwei Rädern, und der Flüchtling warf einen gequälten Blick auf die sich windende Gebirgsstraße

---

[7] *The Method of Henry James* (Philadelphia, 1954 [2]), S. 99.

[8] *The English Novel: From the Earliest Days to the Death of Joseph Conrad* (London, 1930), S. 121 f., 137 f. Vgl. auch S. 77 und pass.

hinab. Weit unter ihm, aber immer näher kommend, sah er die Säule aus gelbem Staub, die der Rächer war."
Das *ist* dramatisches Erzählen. Die Geschichte erzählt sich *wirklich* selbst, man beachte das bitte ... Es ist dramatisches Erzählen – und es ist, allgemein gesagt, die einzige Art, Geschichten zu erzählen, die die Verleger wollen und für die sie zahlen ...
Mit einem Wort: „Die Geschichte *erzählt sich selbst.*" [9]

Leider waren es nicht nur populärwissenschaftliche Handbücher, in denen von der Technik nur noch die Frage übrigblieb, wie man sich eines Kommentierens entledigen könne, das laut Definition schlecht ist. Selbst in ernst zu nehmenden Lehrbüchern für Hochschulen fand man alsbald und findet man heute noch die Unterscheidung zwischen Erzählen und Darstellen als zuverlässigen Wegweiser zur wunderbaren Erhabenheit moderner Erzählkunst hingestellt. Eines dieser Bücher behandelt, nachdem bestimmte „ohne Wirkung bleibende" Passagen bei Stendhal beklagt und Poe wie auch Hawthorne in erster Linie als wahre Vorläufer der Moderne angesprochen werden, als letztes Thema „Die Toten" („The Dead") von Joyce. Die Passage, in der diese vortreffliche Geschichte gelobt wird, ist es wert, ausführlicher zitiert zu werden.

Eigentlich wird uns in der Geschichte von Anfang bis Ende nichts erzählt; alles wird uns dargestellt. Uns wird z. B. nicht erzählt, daß der *Schauplatz* der Geschichte die provinzielle, „kultivierte" Gesellschaft der Mittelschicht von Dublin um die Jahrhundertwende ist; uns wird nicht erzählt, daß Gabriel ihre Gefühlsarmut (im Gegensatz zum „bäuerlichen" Gefühlsreichtum seiner Frau Gretta) verkörpert ... All dies sehen wir in Handlung umgesetzt; es wird alles aktiviert. Nichts wird uns vom außerhalb stehenden allwissenden Erzähler mitgeteilt ... Es gibt eine kurze Beschreibung von Gabriel; aber es ist nicht Joyces Beschreibung; wir sehen ihn so, wie Lily ihn sieht – oder ihn sehen könnte, wenn sie ebenso wie Joyce über der ganzen Situation stände. Das macht eigentlich die Methode in „Die Toten" aus. Von diesem Punkt an sind wir nie weit weg von Gabriels physischem Sehen; doch beschauen wir durch seine physischen Augen ständig Werte und gewinnen Einblicke, die nicht die seinigen sein können. Die Bedeutung des *Schauplatzes*, das Selbstgefällige an Gabriels Empfindungen für seine Frau, ihre romantische Vorstellung von ihrem Liebhaber Michael Fury ... wäre uns in der Ära vor James von einem unmittelbar eingreifenden Autor in Form von Auslegungen und Kommentaren vorgesetzt worden; und der Eingriff wäre ohne Wirkung geblieben.[10]

In einem Großteil unserer mit höchstem Ernst betriebenen wissenschaftlichen und kritischen Arbeit kommt in der Tat der gleiche dialektische

---

[9] Kobold Knight, *A Guide to Fiction-writing* (London, 1936), S. 91.
[10] Caroline Gordon und Allen Tate, *The House of Fiction* (New York, 1950), S. 280.

Gegensatz zwischen kunstvollem Darstellen und unkünstlerischem, rein rhetorischem Erzählen zum Ausdruck. Ein Gelehrter, der vorgeblich Trollopes Verwendung der „Exegese" verteidigt, stellt fest, daß er tatsächlich „auktorialer Exegese schuldig sei, und das oft", daß diese „Einmischungen" „Verstöße gegen das Künstlerische" seien, daß aber Trollope dieses unkünstlerische Mittel so geschickt einsetze, daß er bisweilen „aus einem Mangel eine Tugend" mache.[11] Eine andere Kritikerin, der es die großen Autoren-Kommentatoren des achtzehnten Jahrhunderts angetan haben, nimmt sie für die künstlerischen Mängel in dieser Hinsicht wiederholt in Schutz. Fieldings Einmischungen haben für sie einen zwangsläufig „defensiven" Charakter, da der Roman sich als Form noch nicht durchgesetzt hatte; die Zeit verlangte moralisierende Kommentare, was zur Folge hatte, daß kein Romanschriftsteller in der Lage war, eine „völlige Verschmelzung des Kritikers und Moralisten mit dem schöpferischen Künstler ..." [12] zuwege zu bringen. Alsdann ist es einer der einfühlsamsten Kenner von Thomas Hardy, der dessen Neigung, „sich in die Erzählung einzumischen, um seine Vorstellungen oder sein Urteil von den Personen und den mit ihnen in Zusammenhang stehenden Ereignissen zum Ausdruck zu bringen",[13] als eine zeitbedingte Beschränkung seines Werkes darstellt. Dabei bemüht er sich nicht, gute Kommentare von schlechten zu unterscheiden. Ebenso wie viele andere empfindet er das Kommentieren an sich einfach als schlecht, besonders wenn es „im Übermaß" betrieben wird – obwohl dieses „Übermaß" im allgemeinen nicht näher untersucht wird.[14]

Man kann dem Erzählen nicht einfach dadurch die Achtung der Kritiker verschaffen, daß man es blindlings verteidigt – jedenfalls nicht auf diesem Schlachtfeld. Die Gegenpartei hätte hier die weitaus bessere Munition. Unbestreitbar wird vielen Romanen durch unüberlegte Einmischungen sehr geschadet. Mehr noch, man kann leicht nachweisen, daß es wirkungsvoller ist, eine Episode darzustellen, als dieselbe Episode zu erzählen, solange wir zwischen zwei, und nur zwei, technischen Extremen wählen müssen. Und schließlich haben gerade diejenigen Romanschriftsteller und Kritiker, die das Erzählen beklagt haben, dem

[11] Edd Winfield Parks, „Trollope and the Defense of Exegesis", *Nineteenth-Century Fiction*, VII (März 1953), 265–71.

[12] Irma Z. Sherwood, „The Novelists as Commentators", in *The Age of Johnson: Essays Presented to Chauncey Brewster Tinker* (New Haven, Conn., 1949), S. 113–25.

[13] Harvey C. Webster, Einführung zu *The Mayor of Casterbridge* (New York, 1948), S. vi.

[14] Man könnte wohl ein kleines Buch ausschließlich mit solchen Passagen füllen. Vgl. Bibliographie, II A.

Roman jene Stellung als eine bedeutende Kunstform verschafft, die ihm vor Flaubert im allgemeinen versagt geblieben war; dabei haben sie sich ihrer Kunst oft mit solchem Ernst und solcher Hingabe gewidmet, daß allein schon dadurch ihre Theorien überzeugend wirken. Nichts ist gewonnen – ja, alles ist verloren –, wenn wir sagen, daß wir James und Flaubert für ihre engagierten künstlerischen Experimente bewundern, daß wir aber nun lieber unsere Normen etwas lockern und den Romanschriftsteller aufrufen wollen, wieder etwas zusammenzubrauen, das James „große flüssige Puddings" nannte. Vielleicht ist im Bau der Erzählkunst sogar Platz für formlose Puddings – dergleichen könnte man ja dann in seinen Mußestunden oder an seinem Lebensabend lesen. Ich würde mich jedoch nicht gern dazu hergeben, solche Produkte als Kunst zu verteidigen, eben weil sie so formlos sind.

Doch haben wir es wirklich mit einer so einfachen und beunruhigenden Entscheidung zu tun, wie es die Befürworter des Darstellens oft behauptet haben? Hat es denn überhaupt einen Sinn, zwei Möglichkeiten für die Vermittlung einer Geschichte aufzustellen, von denen die eine gut und die andere nur schlecht ist; die eine nur Kunst und Form, die andere nur Schwerfälligkeit und Bedeutungslosigkeit; die eine nur Darstellung und Reproduktion und Drama und Objektivität, die andere nur Erzählung und Subjektivität und Predigt und Bewegungslosigkeit? Für Allen Tate scheint es so zu sein. „Die Handlung", sagt er von einer Passage aus *Madame Bovary* – und es ist eine ausgezeichnete Passage – „die Handlung wird nicht vom Standpunkt des Autors her dargeboten; sie stellt sich vielmehr in Situationen und Szenen dar. Dies zu einem elementaren Bestandteil der Romankunst gemacht zu haben, bedeutete praktisch, die Kunst des Romans geschaffen zu haben." „Erst durch Flaubert hat der Roman Anschluß an die Dichtkunst gefunden." [15] Das klingt dramatisch, ja herausfordernd – vielleicht ist das sogar die belebende Maxime, die einen jungen Romanschriftsteller am ehesten von der Bedeutung seiner Arbeit ausreichend überzeugt und damit auch von der Notwendigkeit, sie zu tun. Aber ist es auch wahr?

Ich kann nicht beweisen, daß es nicht so ist – sofern Tates Definitionen von „Kunst" und „Dichtung" gelten. Aber ich hoffe zu beweisen, daß es zumindest irreführend und die zugrundeliegende Unterscheidung unzulänglich ist, nicht nur bei der Behandlung früher Erzählwerke wie des *Decamerone*, sondern auch in der Auseinandersetzung mit Literaturerfolgen der jüngeren Vergangenheit.

Es ist sicher nützlich, zunächst einige der Gründe für diese weitver-

[15] „Techniques of Fiction", *Sewanee Review*, LII (1944), 210–25; auch in *On the Limits of Poetry* (New York, 1948), S. 143–45.

breitete Unterscheidung näher zu betrachten. Wenn wir also zu dem Schluß kommen, daß es eigentlich schon vor Flaubert eine Kunst des Romans gab und daß diese Kunst selbst in den unpersönlichsten Erzählwerken nicht ausschließlich an hochdramatischen Stellen zum Ausdruck kommt, warum wurde dann alles außer der epischen Szene so allgemein beargwöhnt?

Von Gattungsunterschieden zu allgemeinen Merkmalen

Eine Antwort liegt in der heutigen Tendenz, verallgemeinernd von „dem Roman" oder „der Literatur" oder „der Kunst" zu sprechen. „Alle Kunst erstrebt den Rang der Musik." „Jedes Erzählwerk versucht Dichtung zu werden." „Das *Wesen* des Romans liegt in einem Interesse an Tatsachen." Für echte Romane gilt dies, für echte Literatur jenes. „Das alleinige Ziel *jeder Kunst* ist es, ‚sofern sie diese Bezeichnung verdient', einen weiteren Zeugen für die verlorene Ordnung der Welt zu stellen." [16] Für Ortega y Gasset geht es bei den sieben Grundtendenzen, die *allen* ihrem Wesen nach *modernen Werken* eigen sind, darum: „1. Die Kunst ist von menschlichen Inhalten zu befreien. 2. Lebende Formen sind zu vermeiden. 3. Ein Kunstwerk ist ein Kunstwerk und 4. die Kunst ein Spiel – sonst nichts. 5. Die Ironie wird zum durchgehenden Kunstmittel. 6. Restlose Ehrlichkeit und peinlich genaue Darstellung sind anzustreben. Endlich ist 7. nach den jungen Künstlern die Kunst eine Angelegenheit ohne transzendente Bedeutung irgendwelcher Art." [17] Für Ford Madox Ford besteht das gemeinsame Ziel *guter moderner Romanschriftsteller* wie James, Crane, Conrad und ihm selbst, darin, „den Leser zu nehmen und ihn so tief in den Bann einer Sache zu ziehen, daß er sich entweder nicht der Tätigkeit des Lesens oder der Person des Autors bewußt wird, so daß er am Ende vielleicht sagt – und glaubt: ‚Ich bin dabeigewesen, ja, *so* ist es gewesen!'" [18] Nun sind das alles auffallend unterschiedliche Maximen, obwohl diejenige Fords viel-

---

[16] Denis de Rougemont, „Religion and the Mission of the Artist", in *Spiritual Problems in Contemporary Literature*, ed. Stanley Romaine Hopper (New York, 1952; Harper Torchbook ed., 1957), S. 179. Die Verallgemeinerung unter dem Aspekt „Musik" stammt natürlich von Pater und seinen Anhängern; „Dichtung" von Faulkner, Tate und unzähligen anderen; „Tatsache„ von Mary McCarthy, „The Fact in Fiction", *Partisan Review*, XXVII (Sommer 1960), S. 440.

[17] „Die Vertreibung des Menschen aus der Kunst", in: José Ortega y Gasset, *Gesammelte Werke, II*. Übersetzt von Helene Weyl und Ulrich Weber (DVA Stuttgart, 1955), S. 237.

[18] *Op. cit.*, S. 138 f.

leicht in Ortegas sechstem Punkt enthalten ist. Alle bemühen sich jedoch gleichermaßen, Gemeinsamkeiten aufzuspüren, die auf alle Werke oder zumindest auf alle guten Werke der Moderne zutreffen. Ortega sagt, daß er „die allgemeinste und charakteristischste Formel der neuen Produktion" sucht, und er findet sie in der „Ablösung der Kunst vom Menschlichen". „Die einzelnen Richtungen der modernen Kunst interessieren mich mäßig, und noch weniger interessieren mich, von einigen Ausnahmen abgesehen, die einzelnen Werke" (S. 238 f.). Ebenso deutlich äußert sich Caroline Gordon bei ihrer Suche nach „Konstanten", wie sie „alle literarischen Werke von Rang, angefangen von Sophokles und Äschylos bis zu einer wohlgeformten Kindergeschichte" aufweisen. Ihr Rat orientiert sich bewußt an der größtmöglichen Verallgemeinerung: „Wenn jemand daran geht, Literatur zu schreiben oder zu lesen, ist es von höchster Wichtigkeit, diese ‚Konstanten' erkennen zu können, sobald man auf sie stößt, oder, falls sie in einem Erzählwerk fehlen, ihr Fehlen zu konstatieren." [19] Dieses alle Gattungen erfassende Suchen nach den konstanten Größen in guter Literatur schlechthin kann für manchen Zweck von Nutzen sein – ja, einige der interessantesten Fragen zu Literatur und Leben lassen sich nicht anders beantworten. Doch läuft die Kritik, die mit derlei allgemeinen Definitionen ansetzt, besonders Gefahr, Werturteile aufzustellen, ohne daß hierbei genügend darauf geachtet wird, ob solche Urteile auf mehr basieren als auf der zu Anfang mit willkürlicher Ausschließlichkeit gegebenen allgemeinen Definition. Liest man jedes der vorstehend angeführten Zitate noch einmal sorgfältig durch, dann wird deutlich, daß sich bereits in die Formulierung normative Vorstellungen eingeschlichen haben oder bewußt eingearbeitet worden sind. Und wer die Definition der Kritikerin Gordon von den in „Literatur von Rang" anzutreffenden Konstanten gelesen hat, der kann auch nicht über die Art erstaunt sein, in der sie die Werke Aldous Huxleys abtut und damit eigentlich alle „Ideenromane".[20] „Aber warum denn?" fragt sie ein junger Freund, der den unverzeihlichen *Fauxpas* begangen hatte, ein Interesse für Huxley zu bekunden. „Kann es nicht mehr als nur eine Art von Roman und eine Art von Romanschriftsteller geben? Kann ich nicht X bewundern [einen zeitgenössischen Romanschriftsteller, der die Billigung der besagten Kritikerin findet] und gleichzeitig auch Aldous Huxley?" Worauf sie wegen ihrer

---

[19] *How To Read a Novel* (New York, 1957), S. 24 f.

[20] *Ibid.*, S. 10, 222–24. Zur Verteidigung der „Ideenromane" vgl. Lionel Trilling, „Art and Fortune", *The Liberal Imagination* (New York, 1950) und Melvin Seiden, „Characters and Ideas: The Modern Novel", *The Nation*, CLXXXVIII (25. April 1959), 387–92.

allgemeinen Grundsätze gezwungen ist zu antworten: „Ich fürchte, nein."

Doch woher nimmt sie ihre „Konstanten"? Man muß kein glühender Verehrer Huxleys sein, um festzustellen, daß es bei der Beurteilung seiner besonders gearteten satirischen Phantasie Kriterien anzuwenden gilt, die sich sehr stark von denen unterscheiden, die den eigenen ausgezeichneten Geschichten jener Kritikerin angemessen sind – Geschichten, die, was sich eigentlich von selbst versteht, alle ihre Konstanten aufweisen.

Im Grunde ist es ein ziemlich einfaches Problem der Logik, das sich da dem Kritiker stellt, obwohl es keineswegs einfach zu lösen ist. Wenn man nun eine Definition für eine bestimmte Art von Roman oder für „den Roman" als eine bestimmte Literaturgattung oder für „Literatur" als eine bestimmte Kunstgattung erarbeitet hat, wie läßt sich dann diese Definition bei der Beurteilung irgendeines Romans als Norm verwenden? Doch nur, indem man gute Gründe dafür angibt, weshalb man glaubt, dieser Roman passe in die Definition oder *sollte* es zumindest, gleichgültig, ob er es nun tut oder nicht. Entweder sind meine Definitionen deskriptiv, oder sie sind normativ. Sind sie rein beschreibend, geben sie mir keine Grundlage, auf der ich ein Werk verurteilen kann, weil es nicht dieser Beschreibung entspricht. Sind sie aber eindeutig normativ, sehe ich mich natürlich vor die Aufgabe gestellt, in erster Linie meine Normen zu begründen und dann auch meine Auffassung, sie seien auf all das anwendbar, was man Roman nennt.

Beim Lesen moderner Kritiken wird man schon recht bald feststellen, wie oft die Kritiker diesem Problem aus dem Wege gehen und wie viele unter ihnen nur allzu gern von Verallgemeinerungen aller Art zu einem bestimmten Werk übergehen, als ob jedes Schulkind wüßte, daß jeder arme kleine Roman verzweifelt versuche, in solchen tröstlichen Verallgemeinerungen Geborgenheit zu finden. Besonders fatal wirkt sich das bei einer thematischen Kritik aus, die es zuläßt, daß ein beschriebenes Thema normativen Charakter annimmt. Selbst umsichtige Kritiker werden manchmal ein Opfer ihrer eigenen Definitionen. Betrachten wir z. B., wie R. W. B. Lewis in seinem beachtenswerten Buch *The Picaresque Saint* alsbald seine eigene Ankündigung vergißt, daß seine Definition nicht normativ sei. „Ziel dieses Buches", sagt Lewis, „ist es, eine bestimmte Generation von Romanschriftstellern in Europa und Amerika herauszukristallisieren und zu beschreiben." [21] Der Ausdruck

[21] *The Picaresque Saint: Representative Figures in Contemporary Fiction* (New York, 1959), S. 9. Lewis' Untersuchung ist durchaus kein so auffallendes Beispiel für diese Gefahren wie viele andere, die man nennen könnte.

„repräsentative Figuren" in seinem Untertitel, so sagt er uns, bezieht sich auf „rhetorische Figuren und charakteristische Metaphern dieser Generation; ebenso aber auch auf die Figuren innerhalb der Romane und auf die Figuren der Schriftsteller selbst. Diese Figuren zu erkennen und die Welt zu beschreiben, zu deren Entstehung sie beitragen, ist, so verstehe ich es jedenfalls, eine Hauptaufgabe der Kritik unserer Zeit" (S. 10). Lewis führt sein Vorhaben mit bemerkenswerter Sorgfalt und Sachkenntnis aus: So trennt er die „menschliche" Welt eines Moravia, Silone, Camus, Faulkner, Graham Greene und Malraux von der „artistischen" Welt der vorangegangenen Generation eines Proust, Joyce und Mann. Die „menschliche" Eigenart der späteren Generation wird deutlich durch ihren typischen Helden, den heiligen Schelm, der in seiner „Unreinheit" und sogar in seiner „Kriminalität" jenen „Glauben an das Leben und jenen Geist menschlicher Verbundenheit verkörpert, den der zeitgenössische Roman so sehr in den Vordergrund stellt" (S. 33).

Lewis' Bemühungen, dieses allgemeine Thema zu veranschaulichen, haben ihre Früchte getragen; der Leser sieht sein Bild von allgemeinen Tendenzen in der zeitgenössischen Erzählkunst erweitert. Doch, wie vielleicht zu erwarten wäre, vermittelt das Wissen um diese Tendenzen keine Kriterien, die für eine Beurteilung des Erfolgs einzelner Werke ausreichen. Obwohl Lewis stets bemüht ist, „wichtige Unterschiede festzuhalten und zu verdeutlichen", um so einzelnen Werken gerecht zu werden, überrascht es nicht, daß er damit in einen Konflikt zwischen seiner These und seinen Bemühungen um eine Bewertung gerät. Dort wo seine Urteile überzeugend wirken, gehen sie auf besondere Kriterien zurück, die mit seinem allgemeinen Thema nur sehr wenig – wenn überhaupt etwas – zu tun haben: Im Grunde steckt dieses Thema des pikarischen Heiligen sowohl in den allerschlechtesten als auch in den allerbesten Werken. Seine Urteile sind am wenigsten dort überzeugend, wo er so tut, als *müsse* der Romanschriftsteller *eigentlich* das Thema verwenden, welches er beschreibt. „Die Eindringlichkeit des zeitgenössischen Romans rührt zum einen teilweise von dem Bemühen des Künstlers her zu beschreiben, und zum anderen vom Bemühen der geschaffenen Person, sowohl (vielleicht können wir es so ausdrücken) ein Heiliger als auch ein Sünder zu werden, ein außerhalb der Gemeinschaft stehender und gleichzeitig in sie integrierter Mensch zu werden und die beobachtete Wahrheit ebenso zu verkörpern wie das verborgene Streben. Dieses Bemühen [ist es immer noch sowohl das des Romanschriftstellers als auch das der Person?] hat keinesfalls immer Erfolg, und wo doch, ist dieser keineswegs immer gleich zu bewerten. Es ist ja so leicht [für den Romanschriftsteller wie für die Person], auf das allzu Menschliche oder das allzu Heilige zu ‚verfallen': Zweifellos leidet Ike McCaslin künstlerisch an letzterem Fehler und Adriana, Moravias römische Prostituierte, an dem anderen ..." Im Grunde handelt es sich hier also um ein künstlerisches „Versagen"; Faulkner und Moravia ist es nicht gelungen, ihre Personen mit Lewis' allgemeinem Kriterium in Einklang zu bringen. Woraus aber schließt er, daß Faulkner und Moravia in ihren Romanen bestrebt sind, das gleiche allgemeine Bild zu vermitteln, das alle anderen von ihm behandelten Werke darbieten? Wenn Faulkners Vorstellungen eine mehr „heilige" Person und die Moravias mehr „Sünde" erfordern, wie können wir dann sagen, daß ihre Portraits künstlerisch gerade darunter leiden, daß es ihnen gelingt, das auszudrücken, was für ihre jeweiligen Werke vonnöten ist? Schwierigkeiten dieser Art treten in dieser ausgezeichneten Arbeit in sehr großer Zahl auf; manchmal werden sie eingestanden, so wenn Lewis zu der Feststellung gelangt, daß Silones *Wein und Brot* (*Vino e Pane*) ein besseres Buch ist als *Das Geheimnis des Luca* (*Il segreto di Luca*), auch wenn letzteres das „beste Bild eines aufopferungsvollen menschlichen Heroismus darstellt, das sie zeitgenössische Erzählkunst aufzuweisen hat" (S. 178). Zu einem solchen Urteil kann man nur kommen, wenn man an *Wein und Brot* etwas feststellt, das selbst die umfassendste Darbietung des Themas nicht vermitteln kann. Lewis führt es darauf zurück, daß er die „Reise selbst" gegenüber der „geistigen Ankunft" bevorzugt. Es bedarf jedoch keiner großen Nachforschungen, um entweder in den Romanen selbst oder in der Geschichte der Kritik einige Kriterien ausfindig zu machen, die aufgrund ihres spezifischen Charakters sicher von größerem Nutzen sind.

Allgemeine Kriterien in früheren Epochen

Die Suche nach allgemeinen Kriterien ist keine Erfindung unserer Zeit. So suchte Longinus nach dem allgemeinen Merkmal „des Erhabenen" in jeder Literatur; für seine Zwecke hatten Unterscheidungen wie die zwischen didaktischen und auf Imagination beruhenden Werken keine Bedeutung, da jede Art von Literatur in bestimmten Momenten jenes eigentümliche Gefühl der Erhebung oder Hochstimmung oder Begeisterung hervorrufen kann, das er fordert.[22] „Belehrung und Genuß", so

[22] Vgl. Elder Olson, „The Argument of Longinus on the Sublime", in *Critics and Criticism*, ed. R. S. Crame (Chicago, 1952), S. 232–59, bes. S. 235 f. Im Zusammenhang mit dem modernen Interesse an einer universalen poetischen „Sprache" und weniger etwa einem Interesse an unterschiedlichen Strukturen oder literarischen Gattungen zeigt Allen Tate eine interessante Lesart des Longinus in „Longinus and the ‚New Criticism'", *The Man of Letters in the Modern World* (New York, 1955), bes. S. 175–92: „Longinus ist durchaus

lautete die damals allerorten aufgestellte Formel, die für all das stand, was *jede* Dichtung zum Ziel haben mußte. Johnson, der in seinen Werken immer wieder betonte, daß jede gute Dichtung eine „getreue Wiedergabe der Natur im allgemeinen" sei, und Coleridge mit seinen ständigen Verweisen auf die Kräfte der Imagination vertraten bisweilen ebenso uneingeschränkt eine allgemeine Kritik wie die Modernen, für die sich Literatur nach wie vor als solche ausweist, wenn sie lebendige Überzeugungskraft besitzt oder wenn sie Gegensätze in eine ironisierte Harmonie umsetzt oder wenn sie auf einen Autor hindeutet, der die richtige Objektivität gegenüber seinem Stoff hat.

Vielleicht hat jeder Kritiker irgendwo in seinem System, bewußt oder unbewußt, mindestens eine oder zwei Konstanten, die er bei jeder Literatur voraussetzt. Weitgehend aufgegeben hat man dagegen heute die Vorstellung von bestimmten literarischen Gattungen, die jeweils eigene und auch mitunter von den allgemeinen Normen abweichende Forderungen stellen. Während sich frühere Kritiker auch mit Eigenschaften beschäftigten, von denen man glaubte, sie seien allen Formen wahrer Literatur gemein, so ordneten sie doch auch einige dieser Eigenschaften immer jeweils dem speziellen Typ zu, mit dem sie sich gerade auseinandersetzten – so der Tragödie, der Komödie, der Satire, dem Epos, der Elegie usw. Obwohl diese literarischen Formen oft recht vage definiert wurden, können wir, wenn wir irgendeinen Kritiker aus der Zeit vor der Romantik lesen, damit rechnen, daß früher oder später auf die besonderen Erfordernisse eines mehr oder weniger genau definierten Genres verwiesen wird. Fielding ist sich z. B. in seinem berühmten Vorwort zu *Joseph Andrews* der allgemeinen Merkmale bewußt, die jede erfolgreiche Literatur aufweisen muß.[23] Den Hauptakzent legt er jedoch auf die besonderen Eigenschaften, die von der Art des Werkes bestimmt werden, das er schaffen will. Zunächst kennzeichnet er seinen Roman als mehr komisch denn tragisch und als mehr episch denn dramatisch und ordnet ihn der Prosa im Unterschied zur Versform zu, geht dann noch einen Schritt weiter und unterscheidet ihn einmal von der Romanze und zum anderen von der Burleske, die beide mit dem Begriff „komische Epen in Prosa" verwechselt werden können. So ist es schließlich klar, daß, gleichgültig welche Mängel oder Vorzüge der Kritiker an *Joseph*

bereit, den Finger direkt auf das Problem der Struktur zu legen und uns folglich auch zu sagen, daß Struktur nicht im formalen ‚Typ' oder Genre enthalten ist, einem eigenständigen Kodex mit bestimmten Konventionen, wie ihn die Lyrik, die Ode oder die Epik aufweist, sondern daß sie in der Sprache des Gedichts existiert" (S. 184).

[23] „Belehrung und Erbauung". Der Begriff „Belehrung" veranlaßt ihn im viertletzten Absatz zu einer vagen Verteidigung der Moral seines Werkes.

Andrews entdeckt, Fielding dessen Feststellungen nur dort für angebracht hält, wo sie die *Art* des Werkes betreffen, die er mit all diesen Abgrenzungen sorgfältig im vorhinein umrissen hat.

In ähnlicher Weise beruft sich auch Dryden auf artspezifische Unterschiede, wenn er die Kriterien betrachtet, mit denen beurteilt werden soll, ob französische oder englische Stücke die besten sind: Einige technische Verfahren sind besser für *diese* Art, einige besser für *jene*. Obwohl er nachdrücklich auf allgemeine und für alle Stücke unabdingbare Merkmale verweist – wie Spannung, Vielfalt, Natürlichkeit, Einheit –, untersucht er in seinem „Examen of the Silent Woman" dennoch vornehmlich die Vorzüge eines komischen Stückes und nicht irgendetwas anderes. Es ist bezeichnend, daß er unter Umständen sogar bereit ist, der Komödie den Realismus zu opfern, sofern das Bemühen um das Komödienhafte die Wahrscheinlichkeit zu beeinträchtigen droht.[24]

Selbst Coleridge, der großes Interesse für die allgemeinen Merkmale jeder Dichtung bekundet, kommt von Fall zu Fall zu sehr unterschiedlichen Urteilen. So ist er zwar gegen „den reinen Erzählstil" im Drama, der „die Person des Autors" durch eingeschobene Gedanken und Beschreibungen verrät; fast hat es den Anschein, als teile er die Ansicht moderner Kritiker, die das Erzählen ablehnen. Wenn er dann aber auf ein bestimmtes Problem in *Tom Jones* zu sprechen kommt, verlangt er nach mehr Erzählung, nicht nach weniger – nach einem „zusätzlichen Abschnitt, in dem Tom Jones' Gefühl der Selbsterniedrigung umfassender und zwingender entwickelt wird", das er bei der Affaire mit Lady Bellaston empfindet.[25]

Der Verzicht auf eine Unterscheidung nach Gattungen angesichts der Forderungen nach allgemein erwünschten Merkmalen ist einer der interessantesten Vorgänge in der modernen Literaturgeschichte. Eine seiner Folgeerscheinungen besteht in dem Wegfall von Unterscheidungen zwischen Stilebenen, die den einzelnen literarischen Gattungen angemessen sind. Auerbach gelangt in seiner *Mimesis* zu der Feststellung, daß Stilebenen sich in der Literaturgeschichte immer dann auflösen, wenn der „Realität des Alltags", wie immer sie auch definiert ist, wesentliche Bedeutung beigemessen wird. Für M. H. Abrams steht diese Erscheinung auch eindeutig im Zusammenhang mit der Verlagerung des kritischen Ansatzes – z. B. während der Romantik – vom Gedicht zum Dichter, vom Interesse am künstlerischen Produkt zu Theorien des

---

[24] John Dryden, „An Essay of Dramatic Poesy", *Dramatic Essays* (Everyman ed., 1906), S. 42, 45.

[25] „Notes on Love's Labour's Lost", *Essays and Lextures on Shakespeare* (Everyman ed., [1907]), S. 364.

Ausdrucks, die sich mit der künstlerischen Arbeit befassen. Wenn ein Kritiker sich vorwiegend für den Autor und im weiteren Sinne für dessen Werke interessiert, da sie ja bestimmte Eigenschaften von ihm widerspiegeln, dann sucht er wahrscheinlich in allen Werken nach denselben Eigenschaften. Objektivität, Subjektivität, Aufrichtigkeit, Unaufrichtigkeit, Inspiration, Phantasie – das sind die Eigenschaften, die man suchen und loben oder tadeln kann, ob ein Autor nun Komödien, Tragödien, Episches, Satirisches oder Lyrisches schreibt.[26]

Doch die Suche nach allgemeinen Merkmalen beschränkt sich nicht nur auf die Kritiker, die die Realität des Alltags oder die Person des Autors interessiert. Fast jede kritische Schule hat eine Reihe von Maximen für „The Truest Poetry" aufgestellt, wie es Laurence Lerner im Titel seines bemerkenswerten jüngsten Buches nannte. Das Interesse, literarische Gattungen zu beschreiben, die, bedingt durch ihre spezifischen Erfordernisse, vermittelnd wirken könnten zwischen allgemeinen Normen und bestimmten Werken, hat sich dann oft in der Bildung sehr weiter Begriffe niedergeschlagen, als da sind der Geist einer Zeit, die Merkmale einer bestimmten Schule oder – und dort wird es am deutlichsten – „das Muster im Teppich" – diese Begriffe bilden dann das Grundschema, das einen über das gesamte Werk eines Autors informiert und es summarisch behandelt.

Aus Gründen, die ich im weiteren Verlauf noch zu klären hoffe, ist die Romantheorie für die schlimmsten Auswirkungen dieser Akzentverlagerung besonders anfällig gewesen. Ohne Hilfe von seiten etablierter kritischer Traditionen und angesichts einer chaotischen Vielfalt jener als Roman bezeichneten Produkte, sind die Kritiker geradezu gedrängt worden, irgendeine Ordnung zu erfinden, selbst auf die Gefahr hin, dogmatisch zu werden. In erschreckend schneller Aufeinanderfolge hat man dann „große Traditionen" von verschiedenster Prägung und unterschiedlichstem Format, die alle auf weit voneinander abweichenden allgemeinen Merkmalen basierten, entdeckt und wieder verworfen. *Der*

---

[26] Vgl. Abrams, *The Mirror and the Lamp* (New York, 1953), bes. Kap. V, Abschn. ii. Zu den Folgen, die der Verlust der Unterscheidung zwischen einzelnen literarischen Gattungen für die Kritik hat, vgl. R. S. Cranes Einführung zu *Critics and Criticism*, S. 14. Die ältere Kritik, so zeigt Crane an anderer Stelle auf, vermittelte zwischen „universaler Dichtung" und „einzelnen Gedichten" unter Bezugnahme auf „die verschiedenen anerkannten poetischen Genres". Das Hauptinteresse der modernen Kritiker gilt „jenen weitgefaßten Unterscheidungen poetischer Merkmale, die in der dichterischen Behandlung von Worten und Themen sichtbar werden, ohne daß die bestimmten ‚Formen' der Komposition berücksichtigt werden" (*The Languages of Criticism and the Structure of Poetry* [Toronto, 1953], S. 95 f.).

Roman begann, so heißt es, mit Cervantes, mit Defoe, mit Fielding, mit Richardson, mit Jane Austen – oder war es mit Homer? Er fand ein Ende mit Joyce, mit Proust, mit dem Aufkommen des Symbolismus, mit der Respektlosigkeit gegenüber – oder war es die übermäßige Inanspruchnahme von? – nackten Tatsachen. Nein, nein, er lebt, aber nur noch in dem Werk von ... Und so geht es in einem fort.

Gelegentlich unternimmt dann jemand wie Northrop Frye den Versuch einer pluralistischen Klassifizierung von Genres und warnt uns davor, die Normen eines Typs in der Erzählkunst auf Werke eines anderen Typs anzuwenden.[27] Doch solche Versuche sind selten, und selbst wenn sie unternommen werden, bleibt uns noch das im zweiten Kapitelabschnitt beschriebene Problem: Wie können wir auf irgendeinen Roman die irgendeinem Typ entsprechenden Normen anwenden, und zwar ohne einen göttlichen Ratschluß, der es uns gestattet, *diesen* Roman als *diesem* Typ zugehörig zu betrachten? Sind denn Elemente der Phantasie im „Roman" unangebracht, in der „Romanze" dagegen zulässig? Sehr wohl. Ich stelle fest, daß *dieser* Roman in Phantasie schwelgt. Soll ich ihn nun einen stümperhaften Roman oder eine gelungene Romanze nennen? In beiden Fällen muß ich mich auf Normen berufen, die sich nicht von meiner Klassifizierung herleiten. Noch einmal, sind Kommentare im „echten Roman" unangebracht? Ich stelle fest, daß Joyce Carys posthum erschienener Roman voll davon ist. Soll ich ihn nun einen *mißlungenen* „echten Roman" nennen oder soll ich eine neue Kategorie erfinden, in der Kommentare erlaubt sind? Selbst wenn ich letzteres tue, muß ich nach wie vor entscheiden – und mit welcher Begründung? –, ob gut oder schlecht kommentiert wird. Welches Urteil ich mir von *The Captive and the Free* letztlich auch bilde, es kann sich nicht nach meiner vorgefaßten Meinung richten, wie dieser Roman im großen und ganzen einzuordnen sei.

[27] *Analyse der Literaturkritik* (Kohlhammer Stuttgart, 1964), S. 305 f. Fryes Einteilung der Erzählliteratur in vier Typen, nämlich Roman, Romanze, Konfession und Anatomie, aus denen sich wiederum sechs logische Kombinationsmöglichkeiten ergeben, gibt uns zu bedenken, daß „ein großer Romanzenschriftsteller im Sinne der von ihm gewählten Konvention untersucht werden sollte." Leider sind Fryes zehn Typen als Grundlage für Beurteilungen der Technik nur begrenzt verwendbar, da sie uns Gruppen von Werken geben, die immer noch unübersichtlich groß sind, Gruppen, die weniger induktiv von ihren jeweiligen allgemeinen Wirkungen her voneinander unterschieden werden als vielmehr durch eine deduktive Klassifizierung des dargebotenen Stoffs (z. B. „Der wesentliche Unterschied zwischen Roman und Romanze liegt in der Auffassung der Charakterisierung"). Damit sollen aber Scharfsinnigkeit und Effektivität von Fryes Klassifizierung innerhalb seiner besonderen Fragestellung nicht bestritten werden.

Wenn wir nun nach einem Weg aus diesem Irrgarten suchen, erweist es sich bestimmt als nützlich, die allgemeinen Merkmale, auf deren Basis Kritiker seit Flaubert Urteile über die Erzählkunst abgeben, einer genauen Prüfung zu unterziehen.

Drei Quellen für allgemeine Kriterien

Allgemeine Merkmale, die man vom Werk selbst fordert. – Einige Kritiker wollen, daß der Roman der Realität gerecht wird und daß er lebensecht, natürlich, real oder voller Lebenskraft ist. Andere wollen ihn von Verunreinigungen befreien, von unkünstlerischen, allzu menschlichen Elementen. Auf der einen Seite verlangt man nach „lebendiger Dramatik", „Überzeugungskraft", „Aufrichtigkeit", „Echtheit", „einer Atmosphäre der Realität", „einer umfassenden Verarbeitung des Themas", „Intensität der Illusion"; auf der anderen nach „Nüchternheit", „Unpersönlichkeit", „dichterischer Reinheit", „reiner Form". Auf der einen Seite will man, daß „die Realität erfahren wird", auf der anderen, daß „der Blick auf die Form gerichtet wird". Eine dialektische Geschichte der modernen Kritik könnte man unter dem Eindruck der Auseinandersetzungen zwischen jenen schreiben, die Erzählkunst für etwas halten, das vor allem real sein muß (mehr darüber im weiteren Verlauf dieses Kapitels), und jenen, die verlangen, daß sie rein sei – selbst wenn das Streben nach einer reinen Kunst zu Unwirklichkeit und einer „Vertreibung des Menschen aus der Kunst" führen sollte (Kapitel IV).

Haltungen, die man vom Autor fordert. – Für viele ist es eine Vorbedingung, daß der Autor „objektiv", „distanziert", „leidenschaftslos", „ironisch", „neutral", „unparteiisch" und „unpersönlich" sein muß. Andere – allerdings weniger in diesem Jahrhundert – verlangen, daß er „leidenschaftlich", „interessiert" und „engagiert" sei. Und zwischen diesen beiden Extremen haben gemäßigte Kritiker versucht, Normen für die rechte „Distanz" zwischen Autor, Leser und fiktiver Welt aufzustellen (ich behandle die extremen Positionen in Kap. III, das Problem der Distanz in den Kap. V und VI).

Haltungen, die man vom Leser fordert. – Die Tendenz geht hier dahin, daß die den idealen Autor beschreibenden Begriffe sich wiederholen. Ist der Leser imstande, „objektiv" oder „ironisch" oder „distanziert" zu sein, oder ist er umgekehrt fähig zu Mitleid oder Anteilnahme? Auf der anderen Seite sollte ein Werk den Leser nicht mit Antworten, sondern mit Fragen konfrontieren, und er wiederum sollte gewisse Ungereimtheiten in Kauf nehmen; er sollte die Zwiespältigkeiten des Lebens akzeptieren und eine Anschauung verwerfen, die auf einer „allzu einfachen Schwarzweißmalerei" basiert. Er sollte seinen

Verstand, seine kritische Intelligenz und seine Gefühle einsetzen. So wie es James in einer seiner allgemeinen Zielvorstellungen zum Ausdruck bringt, als er von seinem Plan für „Das Muster im Teppich" („The Figure in the Carpet") spricht: „Was mir von meiner eigenen Entwicklung am besten in Erinnerung geblieben ist, das ist der starke Impuls, ... das Analytische auf irgendeine ironische oder phantastische Weise soweit wie möglich wieder in seine praktisch verlorengegangenen Rechte und Würden einzusetzen." [28]

Auf der anderen Seite ist jedoch hundertfach die Forderung erhoben worden nach einer weniger intellektuellen Erzählkunst und einer freimütigeren Gegenüberstellung der fundamentalen menschlichen Emotionen. Populäre Wochenzeitschriften haben oft eine Literatur gefordert, die den Leser mit etwas mehr als mit dem toten Kätzchen, der Eierschale und dem Stück Schnur konfrontieren würde, was Wells einmal als eigentliches Thema der Erzählwerke von Henry James bezeichnet hat. Und schließlich hat es auch unzählige Versuche gegeben, den Leser von einer kritischen Betrachtung auszuschließen. Da diese Versuche in engem Zusammenhang mit den Forderungen nach „gereinigten" Werken stehen, fasse ich sie in Kapitel IV zusammen, wobei ich die rhetorische Beziehung zwischen Autor und Leser im Hinblick darauf untersuche, inwieweit das Streben nach einer geläuterten Kunst sich auf sie auswirkt. In Kapitel V wende ich mich wieder von einem anderen Standpunkt an den Leser und versuche das Spektrum menschlicher Interessen zu erweitern, auf die der Romanschriftsteller „mit Fug und Recht" zurückgreifen kann – selbst wenn dieser auf dem Parnaß wohnte.

Die Kriterien für Werke, Autoren und Leser sind eng miteinander verbunden – so eng, daß es unmöglich ist, eines von ihnen zu behandeln, ohne schon bald auf die anderen zu stoßen. Und trotzdem sind sie, wie die folgenden Kapitel sicherlich zeigen werden, deutlich gegeneinander abgegrenzt. Es mag zutreffen, daß, wie manche Kritiker behaupten, ein Werk in gewissem Sinne keine eigene Existenz hat; ebenso mag es zutreffen, daß bei einem mit Verständnis gelesenen guten Roman die Erfahrungen des Autors und des Lesers nicht voneinander zu trennen sind. Aber kritische Ansätze lassen sich immer noch am einfachsten, wenn auch nur grob, nach ihrem jeweiligen Schwerpunkt unterteilen, der bei dem Werk, dem Autor oder dem Leser liegen kann.

Natürlich gibt es weit mehr Kriterien der verschiedensten Art, als

[28] *The Art of the Novel*, ed. R. P. Blackmur (New York, 1947). S. 228. Von nun an beziehen sich alle nicht erläuterten Seitenangaben auf diese Ausgabe der Vorworte James'.

man in diesem Rahmen zusammenstellen kann, und viele von ihnen sind für technische Verfahrensregeln von geringer Bedeutung. Unerfreulicher ist jedoch die Tatsache, daß viele Autoren offensichtlich nach zwei oder auch mehreren allgemeinen Merkmalen streben; bisweilen zerreißt es ihnen dann beinahe das Herz, wenn sie erkennen, daß zwei „unabdingbare" Forderungen „jeder" guten Kunst, wie die nach Intensität und Vollständigkeit, Naturtreue und Einfachheit, künstlerischer Reinheit und Treue gegenüber den „Unreinheiten" des Lebens im Widerspruch zueinander stehen. Außerdem ließe sich meines Erachtens darlegen, daß alle Autoren in diesem oder jenem Punkt den allgemeinen Normen untreu werden, zu denen sie sich bekennen; und das müssen sie auch, wenn sie *dieses* schwierige Unternehmen, das ja mit allen möglichen nichtigen, prosaischen und ihm eigentümlichen Erfordernissen verbunden ist, von der ersten bis zur letzten Seite durchführen wollen.

Doch auch nach allem bisher Gesagten gilt es noch vieles in Erfahrung zu bringen, wenn es darum geht, Fragen der Technik unter rhetorischen Gesichtspunkten etwas näher zu beleuchten; dazu müssen wir eingehend jene Zugeständnisse untersuchen, die von einigen modernen Autoren im Namen irgendeiner dieser drei Arten von allgemeinen Kriterien bereitwillig gemacht werden.

Intensität der realistischen Illusion

Ein Großteil der Angriffe auf die Stimme des Autors stand vielleicht unter der Losung, dem Buch einen „realen" Charakter zu geben. Nehmen wir z. B. Ford, der 1930 versuchte, einen Überblick über die Methodik von „James, Crane und Conrad" zu geben und ihre Zielsetzungen als „Anspruch des Romans" zu vergegenständlichen:

> Und das Problem mit dem englischen Romanschriftsteller von Fielding bis Meredith ist das, daß sich nicht einer von ihnen darum kümmert, ob man an ihre Charaktere tatsächlich glaubt oder nicht. Wenn man Flaubert oder Conrad mitten in ihrem leidenschaftlichen Schaffen gesagt hätte, daß man von der Realität eines Homais oder Tuan Jim nicht überzeugt sei, hätten sie einen höchstwahrscheinlich gefordert und erschossen, und unter ähnlichen Umständen hätte sich Richardson äußerst unliebenswürdig gezeigt. Fielding, Thackeray oder Meredith hingegen hätte dies relativ wenig gekümmert, obwohl jeder von ihnen einen nach Möglichkeit niedergeschlagen hätte, wenn man ihm zu verstehen gegeben hätte, daß er [der betreffende Charakter] kein „Gentleman" sei.[29]

---

[29] *The English Novel*, S. 89 f. Einen ausgezeichneten Überblick über die Forderungen nach Realismus, wie sie in der Literaturkritik unmittelbar vor James erhoben wurden, gibt Richard Stangs *The Theory of the Novel in England, 1850–1870* (New York, 1959), Kap. iv.

Offensichtlich hat Ford nie seinen Glauben an die Gesetze und Bedingungen *des* Romans verloren, wie es entsprechend seiner Forderung sein eigener literarischer Zirkel zuerst formulierte. „Sodann entwickelten wir für den Roman eine Konvention, die wohl immer noch Gültigkeit hat", schrieb er 1935[30] und untermauerte seine Theorie mit einigen interessanten Beispielen, in denen er realistisches „Darbieten" und bloßes „Erzählen" einander gegenüberstellte. „Uns war klar, daß, wenn wir sagten: ‚Herr X war ein schmutzige Reden führender Reaktionär', der Leser letztlich sehr wenig über ihn wissen würde. Wenn aber seine ersten Worte lauteten: ‚Verdammt noch mal, stellt doch alle dreckigen Liberalen an die Wand und verpaßt ihnen eine in ihre verfluchte Leber ...', dann würde dieser Gentleman einen Eindruck auf den Leser machen, der über viele Seiten hinweg wohl schwerlich auszulöschen wäre."

Gewissenhaftere Kritiker haben für dieses Verhältnis zwischen realistischer Darbietung und auktorialer Zurückhaltung Hypothesen statt kategorischer Imperative aufgestellt: „Wenn es dem Romanschriftsteller also um lebendige Dramatik geht, dann sucht er wohl am besten nach einem Weg, den Erzähler ganz zu eliminieren und die Szene direkt dem Leser vor Augen zu führen ... Der sich unverhohlen allwissend gebende Geschichtenerzähler ist aus der modernen Erzählkunst so gut wie verschwunden." [31] Derlei Feststellungen bedingen aber zumeist, daß es dem Autor auch wirklich um lebendige Dramatik gehen *sollte* und daß daher alles, was dem im Wege zu stehen scheint, verdächtig ist.[32] In einem der besten kürzlich erschienenen Bücher über den Roman läßt Ian Watt immer wieder die Überlegung anklingen, daß „Realismus der Darbietung" an und für sich eine gute Sache sei. In der Tat sieht Watt in dem von ihm so genannten „formalen Realismus" das charakteristische Merkmal des „Romans", das ihn von anderen Formen der Erzählkunst unterscheidet.[33] Genaugenommen beginnt für ihn der Roman erst, wenn Defoe und Richardson die Mittel gefunden haben, ihren

[30] „Techniques", *Southern Review*, I (Juli 1935), 33.

[31] James Weber Linn und Houghton Wells Taylor, *A Foreword to Fiction* (New York, 1935), S. 33.

[32] Vgl. z. B. Bernard DeVoto, *The World of Fiction* (New York, 1950), S. 157–225: „... es gibt ein absolutes Kriterium der Kritik. Wenn ein Leser einen Roman nicht zu Ende liest, hat das höchste Gericht ein Urteil gefällt, gegen das kein Einspruch erhoben werden kann ... Er liest so lange weiter, wie sein Interesse andauert, d. h. so lange, wie er glaubt, das Geschehen auf der Seite sei real ..." (S. 157).

[33] Jan Watt, *The Rise of the Novel* (Berkeley, Calif., 1957).

Charakteren soviel Eigenleben und Selbständigkeit zu verleihen, daß sie wie reale Personen wirken.

In Übereinstimmung mit allen guten Kritikern gelangt Watt zu der Erkenntnis, daß „die getreue Übertragung der Wirklichkeit nicht unbedingt ein Werk hervorbringt, das irgendeinen Wahrheitsgehalt oder bleibenden literarischen Wert besitzt" (S. 32), und wiederholt distanziert er sich von der Behauptung: je eindrucksvoller der „formale Realismus", desto besser das Werk. Und doch ist für Watt die Verwirklichung des Realismus ein durchgehendes Kriterium. Seine Aussagen zu Fielding beispielsweise zeigen deutlich – trotz seines wiederholten Einwandes, Fieldings Kunst erfordere weniger „formalen Realismus" als Richardsons –, daß für ihn ein Verzicht auf Realismus gleichbedeutend mit einem Verzicht auf Qualität ist. Wenn Fielding seine Geschichte erzählt, „indem er unsere Blicke von den eigentlichen Vorgängen weg auf seine eigene ordnende Hand und auf die einbezogenen epischen Parallelen lenkt" (S. 253), dann bedeutet dies eine Schwäche, so notwendig es für Fieldings verschiedene Absichten auch sein mag. Es besteht dann die Gefahr, „den nüchtern-authentischen Grundcharakter eines Erzählwerkes dadurch zu verfälschen, daß anstelle alltäglicher Vorgänge manipulierte literarische Sequenzen vorgestellt werden." In ähnlicher Weise kann Sophia sich nie ganz von dem lösen, was Watt ihre „künstliche" Einführung nennt – d. h. sie wird niemals real für uns in dem Sinne, wie Clarissa real ist (S. 254). Kurz gesagt – obwohl Watt ein weit aufmerksamerer Leser als die vorgenannten Kritiker ist, fühlt er sich dennoch gezwungen, Fielding die uneingeschränkte Anerkennung zu verweigern, und das einzig und allein wegen seiner Schwächen im formalen Realismus. „Wenige Leser würden gerne ohne die einleitenden Kapitel oder Fieldings unterhaltsame Exkurse auskommen, aber ohne Zweifel verliert das Erzählwerk dadurch an Realität" (S. 286); „sicher schadet eine solche auktoriale Einmischung der Authentizität des Erzählwerks" (S. 285).

„Sicher", Kommentare mindern die Authentizität! Jedermann weiß das, keiner stellt es in Frage. Aber diese Übereinkunft der Kritiker ist „sicher" nur oberflächlich. Was in einer Epoche oder für eine Schule natürlich erscheint, wird in einer anderen Epoche oder von einer anderen Schule als künstlich angesehen. Jeder vertraut eben seiner eigenen Vorstellung von Realität, und mit der angeblichen Einigkeit über die Bedeutung einer natürlichen Außenwelt ist es vorbei, sobald wir die Theorien Punkt für Punkt miteinander vergleichen.

Für Henry James war „Intensität diejenige Tugend, der der aufgeklärte Geschichtenerzähler jederzeit im eigenen Interesse notfalls alle anderen Tugenden zusammen opfert" (S. 318). Aber Intensität welcher

Art? Des Lachens? Des Weinens? Vielleicht wollen alle Autoren irgendeine Intensität.[34] Bei James war es die „Intensität der Illusion" – meistens der Illusion, das Leben durch die Augen eines feinsinnigen Charakters zu erfahren, der der realen menschlichen Bedingtheit unterworfen ist. Ebenso wie Flaubert war James stets darauf bedacht, dem „Natürlichen" so nahe wie möglich zu kommen, doch war er sich ebensosehr wie Flaubert der Unmöglichkeit bewußt, die Realität in ihrer ganzen Vielfalt nachzuahmen. „In der Wirklichkeit und ganz allgemein haben Relationen nirgendwo ein Ende, und die vornehmste Aufgabe des Künstlers ist es nun, niemals etwas anderes zu tun, als nach eigenen geometrischen Gesetzen jenen Kreis zu ziehen, in dem sie dann doch glücklich aufzuhören *scheinen*" (S. 5). Kein Vorgang „wurde je ohne eine gewisse künstliche Gedrängtheit als Realität vergegenwärtigt ... Ich könnte Illusion erwecken, wenn es mir gelänge, Intensität zu erzeugen" (S. 15).

Sosehr er Flaubert auch bewunderte, empfand er Flauberts Realismus als zu oberflächlich. „Flauberts Theorie als Romanschriftsteller", so sagt er, „besteht darin, von außen her anzusetzen. Das menschliche Leben ist, wenn wir uns seine Aussagen vergegenwärtigen, vor allem ein Schauspiel, eine Beschäftigung und Unterhaltung für das Auge. Was unsere Augen zeigen, ist alles, dessen wir gewiß sind; von dieser Voraussetzung werden wir auf jeden Fall ausgehen."[35] James setzte an einem ganz anderen Punkt an, wobei er sich bemühte, einen überzeugenden Charakter in der Auseinandersetzung mit der Realität zu zeigen. Sosehr er empfand, daß es thematisch am interessantesten sei, einen feinsinnigen, aber auch in der Auseinandersetzung mit dem Leben „etwas verunsicherten" Charakter zu nehmen (z. B. S. 63 f., 66), störte es ihn, daß Flaubert zur Spiegelung von Vorgängen einfältige Charaktere als Bewußtseinszentren auswählte. Mit Emma Bovary als Reflektor beging er zweifellos einen Fehler, und Frédéric in *Lehrjahre des Herzens* (*Education sentimentale*) war ein fast kläglicher Mißgriff, ja, eine geistige Fehlleistung von Flaubert selbst. Er maß dieser Forderung eine so tiefe Bedeutung bei, daß er in diesem Punkt sogar gegen seinen eigenen Grundsatz verstieß, wonach ein Kritiker nicht das Recht hat, das „Thema" eines Autors zu verwerfen.[36]

---

[34] Vgl. Abrams, *The Mirror and the Lamp*, bes. S. 136, 138, als Bericht über einige der in der Romantik angestrebten „Intensitäten".

[35] Charles de Bernard und Gustave Flaubert, *French Poets and Novelists* (London, 1884), S. 201. Der Essay ist unentbehrlich für das Verständnis von James' eigenem Realismus.

[36] „Wir müssen dem Künstler sein Thema, seine Idee, seinen Stoff zugestehen: Unsere Kritik gilt nur dem, was er daraus macht" („The Art of

Abgesehen davon, ob seine Kritik an dem von ihm so bewunderten Mann gerechtfertigt ist, zeigt sie deutlich, daß es für ihn mit der bloßen „Wiedergabe" des Äußeren nicht getan ist. Das Leben, dem er treu zu sein hofft, ist weitaus mehr das Leben der Psyche als das der objektiven Außenwelt. „Letzten Endes richtet sich wohl alles einzig und allein nach dem unbändigen, unersättlichen, überschwenglichen und unmoralischen Interesse des Autors an der Person und am ‚Wesen' eines, ja beinahe jeden Charakters ..." (S. 156). Und Figuren sind natürlich am interessantesten, wenn sie sich mit wichtigen, interessanten Themen auseinandersetzen, wie z. B. mit geschmacklichen, rechtlichen oder moralischen Fragen.

James, der dieser weitgefaßten Vorstellung von Realität stets die Treue hält, neigt dazu, in jedem Werk dieselben allgemeinen Merkmale zu suchen, die er im vorangegangenen gesucht hat. Obwohl er unzweifelhaft zu jener „gehobenen Kategorie" von Realisten gehört, die Maupassant „Illusionisten" nannte, und obwohl er bestimmter und konsequenter als Flaubert die „Intensität der Illusion" und weniger illusorische Wirklichkeit selbst anstrebt, macht er in seinen späteren Jahren bei all seinen eigenen Werken immer noch gerne dieselbe Probe.

Die Intensität der Illusion, so sagt er uns immer wieder, ist der letzte Prüfstein. Die bloße *Illusion* der Realität an sich genügt nicht; Realität hat so viele Erscheinungsformen, so viele, die es nicht wert sind, mit Intensität weitergegeben zu werden. Auf der anderen Seite ist *Intensität* an sich nicht genug, obwohl sie etwas ist, das der Romanschriftsteller dem Dramatiker als einen „glücklichen Umstand" „voll Wehmut neidet" (S. 15). Welche Intensität auch erzeugt wird, es muß eine Intensität eben der Illusion sein, daß sich hier das eigentliche Leben darbietet. Unbegrenzte, weit ausholende Erfahrungen sind der Anfang; „die Vorstellung und den Sinn von bestimmten Dingen zu vermitteln", das ist immer die eine Hälfte des Problems. Dies aber mit Intensität zu tun, das fiktive Bild der Wirklichkeit mehr als nur schwach aufleuchten zu lassen, erfordert des Künstlers vortrefflichste gestalterische Fähigkeiten. Und da jede Vorstellung von Komposition oder jede Auswahl das Leben verfälscht, erfordert jedes Erzählwerk eine ausgefeilte Rhetorik der Illusionierung.

Fiction", S. 599). Manche Kritiker haben dies so aufgefaßt, als würde damit allen Themen der gleiche Wert zugemessen. James vergißt jedoch nie, daß „es auch bei den Themen verschiedene Grade der Wertigkeit gibt" (*Art of the Novel*, S. 309). Nur dem Kritiker, nicht dem Künstler verweigert er das Recht der Entscheidung. Bei der Behandlung von Flaubert scheint James jedoch das Thema an sich zu beurteilen.

Daher kommt es, daß die meisten Aussagen James' über die technischen Möglichkeiten des Autors — er nennt es seine „Form" oder seinen „Stil", sein „Vorgehen" oder seine „Behandlung" im Unterschied zu seinem „Stoff" oder „Thema" – auf dieses zweifache Ziel hinauslaufen. Kurz gesagt, in seinen *Äußerungen* über rhetorische Mittel (im Unterschied zu der jeweiligen Technik in den Werken) geht es größtenteils darum, wie in den einzelnen Werken das Vergnügen des Lesers vergrößert werden könnte, das sich von den in allen seinen Werken gleichermaßen angestrebten Eigenschaften herleitet. Jedes Thema erfordert natürlich eine etwas andere Behandlung, wenn es seinen „vollen Wahrheitsgehalt" erbringen soll; aber nicht alle Themen rufen bei richtiger Behandlung eine so überlebte Wirkung hervor wie extrem komische oder tragische oder satirische Emotionen, sondern eher eine verallgemeinerte, gemischte, „natürliche" Wirkung: Schließlich entwickeln wir unsere Behandlung des Themas, so sagt er immer wieder, „im Hinblick auf Ironie, Komödie, Tragödie" und kombinieren sie alle in einer Erzählung (S. 224). Selbst das Hervorrufen von Sympathie, das in der älteren Erzählkunst wohl zur Verstärkung tragischer Emotionen erforderlich war, dient hier nur dazu, die Illusion zu intensivieren (S. 12).[37]

Seine Leitgedanken lassen sich allesamt mit dieser doppelten Aufgabe in Verbindung bringen. Die Zeit muß zum Zwecke der Intensität *gerafft* werden, aber die Raffung muß der Romanschriftsteller geschickt *tarnen*, um die Illusion der Wirklichkeit zu erhalten (S. 13 f.). „Was ich an Gründen für das Verderben meines jungen Mannes veranschaulichen konnte", so sagt er über den moralischen Verfall des Helden in *Roderick Hudson*, „war zweifellos dürftig, aber vielleicht kann ich es verlebendigen; ich könnte Illusion erwecken, wenn es mir gelänge, Intensität zu erzeugen" (S. 15).

Ebenso ist er entschlossen zur „*Komposition*" – „Einheit", „Harmonie", „Synthese" –, und das klingt manchmal nach Selbstzweck. Dieser Wunsch besteht jedoch immer, zumal Kunst nur durch unnatürliches Ordnen eine Intensität erreichen kann, wie sie das Leben nicht kennt. Wie erwartet, ist er dann auch gewillt, auf ein Ordnen zugunsten der Illusion zu verzichten; lieber wollte er „zuwenig Formung als zuviel – wenn die Gefahr besteht, daß sie meinen Vorstellungen von Wahrheit zuwiderläuft" (S. 43). Wie zu erwarten stand, ist er bereit, sowohl

[37] Eine nützliche Erörterung über James' Bemühen, sowohl der Kunst als auch dem Leben vollauf gerecht zu werden, liefert René Wellek, „Henry James's Literary Theory and Criticism", *American Literature*, XXX (November 1958), 293–321, bes. 298–306.

Struktur als auch buchstabengetreue Wahrheit einer intensiven Illusion der Wahrheit zu opfern (S. 222–224).

Er zeigt ein tiefes Interesse an Fragen der *Moral,* und es sind nur wenige Erzählungen, in denen es nicht um irgendwelche moralischen Entscheidungen der Hauptfiguren geht. Doch der moralische Wert eines Werkes richtet sich für ihn nicht nach der Gültigkeit von Lehrmeinungen; die „moralische Aussage eines Kunstwerks" richtet sich völlig „danach, in welchem Umfang empfundenes Leben am Schaffensprozeß beteiligt ist" (S. 45). Obwohl er diese Äußerung durch Begriffe wie die „Art" und die „Eigenart" des „empfundenen Lebens" näher bestimmt, gibt er klar zu verstehen, daß der moralische Gehalt des Werkes – also das, was „die Menschlichkeit des Autors überall durchschimmern" läßt – aus der „Qualität und Kapazität" der „außergewöhnlichen Sensibilität" des Künstlers resultiert.

Und eben diese „Qualität und Kapazität" – aus der sich wiederum die Intensität und Angemessenheit der Illusion ergibt – bestimmt die *Perspektive,* in der er seine Geschichte erzählt. Es kann keine Intensität der Illusion geben, wenn der Autor gegenwärtig ist und uns ständig an seine natürliche Allwissenheit erinnert. Ja, ohne Ungewißheit kann die Illusion, es handle sich um Wirklichkeit, nicht entstehen (S. 66), und für den allwissenden Erzähler gibt es diese Ungewißheit offenbar nicht. Dem Lebensprozeß am ehesten entspricht das Wahrnehmen von Geschehnissen durch eine überzeugende menschliche Figur und nicht durch eine gottähnliche Figur, die nicht an die menschliche Unzulänglichkeit gebunden ist. Gleichzeitig ist es mit der perspektivischen Begrenzung durch Ungewißheit nicht getan; wenn das Erleben intensiver als unsere eigenen Beobachtungen sein soll, muß das Bewußtsein der als Beobachter eingesetzten Person „der bestpolierte aller in Frage kommenden Spiegel" sein (S. 69 f.). Wie wir gesehen haben, glaubt er Flaubert gerade in dieser Hinsicht so sehr im Irrtum: Obwohl Menschen wie Frédéric und Emma voller Leben sind, kann ihr Bewußtsein dem Leser auf *natürlich*e Weise kein intensiveres Erleben der Wirklichkeit vermitteln als dasjenige, zu dem sie von ihrer Anlage her fähig sind.

Andererseits geht die Illusion verloren, wenn der Spiegel allzu sehr poliert ist. „Wenn ein gewisser Punkt überschritten wird", so sagt er, „verlieren" solche Reflektoren, „die ein entsprechendes Licht in sich tragen, ihre Wirkung für uns. Ihr Licht könnte zu stark sein, und in diesem Fall könnten wir ihnen wohl kaum glauben, sie bemitleiden oder verspotten. Vielleicht werden sie als allzu bewußt und sensibel dargestellt – gewiß nicht, damit sie bemerkenswert erscheinen [was dem Zweck der Intensität dienlich wäre], sondern ‚natürlich' und typisch, und damit sie die nötigen Gemeinsamkeiten mit unserer eigenen ausgesprochen großen Anfälligkeit aufweisen, in Fallen zu geraten und sich verunsichern zu lassen" (S. 63). Fast immer, wenn „Bewußtseinszentren" und „klare Reflektoren" erörtert werden, richtet er ihren Scharfsinn nach dem aus, was glaubwürdig ist – d. h. nach dem, was die Illusion erhält, ohne die Intensität zu zerstören.

Und schließlich wird seine ganze Vorliebe für das *Dramatische*, das *Szenische* – eine Vorliebe, die natürlich in direktem Zusammenhang mit der Perspektive zu sehen ist – von seinem Streben nach Intensität bestimmt. Manchmal könnte man (ebenso wie Lubbock) den Eindruck gewinnen, als interessiere ihn das Dramatische einzig und allein um seiner selbst willen, so oft wiederholt er seine Formel: „Dramatisieren, dramatisieren!" Aber im Schlußteil seines Vorwortes zu *Die Gesandten* (*The Ambassadors*) bekennt er, daß selbst das Dramatische auf dem Altar der Intensität geopfert werden kann. In einem Kommentar zu einem Abschnitt in *Die Gesandten*, in dem er sich methodisch selbst zu widersprechen scheint – ein Abschnitt, in dem Mamie Pocock „aus einem bis dahin unerprobten Blickwinkel" betrachtet wird, und zwar während „ihrer einzigen Stunde der Ungewißheit im Hotelsalon" – sagt er, diese Episode sei ein Beispiel für die „darstellerische Tugend, die um des Gegensatzes und der Erneuerung willen hie und da eine Abkehr vom Szenischen erfordere. Es fehlte nicht mehr viel, und ich würde alsdann behaupten, daß dem Buch eine gleichmäßige Verteilung solcher Gegensätze eine Intensität verleihen würde, die den dramatischen Effekt erheblich steigert – obgleich letzteres die Summe aller Intensitäten sein soll." Und er schließt mit der Behauptung, daß es eben diese Möglichkeit sei, eine Intensität zu erzielen, die „dramatischer" ist als das Dramatische selbst, eine Möglichkeit, die den Roman zur „unabhängigsten, flexibelsten und erstaunlichsten literarischen Form" mache (S. 326).

Auf all diese Zitate hinzuweisen, denen zufolge James in erster Linie an Effekten interessiert war, die allen guten Erzählwerken gemein sind, will nicht heißen, daß seine erzähltechnischen Entscheidungen überhaupt nie von den jeweiligen Erfordernissen einzelner Werke bestimmt werden. So erfordert beispielsweise der ironisch-tragische Grundton in *Prinzessin Casamassima* (*The Princess Casamassima*) eine andere Behandlung, als es das Ironisch-Komische in *The Sacred Fount* verlangt. Und bisweilen kann er davon sprechen, bestimmte Reaktionen wie die des Mitleids oder „das Komödienhafte" zu verstärken. Wenn aber das zur Intensivierung tragischer oder komischer Emotionen Erforderliche in Konflikt gerät mit dem, was für die allgemeine Intensität der Illusion erforderlich ist, gibt es für ihn kein Zögern. Es ist faszinierend zu beobachten, wie selbst eine so wesentliche Wirkung wie das Mitleid für Maisie in *Maisie* (*What Maisie Knew*) anderen, viel allgemeineren

Wirkungen untergeordnet wird. In der ersten Tagebucheintragung zu dieser Erzählung [38] werden nirgendwo die Gefühle des Mädchens erwähnt; das Interesse gilt einzig und allein der Verstrickung der menschlichen Situation: Das „unschuldige Kind" ist zwischen zwei gleichgültigen Eltern gefangen, die sich getrennt und wieder geheiratet haben. Es entwickelt eine neue Bindung zu jedem der neuen Elternteile, die ihrerseits durch das Kind eine eigene Bindung entwickeln. Und damit macht sich James auch schon an die Untersuchung der Frage, wie er „Mißtrauen, Eifersucht und eine neue Trennung" entstehen lassen könnte. In dem Vorwort, das natürlich lange nach dem Roman geschrieben ist, spricht er ausdrücklich von der emotionalen Wirkung, die darin liegt, das „Mißgeschick des kleinen Opfers" zu beobachten. Die Frage des Mitleids wirft er jedoch nur auf, um dann darüber hinaus auf etwas zu sprechen zu kommen, das ihn weit mehr interessiert. „Die Sache wäre demgemäß traurig genug, doch bin ich nicht sicher, ob mich das möglicherweise Interessante daran so sehr gereizt hätte, wenn ich nicht schon bald das Gefühl gehabt hätte, daß die so dargelegten oder so verstandenen häßlichen Tatsachen durchaus nicht den ganzen Reiz ausmachen."

In der zweiten Tagebucheintragung sucht er fieberhaft nach dem „größten *ironischen* Effekt". Kann er nicht das Interesse am Ironischen verbinden mit dem Interesse an jenem *anderen*, als da wäre „der ‚Hauch von Zärtlichkeit' – oder Sanftheit – oder Sympathie oder Poesie – oder was immer erforderlich ist . . .?" Mit anderen Worten, kann er das hervorstechende Merkmal dieser Erzählung, die Intensität von Maisies mißlicher Lage, nicht auch zum Ausdruck bringen, ohne dabei auf die von ihm in allen seinen Erzählungen geforderte Illusion der „vollen ironischen Wahrheit" zu verzichten? Es scheint ihm zwar vage bewußt zu sein, daß zwischen Ironie und Sympathie ein Konflikt entstehen könnte, doch gibt er deswegen sicher noch lange nicht zu, was selbst für einen begeisterten Vertreter der Ironie wie Schlegel offenkundig war: „Wo das eigentlich Tragische eintritt, hört freilich alle Ironie auf." [39] Er will die „volle ironische Wahrheit", die volle Illusion, mit anderen

[38] *The Notebooks of Henry James,* ed. F. O. Matthiessen und Kenneth B. Murdock (New York, 1947). Der ausgezeichnete Index dieser Ausgabe macht jede Seitenangabe in meinem Text überflüssig. Sofern also nichts Gegenteiliges vermerkt ist, beziehen sich meine Seitenangaben weiterhin auf die Vorworte in *The Art of the Novel.*

[39] A. W. von Schlegel, „23. Vorlesung" in *Vorlesungen über dramatische Kunst und Literatur,* zweiter Teil (Stuttgart, 1967), S. 137. Es gab zu wenig Literaturkritik, die von der Erkenntnis der Unvereinbarkeit unterschiedlicher Wirkungen ausging. Vgl. E. E. Stoll: „Die größte tragische Wirkung und eine

Worten, angefangen von der Gerechtigkeit bis zu den Ironien des Lebens selbst; und obwohl er darauf hofft, die „Zärtlichkeit" und die Sympathie nicht zu verlieren, ist er offensichtlich bereit, etwas von der Intensität der bitteren Lage Maisies, jenes armen kleinen Mädchens, das anfangs „gleich einem Federball von Schläger zu Schläger zurückspringt", der „ironischen Wahrheit" des Ganzen zu opfern.

Kennzeichnend für seine Bereitschaft zu diesem Opfer ist die Mühelosigkeit, mit der er aus dem hilflosen Opfer Maisie eine triumphierende „zentrale Intelligenz" macht. Es vergingen etwa drei Jahre – vom November 1892 bis zum Dezember 1895 – von seinem ersten Hinweis auf eine solche Erzählung bis zu dem Zeitpunkt, als er die Entdeckung von Maisies Bedeutung als „Bewußtseinszentrum" festhielt. Als er ihre Möglichkeiten in dieser Hinsicht erst einmal erkannte, war ihm klar, daß die ursprüngliche Perspektive ihrer Erzählung geändert werden müsse, damit ihre Nützlichkeit als „klarer Reflektor" zum Ausdruck käme. „Als dann schließlich das von mir so genannte Residuum erreicht war, war ich dem roten dramatischen Funken nahe, der im Innersten meiner Vision glühte ... Dieses kostbare Teilchen war die *volle* ironische Wahrheit – das Interessanteste, was sich in die Lage des Kindes hineinlesen ließ." Nicht, man beachte dies, das Schärfste oder „Lieblichste" oder „Traurigste", sondern das „Interessanteste". „Um den Geist zu befriedigen", so schreibt er weiter in dem Vorwort, „müßte das kleine sich entfaltende Bewußtsein erhalten und als ein Register von Eindrücken darstellbar werden; und zwar erhalten werden durch bestimmte positive Erfahrungen, einen gewissen Gewinn und ein gewonnenes Selbstvertrauen, nicht aber verflacht, vernebelt und sterilisiert werden durch Unwissenheit und Schmerz" (S. 142).

Der ganze Umwandlungsprozeß, der sich bei James vom Keim bis zum fertigen Thema erstreckt, ist von einer fast ebenso großen Unbestimmtheit umgeben wie die fertigen Erzählungen selbst; ich werde diesem Phänomen später noch einmal in anderer Art und Weise nachgehen. Nirgends tritt dies deutlicher zutage als hier, wo er schlußfolgernd ausdrücklich auf seinem Ideal von Wahrheit gegenüber der moralischen und emotionalen Komplexität des Lebens besteht. „Keine

---

strenge psychologische Wahrscheinlichkeit sind gewöhnlich unvereinbar ... und da die größte Wirkung Ziel und Zweck dieser sowie jeder anderen Kunst ist, wieviel besser ist es da, offen und ehrlich zu einer Konvention, einer Vereinfachung oder einer Abkürzung zu greifen, um diese zu gewährleisten!" (*Shakespeare and Other Masters*, [Cambridge, Mass., 1940], S. 329). Vgl. auch Anm. 7, S. 251 sowie Robert Langbaum, *The Poetry of Experience* (London, 1957).

Themen sind so menschlich wie jene, die uns aus der Verworrenheit des Lebens heraus die enge Verflechtung von Glück und Verderben, von tröstlichen und schmerzlichen Dingen widerspiegeln und uns unaufhörlich jene glänzenden, so seltsam legierten harten Metalle vor Augen halten, deren eine Seite aus dem einem Menschen wiederfahrenen Recht und Glück besteht und deren Kehrseite aus dem einem anderen widerfahrenen Unrecht und Leid." Dieses Ideal ist nicht, das dürfen wir nicht vergessen, etwas, das er entdeckte, während er diese Erzählung schrieb; er glaubte von Anfang an, daß die „menschlichsten" Themen jene seien, die die moralische Ambiguität des Lebens widerspiegeln. Im Dienste dieses Ideals ist er jedoch zu Entscheidungen veranlaßt worden, die andere Ideale, andere allgemeine Merkmale, nicht erfordern würden. In seinem Dienst ist die Erzählung „des Kindes" zwangsläufig als die eines Mädchens festgelegt worden: „Mein leichtes, in einem solchen Luftzug hin und her schwankendes Gefäß des Bewußtseins könnte aus Gründen der Wahrscheinlichkeit kein derber kleiner Junge sein", da „mein Plan von meinem Protagonisten ‚unendliche' Sensibilität verlangen würde", und kleine Jungen haben hiervon weniger als kleine Mädchen (S. 143 f.). Am auffallendsten ist angesichts der traditionellen Unterscheidung zwischen Komödie und Tragödie die Tatsache, daß es eine Änderung im Plan in Richtung auf die Rettung des Protagonisten statt auf seine Zerstörung bedingt hat. Darüber hinaus hat es zahlreiche weitere Abänderungen und Kunstgriffe bedingt, die niemals für einen Autor in Frage gekommen wären, dem es darum ging, die größtmögliche tragische, komische, epische oder satirische Wirkung zu erzielen.

Bereits der junge James hatte lange vorher gesagt, daß die Tätigkeit des Autors darin bestehe, „seinen Leser weitgehend wie seine Personen zu machen". Aber damals sagte er nicht, und er tut es auch nicht in seinen Vorworten, daß er den Leser zum Lachen oder Weinen, zum Hassen oder zum Glühen im Gefühl des Triumphs bringt. „Wenn er ihn schlecht, d. h. ihn gleichgültig macht, leistet er keine Arbeit; dann ist der Schriftsteller schlecht. Wenn er ihn gut machte, d. h. Interesse in ihm weckt, *dann* macht der Leser fast die halbe Arbeit." [40] So bedingt James' leidenschaftliches Bemühen, dem Leser das Gefühl zu geben, er reise durch eine wirkliche, wenn auch intensivierte Welt, von Anfang an allgemeine rhetorische Mittel im Dienste des Realismus und weniger besondere rhetorische Mittel für ein möglichst intensives Erfahren bestimmter Effekte.

[40] „The Novels of George Eliot", *Atlantic Monthly*, Oktober 1866, S. 485.

James' Interesse am Realismus hat ihn nie zu der Überzeugung gelangen lassen, alle Hinweise für die Gegenwart des Autors seien unkünstlerisch. Obwohl er vielleicht Ford darin zugestimmt hätte, daß der Leser glauben solle, er sei „wirklich gegenwärtig" gewesen, hätte er jedoch nie befürwortet, daß der Leser die lenkende Gegenwart des Autors völlig vergessen müsse. Sein Interesse ist nicht negativ – wie man den Autor loswerden könne –, sondern eher positiv: wie sich eine starke Illusion der Wirklichkeit erzeugen ließe, einschließlich der Komplexität der geistigen und moralischen Realität. Er kann daher in seine mit größter Strenge gestalteten Werke „eindringen" – jedoch nur, um bestimmte, sehr begrenzte Aufgaben zu erfüllen (vgl. S. 66 f.).

Die Maximen Jean-Paul Sartres sind da weit weniger flexibel. Sartre ist es nicht damit getan, daß ein Autor jedweden allwissenden Kommentar unterläßt. Es ist noch nicht einmal damit getan, daß der Autor die Illusion erzeugt, er sitze als stiller Zuhörer hinter den Kulissen, gleich Gott, der sein Werk objektiv begutachtet, wie es der Fall ist in den Theorien von Flaubert, James Joyce und einigen Frühromantikern.[41] Er muß die Illusion erzeugen, daß er noch nicht einmal existiert. Wenn wir nur einen Augenblick lang argwöhnen, er sei hinter den Kulissen und überwache das Leben seiner Charaktere, wird es den Anschein haben, als seien sie nicht frei. Sartre lehnt Mauriacs Versuch ab, mit seinen Charakteren „wie Gott zu schalten", und wirft ihm vor, gegen das „strengste" aller für „erfundene Geschöpfe" geltenden „Gesetze" zu verstoßen: „Der Romancier kann ihr Zeuge oder ihr Mitwisser sein, aber niemals beides zugleich. Außerhalb oder innerhalb. Da Mauriac diese Gesetze nicht beachtet hat, tötet er das Bewußtsein seiner Figuren ab." [42]

Die Behauptung, der Romancier dürfe keinerlei Hinweise auf seine ordnende Hand geben, da dies zeige, daß er „wie Gott schaltet", kommt recht offensichtlich der Verurteilung nahezu sämtlicher früher Romanwerke gleich, einschließlich derer, die von den eifrigsten Vertretern der

[41] Vgl. Abrams, *op. cit.*, S. 241–49.

[42] „François Mauriac und die Freiheit", *Situationen* (Rowohlt Hamburg, 1965), S. 23. Ursprünglich veröffentlicht als Rezension über Mauriacs *Das Ende der Nacht (La fin de la nuit)* in *Novelle Revue Française* (Februar 1939). In jüngerer Zeit (Januar 1961) gibt es Anzeichen dafür, daß Sartre, wie viele seiner Kollegen, im Begriff ist, die Vorstellungen von einer engagierten Literatur, auf denen diese Theorien basieren, zu verwerfen. Doch selbst wenn dies zutrifft, ist er in diesem Zusammenhang trotzdem als Vertreter einer extremen Richtung nützlich.

Objektivität geschrieben wurden. Sartre ist sich dieses radikalen Bruchs bewußt; ja, er scheint sich daran zu ergötzen. In seinen späteren Essays entwickelt er seine Theorie zu einer kompromißlosen Ablehnung der in der gesamten frühen Romankunst anzutreffenden „privilegierten Subjektivität". Er nimmt Joyce als Ausgangspunkt für eine Entwicklung hin zum ungeschmälerten Ruhm des neuen Romans und verlangt dabei nach einem „absoluten Subjektivismus" („entsprechend dem absoluten Objektivismus"), einem „absoluten subjektiven Realismus", der über Joyces „derben Realismus der Subjektivität ohne Vermittlung oder Distanz" hinausgeht, indem er am Schluß zu der absoluten Überzeugung gelangt, daß Charaktere ganz frei in der Zeit handeln.[43] Und wie wir bereits gesehen haben, schließt er mit der eindringlichen Bitte, Romane nicht als „Produkte des Menschen", sondern als natürliche Produkte wie Pflanzen und Begebenheiten zu betrachten.

In solchen Romanen darf der Autor niemals den Eindruck der geordneten Welt erwecken, in der er lebt und aus der er sich die Begebenheiten in Erinnerung ruft; *jeder* Hinweis auf ein Ordnen zerstört unweigerlich im Leser das Gefühl wirklicher Freiheit im Angesicht der Absurdität des Chaos. Eine immanente Ordnung war in der älteren Romankunst bis zu einem gewissen Grad entschuldbar; entstanden in einer geordneten Welt, war es eine Romankunst, in der weder „der Autor noch der Leser irgendein Risiko eingeht; es gibt keine Überraschung zu befürchten; die Begebenheit ist etwas aus der Vergangenheit; sie ist katalogisiert und verstanden worden." In dieser Welt beinhaltet die Erzähltechnik vielleicht ganz zu Recht „die Perspektive des Absoluten, d. h. der Ordnung". In unserer Welt jedoch, in der man das wahre Chaos der Dinge endlich erkannt hat, kann nur eine Technik geduldet werden, die den Charakteren auch wirklich die Freiheit läßt, sich diesem Chaos zu stellen (S. 102–122).

Schlußfolgernd bezichtigt Sartre Mauriac der „Sünde des Hochmuts", einer Sünde, die Sartre zufolge darin zu bestehen scheint, daß er die allumfassende Relativität aller Werte leugnet.

> Er hat verkannt, was übrigens die meisten unserer Autoren tun, daß die Relativitätstheorie voll und ganz auch für die Welt des Romans gilt, daß in einen echten Roman ein privilegierter Beobachter ebensowenig gehört wie in die Welt Einsteins und daß kein Experiment nachweisen kann, ob sich ein Romansystem * oder ein physikalisches System in Bewegung oder in Ruhe befindet. Mauriac hat sich selbst den Vorzug* gegeben. Er hat sich auf den Standpunkt der göttlichen Allwissenheit und Allmacht gestellt. Aber ein Roman wird von Menschen für Menschen geschrieben. Vor Gott, der den

[43] *Qu'est-ce que la littérature*, S. 275 f., Anm. 11 und 12, S. 371 f.

Schein der Dinge durchschaut, gibt es keinen Roman, gibt es keine Kunst, da die Kunst vom Schein lebt. Gott ist kein Künstler; Mauriac auch nicht.
* Unter Romansystem verstehe ich sowohl den Roman als Ganzes wie die Teilsysteme, aus denen er besteht (Bewußtsein, Gesamtheit der psychologischen und moralischen Urteile der Figuren).

Andererseits ist für den wahren Romanschriftsteller, der einen unbeschränkten Realismus anstrebt, alles Erscheinung, und alle Erscheinungen sind, oder scheinen es zumindest, gleichermaßen gültig. So erfordert der *réalisme brut de la subjectivité* einen zeitlichen Realismus, der den Autor absolut an die Dauer der Begebenheiten bindet, wie sie von seinen Charakteren erfahren wird. Er muß uns als Unbeteiligter jedes noch so unbedeutende Detail vermitteln, das ein authentischer Bestandteil dieser Erfahrung ist. Er muß sogar die normalen Abkürzungen des Dialogs vermeiden. „In einem Roman muß man entweder alles sagen oder Stillschweigen bewahren; vor allem darf man nichts auslassen oder überspringen" (S. 20). Kurz, es darf keine Auswahl geben – oder ist es einfach so, daß alle erkennbaren Hinweise auf eine Auswahl unterlassen werden müssen? Sartre bringt nicht ganz eindeutig zum Ausdruck, welches von beiden er fordert, und er gibt zu, daß diese seine Interpretation „Probleme aufwirft, die noch keiner gelöst hat, und die vielleicht teilweise unlösbar sind." [44]

Trotz der eingeräumten praktischen Schwierigkeiten ist diese elegant formulierte Theorie unwiderlegbar, jedenfalls, solange wir voraussetzen, daß Romane den Eindruck erwecken sollen, als seien sie ungeschrieben. Doch wer geht je wirklich von einer solchen Voraussetzung aus? Unsere gesamten Erfahrungen beim Lesen von Romanen beruhen, wie Jean-Louis Curtis in seiner brillanten Replik an Sartre sagt,[45] auf einer stillschweigenden Übereinkunft mit dem Romanschriftsteller, einer Übereinkunft, die ihm das Recht zugesteht zu wissen, worüber er schreibt. Erst durch diese Übereinkunft können Romane entstehen. Dies

[44] *Ibid.*, Anm. 11, S. 371 f. „... es ist weder möglich noch wünschenswert, alle Romane auf die Erzählung eines einzigen Tages zu beschränken. Wird ein Buch vierundzwanzig Stunden anstatt einer Stunde gewidmet oder einer Stunde anstatt einer Minute, so impliziert das den Eingriff des Autors und seine übergreifende Wahl. Es wird dann notwendig, diese Wahl mit rein ästhetischen Mitteln zu kaschieren ... zu lügen, um wahr zu sein." Amüsanterweise unternahm 1959 ein englischer Spielfilm den Versuch, Sartres Prinzipien zum Realismus buchstabengetreu zu befolgen; der Film, der eine Handlung von achtundachtzig Minuten Dauer wiedergibt, dauert selbst auch achtundachtzig Minuten, ein Ehrfurcht einflößendes Beispiel von Prinzipientreue. Die Rezensenten erschienen diesem „absoluten dogmatischen Realismus" gegenüber bemerkenswert undankbar.

zu leugnen, würde nicht nur jede Romankunst, sondern jede Literatur zerstören, da jede Kunst die Auswahl durch den Künstler voraussetzt. „Wenn der Begriff der Auswahl zunichte gemacht wird, so ist es eigentlich die Kunst, die vernichtet wird."

Immer wenn der Leser, so fährt Curtis fort, einen Roman mit Gewinn liest, vereinigt er spontan alles, was der Romanschriftsteller darbietet, also Szene, Geste, dramatischen Kommentar, allwissendes Urteil, in einer einzigen Synthese. „Wenn Balzac mir ins Ohr brüllt, Vautrin sei ein ‚colosse de ruse', dann glaube ich das: Vautrin ist ein *colosse de ruse*. Wie vereinbart, habe ich Balzac einen nahezu unbegrenzten Kredit eingeräumt" (S. 173).

Kurz, sobald ich mich einem allwissenden Erzähler anvertraut habe, bin ich ebensowenig geneigt – außer unter dem Bann moderner Verfahrensregeln –, das Urteil des Erzählers von dem beurteilten Gegenstand oder Charakter zu trennen, wie ich geneigt bin, James' Konventionen in Frage zu stellen, wenn ich erst einmal mitten in einem seiner Romane bin. Er trifft eine Vereinbarung mit mir, nach der er *nicht* alles weiß. Er erinnert mich von Zeit zu Zeit daran, daß er in diesem besonderen Fall aufgrund der von ihm aufgestellten Konvention nicht „in den Hintergrund treten" kann. Ich billige das, vorausgesetzt, es dient weitergesteckten Zielen, die ich ebenfalls billigen kann. Auf keinen Fall aber tue ich so, als läse ich nicht einen Roman.

Über die Unterscheidung zwischen Realismen

Die allgemeine, von James und Sartre vertretene Auffassung, daß ein Roman realistisch sein solle, würde wahrscheinlich von den meisten Romanschriftstellern von den Anfängen der Romankunst an geteilt. Ihre Auffassung, daß zugunsten einer realistischen Wirkung auf die meisten, wenn nicht gar auf alle anderen Tugenden verzichtet werden könne, würde von vielen Romanschriftstellern und Kritikern dieses Jahrhunderts geteilt.

Virginia Woolf z. B. sah die Arbeit des Romanschriftstellers als einen Versuch an, die schwer faßbare Realität des Charakters zum Ausdruck zu bringen, insbesondere, wenn der Charakter sich in Sensibilität widerspiegelt.[46] Besonders interessant ist ihr Urteil über Jane Austen, da es

---

[45] „Sartre et le roman", *Haute Ecole* (Paris, 1950), S. 181.

[46] Vgl. ihre Erörterung darüber, wie die Methoden der von ihr so genannten Georgianer – also sie selbst, Forster, Lawrence, Joyce, Eliot –, mit denen dieses Ziel erreicht werden soll, sich von den Methoden der „Eduardianer" Bennett, Galsworthy und Wells unterscheiden („Mr. Bennett and Mrs. Brown", in *The*

enthüllt, wie wichtig für sie die Vorstellung des Romanschriftstellers von der Realität war. Sie stellt Überlegungen an, wie eine nicht so früh gestorbene Jane Austen sich wohl entwickelt hätte, und sagt: „Aber sie hätte mehr gewußt. Ihr Gefühl der Sicherheit wäre erschüttert worden. Ihre Komödie hätte gelitten." Zweifellos, da die Komödie auf alle möglichen unrealistischen Übertreibungen angewiesen ist. „Sie hätte weniger ... dem Dialog vertraut und mehr der Reflexion, um uns Kenntnis von ihren Charakteren zu geben." Wäre sie noch weiter gereift, hätte sie sicher das Ziel gehabt, „uns diese Kenntnis" und nicht eine Komödie zu geben. „Jene wundervollen kleinen Gespräche, die in einer Plauderei von wenigen Minuten alles zusammenfassen, was wir brauchen, um einen Admiral Croft zu kennen ... ein für allemal, jene straffende, unbekümmerte Methode, mit der sie ganze Kapitel psychologischer Analyse zusammenrafft, hätte sich als zu grob erwiesen, um all dem Rechnung zu tragen, was sie dann von der Komplexität der menschlichen Natur erfaßt hätte. Sie hätte eine Methode entwickelt, klar und in sich geschlossen wie stets, aber tiefer gehend und suggestiver, um nicht nur das zu vermitteln, was Menschen sagen, sondern auch, was sie ungesagt lassen; nicht nur, was sie sind, sondern, was das Leben ist." Kurz, „sie wäre der Vorläufer von Henry James und von Proust geworden" – oder, wie David Daiches unter Anführung der gleichen Stelle sagt, „von Virginia Woolf".[47]

In ähnlicher Weise verteidigte Dorothy Richardson ihre endlosen Bewußtseinsströme als einen Weg zur „Realität"; ihre Methode, sagte sie, bringe ihre erste Erfahrung mit dem Versuch zum Ausdruck, „einen Fremden in Form von betrachteter Realität sich selbst äußern" zu lassen.[48] Und als der jugendliche Joyce 1899 vor der Literarischen und Historischen Gesellschaft einen Vortrag hielt, also lange, bevor er in viel lebendigeren Experimenten auf die gleiche Technik zurückgriff, traf er die Feststellung, „der Künstler habe nicht die Aufgabe, sein Werk religiös, moralisch, schön oder ideal zu gestalten, er müsse einzig den Grundgesetzen treu bleiben".[49] Robert Humphrey faßt das Ziel aller Schriftsteller des stream of consciousness als das Bemühen zusammen, „die Psyche der Charaktere" zu enthüllen, als einen Versuch, „das We-

Hogarth Essays, ed. Leonard und Virginia Woolf (Garden City, N. Y., 1928), S. 3–29; desgleichen „Modern Fiction", *The Common Reader* (London, 1925; New York, 1953), S. 154 f.

[47] *The Common Reader*, S. 148 f. *Virginia Woolf* (Norfolk, Conn., 1942), S. 38.

[48] *Pilgrimage* (New York, 1938), I, 10.

[49] Richard Ellmann, *James Joyce* (Rhein Zürich, 1959), S. 85 f.

sen des Menschen" zu analysieren und „den Charakter genauer und realistischer darzubieten".[50] Für solche Schriftsteller, so behauptet Humphrey, sind die klar erkennbaren Strukturen einzelner Werke ein Kunstgriff, um dem in Wirklichkeit Formlosen Form zu geben. Das Erfinden einer Struktur wird so eine Art rhetorisches Mittel zur Stützung der Illusion, nicht umgekehrt. „Wenn Motiv und äußere Handlung ersetzt werden durch die Psyche und deren Funktionen, was hält dann die Fiktion zusammen? Was tritt dann an die Stelle des herkömmlichen Plot?" Das wirkliche Leben der Person „enthält keine Formen", aber das Werk muß geformt werden, wenn der Autor „vermitteln soll". Und so erdenkt der Autor seine Werke als eine Folge von Mitteln zur „Differenzierung und Variation", „um Licht und Schatten zu bekommen" (S. 88). Eine außergewöhnliche Umkehrung des traditionellen rhetorischen Problems!

Und so könnten wir mit leichten Abänderungen fortfahren über Gide und Proust und Mann, so lange, bis irgendwelche „echten" Romanschriftsteller zwischen dem Niederschreiben dieses Satzes und dem Tag der Veröffentlichung in Sicht kommen. Wie sollen wir den Weg durch die Fülle widersprüchlicher Forderungen finden, die wir hier als Knäuel um den Begriff „Realität" erblicken? In Ermangelung jener großen Arbeit über Realismen, die wir so dringend benötigen, gewinnen wir vielleicht etwas Klarheit, wenn wir diese Programme in vier Gruppen unterteilen.

Für einige Realisten ist es von höchstem Interesse, ob der *Gegenstand* der Realität außerhalb des Buches gerecht wird. Für viele der sogenannten Naturalisten könnte kein Bild real sein, wenn es nicht der unerfreulichen Seite des Lebens gerecht würde. Anderen, wie Howells, kam der naheliegende Gedanke, daß das Leben „in Wirklichkeit" oft recht erfreulich ist und daß kein Realismus, der diesen Umstand außer acht läßt, diese Bezeichnung beanspruchen darf. Eine derartige Ausrichtung auf einen vielleicht soziale Realität zu nennenden Begriff stellt keine gleichbleibenden Forderungen an Technik oder Form; die Naturalisten glaubten allesamt, daß es ihnen freistehe, ihre rhetorischen Kommentare einzuschieben, wo immer dies nötig sei.

Wenn jedoch die zu überdenkende Realität sich von den sichtbaren Gegebenheiten des Lebens zu entfernen beginnt und sich auf eine metaphysische Wahrheit zubewegt, ergeben sich daraus wahrscheinlich gleichbleibende technische und formale Forderungen. Zahlreiche Stimmen in diesem Jahrhundert haben verlangt, daß ein Werk die Ambigui-

[50] *Stream of Consciousness in the Modern Novel* (Berkeley, Calif., 1954), S. 6 f.

tät des menschlichen Daseins oder gar des Universums selbst in angemessener Weise widerspiegeln solle. Robert Langbaum beispielsweise begründet seine Ablehnung von Brownings Papst damit, daß er „zu autoritär" sei, und fährt fort, es sei „sicherlich eine berechtigte Kritik an *The Ring and the Book*, daß Gut und Böse nicht genügend miteinander vermengt seien". Ein Gedicht, „das ein und dieselbe Geschichte aus unterschiedlichen Blickwinkeln behandle", sollte dies unparteiisch tun, „damit sich aus der allergrößten Ambiguität heraus ein Urteil bilden kann". Und was ist der Grund? „Die Dichtung aus der Prosa erstehen zu lassen und das Geistige aus dem gewöhnlichen Erdenlehm zu erheben, mit anderen Worten, die Bedingungen für eine moderne intellektuelle und moralische Gesinnung zu schaffen ... müßte meiner Meinung nach das Ziel jeder unverfälscht modernen Literatur sein." [51] Wenn man auf solche rigorosen Bedingungen stößt, ist es schwer zu begreifen, wie ein Autor sich die Freiheit nehmen konnte, auktoriale Erzähltechniken anzuwenden.

Andere haben geglaubt, daß Realität mittels einer genauen Umsetzung von Empfindungen anzustreben sei, wie sie durch Äußerlichkeiten und weniger in Anspielung auf irgendeine allgemeine Anschauung von den Dingen entstehen. Bis in fast unglaubwürdige Extreme verkehrt worden ist diese Haltung in jüngerer Zeit durch die Schule der „Anti-Romanschriftsteller" in Frankreich, mit einem deren Vertreter ich mich etwas später befassen werde. Und schließlich – unter Wegfall zahlreicher anderer Programme, wirtschaftlicher, psychologischer, politischer Art – hat es viele Erörterungen gegeben, wie diejenige von Virginia Woolf, über das jeweils genau richtige Verhältnis zwischen der von den Charakteren in den Romanen gezeigten Realität und der Realität ihrer Modelle im „wirklichen Leben". Zwar würde beinahe jeder Arnold Bennett darin zustimmen, daß „die ganze Fülle eines Charakters nicht in einem Buch untergebracht werden kann", doch gehen die Meinungen sehr weit darin auseinander, wie intensiv man es dennoch versuchen solle.[52]

Die meisten Schriftsteller, die versucht haben, ihre *Themen* real zu gestalten, haben sich, wie James und Sartre, früher oder später dabei ertappt, daß auch sie nach einer realistischen *Struktur* oder einer Ordnung von Geschehnissen suchten und daß auch sie mit der Frage rangen,

---

[51] *The Poetry of Experience*, S. 135.

[52] Die Quellen zu diesen Kontroversen über das Sujet sind so zahlreich, daß jeder Versuch eines kurzen Überblicks irreführend wäre. Ein guter Einstieg für denjenigen Leser, die die *loci classici* nicht kennt, ist Miriam Allotts *Novelists on the Novel* (New York, 1959), S. 275–307.

wie sie diese Ordnung so gestalten könnten, daß sie als eine mögliche Widerspiegelung der Ordnungen erscheine, in die das Leben selbst zerfällt. Einigen ist es unrealistisch erschienen, das Wirken des Zufalls in der fiktiven Welt zu zeigen; anderen verbietet sich eine lückenlose Kette von Ursache und Wirkung, da der Zufall im wirklichen Leben offensichtlich eine große Rolle spielt. Einige haben ein schlüssiges Ende oder aufsteigende Höhepunkte oder klare und unmißverständliche Ausgangspositionen mißbilligt, da sie im Leben nie vorkommen. Die meisten Mißbilligungen des Plots basieren auf der Behauptung, daß das Leben ohne Plots ist und daß die Literatur wie das Leben sein solle.[53]

Wahrscheinlich gibt es keinen inneren Grund, warum eine realistische Struktur einer bestimmten Form realistischer *Erzähltechnik* bedürfen solle –, um auf die dritte Art von Realismus zu sprechen zu kommen. Ein Buch mit einem vollkommen „offenen Ende" könnte sehr wohl mit dem unüberhörbaren Hinweis eines allwissenden Autors enden, daß das Buch ohne Ergebnis gelassen sei, weil das Leben eben so ist. In der Praxis jedoch haben sich aus den Forderungen der meisten Programme nach einer realistischen Struktur erzähltechnische Verfahrensregeln entwickelt. Einige haben wohl geglaubt, daß eine Geschichte so zu erzählen sei, wie sie vielleicht im wirklichen Leben erzählt würde, und so mußten sie beispielsweise mit Bestürzung erkennen, daß Conrads Marlow in *Lord Jim* wohl kaum all das hätte erzählen können, was er in der zur Verfügung gestellten Zeit erzählt. Wie wir bereits gesehen haben, muß für andere realistisches Erzählen den Umstand verbergen, daß es sich überhaupt um Erzählen handelt, womit die Illusion erzeugt wird, daß die Geschehnisse ohne Vermittlung des Autors ablaufen.

Die Haltung gegenüber diesen drei Variablen, Gegenstand, Struktur und Technik, richtet sich letztlich nach den Vorstellungen von Zweck und Funktion oder Wirkung. Es besteht ein grundlegender Unterschied zwischen jenen, die eine gewisse Form des Realismus als Selbstzweck anstreben – einschließlich der meisten in diesem Kapitel erörterten Realismen –, und jenen, für die Realismus als Mittel zu anderen Zwekken dient. Diejenigen Schriftsteller, deren Bemühungen um eine realistische Wirkung nur auf etwas abgestellt sind, das sie für wichtigere Ziele halten, zerfallen selbst wieder in zwei grundverschiedene Gruppen. Auf der einen Seite gibt es ausgesprochen didaktische Autoren, angefangen von allegorischen Autoren wie Bunyan bis hin zu philosophischen Propagandisten wie Sartre.[54] Satiriker wie Swift und Voltaire werden,

[53] Allott, „Plot and Story", *ibid.*, S. 241–51. Vgl. Kap. V, S. 123 ff.

[54] Vgl. Sartre, „Was heißt schreiben?" und „Warum schreiben?" in *Was ist Literatur?*

wenn sie auch hier und da dem Realismus um seiner selbst willen frönen, dem Realismus unmißverständlich entsagen, sobald ihre satirischen Ziele diesen Verzicht erfordern. Auf der anderen Seite behandeln auch viele rein „mimetische" oder objektive Schriftsteller, denen eine Unterstellung didaktischer Absichten höchst unangenehm wäre, Realismus als etwas, das ihren besonderen Absichten untergeordnet und zweckdienlich ist. Soviel Fielding und Dickens, Trollope und Thackeray von ihrer Leidenschaft für die Treue zur Natur oder zur Wirklichkeit sprechen mögen, so sind sie doch oft bereit, wie es einige moderne Kritiker beklagt haben, auf die Realität zugunsten von Lachen oder Weinen zu verzichten.

Ein Unterschied, der größere Verwirrung hervorruft, besteht jedoch innerhalb jener Gruppe, die sich im allgemeinen darin einig ist, daß Realismus an sich als Ziel ausreicht. Auf der einen Seite stehen Schriftsteller wie James, die eine intensive Illusion der Realität anstreben, und zwar als eine Wirkung, die durch Verwendung alles dessen, was an realistischen Themen, Techniken und Strukturen denkbar ist, im Leser realisiert werden muß. Wie wir bereits gesehen haben, ist sich James völlig klar darüber, daß diese Wirkung wichtiger ist als jedes besondere Mittel, das ihr dienlich sein könnte. Im Gegensatz dazu gibt es viele, die dieses oder jenes Thema, diese oder jene Technik bzw. Struktur zu einem selbständigen Ideal machen, das ohne Rücksicht auf Leser oder Wirkungen anzustreben ist. Die Folge ist, daß zwei grundlegend verschiedene Arten von Literatur sowie zwei gleichermaßen verschiedene Arten der Kritik oft als identisch angesehen werden.

Betrachten wir, was aus James in den Händen der Jamesianer geworden ist. Da James eine intensive Illusion im Leser anstrebte, war es ihm gleichgültig, ob die sichtbare Struktur des Werkes offensichtlich „Schönheitsfehler" aufwies, die darauf hindeuteten, daß das Werk von einem Menschen geschrieben worden war. Solange es offenkundig war, daß dieser Mensch die Gegebenheiten der Erzählung nicht seinen Zielen anpassen konnte, konnte er seine Erzählung und seine Methoden sogar recht freizügig kommentieren. „Mr. Longdon", lesen wir in *The Awkward Age,* „schaute der vornehmen Dame ... direkt ins Gesicht, und wer kann sagen, ob sie aus seinem Ausdruck scharfsinnig erriet oder nicht, daß ..." Und noch einmal, „Da Mr. Van selbst zu keinem Zeitpunkt danach die besondere Wirkung, die der Tonfall dieser Worte auf ihn ausgeübt hatte, gegenüber irgendeinem aufmerksamen Freund hätte zum Ausdruck bringen können, macht sich sein Chronist diesen Umstand zunutze, um auch für sich keine größere Intelligenz in Anspruch zu nehmen –, sondern im Gegenteil, um sich auf die einfache Äußerung zu beschränken, daß sie auf Mr. Vans Wange ein kaum wahrnehmbares

Erröten hervorriefen." Was immer zugunsten dieser Einwände gegen die „verhüllte Majestät verantwortungsfreier Urheberschaft" gesagt werden mag, sollen sie offensichtlich nicht das Buch von allen Anzeichen seines Urhebers befreien. „Wenn wir in diesem Moment", so erzählt uns der Erzähler in *Die Damen aus Boston (The Bostonians,* 1886), „mit einem einzigen Blick Mrs. Burrages Seelenleben erkunden könnten (eine Freiheit, derer wir uns bisher noch nicht bedient haben), würden wir vermutlich feststellen ..." Und in einem anderen Augenblick sagt er: „Mrs. Burrage – da wir nun schon einmal angefangen haben, ihr Seelenleben zu erkunden, können wir auch damit fortfahren – hatte niemanden im besonderen gemeint ..." [55] Natürlich kommt dieser erstaunliche Verweis auf strenge Konventionen vom noch recht „jungen James". Die späteren Werke sind jedoch voll von dem, wie wir es an *The Awkward Age* gesehen haben. „Gingen wir all den Dingen nach, die unseren Freund beschäftigten", so erzählt uns der „Chronist" in *Die Gesandten,* „müßten wir unsere Feder erneuern." Und selbst in seinem letzten, unvollendeten Roman *The Sense of the Past* häufen sich die Verweise auf künstliche Beschränkungen.[56]

Für den Kritiker, der davon ausgeht, daß James eine von allen Spuren des Autors gereinigte Oberfläche anstrebte und dabei eine Atmosphäre des unpersönlichen Erzählens als Selbstzweck ansah, sind derlei Einmischungen ganz offenkundig Schwächen, und es ist leicht für einen solchen Kritiker, James' eigene Regeln als Kodex und mit noch höherem Anspruch gegen den Meister anzuführen. Ein moderner Kritiker stellt James' Vorgehen in *Die Gesandten* und Lubbocks Beschreibung desselben einander gegenüber und entdeckt selbstverständlich zahlreiche „Fehler und Abweichungen". Sogar jene „Einmischungen", über die James in seinem Vorwort selbst spricht, können gegen ihn zitiert werden als sichtbare „Inkonsequenz" in „seinem Ringen um das, was er für seine vornehmste Aufgabe hielt, nämlich die Kunst seines Handwerks zu meistern". Dort wo James seinen wechselnden Standpunkt als Beweis dafür angeführt hatte, daß die Intensität der Wirkung wichtiger sei als alle Regeln zur Verwirklichung des Dramatischen, kann der Jamesianer nur zu dem Schluß kommen, daß James „vermutlich sein häufiges Abweichen nicht nur von Strethers Standpunkt, sondern auch vom objektiven Erzählen nicht erkennt", und uns nahelegen, daß wir „James, den alten Eindringling", entschuldigen, da er „immer noch so eng an die Konventionen der Erzählkunst des neunzehnten Jahrhun-

---

[55] *Die Damen aus Boston* (Kiepenheuer & Witsch Köln, 1964), S. 344.
[56] Vgl. z. B. S. 272 der Londoner Ausgabe von 1917.

derts gebunden war, daß er sich dem Bann ihrer Gebräuche und Methoden nie ganz entziehen konnte".[57]

Der Grund dafür, daß die Propheten des Realismus selbst oft dem Ruhm ihrer bemerkenswerten Leistungen geschadet haben, liegt also in ihrem Unvermögen, über Ziele und Mittel klar zu reflektieren. Die Natürlichkeit der Technik zu einem Selbstzweck gemacht zu haben, war vielleicht von vornherein eine unmögliche Zielsetzung. Welche Wahrscheinlichkeit ein Werk auch haben mag, sie wirkt immer innerhalb einer größeren Konstruktion; jedes nachfolgende Werk ist natürlich – und konstruiert – auf seine eigene Art. Es ist leicht für uns, jetzt zu erkennen, was zu Beginn dieses Jahrhunderts nicht so klar war: Gleichgültig, ob ein unpersönlicher Romanschriftsteller hinter einem einzigen Erzähler oder Beobachter die vielfältigen Perspektiven von *Ulysses* oder *Als ich im Sterben lag (As I Lay Dying)* verbirgt, oder aber die objektiven Gegebenheiten von *The Awkward Age* oder von Compton-Burnetts *Parents and Children*, die Stimme des Autors wird nie wirklich zum Schweigen gebracht. Ja sie ist vielmehr einer der Gründe, weshalb wir Romanwerke lesen (Kap. VII), und wir empfinden sie nie als störend, es sei denn, der Autor macht sehr viel Aufhebens von seiner eigenen überlegenen Natürlichkeit.

Das Ordnen von „Intensitäten"

Eine weitere Folge des Durcheinanders von Zielen und Mitteln ist das Unvermögen, zu erkennen, daß wohl keine Eigenschaft, und sei sie auch noch so wünschenswert, in gleichem Maße für alle Teile eines Werkes geeignet ist. Selbst das höchstgelegene Plateau ist weniger interessant als ein Berg, und es ist ein Irrtum der Kritiker, so zu reden, als sei derjenige Romanschriftsteller am erfolgreichsten, in dessen Werk eine Zeile so lebendig und intensiv behandelt sei wie die andere.

Wenn ein Romanschriftsteller eine derart gleichförmige Intensität irgendeiner Eigenschaft erzeugen könnte, die ihm am meisten am Herzen liegt, würde er dann vom Leser erwarten, daß dieser allein die Höhe

[57] John E. Tilford, Jr., „James the Old Intruder", *Modern Fiction Studies*, IV (Sommer 1958), 154–64. Als ein weiterer Beweis für die zunehmend härtere Haltung kann ein Vergleich von Joseph Warren Beachs früher Arbeit über James mit seinem neuen Vorwort zu dieser Arbeit angesehen werden, das sechsunddreißig Jahre später entstand (*The Method of Henry James*, S. lxxvi bis lxxxi, 60 f.). Flaubert wurde auf die gleiche Weise behandelt; es gehört nicht viel dazu zu beweisen, daß er gegen Regeln der Unpersönlichkeit verstößt, die er nie zu befolgen suchte.

erklimmt, die notwendig ist, um jene erste erhöhte Linie würdigen zu können? Für denjenigen Romanschriftsteller, der seine Aufgabe teilweise darin sieht, Intensitäten zu *ordnen,* jedem Tal und jedem Gipfel den richtigen Platz zuzuweisen, ergibt sich hier kein theoretisches Problem; sein einziges Problem ist das Erlernen seines Handwerks. Wenn er bereit ist, mit vielen verschiedenen Formen der Intensität zu arbeiten und die Intensität entsprechend vorzubereiten, kann er, ähnlich wie Henry James, seine Höhepunkte handhaben in der Erkenntnis, daß nicht jeder Augenblick Höhepunkt sein kann. Die physische Unmittelbarkeit z. B., die von vielen Romanschriftstellern angestrebt wird, als sei sie stets eine Tugend, ist eine Waffe, deren wahlloser Einsatz ein Werk leicht zerstören kann. In *Die Brüder Karamasoff* empfinden wir an vielen Stellen lebhaften physischen Schmerz und Freude, doch wußte Dostojewski, wann er sich zurückhalten mußte. Wir müssen Lisas eingeklemmten Finger so intensiv wie möglich mitempfinden, und wir tun es. „... als Lisa sofort die Tür aufsperrte, ihren Finger an den Türrahmen legte, die Tür wieder zuschlug und sie mit aller Gewalt gegen ihren eingeklemmten Finger preßte. Ungefähr nach zehn Sekunden vergrößerte sich die Spalte, sie zog die Hand zurück und ging langsam und leise zu ihrem Liegestuhl, setzte sich steif aufgerichtet hin und betrachtete aufmerksam ihr blaurotes, blutunterlaufenes Fingerspitzchen und das dunkle Blut, das sie unter dem Nagel hervorgepreßt hatte. Ihre Lippen zitterten, und sie flüsterte leise sehr, sehr schnell vor sich hin: ‚Du Schändliche, Schändliche, Schändliche, Schändliche!'" [58] Wenn aber von den Todesqualen Karamasoffs und Smerdjakoffs die Rede ist, empfinden wir nichts. Was würden wir zu Dostojewski sagen, wenn er die Schmerzen in Grigorijs Schädel, als Dmitrij ihn mit dem Stößel schlägt, mit voller Lebendigkeit wiedergegeben hätte? Glücklicherweise teilt er uns fast ausschließlich Dmitrijs Empfindungen und Reaktionen mit, so daß Dmitrijs Verbrechen in der für diese Geschichte richtigen Perspektive bleibt.

Genau die gleiche Kontrolle ist erforderlich bei der Wiedergabe psychischer Zustände in ihrer Unmittelbarkeit. Oder kann man sich heute etwas Blutärmeres vorstellen als die „Intensitäten" in einigen jener früheren Experimente des stream of consciousness? „Ich fliege ... ich träume ... ich schlafe ... ich träu ... träu – ich flie .."[59] So entschläft Schnitzlers armes Fräulein Else damals im Jahre 1923. Aber sie

[58] F. M. Dostojewski, *Die Brüder Karamasoff* (Wissenschaftliche Buchgesellschaft Darmstadt, 1968), S. 950.

[59] Arthur Schnitzler, „Fräulein Else" in *Die Erzählenden Schriften,* Bd. II (Fischer Frankfurt, 1961), S. 381.

ist nicht wirklich tot, nicht so tot wie Falstaff nach der Beschreibung von Mistress Quickly oder so tot wie Don Quijote:

Endlich kam die letzte Stunde Don Quijotes, nachdem er alle Sakramente empfangen und nachdem er mit vielen nachdrücklichen Worten seinen Abscheu vor den Ritterbüchern ausgesprochen. Der Gerichtsschreiber war dabei zugegen und erklärte, er habe nie in einem Ritterbuche gelesen, daß ein fahrender Ritter jemals so ruhig und so christlich in seinem Bette gestorben wie Don Quijote, welcher unter Wehklagen und Tränen der Anwesenden seine Seele dahingab – ich will sagen: er starb.

Sobald der Pfarrer sah, daß er verschieden war, bat er den Gerichtsschreiber, eine Urkunde aufzusetzen, daß Alonso Quijano der Gute, gemeiniglich Don Quijote von der Mancha genannt, aus diesem zeitlichen Leben geschieden und eines natürlichen Todes gestorben sei; er verlange, sagte er, dieses Zeugnis, um die Möglichkeit zu beseitigen, daß irgendein anderer Schriftsteller als Sidi Hamét Benengeli ihn fälschlich von den Toten auferwecke und Geschichten ohne Ende von seinen Taten schreibe.[60]

Selbst diese letzte spielerische Anmerkung, die unverhüllteste Art von Verweis darauf, daß wir nur ein Buch lesen, ficht die Realität des Todes nicht so sehr an, wie es der Versuch vielleicht getan hätte, den Tod durch das Eindringen in das Bewußtsein des Dons genau nachzuempfinden. Schnitzlers Fehler in *Fräulein Else* besteht zweifellos nicht darin, daß er sich in einen Charakter versetzt, sondern daß er dies zum falschen Zeitpunkt mit dem falschen Ziel tut.[61]

Natürlich sollten wir darauf bedacht sein, die technischen Leistungen moderner Autoren nicht unterzubewerten, da sie psychische und physische Vorgänge in einem Maße verlebendigt haben, um das sie viele ihrer Vorgänger beneidet hätten. Sofern eine solche Lebendigkeit der

[60] Miguel de Cervantes Saaveda, *Der sinnreiche Junker Don Quijote von der Mancha,* in der Übertragung von Ludwig Braunfels (München, 1970), S. 1101 f.

[61] Selbstverständlich will ich damit nicht sagen, daß nach meinem Dafürhalten der Tod stets ein ungeeigneter Augenblick ist, um die seelische Verfassung einer Person wiederzugeben. Katherine Anne Porters „Oma Weatherall, die man sitzenließ" („The Jilting of Granny Weatherall") ist ein meisterlicher „Einblick" in die letzten Minuten der Heldin. Dadurch, daß sie der Versuchung widersteht, die Sprache der Heldin wörtlich und realistisch wiederzugeben, und daß sie in den letzten Gedanken alle Fäden des Themas „vom sitzengelassenen Mädchen" zusammenzieht, gelingt ihr ein sehr bewegender Tod: „Zum zweitenmal blieb das Zeichen aus. Wieder kein Bräutigam, und der Priester im Haus. Eine andere Sorge tauchte in ihrer Erinnerung nicht auf, weil dieses Leid alle anderen Sorgen überschattete. O nein, es gibt nichts Grausameres als dies – niemals werde ich es verzeihen. Mit einem tiefen Atemzug streckte sie sich und blies das Licht aus" („Oma Weatherall, die man sitzenließ" in *Blühender Judasbaum* [Diogenes Zürich, 1964], S. 284 f.).

beabsichtigten Wirkung des Gesamtwerkes angemessen ist, können sich die neuen Kunstgriffe als nützlich erweisen (vgl. Kap. X). Sie können sogar ein ganzes Werk hindurch ohne Vermittlung durch einen interpretierenden Charakter verwendet werden, wenn das Werk kurz ist und die behandelten Emotionen und Gedanken einfach sind. Dann kann auch ein Autor, der wie Alain Robbe-Grillet das Charakteristische einer tödlichen Eifersucht fühlbar machen will, dies mit einer Intensität tun, die beinahe unerträglich ist. Einfach dadurch, daß er uns an die Empfindungen und Gedanken des sich selbst zerstörenden Ehemanns in *Die Jalousie oder die Eifersucht (La Jalousie)* bindet, kann Robbe-Grillet uns Gefühle in einer Konzentration erleben lassen, wie es mit einer anderen Methode nicht möglich wäre.[62] Eigentlich hat er einen neuen Ansatz gefunden, um diese Wirkung zu erzielen; dadurch, daß er nie die Person, Handlungen oder Gedanken des Ehemanns beschreibt, sondern es uns überläßt, aus dem, was ausgelassen ist, auf dessen Realität zu schließen, hält er uns gleichsam in der Kamera gefangen, und zwar vollständiger als in allen Romanwerken vor seiner Zeit.

An dem Platz, den er gewöhnlich einnimmt, ist lediglich ein breiter, schwarzer, mit der staubigen Oberfläche des Hofes kontrastierender Fleck zurückgeblieben. Es ist etwas Öl, das nach und nach aus dem Motor immer wieder auf dieselbe Stelle getropft ist.
Man kann diesen Fleck dank den fehlerhaften Stellen des sehr groben Glases, mit dem das Fenster [durch das der Ehemann, wie wir gefolgert haben, herauslugt] ausgestattet ist, leicht zum Verschwinden bringen: es genügt, die geschwärzte Fläche nach wiederholten Versuchen auf eine blinde Stelle der Scheibe zu dirigieren.
Der Fleck beginnt sich auszubreiten, indem eine der Seiten anschwillt und eine runde Beule bildet, die viel dicker ist als ihre Ursache. Aber ein paar Millimeter weiter wird dieser Bauch in eine Reihe winziger, konzentrischer Sicheln verwandelt, die zu Linien zusammenschrumpfen, während der andere Rand des Flecks sich zusammenzieht und ein gestieltes Anhängsel hinterläßt, das sich ebenfalls einen Moment ausdehnt, dann löst sich alles auf einmal auf.
Hinter der Scheibe, in dem vom Mittelpfosten und Querholz gebildeten Winkel, ist nun nur noch die graugelbe Farbe des staubigen Pflasters zu sehen, das den Boden des Hofes bildet.
Auf der entgegengesetzten Seite ist der Tausendfüßler an seinem angedeuteten Platz, mitten auf der Wandfläche.

In *Die Jalousie oder die Eifersucht* haben derlei sich wiederholende und scheinbar belanglose Details großes emotionales Gewicht, weil wir immer tiefer in das gemarterte Bewußtsein getaucht werden, welches die

---

[62] *Die Jalousie oder die Eifersucht*, übertragen von Elmar Tophoven (Reclam Stuttgart, 1971), S. 70.

leidenschaftslosen Wahrnehmungen macht. Aber *Die Jalousie oder die Eifersucht* zählt weniger als 35 000 Wörter – kaum ein Drittel mehr als Molly Blooms abschließender innerer Monolog. Für eine kurze Dauer von einhundertfünfzig Seiten können wir unvermittelte, vom Verstand unkontrollierte Gefühle oder Emotionen ertragen. Aber es ist kein Zufall, daß *Die Jalousie oder die Eifersucht* sehr kurz ist. Ein solcher Roman wirkt wie ein längerer dramatischer Monolog, ein intensiver Ausdruck eines geistigen und seelischen Zustandes, der bewußt unbeurteilt, frei im Raum und isoliert von jeder anderen menschlichen Erfahrung bleibt. Er ist somit weniger eng mit den traditionellen Formen der Romankunst verbunden als mit lyrischer Dichtung.[63]

Es wäre blanker Unsinn zu behaupten, die Leidenschaft für Realismus, die zu derlei Experimenten geführt hat, sei fehl am Platze gewesen. Keine Theorie, die als Stimulans zu wertvoller Romanliteratur beigetragen hat, sollte leichthin verworfen werden, so einseitig sie auch erscheinen mag. Ferner ist das Interesse an Realismus keine „Theorie" oder gar eine Kombination von Theorien, die sich als richtig oder falsch erweisen können; er bringt vielmehr zum Ausdruck, was den Menschen einer bestimmten Epoche am meisten am Herzen lag, und als solches kann es keine rationalen Argumente dafür oder dagegen geben. Man kann zwar, so glaube ich, zeigen, daß er sich mitunter nachteilig in den Händen von Dogmatikern auswirkte, doch können wir ziemlich sicher sein, daß jede Ausschließlichkeitslehre, mit der wir ihn zu ersetzen suchen würden, genau so gefährlich wäre.

Glücklicherweise ist die Alternative zum dogmatischen Realismus nicht der dogmatische Antirealismus. Es gibt zahlreiche andere Wege, die wir beschreiben können; welchen wir auch wählen, unser Erfolg wird davon abhängen, inwieweit wir die Mahnung beherzigen, die Robert Louis Stevenson einmal gegenüber James aussprach: „Was für ein Buch ausschlaggebend ist, ist für das nächste oft schon belanglos oder langweilig."[64]

Nehmen wir diesen Antidogmatismus erst einmal ernst, finden wir eine Fülle von Fragen, die an die Stelle „des einzig Notwendigen" treten. Nicht einfach „Wie kann ein Autor dramatische Intensität erzielen?" Vielmehr „Wie kann ein Autor sicherstellen, daß seine wichtigsten dramatischen Momente durch ihre Umgebung intensiviert und nicht ver-

[63] Vgl. Vivian Mercier, „Arrival of the Anti-Novel", *Commonweal*, LXX (8. Mai 1959), 149–51.

[64] „A Humble Remonstrance", *Memories and Protraits* (London, 1887), S. 286. Der Essay ist mehrmals nachgedruckt worden, ist jedoch nicht annähernd so bekannt wie James' Werk „The Art of Fiction", das er damit zu erweitern und zu berichtigen gedachte.

schleiert werden?"[65] „Wie kann der Autor die größte dramatische Ironie gewährleisten, nicht immer und nicht in allen Werken, jedoch, wann immer dramatische Ironie wünschenswert ist?" „Wie kann ein Autor Spannung aufrechterhalten – jene arg mitgenommene altmodische Schönheit –, wenn er, wie die meisten Autoren, wirklich will, daß seine Leser bis zum Ende durchhalten?" [66] „Wie kann er verhindern, daß der Leser dem einen Charakter sentimentale Zuneigung entgegenbringt und dem anderen feindlich gesinnt ist?" „Wie kann er sicherstellen, daß der Leser auf eine Lüge dieses Charakters nicht hereinfällt – oder daß er, wenn er soll, es *doch* tut?" Antworten auf diese und zahlreiche ähnliche Fragen werden nicht unbedingt zur Wiederbelebung des Kommentierens führen, viel weniger noch zur Wiederbelebung irgendeiner bestimmten Art des Kommentierens. Sie können aber ein erster Schritt in dem Bemühen sein, die Rhetorik der Erzählkunst zu verstehen.

An diesem Punkt mitten im zwanzigsten Jahrhundert können wir schließlich auch sehen, wie leicht es ist, eine Geschichte zu schreiben, die sich selbst erzählt, frei von jedem auktorialen Eingriff und dargestellt unter konsequenter Behandlung der Perspektive. Selbst unbegabte Schriftsteller kann man lehren, diese vierte „Einheit" zu beachten. Heute wissen wir aber auch, daß sie es bei diesem Prozeß nicht unbedingt gelernt haben, gute Romane zu schreiben. Wenn sie nur dies eine wissen, können sie Romane mit modernem Charakter schreiben – vielleicht mehr mit einem der „frühen Moderne" als der späten, aber immerhin mit einem modernen. Was ihnen gleichfalls noch zu lernen bleibt, wenn sie nur dies eine wissen, ist die Kunst, zu entscheiden, was in vollem Umfang und was begrenzt dramatisiert, was zusammengefaßt und was intensiviert werden muß. Und wie jede Kunst, so kann auch dies nicht mit abstrakten Regeln gelernt werden.

---

[65] „. . . wann es Zeit ist zu dramatisieren und wann zu erzählen, ist Sache des Romanschriftstellers" (George Meredith in *Westminster Review*, LXVII [April 1857], 616, laut Zitat in Stang, *Theory of the Novel*, S. 105).

[66] Ich wollte nicht den Beweis erbringen müssen, aber ich vermute, daß neben Yats viele andere *Ulysses* als ein geniales Werk gepriesen haben, ohne genug Interesse aufgebracht zu haben, es zu Ende zu lesen (vgl. Richard Ellmann, *James Joyce*, S. 556).

III Allgemeine Grundsätze, II: „Alle Autoren sollten objektiv sein"

Ein zweites allgemeines Kriterium, das vielen Begründern moderner Erzählkunst zur Beurteilung dient, ist der geistige oder seelische Zustand des Autors. Eine erstaunliche Anzahl von Schriftstellern, selbst diejenigen, die ihr Schaffen als „Selbstausdruck" ansahen, hat sich von der Tyrannei der Subjektivität zu befreien gesucht und dabei Goethes These wiederholt: „Jedes tüchtige Bestreben . . . wendet sich aus dem Innern hinaus auf die Welt." [1] Dann und wann haben sich andere Stimmen erhoben, um Dinge wie Bekenntnis, Engagement und Anteilnahme zu verteidigen. In diesem Jahrhundert ist jedoch, zumindest bis in die jüngere Zeit hinein, die Forderung nach irgendeiner Art von Objektivität vorherrschend.

Wie alle solche Begriffe, so ist jedoch Objektivität vieles zugleich. Diesem Begriff und vielen seiner zahlreichen Synonyme – Unpersönlichkeit, Distanz, Unbefangenheit, Neutralität usw. – liegen jedoch mindestens drei unterscheidbare Eigenschaften zugrunde: Neutralität, Unparteilichkeit und *impassibilité*.

Neutralität und des Autors „zweites Selbst"

Objektivität des Autors kann zunächst gleichbedeutend sein mit einer neutralen Haltung gegenüber allen Werten, einem Versuch also, von allen Dingen das Gute und das Böse unbefangen zu berichten. Wie so viele leidenschaftlich verfochtene literarische Ideen, wurde auch die Leidenschaft für Neutralität relativ spät von den anderen Künsten übernommen und in die Erzählkunst eingebracht. Keats brachte 1818 zum Ausdruck, was die Romanschriftsteller erst seit Flaubert sagten. „Der poetische Charakter . . . hat keinen Charakter . . . Er lebt in der Wirkung, sei er häßlich oder schön, hoch oder niedrig, reich oder arm, gemein oder erhaben. Es bereitet ihm ebenso viel Freude, einen Jago wie einen Imogen zu entwerfen. Was den tugendhaften Philosophen schokkiert, das entzückt den proteischen Poeten. Die Vorliebe für die dunkle Seite der Dinge schadet dem poetischen Charakter ebensowenig wie sein Geschmack an der lichten Seite; denn beides endet in der Spekulation." [2] Drei Jahrzehnte später empfiehlt Flaubert demjenigen Romanschriftsteller, der ein Dichter sein will, eine ähnliche Neutralität. Sein

---

[1] „Goethes Gespräche", in *Gesamtausgabe, III*, neu hrsg. von Flodoard von Biedermann (Leipzig, 1909–11), Januar 29, Eckermann, S. 254.

[2] Brief an Richard Woodhouse, 28. Oktober 1818, *The Poetical Works and Other Writings of John Keats*, ed. H. Buxton Forman (New York, 1939), VII, 129.

Vorbild ist die Einstellung des Wissenchaftlers. Wenn man, so sagt er, eine Zeitlang „die menschliche Seele mit der gleichen Unparteilichkeit betrachtet haben wird, wie man sie in den physikalischen Wissenschaften auf das Studium der Materie verwendet, wird man einen ungeheuren Schritt vorwärts getan haben".[3] „Doch die Geisteswissenschaften müssen einen anderen Weg einschlagen und müssen auf dieselbe Weise verfahren wie die Naturwissenschaften ..."[4]

Es dürfte sich wohl hier erübrigen darzutun, daß kein Autor jemals eine derartige Objektivität erreichen kann. Die meisten von uns würden heute, ebenso wie Sartre, die Parallele zur Wissenschaft ablehnen, selbst wenn wir einräumen, daß die Wissenschaft in diesem Sinne objektiv ist. Mehr noch – wir alle wissen heute, daß jede Äußerung zur Verteidigung der künstlerischen Neutralität bei näherem Hinsehen ein Bekenntnis des Autors offenbart; immer gibt es einen höheren Wert, in bezug auf den Neutralität für gut befunden wird. Tschechow z. B. verteidigt die Neutralität anfangs recht beherzt, doch dann kann er keine drei Sätze schreiben, ohne sich festzulegen. „Ich habe nur vor denen Angst, die zwischen den Zeilen eine Tendenz suchen und unbedingt einen Liberalen oder Konservativen in mir sehen wollen. Ich bin kein Liberaler, kein Konservativer, kein Verfechter allmählicher Reformen, kein Mönch, kein Indifferenter. Ich möchte ein freier Künstler sein und nichts weiter ... Darum hege ich gleichermaßen geringe Vorliebe für Gendarmen, Fleischer, Gelehrte, Schriftsteller oder für die Jugend. Die Firma und das Etikett halte ich für ein Vorurteil."[5] Sind demnach Freiheit und Kunst gut und Vorurteile schlecht? Bald läßt er sich dann dazu hinreißen, die zu Anfang geäußerte Bitte um „Indifferenz" direkt von sich zu weisen. „Mein Allerheiligstes ist der menschliche Körper, sind Gesundheit, Verstand, Talent, Begeisterung, Liebe und absolute Freiheit – Freiheit von Gewalt und Lüge, wie sich diese beiden auch immer äußern mögen." Immer wieder verrät er auf diese Weise, daß er sich aufs leidenschaftlichste zu etwas bekennt, das er oft Objektivität nennt.

Der Künstler soll nicht der Richter seiner Personen und ihrer Gespräche sein, sondern nur ihr unparteiischer Zeuge. Ich hörte ein wirres, ergebnisloses Ge-

---

[3] *Briefe* (Goverts Stuttgart, 1964), (12. Oktober 1853), S. 298. Für einige der nun folgenden Zitate von Flaubert bin ich der ausgezeichneten Monographie von Marianne Bonwit *Gustave Flaubert et le principe d'impassibilité* (Berkeley, Calif., 1950) zu Dank verpflichtet. Meine Unterscheidung zwischen den drei Formen der Objektivität des Autors geht teilweise auf ihre Erörterungen zurück.

[4] *Ibid.*, (12. Dezember 1857), S. 402.

[5] *Briefe* (Winkler München, 1971), S. 87, 72, 36, 232, 301.

spräch zweier russischer Menschen über den Pessimismus und muß dieses Gespräch in genau der gleichen Weise wiedergeben, wie ich es hörte; beurteilen werden es die Geschworenen, das heißt die Leser. Meine Sache ist es nur, talentiert zu sein, das heißt zu verstehen ..., die Figuren richtig zu beleuchten und ihre Sprache zu sprechen.

Aber „beleuchten" in bezug auf welches Licht? „Der Schriftsteller muß genauso objektiv sein wie der Chemiker; er muß auf die Subjektivität des Alltags verzichten und muß wissen, daß die Misthaufen in der Landschaft eine sehr achtbare Rolle spielen und daß die bösen Leidenschaften dem Leben ebenso eigen sind wie die guten." Bisher haben wir gelernt, solche Äußerungen zu befragen, z. B.: Ist es *gut*, dem, was einer Sache „eigen" ist, treu zu sein? Ist es gut, jeden Teil der „Landschaft" einzubeziehen? Wenn ja, warum? Nach welchem Wertmaßstab? Die Ablehnung eines Maßstabes bedingt zwangsläufig einen anderen.

Es wäre jedoch ein schwerwiegender Fehler, die Diskussion über die Neutralität des Autors einfach deswegen zu beenden, weil es zwischen der Neutralität gegenüber *einigen* Werten und der Neutralität gegenüber *allen* Werten begreiflicherweise eine grundsätzliche Vermischung gibt. Befreit man den Angriff auf die Subjektivität erst einmal von der übertriebenen Polemik, so zeigt sich, daß ihm mehrere wichtige Erkenntnisse zugrunde liegen.

Damit ihnen bestimmte Werke gelingen, halten es einige Romanschriftsteller für erforderlich, alle intellektuellen oder politischen Probleme auszuklammern. Tschechow selbst will *als Künstler* weder liberal noch konservativ sein. Flaubert stellt 1853 die Behauptung auf, daß selbst derjenige Künstler, der die Forderung an ihn, er müsse ein „dreifacher Denker" sein, anerkennt, selbst derjenige Künstler, der die Notwendigkeit eines unerschöpflichen Ideenreichtums anerkennt, „weder eine Religion, noch eine Heimat, noch eine soziale Überzeugung haben muß".[6]

Anders als die Forderung nach völliger Neutralität wird diese Behauptung niemals widerlegt werden, und sie wird auch nicht unter Richtungsänderungen in der Literaturtheorie oder Philosophie zu leiden haben. Ebenso wie ihr Gegenstück, die existentialistische Forderung Sartres und anderer nach uneingeschränktem *Engagement* des Künstlers, so hängt auch ihre Gültigkeit davon ab, was für einen Roman der Autor schreibt. Einige große Künstler haben sich zu den Belangen ihrer Zeit

[6] „Correspondance", *Oeuvres Complètes* (Paris, 1927), 26./27. April 1853), III, 183: „... muß weder eine Religion, noch eine Heimat, noch eine soziale Überzeugung haben ..." Diese Stelle wurde von A. Polzin übersetzt; das gleiche gilt für alle anderen Stellen, bei denen in der Fußnote der Originaltitel angegeben ist.

bekannt und einige nicht. Einige Werke haben unter der Bürde des Bekenntnisses zu einer Sache anscheinend Schaden genommen (so z. B. viele Werke Sartres, obwohl sie frei von auktorialen Kommentaren sind), und einige scheinen es in beträchtlichem Umfang absorbieren zu können *(Die Göttliche Komödie [Divina Commedia], Vier Quartette [Four Quartets], Gullivers Reisen [Gulliver's Travels], Sonnenfinsternis [Darkness at Noon], Wein und Brot)*. Beispiele für eine der beiden Seiten lassen sich immer finden; entscheidend ist die Frage, ob die anderen Ziele des Künstlers diesem die Möglichkeit geben, etwas aus seinem Bekenntnis zu machen, und nicht, ob er sich grundsätzlich zu etwas bekennt oder nicht.

Jeder ist gegen die Vorurteile des anderen und für das eigene Bekenntnis zur Wahrheit. Ein jeder von uns sähe es gerne, wenn der Romanschriftsteller irgendwie die Maßstäbe unserer Leidenschaft für Wahrheit und Recht anlegen würde, einer Leidenschaft, die per definitionem vollkommen vorurteilslos ist. Das Argument zugunsten der Neutralität ist daher insoweit nützlich, als es den Romanschriftsteller darauf aufmerksam macht, daß er es sich selten erlauben kann, seine Vorurteile unmittelbar und unverändert in sein Werk einfließen zu lassen. Je tiefer er dem Bleibenden auf den Grund geht, desto mehr wird ihm wahrscheinlich der kritische Leser zustimmen. Der schaffende Autor sollte wie der von Hume in „The Standard of Taste" beschriebene ideale Leser sein, der, um die von Vorurteilen bewirkten Entstellungen in Grenzen zu halten, sich als „Mensch schlechthin" betrachtet und nach Möglichkeit seine „Individualität" und seine „besonderen Lebensumstände" vergißt.

Mit dieser Betrachtungsweise wird jedoch die Individualität des Autors in ihrer Bedeutung unterbewertet. Wenn er schreibt, schafft er nicht einfach einen idealen, unpersönlichen „Menschen schlechthin", sondern eine implizierte Version „seiner selbst", die sich von den in anderen Werken implizierten Autoren unterscheidet. In der Tat haben einige Romanschriftsteller den Eindruck, daß sie sich beim Schreiben selbst entdecken oder schaffen. Wie Jessamyn West sagt, ist es manchmal so, „daß der Romanschriftsteller erst durch das Schreiben einer Geschichte nicht etwa diese Geschichte, sondern deren Verfasser, gleichsam den offiziellen Schreiber dieser Erzählung" entdecken kann.[7] Ob

[7] „The Slave Cast Out", in *The Living Novel*, ed. Granville Hicks (New York, 1957), S. 202. West fährt fort: „Schreiben ist eine Art Rollenspiel, Maskenanprobe, Rollentausch, nicht zum Spaß, sondern aus einem verzweifelten Bedürfnis heraus, nicht um des Selbst, sondern um des Schreibens willen. ‚Irgendein Kunstwerk zu schaffen', so sagt Elizabeth Sewell, ‚heißt sein Selbst schaffen oder vielmehr es ausschalten, um es dann neu zu schaffen.'"

wir nun diesen implizierten Autor einen „offiziellen Schreiber" nennen oder uns den unlängst von Kathleen Tillotson wieder aufgegriffenen Begriff – des Autors „zweites Selbst" [8] – zu eigen machen, klar ist, daß das Bild, das sich der Leser von dieser Gegenwart macht, eine der wichtigsten Wirkungen des Autors ist. Wie unpersönlich er auch zu sein versucht, sein Leser wird sich unweigerlich ein Bild von dem offiziellen Schreiber konstruieren, der auf diese Art und Weise schreibt – und natürlich wird dieser offizielle Schreiber niemals neutral gegenüber allen Werten sein. Unsere Reaktionen auf seine verschiedenen Bekenntnisse, seien sie nun verborgen oder offen, werden unseren Gesamteindruck von dem Werk mitbestimmen. Die Rolle des Lesers in diesem Zusammenhang muß ich für Kapitel V aufsparen. Unser gegenwärtiges Problem liegt in der komplizierten Beziehung des sogenannten realen Autors zu den verschiedenen offiziellen Versionen seiner selbst.

Von verschiedenen Versionen müssen wir sprechen, denn ungeachtet der Bemühungen eines Autors um Aufrichtigkeit implizieren seine einzelnen Werke verschiedene Versionen, verschiedene ideale Kombinationen von Normen. Ebenso wie persönliche Briefe verschiedene Versionen von einem selbst implizieren, je nach den unterschiedlichen Beziehungen zu jedem Briefpartner und dem Zweck jedes Briefes, nimmt auch der Schriftsteller verschiedene Züge an, je nach den Erfordernissen einzelner Werke.

Diese Unterschiede treten am deutlichsten zutage, wenn das zweite Selbst eine unverhüllte, aktive Rolle in der Erzählung erhält. Wenn Fielding kommentiert, gibt er uns von Werk zu Werk explizit Hinweise auf einen Wandlungsprozeß; nicht nur eine einzige Version von Fielding offenbart sich bei der Lektüre des satirischen Werkes *Jonathan Wild*, der beiden großen „komischen Epen in Prosa" *Joseph Andrews* und *Tom Jones* und jenem unbequemen Zwitter *Amelia*. Natürlich gibt es viele Ähnlichkeiten zwischen ihnen; jeder dort implizierte Autor legt Wert auf Güte und Großmut; jeder hält selbstsüchtige Brutalität für beklagenswert. Darin und in vielen anderen Punkten kann man sie nicht von den implizierten Autoren in den meisten bedeutenden

[8] Aus ihrer Antrittsvorlesung an der Londoner Universität, veröffentlicht als *The Tale and the Teller* (London, 1959). „Dowden schrieb 1877 über George Eliot, daß es nicht einer der Charaktere ist, der nach der Lektüre ihrer Romane den nachhaltigsten Eindruck hinterläßt, sondern ‚jemand, der, wenn nicht die wirkliche George Eliot, jenes zweite Selbst ist, das ihre Bücher schreibt und durch diese lebt und spricht'. Das ‚zweite Selbst', so fährt er fort, ist ‚substantieller als jede bloße Persönlichkeit', und es hat ‚weniger Vorbehalte'; solange ‚es hinter dieser steht, hält sich das wirkliche historische Selbst mit großem Vergnügen verborgen vor aufdringlichen Beobachtern und Kritikern'" (S. 22).

Werken bis in unser Jahrhundert hinein unterscheiden. Wenn wir jedoch von dieser Ebene der Verallgemeinerung hinabsteigen und uns die jeweilige Ordnung der Werte in den einzelnen Romanen ansehen, entdecken wir eine große Vielfalt. So befaßt sich der Autor von *Jonathan Wild* eingehend mit öffentlichen Angelegenheiten und mit den Wirkungen eines ungezügelten Ehrgeizes auf die „großen Männer", die in der Welt an die Macht gelangen. Hätten wir nur diesen Roman Fieldings, würden wir aus ihm entnehmen, daß er sich im wirklichen Leben sehr viel zielstrebiger mit seiner Rolle als Richter und Reformer der öffentlichen Sitten beschäftigte, als dies der implizierte Autor in *Joseph Andrews* und *Tom Jones* vermuten läßt – ganz zu schweigen von *Shamela* (zu welchen Schlüssen über Fielding würden wir wohl kommen, wenn er nie etwas anderes als *Shamela* geschrieben hätte!). Andererseits hat der Autor, der uns auf der ersten Seite in *Amelia* begrüßt, nichts von dieser mit großartiger Unbekümmertheit gekoppelten Heiterkeit, die uns in *Joseph Andrews* und *Tom Jones* von Anfang an begegnet. Nehmen wir einmal an, Fielding hätte nie etwas anderes als *Amelia* geschrieben, jenes Werk, das voll von solchen Kommentaren ist, wie wir sie gleich zu Beginn finden:

Die mancherlei Ereignisse, von denen ein vortreffliches Paar betroffen wurde, nachdem es sich ehelich verbunden hatte, sollen der Stoff der folgenden Erzählung sein. Manche der Nöte, durch die sie sich hindurcharbeiteten, waren so ausgesucht und die Umstände, welche jene hervorriefen, so außergewöhnlich, daß sie offenbar nicht nur die äußerste Bosheit, sondern auch die höchste Erfindungsgabe erforderten, die der Aberglaube jemals dem Schicksal zugeschrieben hat: wiewohl es, ob ein solches Wesen in dem Falle die Hand im Spiel gehabt habe oder ob es wirklich ein solches Wesen im Weltall geben mag, eine Sache ist, die bejahend zu entscheiden ich mir keinesweis unterfange.[9]

Könnten wir daraus jemals auf den Fielding früherer Werke schließen? Obwohl der Autor von *Amelia* sich immer noch gelegentliche Scherze und ironische Bemerkungen erlauben kann, entspricht der vorherrschende Ton sentenzenhafter Feierlichkeit genau der spezifischen Wirkung, die das Werk als Ganzes hat. Unser Bild von ihm entsteht natürlich nur zum Teil durch die expliziten Kommentare des Autors; es leitet sich eher von der Art der Erzählung her, die er zu schreiben beschließt. Die Kommentare machen uns jedoch einen Zusammenhang deutlich, den es in jeder Fiktion gibt, obwohl er vielleicht im unkommentierten Erzählwerk übersehen wird.

Seltsamerweise haben wir weder für dieses geschaffene „zweite Selbst" noch für unsere Beziehung dazu irgendwelche Begriffe. Keiner unserer

[9] „Amelia", in *Sämtliche Romane, IV* (Hanser München, 1965), S. 9.

Begriffe für die verschiedenen Seiten des Erzählers ist ganz zutreffend. „Person", „Maske" und „Erzähler" werden mitunter verwendet, doch beziehen sie sich im allgemeinen mehr auf den Sprecher in einem Werk, der schließlich nur eines der vom implizierten Autor geschaffenen Elemente darstellt und von ihm durch zahlreiche ironische Bemerkungen losgelöst werden kann. Mit „Erzähler" wird gewöhnlich das „Ich" eines Werkes bezeichnet, doch ist das „Ich" selten, wenn überhaupt, identisch mit dem Bild, das das Werk vom Künstler vermittelt.

„Thema", „Sinn", „symbolische Bedeutung", „Theologie" oder sogar „Ontologie" – all diese Begriffe hat man verwendet, um die Normen zu beschreiben, die der Leser in jedem Werk erfassen muß, wenn er es in angemessener Weise begreifen will. Derartige Begriffe sind manchmal zweckdienlich, sie können jedoch irreführend sein, weil es beinahe unvermeidlich ist, daß sie schließlich wie Zwecke scheinen, denen die Werke dienen. Obwohl die alte Suche nach dem Thema oder der Moral heute im allgemeinen abgelehnt wird, kann auch die neue Suche nach dem „Sinn", den das Werk „vermittelt" oder „symbolisiert", zu den gleichen Fehlinterpretationen führen. Zwar bringen beide Arten der Suche, so ungeschickt man dabei auch vorgeht, eine grundlegende Notwendigkeit zum Ausdruck: die Notwendigkeit für den Leser zu wissen, wo er in der Welt der Werte steht – d. h. zu wissen, wo ihn der Autor stehen sehen *will*. Aber die meisten lesenswerten Werke haben so viele mögliche „Themen", so viele mögliche mythologische oder metaphorische oder symbolische Anspielungen, daß mit der Auffindung eines dieser Elemente und seiner Darstellung als *Sinn* des Werkes bestenfalls ein Bruchteil der kritischen Arbeit geleistet wird. Unser Eindruck von dem implizierten Autor schließt nicht nur die herauslösbaren Sinngehalte ein, sondern auch den moralischen und emotionalen Gehalt jeder kleinsten Handlung und Erfahrung jeder einzelnen Romanfigur. Kurz gesagt, er impliziert das intuitive Erfassen eines vollständigen künstlerischen Ganzen; der vornehmste Wert, dem sich *dieser* implizierte Autor verpflichtet fühlt, und zwar unabhängig davon, welchen Platz sein Schöpfer im wirklichen Leben einnimmt, ist derjenige, welcher durch die totale Form zum Ausdruck kommt.

Drei weitere Begriffe werden manchmal verwendet, um den Kern der Normen und Entscheidungen, den ich als implizierten Autor bezeichne, zu benennen. Mit „Stil" soll manchmal gemeinhin all das erfaßt werden, was uns von Wort zu Wort und von Zeile zu Zeile das Gefühl gibt, der Autor blicke tiefer und urteile hintergründiger als die von ihm vorgestellten Personen. Doch obwohl der Stil eine unserer wichtigsten Möglichkeiten des Einblicks in die Normen des Autors darstellt, läßt das Wort *Stil* dadurch, daß es das rein Verbale derart stark betont, unseren eigenen Eindruck von der Geschicklichkeit des Autors bei der Wahl von Charakter, Episode, Szene und Idee unberücksichtigt. „Ton" wird in ähnlicher Weise mit Bezug auf die implizite Wertung verwendet, die der Autor hinter seiner expliziten Darstellung [10] zu vermitteln weiß, doch suggeriert er wiederum fast zwangsläufig etwas, das sich auf das rein Verbale beschränkt; einige Aspekte des implizierten Autors lassen sich vielleicht aus Veränderungen des Tons erschließen, doch mißt man seine wesentlichen Eigenheiten ebenfalls anhand der konkreten Fakten von Handlung und Charakter in der erzählten Geschichte.

In ähnlicher Weise ist auch „Technik" bisweilen auf alle erkennbaren Hinweise für das künstlerische Wirken des Autors ausgeweitet worden. Wenn jedermann „Technik" im Sinne Mark Schorers verwenden würde [11], der damit fast den gesamten Bereich der Entscheidungen des Autors abdeckt, dann dürfte sie unseren Zwecken sehr dienlich sein. Sie wird jedoch gewöhnlich als eine viel begrenztere Sache angesehen; darum erscheint uns dieser Begriff unzulänglich. Wir können uns nur mit einem Begriff zufriedengeben, der ebenso umfassend wie das Werk selbst ist, der aber immer noch die Aufmerksamkeit darauf lenken kann, daß dieses Werk das Produkt einer auswählenden, bewertenden Person ist und nicht etwas in sich selbst Existentes. Der „implizierte Autor" bestimmt bewußt oder unbewußt, was wir lesen; wir sehen in ihm eine ideale, literarische, gestaltete Version des wirklichen Menschen; er ist die Summe seiner eigenen Entscheidungen.

Nur wenn wir den Autor und sein impliziertes Bild voneinander unterscheiden, können wir sinnlose und nicht beweisbare Aussagen über Eigenheiten des Autors wie „Aufrichtigkeit" oder „Ernsthaftigkeit" vermeiden. Weil Ford Madox Ford Fielding, Defoe und Thackeray für die unvermittelten Autoren ihrer Romane hält, muß er sie schließlich als unaufrichtig hinstellen, da aller Grund zu der Annahme besteht, daß

[10] z. B. Fred B. Millett, *Reading Fiction* (New York, 1950): „Dieser Ton, das allgemeine Gefühl, von dem das Werk erfüllt und umgeben wird, erwächst letztlich aus der Einstellung des Autors zu seinem Thema ... *Das Thema zieht seine Bedeutung aus der Lebensanschauung, die der Autor sich zu eigen gemacht hat*" (S. 11).

[11] „Wenn wir daher von Technik sprechen, schließen wir fast alles ein. Denn mit Hilfe der Technik wird der Schriftsteller gezwungen, sich an seine Erfahrung, sprich seinen Stoff, zu halten; einzig und allein die Technik ermöglicht es ihm, sein Thema zu entdecken, zu erforschen und zu entwickeln, seinen Sinn zu vermitteln und es schließlich zu bewerten ... Technik in der Fiktion umfaßt natürlich alle jene sich dort offenbarenden Formen, die gewöhnlich als das Ganze angesehen werden, sowie viele andere" („Technique as Discovery", *Hudson Review*, I [Frühjahr 1948], 67–87; ebenso in *Forms of Modern Fiction*, ed. Wm. Van O'Connor [Minneapolis, Minn., 1948], S. 9–29; vgl. bes. S. 9–11).

sie „Passagen von hohem moralischen Anspruch schreiben, der sich in keiner Weise mit ihrem eigenen Anspruch deckt".[12] Vermutlich verläßt er sich auf äußere Beweise für Fieldings Mangel an moralischem Anspruch. Wir haben jedoch nur das Werk als Beweis für die einzige Art von Aufrichtigkeit, die uns interessiert: Ist der implizierte Autor im Einklang mit sich selbst – d. h. sind seine anderen Entscheidungen im Einklang mit seiner ausdrücklichen Erzählerrolle? Wenn ein Erzähler, der uns in jedem glaubwürdigen Hinweis als zuverlässiger Sprecher des Autors vorgestellt wird, sich zu Werten bekennt, die in dem Werk als Ganzes nirgendwo realisiert werden, dann können wir von einem unaufrichtigen Werk sprechen. Ein Werk von Rang stellt die „Aufrichtigkeit" seines implizierten Autors her, ohne Rücksicht darauf, wie schändlich vielleicht dieser Mann, der jenen Autor geschaffen hat, in seinen *anderen* Verhaltensweisen die in seinem Werk verkörperten Werte Lügen straft. Wie wollen wir aber wissen, ob er nicht die aufrichtigsten Augenblicke seines Lebens gerade dann erlebte, als er seinen Roman schrieb.

Mehr noch, in dieser Unterscheidung zwischen Autor und impliziertem Autor sehen wir einen Mittelweg zwischen der irrelevanten, auf die Erzähltechnik bezogenen Diskussion über die Objektivität des Autors und dem schädlichen Irrtum der Behauptung, daß ein Autor seine eigenen jeweiligen Probleme und Wünsche unmittelbar einfließen lassen kann. Die großen Verteidiger der Objektivität beschäftigten sich mit einem wichtigen Gegenstand, und sie wußten es. Flaubert hat recht, wenn er sagt, daß Shakespeare sich nicht plump in seine Werke hineindrängt. Wir werden niemals mit seinen unverarbeiteten persönlichen Problemen belästigt. Gleichfalls hat Flaubert recht, wenn er Louise Colet vorwirft, „La Servante" als persönlichen Angriff auf Musset geschrieben zu haben, da die persönliche Leidenschaft den ästhetischen Wert des Gedichtes zerstört. (9.–10. Januar 1854). Und sicher hat er recht, wenn er den Helden der frühen Version von *Lehrjahre des Herzens* (1845) zwingt, zwischen der rein bekennenden Aussage und dem genau gestalteten Kunstwerk zu wählen.

Hat er jedoch mit seiner Behauptung recht, daß wir nicht wissen, was Shakespeare liebte oder haßte?[13] Vielleicht, wenn er damit nun meint,

---

[12] *The English Novel* (London, 1930), S. 58. Vgl. Geoffrey Tillotson, *Thackeray the Novelist* (Cambridge, 1954), bes. Kap. IV, „The Content of the Authorial ‚I'", S. 55–70); hier wird in überzeugender Weise dargelegt, daß das „Ich" in Thackerays Werken sorgfältig von Thackeray selbst unterschieden werden sollte.

[13] „Was Shakespeare geliebt, was er gehaßt, was er empfunden hat, was sagt mir das eigentlich?" („Correspondance", I, 386).

daß wir aus seinen Stücken nicht leicht herauslesen können, ob der Mann Shakespeare Blonde oder Brünette bevorzugte oder ob er eine Abneigung gegen Bastarde, Juden oder Mohren hegte. Aber diese Behauptung beruht ganz gewiß auf einem Irrtum, wenn er damit sagen will, daß der implizierte Autor in den Dramen Shakespeares sich neutral gegenüber allen Werten verhält. Wir wissen sehr wohl, was *dieser* Shakespeare liebte oder haßte; ja es wäre schwer zu begreifen, wie er seine Stücke überhaupt hätte schreiben können, wenn er nicht zumindest gegen eine oder zwei der sieben Todsünden nachdrücklich Stellung bezogen hätte. Ich komme in Kapitel V auf die Frage der Überzeugungen in der Literatur zurück, und ich werde dort versuchen, einige der Werte zu nennen, zu denen sich Shakespeare entschieden und offen bekennt. Es sind zum größten Teil keine persönlichen, subjektiven Werte; eine Subjektivität Shakespeares ist somit nicht erkennbar. Sie verstoßen jedoch eindeutig gegen die wahre Neutralität; der implizierte Shakespeare setzt sich intensiv mit dem Leben auseinander, und er hält mit seinem Urteil über Selbstsucht, Torheit und Grausamkeit nicht zurück.

Selbst wenn man all dies abstreiten würde, wäre es schwer einzusehen, warum es zwischen Neutralität und Kommentarlosigkeit eine notwendige Beziehung geben sollte. Ein Autor könnte Kommentare sehr gut dazu verwenden, den Leser von einer eigenen Beurteilung abzubringen. Wenn ich jedoch mit meiner Behauptung recht habe, daß Neutralität unmöglich ist, dann offenbart selbst ein der Neutralität am nächsten kommender Kommentar irgendein Bekenntnis.

Es war einmal ein Mann, der hieß Albinus und lebte in Berlin in Deutschland. Er war reich, angesehen und glücklich; eines Tages verließ er seine Frau um eines jungen Mädchens willen; er liebte, wurde nicht wiedergeliebt und endete im Unglück.

Das ist die ganze Geschichte, und wir hätten es dabei bewenden lassen, läge nicht Nutzen und Vergnügen im Erzählen; und obwohl auf einem Grabstein Raum genug ist, um, in Moos gebunden, die gekürzte Fassung vom Leben eines Mannes aufzunehmen, so sind doch Einzelheiten stets willkommen.[14]

Vielleicht hat Nabokov hier die Stimme seines Erzählers von allen Bekenntnissen befreit, bis auf eines, aber dieses eine ist allumfassend: Er glaubt an das ironische Interesse – und, wie sich später herausstellt, an die Intensität –, die in der schicksalhaften Selbstzerstörung eines Menschen liegt. Dadurch, daß er immer den gleichen distanzierten Ton beibehält, kann dieser Autor sich nach Belieben einmischen, ohne unsere Überzeugung, er sei so objektiv wie möglich, zu erschüttern. Wenn er also den Bösewicht beschreibt, kann er ihn gleichermaßen einen „gefähr-

[14] Vladimir Nabokov, *Gelächter im Dunkel* (Rowohlt Hamburg, 1938) S. 1.

lichen Mann" und „einen wirklich hervorragenden Künstler" nennen, ohne unseren Glauben an seine Unvoreingenommenheit zu mindern. Aber er ist nicht allen Werten gegenüber neutral, und er gibt es auch nicht vor.

Unparteilichkeit und „unfaire" Emphase

Der Autor hat seine Objektivität mitunter auch als Unparteilichkeit gegenüber seinen Charakteren verstanden. Vieles von dem, was Flaubert und Tschechow über die Objektivität schreiben, ist in Wirklichkeit eine Bitte an den Künstler, die Würfel nicht zu beschweren, nicht unrechtmäßig für oder gegen bestimmte Charaktere Partei zu ergreifen. Tschechow telegraphiert einem Freund: „Ich unterstehe mich nicht, Sie zu bitten, daß Sie Gynäkologen und Professoren lieben, aber ich unterstehe mich, an die Gerechtigkeit zu erinnern, die einem objektiven Schriftsteller teurer ist als Luft" (*Briefe*, S. 232). Manchmal klingt diese Unparteilichkeit nach Liebe oder Mitleid oder Toleranz: „Niemand ist schuld; wenn es aber Schuldige gibt, so geht das die Gesundheitspolizei an, aber nicht die Künstler ... Im übrigen kann sie (Ihr Charakter) sich zu S verhalten, wie sie will, aber der Autor muß bis in die Fingerspitzen human bleiben" (S. 301). In der Tat liegt einem sehr großen Teil der modernen Erzählliteratur die Auffassung zugrunde, die selbst wieder ein grundlegendes Bekenntnis zu einem Wert ist, daß alles verstehen alles verzeihen heißt. Diese Auffassung unterscheidet sich jedoch beträchtlich von der im ersten Abschnitt beschriebenen Neutralität. Schriftsteller, die ihre Leser dazu bringen, sich mit einem Urteil zurückzuhalten, sind nicht unparteiisch in der Frage, ob ein Urteil zurückgehalten werden sollte. So sagt z. B. H. W. Leggett vor nahezu drei Jahrzehnten in einem kleinen in Vergessenheit geratenen Klassiker über die Funktion des von ihm oft so genannten „Codes" von Autor und Leser, daß die moderne Erzählliteratur dem Leser oft Gelegenheit bietet, zu „beobachten und sich eines Urteils zu enthalten ...", und daß „zumindest ein Teil der Befriedigung des Lesers darauf zurückgeht, daß er sich seiner eigenen Weitherzigkeit bewußt wird".[15]

In der Praxis gelingt keinem Autor jemals ein völlig unparteiisches Werk, ob es sich nun um unparteiische Verachtung handelt, wie bei Flauberts Versuch in *Bouvard et Pécuchet*, „alles anzugreifen", oder um unparteiische Vergebung. Flaubert konnte sich manchmal über Shakespeare und die Griechen äußern, als ob er bei ihnen eine Unparteilichkeit voraussetzte, die diese erstaunt hätte. „Der großartige William ergreift

[15] H. W. Leggett, *The Idea in Fiction* (London, 1934), S. 16.

niemandes Partei", und er weigerte sich in *Der Kaufmann von Venedig (The Merchant of Venice)*, „den Wucher anzuprangern".[16] Aber Shakespeare gibt niemals vor, daß Goneril und Regan mit Cordelia auf gleicher Ebene vor dem Richterstuhl stehen, obwohl sie nach denselben Maßstäben beurteilt werden. Und in *Der Kaufmann von Vendig* ist er so weit von Unparteilichkeit entfernt, daß man ihm wirklich den Vorwurf machen kann, auf Shylocks Kosten mit zweierlei Maß zu messen, zumindest gegen Ende des Stücks. Ganz gewiß leiten ihn bei der Gestaltung seiner Werke nicht irgendwelche abstrakten Vorstellungen von einer unparteiischen Behandlung aller Charaktere. In ähnlicher Weise haben die griechischen Dramatiker niemals behauptet, daß es keine grundlegenden Unterschiede gebe zwischen Männern wie Ödipus und Orest einerseits und den Narren und Schurken andererseits. Obwohl sie keine „Schwarzweißmalerei" betreiben, wie sie dem Melodrama gern vorgeworfen wird, reduzieren sie doch nicht alle menschlichen Werte auf ein verwaschenes Grau.

Selbst bei Charakteren, die moralisch, intellektuell oder ästhetisch ebenbürtig sind, ergreifen die Autoren zwangsläufig allesamt Partei. Ein gegebenes Werk befaßt sich „mit" einem Charakter oder einer Gruppe von Charakteren. Es kann unmöglich alle gleichermaßen zur Geltung bringen, gleichviel, wie sein Autor über eine gleichwertige Behandlung denkt. *Hamlet* ist der Figur des Claudius gegenüber nicht fair. Wie sehr G. Wilson Knight sich auch bemüht, uns davon zu überzeugen, daß wir Claudius falsch beurteilt haben[17], und wie bereitwillig wir auch einräumen mögen, daß Claudius' Geschichte möglicherweise ebenso interessant wie die Hamlets ist, ist *dies* eben Hamlets Geschichte, und sie kann dem König nicht gerecht werden. *Othello* ist Cassio gegenüber nicht fair. *Lear* wird dem Herzog von Cornwall nicht gerecht. *Madame Bovary* ist fast allen Figuren gegenüber unfair, mit Ausnahme von Emma; und *Ein Porträt des Künstlers als junger Mann (A Portrait of the Artist as a Young Man)* setzt eindeutig jeden außer Stephen herab.

Aber wen kümmert das? Der Romanschriftsteller, der *diese* Geschichte erzählen will, kann nicht gleichzeitig *jene* Geschichte erzählen; dadurch, daß er unser Interesse, unsere Sympathie oder unsere Zuneigung auf einen Charakter konzentriert, muß er unweigerlich einen anderen Charakter von unserem Interesse, unserer Sympathie oder Zuneigung ausschließen. Die Kunst imitiert das Leben in dieser Beziehung wie in so vielen anderen; ebenso wie ich im wirklichen Leben zwangsläufig zu

16 „Correspondance" (2. November 1852), III, 47; (9. Dezember 1852), 60–62.

17 *The Wheel of Fire* (überarbeitete Auflage; London, 1949), S. 32–38.

niemandem so fair bin wie zu mir selbst, oder bestenfalls zu meinen nächsten Angehörigen, ist auch in der Literatur eine vollkommene Unparteilichkeit nicht möglich. Oder werden in *Ulysses* die Charaktere aus der irischen Bourgeoisie, die sich um Bloom und Stephen und Molly scharen, im Vergleich zu diesen fair behandelt? Wir können dem Himmel danken, das dem nicht so ist.

Zwar tut dennoch einigen Werken der Eindruck Abbruch, daß der Autor seine Charaktere mit ungleichen Gewichten wiegt. Aber dieser Eindruck richtet sich nicht danach, ob der Autor explizit Stellung nimmt, sondern danach, ob seine Stellungnahme angesichts der in Handlung umgesetzten Gegebenheiten vertretbar erscheint. Ein deutliches Beispiel dafür liefert *Lady Chatterley (Lady Chatterley's Lover)*. Lawrence kann über die Gefahren der Parteilichkeit ebenso leidenschaftlich wie jeder andere sprechen: „Die Moral des Romans ist gleichbedeutend mit der zitternden Unruhe der sich einpendelnden Waage. Wenn der Romanschriftsteller seinen Daumen auf die Waagschale legt und damit das Gleichgewicht nach seinem Gutdünken verändert, dann ist das Unmoral. Der moderne Roman neigt dazu, immer unmoralischer zu werden, da der Romanschriftsteller dazu neigt, seinen Daumen immer stärker auf die Schale zu drücken: entweder auf der Seite der Liebe, der reinen Liebe, oder auf der Seite der zügellosen ‚Freiheit'." [18] Was er haßt, so sagt er uns immer wieder, ist ein Roman, der bloße „Abhandlung" ist. Obwohl er sich mehr als viele andere bewußt ist, daß jeder Roman „irgendeine Seinstheorie, irgendeine Metaphysik" enthält, fordert er, daß „die Metaphysik stets dem künstlerischen Zweck dienen muß, der jenseits des dem Künstler bewußten Ziels liegt".[19]
Die Kritiker von *Lady Chatterley* sind sich zwar sonst in wenigen Punkten einig, sie scheinen jedoch darin übereinzustimmen, daß der Romanschriftsteller in diesem Werk seinen Daumen in der Tat sehr stark auf die Schale gedrückt hat, die seine prophetische Vision einer Liebe enthält, die weder „Liebe, reine Liebe", noch „zügellose Freiheit" ist, eine Liebe, die uns vor den zerstörerischen Kräften der Zivilisation bewahren kann. Kritiker, die diese Haltung billigen, loben das Buch – jedoch mit Worten, die dessen mutige Auslegung der Wahrheit deutlich machen. Kritiker, die diese These für überspitzt oder falsch halten, anerkennen vielleicht die Begabung von Lawrence, beklagen aber die Ungerechtigkeiten, die er bei der Verteidigung seiner Liebenden begeht.

---

[18] „Morality and the Novel" (1925), Nachdruck in *Phoenix* (London, 1936), S. 528 f.

[19] „Study of Thomas Hardy", in *Phoenix* (London, 1936), laut Zitat von Allott in *Novelists on the Novel* (New York, 1959), S. 104.

Doch setzt sich anscheinend jeder mit dem Buch im Hinblick auf seine These auseinander.[20] Selbst Kritiker, die gemeinsam mit Mark Schorer der Meinung sind, daß es Lawrence gelungen ist, „den Prediger" und „den Dichter" „formal" miteinander in Einklang zu bringen, können das Buch nicht besprechen, ohne hauptsächlich auf die Predigten einzugehen.[21]

Bezeichnenderweise scheint die Frage der Unparteilichkeit von Lawrence in keiner Weise mit den von ihm gewählten technischen Mitteln in Beziehung zu stehen. Ob wir nun seine Vision eines neuen Heils akzeptieren oder ablehnen, unsere Entscheidung richtet sich nicht danach, ob er diese oder jene Form auktorialer Predigt verwendet; die Einwände gegen seine Voreingenommenheit gelten häufiger seiner Darstellung von Mellors, dem Wildhüter, als der Tatsache, daß er auf verschiedene Weise auktorial kommentiert. Wenn Mellors mit großer Ausführlichkeit seine Meinung darlegt und sagt, „wenn die Männer mit warmem Herzen ficken und Frauen es mit warmem Herzen hinnehmen, wäre alles gut",[22] so mögen wir dieses Allheilmittel unangemessen, ja sogar komisch finden, oder aber für das verlockende Bild einer schönen neuen Welt halten; doch wird es uns bei unserer Entscheidung wenig nutzen zu fragen, ob die Meinungen in dramatischer Form vorgebracht werden. Diejenigen von uns, die diese Seite des Buches ablehnen, begründen dies letztlich damit, daß Mellors Aussagen uns eine Version von D. H. Lawrence vermitteln, die wir nicht bewundern können; zwischen dem Heilsangebot des implizierten Autors und unseren eigenen Ansichten besteht ein unüberbrückbarer Gegensatz.[23]

---

[20] Stanley Kauffmann, „'Lady Chatterley' at Last", *The New Republic*, 25. Mai 1959, S. 16; Paul Lauter „Lady C. with Love and Money.", *The New Leader*, 21. September 1959: „Lawrence verfeinert den Waldhüter bei jeder Überarbeitung des Romans, vielleicht um ihn für Connie (und für den Leser) als Liebhaber annehmbarer zu machen. Sein Schluß in der endgültigen Fassung ist jedoch teilweise ein Zugeständnis an genau die Gesellschaft, zu der er in Opposition steht ... Weshalb kommt Mellors für die Rettung in Frage? Warum können dann Michaelis oder Tommy Dukes nicht in Erscheinung treten?" (S. 24).

[21] Vgl. Schorers Einführung zum Grove Press Reprint (New York, 1959), bes. S. 21 ff.

[22] *Lady Chatterley* (Rowohlt Hamburg, 1973), S. 190, 279 f.

[23] Vgl. z. B. Colin Welchs Angriffe auf dieses Buch in „Black Magic, White Lies", *Encounter*, XVI (Februar 1961), 75–79: „Was er predigt, ist: daß die Menschheit nur dadurch wiedergeboren werden kann, daß sie sich von der Tyrannei des Geistes und der Seele, von der Tyrannei Jesu Christi befreit, und daß sie sich vor ihrem eigenen Phallus in den Staub wirft ..." (S. 79). Ob man nun Welchs Vorwürfe oder Rebecca Wests und Richard Hoggarts Verteidigung von Lawrence in der folgenden Ausgabe von *Encounter* akzeptiert, klar ist,

Wogegen wir uns also wenden, ist der in der dramatischen Handlung implizierte, nicht unbedingt der in den Kommentaren erscheinende Lawrence. Die kleine Abhandlung im neunten Kapitel über die Möglichkeiten und Grenzen der Fiktion, die ein Kritiker als Beweis für eine „unbeständige Behandlung der Standpunkte"[24] beklagte, zeigt Lawrence eigentlich von einer sehr ansprechenden Seite. Da wir den Angriff des Autors auf die gängige Erzählliteratur für gerechtfertigt halten, eine Literatur, die sich nur mit den Lastern der Öffentlichkeit befaßt, eine Literatur, die erniedrigend ist, weil sie die korruptesten Gefühle unter dem Deckmantel der „Echtheit" verherrlicht, erkennen wir die lautere Absicht des Autors an, wenn er sich bemüht, mit Hilfe des Romans „die geheimsten Winkel des Lebens zu beleuchten". Nach einem solchen Passus scheint uns seine grundsätzliche Integrität über jeden Zweifel erhaben – zumindest, bis wir wieder auf einen langatmigen Ausbruch von Mellors stoßen.

Kurz gesagt, welche Parteilichkeit sich in diesem Buch auch zeigt, sie liegt im Kern des Romans selbst; solange Lawrence entschlossen ist, jeden zu verdammen, der nicht dem Weg von Mellors folgt, wären Bemühungen um eine äußere Unparteilichkeit sinnlos. Wenn wir das Buch mit einem Gefühl der Befremdung über sein besonderes Anliegen beenden, wenn wir, mehr mit Bedauern als mit Überzeugung, die letzten pseudobiblischen Worte von Mellors lesen, von „Friede . . ., der dem Ficken entspringt" und von seinem „Pfingsten . . ., die kleine züngelnde Flamme zwischen mir und Dir", dann letztlich, weil keine literarische Technik den verwirrten und anmaßenden kleinen Autor vor uns verstecken kann, der in zu vielen Teilen des Buches impliziert ist. Selbst wenn wir uns an den ganz anderen Autor erinnern, der in den besseren Romanen – wie *Liebende Frauen (Women in Love)* – impliziert ist, reicht dies nicht aus, um die schlechten Eindrücke dieses einen Romans wiedergutzumachen.

„Impassibilité"

Schließlich kann die Objektivität des Autors auch das bedeuten, was Flaubert *impassibilité* nennt, eine unbewegte oder leidenschaftslose Haltung des Autors gegenüber den Charakteren und Begebenheiten seiner Geschichte. Obwohl Flaubert den Unterschied nicht klar herausstellt, unterscheidet sich dieses Merkmal von der neutralen Beurteilung

daß der Streit darum geht, mit welchem Erfolg Lawrence uns zur Annahme seiner Grundanschauung bringt; daran werden Experimente mit der proportionalen Verteilung von Erzählen und Darstellen nicht viel ändern.

[24] Kauffmann, *op. cit.*, S. 16.

von Werten; ein Autor könnte sich zu dem einen oder anderen Wert bekennen und doch nicht etwas für *oder* gegen irgendeinen seiner Charaktere empfinden. Gleichzeitg unterscheidet es sich deutlich von Unparteilichkeit, da der Künstler für all seine Charaktere ein lebendiges Gefühl des Hasses oder der Liebe oder des Mitleids empfinden könnte, ohne Partei zu ergreifen. Zwischen den Autoren scheint es einen wesensmäßigen, in ihrem Temperament begründeten Unterschied zu geben, was das rechte Maß dieser Distanzierung angeht [25] – vergleichbar etwa mit dem Unterschied zwischen Schauspielern, die ihre Rollen „empfinden", und solchen, die wie die Heldin von Somerset Maughams *Theatre* ihre Darstellungskraft zerstört sehen, sobald sie eine Rolle empfinden. Trollope beschreibt sich in seiner *Autobiography* als einsamen Wanderer im Wald, der über den Gram seiner Charaktere weint, „über ihre Albernheiten lacht und ihre Freude vollauf genießt". Vielleicht war es für Autoren wie Flaubert natürlich, auf ein in der französischen Romantik mitunter ähnlich leidenschaftliches Verhalten mit dem Anspruch auf eine ebenso leidenschaftliche Ablehnung der Leidenschaft zu reagieren.

Dies läßt jedoch kaum vermuten, daß zwischen der *impassibilité* des Autors und irgendeiner Art von Rhetorik oder irgendeinem bestimmten Grad gestalterischer Vollkommenheit eine natürliche Verbindung besteht. Autoren, die hinsichtlich ihrer emotionalen Anteilnahme ganz entgegengesetzte Positionen einnehmen, könnten Werke schreiben, die voll von höchstpersönlichen Kommentaren sind, Geschichten, die durchweg „erzählt" werden, oder Werke, die streng dramatisiert, streng „dargestellt" werden.

Daß zwischen den Empfindungen des Autors und irgendeiner erforderlichen Technik oder dem Grad der Vollkommenheit seines Werkes keine Beziehung besteht, darauf deutet die Tatsache, daß wir ohne äußere Beweise niemals mit Sicherheit feststellen können, ob ein Autor sein Werk *empfunden* oder mit kühler Distanz geschrieben hat. Hat Fielding Jonathan Wild gehaßt oder um Amelia geweint? Hat er sich selbst amüsiert, als Parson Adams, der auf dem Weg nach London ist, um Predigten zu verkaufen, um deren Unverkäuflichkeit Fielding und der Leser wissen, entdeckt, daß er sie zu Hause gelassen hat?

Saintsbury lobte Fielding für seine „Distanz" in *Jonathan Wild*, vermutlich, weil der Erzähler durchweg als ein Charakter auftritt, der sich offenkundig und deutlich von jedem wirklichen Fielding unterscheidet, den wir uns möglicherweise vorstellen könnten. Gibt es jedoch irgend-

[25] Vgl. Tschechow, *Letters on the Short Story, the Drama and other Literary Topics*, ausgewählt und herausgegeben von Louis S. Friedland (New York, 1924), S. 97 f.

einen Grund zu der Annahme, daß Fielding weniger Distanz zu seinem Stoff hat, wenn er den liebenswerten Dummkopf Adams behandelt, als wenn er Wild portraitiert? Wir verfallen zu leicht in die Gewohnheit, so zu reden, als sei der „Oh, meine guten Leser!" sagende Erzähler Fielding selbst, und vergessen dabei, daß wir gar nicht wissen können, ob er nicht ebenso zielstrebig und mit ebenso großer Distanz an der Gestaltung des erfahrenen, weltgewandten Erzählers in *Joseph Andrews* und *Tom Jones* gearbeitet hat wie an der Gestaltung des zynischen Erzählers in *Jonathan Wild*. Alles bisher Gesagte über das Verhältnis zwischen den eigenen Wertvorstellungen des Autors und jenen, die von seinem zweiten Selbst gestützt werden, gilt hier in genau dem gleichen Sinne. Ein großer Künstler kann einen implizierten Autor schaffen, der je nach den Erfordernissen des betreffenden Werkes entweder distanziert ist oder Anteil nimmt.

Wir sehen also, daß keine der drei Hauptforderungen nach der Objektivität des Autors technische Entscheidungen in irgendeiner Weise notwendig beeinflußt. Es mag zwar zu einem gegebenen Zeitpunkt in der Geschichte einer Kunst oder in der Entwicklung eines Schriftstellers wichtig sein, die Gefahren zu betonen, die ein fehlgeleitetes Bekenntnis, Parteilichkeit oder emotionale Anteilnahme in sich bergen, doch kann man keineswegs für die Tendenz eintreten, die Objektivität des Autors von einer geforderten unpersönlichen Technik abhängig zu machen.

Der Subjektivismus und seine Förderung durch unpersönliche Techniken

Unpersönliches Erzählen kann in der Tat gerade den Subjektivismus fördern, von dem es heilen soll. Das Bemühen, Hinweise auf eine explizite Bewertung zu unterlassen, kann besonders demjenigen Autor gefährlich werden, der sich mit aller Macht aus seinen Werken heraushalten will. Es trifft zwar zu, daß Kommentare ein Medium für fragwürdige subjektive Auslassungen sein können, doch kann das Bemühen, solche Kommentare zu konzipieren, bei einigen Autoren zwischen dem schwächeren Selbst des Autors und dem von ihm zu schaffenden Selbst genau die richtige Trennungslinie entstehen lassen, die für den Erfolg seines Buches erforderlich ist. Die Kunst, zuverlässige Erzähler zu konzipieren, besteht weitgehend in der völligen Beherrschung des eigenen Selbst, damit die *persona*, jenes in das Buch wirklich hineingehörende zweite Selbst, projiziert werden kann. Und ein Autor, der seine Karten auf den Tisch legt, kann so die beiden Extreme des Subjektivismus, die manches unpersönliche Erzählwerk verunstaltet haben, bei sich entdecken und zumindest dann eine Möglichkeit finden, gegen sie anzukämpfen.

Kritiklose Sympathie oder Mitgefühl. – Ein Autor, der den Eindruck erweckt, als ob kein Urteil gefällt werde, kann dadurch vor sich selbst verbergen, daß er gefühlsmäßig an seinen Charakteren Anteil nimmt und daß er um die Sympathien des Lesers wirbt, ohne dies entsprechend zu begründen. Die ältere Technik mit einem zuverlässigen Erzähler, so sagt Q. P. Leavis, zwang Autor wie Leser, selbst von dem sympathischsten Charakter einen gewissen Abstand zu halten. Sie findet jedoch, daß im modernen Bestseller „der Autor seine eigenen Tagträume glühend heiß in eine dramatische Form gießt, ohne sie mit irgendeinem Wertmaßstab – wie dem ‚Rechtsempfinden, nicht dem Volksempfinden' – einer zivilisierten Gesellschaft in Verbindung zu bringen: Der Autor – oder im allgemeinen mehr noch die Autorin – wird mit dem Hauptcharakter identifiziert, und der Leser wird aufgefordert, sich an diesem verwerflichen Tun zu beteiligen".[26]

Eine solche Sentimentalität war natürlich in älteren Formen der Fiktion möglich. „Unser Held" konnte oft trotz eines Mordes davonkommen, während seine Feinde wegen geringer Verstöße gegen den Sittenkodex verurteilt wurden. Der moderne Autor aber kann den Vorwurf der Sentimentalität mit Worten zurückweisen wie: „Wer, ich? In keiner Weise. Es ist die Schuld des Lesers, wenn er irgendeine übermäßige oder ungerechtfertigte Sympathie empfindet. *Ich* habe nicht ein Wort gesagt. Ich bin so verschlossen und nüchtern wie jeder andere." Am deutlichsten werden derlei Wirkungen vielleicht in Kriminalromanen mit Burschen der allerübelsten Sorte. Mickey Spillanes Mike Hammer kann in der Tat kein Unrecht tun – für diejenigen, die ihn überhaupt ausstehen können. Viele Leser würden Spillane jedoch sofort fallenlassen, wenn er sich einmischen würde, um die verderbte Moral deutlich zu machen, auf der die Freude an diesen Büchern basiert: „Du merkst vielleicht, lieber Leser, daß Mike Hammer weniger brutal ist, wenn er einen angelsächsischen Amerikaner zusammenschlägt, als wenn er einen Juden zusammenschlägt, und daß er am allerbrutalsten ist, wenn er einen Neger zusammenschlägt. So mißt unser Held seine Strafe am rassischen Wert seiner Opfer." Spillane tut gut daran, derlei Dinge unausgesprochen zu lassen.

Wenn, wie Tschechow sagt, „Subjektivität etwas Widerwärtiges ist –

[26] *Fiction and the Reading Public* (London, 1932), S. 236. Vgl. auch Roger Vailland, „La Loi du Romancier", *L'Express* (Paris), 12. Juli 1957, S. 13–15. Vailland fand sich zum Schreiben „wirklicher Romane" erst bereit, als er aufgehört hatte, der Held seiner eigenen Tagträume zu sein. „Ich war völlig daraus verschwunden; das ist mir plötzlich bewußt geworden; der Beweis war also erbracht, daß mein Traum kein Mittel darstellte, um mich der Schäferin [der Heldin des Tagtraums] auf Umwegen zu nähern" (S. 14).

selbst mit der alleinigen Begründung, daß sie den schlechten Schriftsteller zusehends verrät", so erkennen wir jetzt, daß die von ihm beklagte Subjektivität in keiner Weise mit den üblichen Mitteln der sogenannten Objektivität verhindert wird. Gehen wir von einer vielleicht anderen Bedeutung des Wortes aus, so erkennen wir, daß selbst die strengsten unpersönlichen Techniken den schlechten Schriftsteller zusehends *verraten* können. Verrat für Verrat – weniger Gefahr besteht für Autor und Leser wahrscheinlich in einer Literatur, die ihre Karten auf den Tisch legt, in einer Literatur, die dem schlechten Schriftsteller einfach verrät, was für eine schlechte Sache er da geschaffen hat.

Kritiklose Ironie. – Wir besitzen kein Wort wie Sentimentalität für den umgekehrten Fehler desjenigen Autors, der eine alles durchdringende „un-verdiente" Ironie an die Stelle einer aufrichtigen Sichtung seiner Stoffe treten läßt. Dieser Fehler ist immer schwer zu beweisen, doch sind vermutlich den meisten von uns schon Romanschriftsteller begegnet, die ihre Romane mit sehr kleinen Helden bevölkern, weil sie selbst groß erscheinen wollen. Derjenige Autor, der seine Unverwundbarkeit dadurch erhält, daß er allenthalben ironische Anspielungen macht, sich jedoch nie verpflichtet fühlt, deren Grenzen zu verdeutlichen, kann ebenso unverantwortlich sein wie der Verfasser von Bestsellern, die auf einer naiven Identifizierung basieren.[27]

Henry James spricht von Flauberts „zweifacher Flucht" vor der Notwendigkeit, das Menschliche aufrichtig zu betrachten. Die eine ist das Exotische, wie in *Salammbo (Salammbô)* und *Die Versuchung des heiligen Antonius (La tentation de Saint Antoine)*, die völlige „Abkehr vom Menschlichen". Die andere ist die Ironie, die ihm eine Beschäftigung mit dem Menschlichen ermöglicht, ohne ihn zu einem direkten Bekenntnis hierzu zu zwingen. Doch, so fragt James, „als alles gesagt und getan wurde, war er da uneingeschränkt und ausschließlich zur Ironie verurteilt?" „Hätte er seine Sache nicht schließlich etwas direkter ausfechten können?" Aus dem Munde von James ist dies eine eindringliche Frage. Man kann sich beim Lesen vieler der „objektiven", jedoch ätzenden Darstellungen, die uns seit James gegeben worden sind, nicht des Eindrucks erwehren, daß der Autor die Ironie als Selbstschutz verwendet und weniger, um seinen Gegenstand zu enthüllen. Wenn die Charaktere des Autors sich als Narren und Bösewichter offenbaren, sobald wir einen kalten Blick auf sie werfen, wie steht es dann mit dem Autor selbst? Wie würde er sich ausnehmen, wenn seine wahren Ansichten kalt serviert würden? Oder hat er gar keine Ansichten?

---

[27] Vgl. May Sarton, „The Shield of Irony", *The Nation*, 14. April 1956, S. 314–16.

Ebenso wie die von Randall Jarrell mit satirischen Äußerungen bedachte Romanschriftstellerin können uns diese Romanschriftsteller „den Preis jeder Sünde und den Wert keiner einzigen" zeigen.

In ihren Büchern wurde die Menschheit wegen ihrer Dummheit und Schlechtigkeit systematisch, ausgiebig und beweiskräftig verurteilt; doch wenn die Menschheit klug und gut gewesen wäre, was wäre aus Gertrude geworden? ... Wenn sie jemandem begegnete, der entweder gut oder klug war, betrachtete sie ihn mit feindseligem Unbehagen. Doch hätte sie keine Angst zu haben brauchen. Kluge Leute erschienen ihr nach einer Weile immer schlecht; gute Leute erschienen ihr nach einer Weile immer dumm. Sie brachte es stets fertig, die Klugen wegen ihrer Schlechtigkeit und die Guten wegen ihrer Dummheit durchfallen zu lassen; und wenn jemand klug und gut zugleich war, hörte Gertrude damit auf, Zensuren zu geben. Wenn ihr eine Stimme gesagt hätte: „Hast du an meinen Diener Gottfried Rosenbaum gedacht und daran, daß niemand in Benton so freundlich und klug ist wie er?", dann hätte sie geantwortet: „Ich kann diesen Gottfried Rosenbaum nicht ausstehen." [28]

Ein Subjektivismus einer dieser beiden Prägungen kann einen Roman zerstören; je schwächer der Roman insgesamt ist, desto eher sind wir wahrscheinlich in der Lage, aus unserer Kenntnis des implizierten Autors einfache und genaue Schlüsse im Hinblick auf die Probleme des wirklichen Autors zu ziehen. So viel ist wahr an der Forderung nach der Objektivität des Autors: Hinweise auf die unverändert gelassenen Liebes- und Haßgefühle des wirklichen Autors sind fast immer verhängnisvoll. Die klare Erkenntnis dieser Tatsache darf uns jedoch nicht zu Doktrinen über Technik führen, und sie sollte uns auch nicht dazu bringen, vom Autor zu fordern, er möge Liebe und Haß sowie die Urteile, auf denen sie basieren, aus seinen Romanen verbannen. Die Gefühle und Urteile des implizierten Autors sind, wie ich noch zu zeigen hoffe, der eigentliche Stoff, aus dem große Erzählwerke gemacht sind.[29]

---

[28] *Pictures from an Institution* (New York, 1954), S. 134. S. 123 ff. ?

[29] Eine brillante Erörterung dieses komplexen Themas findet sich in Mauriacs *Le romancier et ses personnages* (Paris, 1933), bes. S. 142 f.: „Auch hinter einem noch so objektiven Roman, sofern es sich um ein schönes Werk, ein großes Werk handelt, verbirgt sich immer dieses durchlebte Drama des Romanschriftstellers, dieser individuelle Kampf mit seinen Dämonen und mit seinen Sphinxen. Aber vielleicht zeigt sich gerade darin der Erfolg des Genies, daß nichts von diesem persönlichen Drama an die Außenwelt dringt. Das berühmte Wort von Flaubert ‚Mme Bovary, das bin ich' ist sehr verständlich – man muß sich nur die Zeit nehmen, darüber nachzudenken, so wenig scheint der Autor eines gleichlautenden Buches auf den ersten Blick damit zu tun zu haben. *Madame Bovary* ist eben ein Meisterwerk – d. h. ein Werk, das eine Einheit bildet und sich als ein Ganzes darstellt, wie eine von ihrem Schöpfer getrennte Welt. In dem Maße, in dem unser Werk unvollkommen ist, dringt die gequälte Seele seines bemitleidenswerten Autors durch die Risse."

IV Allgemeine Grundsätze, III: „Wahre Kunst ignoriert das Publikum"

„Wahre Künstler schreiben nur für sich selbst"

Regeln für realistische Werke und objektive Autoren führen natürlich zu der dritten Art, zu Vorschriften für den Leser. Schließlich schafft der Autor nicht nur von sich selbst ein Bild. Mit jedem Federstrich, mit dem er sein zweites Selbst impliziert, wird der Leser zu einer Person geformt, die einen solchen Charakter und das Buch, das dieser schreibt, zu würdigen weiß. Die sich hierbei vollziehende Kommunikation, die für die Existenz der Literatur von fundamentaler Bedeutung ist, ist in der modernen Literaturkritik oft unbeachtet geblieben, beklagt oder abgestritten worden. Wahre Künstler, so hat man uns immer wieder gesagt, lassen ihre Leser außer Betracht. Sie schreiben für sich selbst. Der wahre Dichter schreibt, um sich selbst auszudrücken oder um sich selbst zu finden oder „sich das Buch vom Halse zu schaffen" [1] – und der Leser mag zum Teufel gehen. „Ist der Schriftsteller dem Leser gegenüber in irgendeiner Weise verpflichtet?" wurde Faulkner von einem Interviewer gefragt, und er gab eine Antwort, die Keats vielleicht nicht schockiert hätte, sicher aber Dickens oder Trollope beunruhigt hätte. „Ich mache mir nichts aus Karl Jedermanns Meinung über mein Werk oder das irgendeines anderen. Mein ist die Norm, der es zu genügen gilt, und dies ist der Fall, wenn das Werk die gleichen Empfindungen in mir hervorruft wie *Die Versuchung des heiligen Antonius* oder das Alte Testament. Sie bereiten mir Wohlgefühl. Ebenso bereitet mir das Beobachten eines Vogels Wohlgefühl." [2]

Erst in den letzten Jahrzehnten wird dem Autor häufig der unverhohlene Rat gegeben – und zwar eigentlich nur in handbuchartigen Anleitungen zum Schreiben von Bestsellern –, an seine Leser zu denken und dementsprechend zu schreiben. Unter ernsthaften Schriftstellern herrschte bisher die Sitte, jede erkennbare Rücksichtnahme auf den Leser als ein kommerzielles Schandmal auf der ansonsten makellosen Stirn der Kunst anzusehen.[3] Wenn jemand wirklich die Unverfrorenheit besitzt und fragt, wer die ernsthaften Schriftsteller seien, fällt die Ant-

---

[1] Vladimir Nabokov, „Über ein Buch mit dem Titel ‚Lolita'", *Lolita* (Rowohlt Hamburg, 1959), S. 329.

[2] Jean Stein, „Interview with William Faulkner", *The Paris Review, IV* (Frühjahr 1956), 28–52. Das Zitat stammt von S. 38.

[3] Damit soll nicht gesagt sein, daß das, was ich Rhetorik nenne, völlig außer acht gelassen worden ist. Vgl. Bibliographie, Abschn. IV.

wort leicht: es sind diejenigen, die nie in den Verdacht geraten könnten, beim Schreiben an den Leser zu denken!

Vielleicht belustigt uns das kultische Zeremoniell jener, die rhetorische Rücksichten argwöhnen, doch gibt es gute Gründe für ihren Argwohn. Sehen wir nicht in jedem gegen Bezahlung geschriebenen und auf den Bestsellerlisten erscheinenden Werk Beweise dafür, was mit Kunst geschieht, wenn die Forderungen der Leserschaft das Tun des Künstlers bestimmen dürfen? Anstatt sich in den Morast widersprüchlicher und entwürdigender rhetorischer Forderungen zu begeben, ist da nicht die Hypothese sicherer, daß *jedes* Eingehen auf die Bedürfnisse des Lesers sowohl unkünstlerisch als auch gefährlich ist? „Ich schreibe. Soll der Leser lernen zu lesen“ – ein solches Motto, das Mark Harris sich unlängst zu eigen machte, könnte vielen modernen Schriftstellern als Credo dienen. „Es gibt seichte Lektüre. Und es gibt Literatur“, so sagt er. „Es gibt seichte Schriftsteller, und es gibt Schriftsteller ... Der Romanschriftsteller ist auf jene relativ kleine Leserschaft angewiesen, die für den Lesestoff ein Bezugssystem, ein kritisches Bewußtsein und eine Verstehensebene mitbringt, die nicht unter der des Autors liegt ... Ich sträube mich, wie es *wahre* Romanschriftsteller tun, gegen die Anweisung (gewöhnlich die eines sorgenvollen Herausgebers), klarer, einfacher zu schreiben, zu erklären, wenn ich das Gefühl habe, daß diese Bitte der Bequemlichkeit des Lesers entgegenkommt, und das auf Kosten der Kunst.“[4]

„Ich schreibe. Soll der Leser lernen zu lesen.“ Von einem Autor, der dies im Namen der künstlerischen Integrität zu seinem Motto macht, kann man kaum Toleranz gegenüber der Haltung älterer Romanschriftsteller wie Trollope erwarten, der behauptet, daß es die vornehmste Pflicht des Romanschriftstellers sei, „sich angenehm zu machen“, und daß er zu diesem Zweck die Bedeutung seines Werkes darlegen müsse, „ohne den Leser anzustrengen“.[5] Warum sollte der Autor an den tyrannischen Leser gebunden sein? In einer Zeit, in der die Beziehung zum „Leser“ nicht mehr die gleiche Bedeutung wie für Trollope haben kann, in der eine für die meisten Leser leicht verständliche Darlegung der Bedeutung des eigenen Werkes sehr wohl das Ende jeder Schriftstellerei bedeuten könnte, muß der ernsthafte Schriftsteller angesichts der Forderung, er möge den Leser berücksichtigen, sicher alle Kräfte anspannen. Wie kann er gegen die Haltung von Virginia Woolf ankommen, die in dem gewöhnlichen Leser einen Tyrannen sieht, der den

[4] „Easy Does It Not“, in *The Living Novel*, ed Granville Hicks (New York, 1957), S. 113–16.

[5] *An Autobiography*, ed. Frederick Page (London, 1950), S. 234 f.

Romanschriftsteller „dazu verführt, einen Plot zu schaffen, etwas Komödienhaftes, Tragisches und Amouröses zu bieten"? [6]

Theorien der reinen Kunst

Die Frage läßt sich nicht beantworten, indem man nur den Leser betrachtet. Das Mißtrauen gegen den Leser hat sich gewöhnlich auf Theorien der reinen Kunst oder reinen Dichtung gegründet, in denen die Beseitigung dieses, jenes oder eines anderen Elementes verlangt wird, damit alles Übrige ausschließlich aus reinen, in einem inneren Sinnzusammenhang verschmolzenen Elementen bestehe. Solche Theorien weichen zwar in dem, was sie verbannen, stark voneinander ab, doch schließen die meisten von ihnen jede unverhüllte Rhetorik aus, da diese eindeutig kein Bestandteil des „reinen dichterischen Objekts" [7] ist.

[6] „Modern Fiction", *The Common Reader* (London, 1925; New York, 1953), S. 153 f. Der Essay wurde 1919 geschrieben. Der Kampf zwischen dem immer anspruchsvolleren Autor und dem immer unfähigeren Leser hat so viele Aspekte, daß *ich* die Probleme hier noch nicht einmal definieren, geschweige denn Lob und Tadel aussprechen kann. Zu Berichten über das sinkende Niveau des Leserpublikums vgl. Q. D. Leavis, *Fiction and the Reading Public* (London, 1932) und Richard D. Altick, *The English Common Reader: A Social History of the Mass Reading Public, 1800–1900* (Chicago, 1957).
Angriffe auf das Leserpublikum sind immer noch häufig. „Es ist offenkundig", schreibt Granville Hicks in einem Nachwort zu den Äußerungen von zehn jüngeren Romanschriftstellern *(The Living Novel)*, „daß mit dem Roman von heute nicht alles gut bestellt ist, aber das Problem liegt im wesentlichen bei den Lesern, nicht bei den Schriftstellern" (S. 216). Doch zumindest zwei der Romanschriftsteller in seinem Buch, Ralph Ellison und Harvey Swados, haben einiges über das Problem des Romanschriftstellers zu sagen, wenn sie sich mit irgendwelchen Werten in ihrer Beziehung zum Leser auseinandersetzen. Die Frage, ob die antirhetorische Haltung der Romanschriftsteller der frühen „Moderne" im Schwinden begriffen ist, muß jedoch von jemandem beantwortet werden, der die gegenwärtige Literaturszene genauer kennt als ich.

[7] Robert Penn Warren führt zehn Elemente auf, die, so stellte er fest, der eine oder andere Kritiker beseitigte, damit nur noch reine Dichtung übrigbliebe: „1. Ideen, Wahrheiten, Verallgemeinerungen, ‚Sinn'. 2. Genaue, komplizierte, ‚intellektuelle' Bilder. 3. Unschöne, unangenehme oder neutrale Stoffe. 4. Situation, Bericht, logische Verknüpfung. 5. Realistische Details, exakte Beschreibungen, Realismus schlechthin. 6. Veränderungen in Ton oder Stimmung. 7. Ironie. 8. Metrisches Variieren, auffällige Handhabung von Rhythmen, Kakophonie usw. 9. Das Metrum selbst. 10. Subjektive und persönliche Elemente" („Pure and Impure Poetry", *Kenyon Review*, Frühjahr 1943, ebenso in *Critiques and Essays in Criticism: 1920–48*, ed. Robert W. Stallman [New York, 1949], S. 99). Eine überzeugende Argumentation gegen die Verwendung von Reinheit als einer universalen Norm bietet Frederick Pottle, *The Idiom of Poetry* (Ithaca, N.Y., 1941).

Die Gegenüberstellung von Dichtung und Rhetorik oder bloßer Prosa war nichts Neues. In der Tat findet sich die Vorstellung, daß erkennbar rhetorische Elemente in der Dichtung bestenfalls ein notwendiges Übel sind, in poetischen Theorien seit Aristoteles. „Der Dichter selber soll nur so wenig wie möglich sagen", sagt Aristoteles, „denn in diesem Punkt ist er kein Nachahmer." Mit zeitgemäßeren Worten gesagt: nicht seine eingeschobenen Kommentare machen aus ihm einen wahren Dichter oder schöpferischen Künstler. In ähnlicher Weise muß man den Chor „behandeln wie einen der Schauspieler. Er soll ein Teil des Ganzen sein und mithandeln, aber nicht so wie bei Euripides, sondern wie bei Sophokles. Bei der Mehrzahl freilich gehören die gesungenen Partien nicht eher zu diesem bestimmten Mythos als zu irgendeiner beliebigen anderen Tragödie". Schließlich verwirft er die letzte der drei unverhüllt rhetorischen Versuchungen des Dramas: die Verwendung eines Bühnenbildes. Der Mythos, so sagt er, soll Gefühle hervorrufen, und dies mit dem „Bühnenbild" – d. h. mit der Rhetorik des Spielleiters – zu bewirken, ist „kunstloser und bedarf großen Aufwandes".

Im Gegensatz zu vielen modernen Ästhetikern lehnt Aristoteles die rhetorische Dimension der Dichtung nie völlig ab. Er erkennt klar, daß der Dichter eines tut – er wirkt auf die Leser ein. Dadurch, daß Gefühle „wie Mitleid, Furcht, Zorn und dergleichen" erregt sowie „Größe und Kleinheit" suggeriert werden, tritt die Dichtung in der Tat in eine enge Beziehung zur Rhetorik. Und tatsächlich, wenn Aristoteles auf „die Gedanken" zu sprechen kommt, verweist er auf „die *Rhetorik* ... Denn dies gehört mehr zu jenem als zu dem vorliegenden Gegenstande".[8] Doch trotz dieser engen Beziehung zum Bereich der Rhetorik befaßt sich die Poetik nicht mit Wirkungen, die auf ein spezifisches Publikum abgestimmt sein sollen. Das Publikum, auf das eingewirkt werden soll, bleibt das gleiche; nur wenn wir die Rhetorik als solche untersuchen, müssen wir uns über die Eigenheiten eines Publikums und die Anpassung unserer Argumentation an diese Eigenheiten ernsthaft Gedanken machen.[9]

Aber obwohl Aristoteles einsieht, daß Dichtung immer auf ein Publi-

[8] „Von der Dichtkunst", *Werke des Aristoteles, II* (Artemis Zürich, 1950), S. 409–18.

[9] Aristoteles' Versuch, Rhetorik und Poetik voneinander zu trennen, wurde jedoch in den Werken der verschiedenen Rhetoriker alsbald aufgegeben. Vgl. Bernard Weinberg, „Robertello on the *Poetics*", in *Critics and Criticism*, ed. R. S. Crane (Chicago, 1952), S. 319–48; Richard McKeon, „The Concept of Imitation in Antiquity", *ibid.*, bes. S. 168–74. Zu einigen gegenwärtigen Varianten der „Rhetorik"-Kritik vgl. R.S. Crane, *The Languages of Criticism and the Structure of Poetry* (Toronto, 1953), bes. S. 115–28, 197.

kum einwirkt und somit immer eng mit Rhetorik verbunden ist, beklagt er, wie wir gerade festgestellt haben, jede augenfällige, herauslösbare Rhetorik, weil sie „von außen" kommt. Auf der einen Seite haben wir das, was ein in sich Geschlossenes und daher poetisch ist: die nachgeahmte Handlung. Auf der anderen Seite haben wir die Kommentare von Autor und Chor, die ebenso wie spektakuläre Kulissen stets Gefahr laufen, unwesentlich und somit nach der gegebenen Definition weniger poetisch zu werden.

Die Unterscheidung zwischen wesentlich und unwesentlich hat sich oft als nützlich erwiesen, und es ist nicht verwunderlich, daß sie die ganze Geschichte der Literaturkritik hindurch immer wieder verwendet wird. Doch ist sie viel zu allgemein, um uns bei unserer kritischen Arbeit sehr weit zu bringen. Was meinen wir letzten Endes mit „unwesentlich"? Die meisten von uns können die zuerst von Aristoteles formulierte poetische Grundwahrheit akzeptieren, nach der jedes gelungene Werk der Phantasie sein eigenes Leben, seine eigene Seele und seine eigenen Seinsprinzipien hat, völlig unabhängig von den Vorurteilen oder stofflichen Bedürfnissen dieses oder jenes Publikums, und nach der unsere poetischen Kunstgriffe ein „Teil des Ganzen" sein sollen. Der Dichter, so sagen wir, „soll nur so wenig wie möglich selber sagen". Doch warum dann überhaupt etwas sagen? Wenn Homer besser als die anderen ist, weil er selten in Erscheinung tritt – obwohl wir bereits festgestellt haben, daß er dies viel öfter tut, als wir nach Aristoteles' Äußerungen vermuten würden –, können wir dann nicht Homer übertreffen, indem wir überhaupt nicht in Erscheinung treten, alles *darstellen* und nichts *erzählen*? Wenn Sophokles besser ist als Euripides, weil er seinen Chor zumindest in gewissem Umfang mithandeln läßt, wäre er dann noch besser gewesen, wenn er ihn völlig hätte einbeziehen können und dessen reinen Kommentar weggelassen hätte?

Aristoteles treibt die Sache nie so weit, und es gibt neben seinen Äußerungen über die Dichtkunst gute Gründe für die Annahme, daß er gegen ein solches Vorgehen energisch protestiert hätte. Er wollte die größtmögliche der tragischen Nachahmung entsprechende Wirkung und nicht strengste Befolgung abstrakter Grundsätze der Reinheit. Im Gegensatz zu vielen modernen Kritikern sagt er, daß der Dichter „so wenig *wie möglich*" selber sagen solle – d. h. solange seine Zurückhaltung der dichterischen Wirkung nicht schadet. Das Zuviel und das Zuwenig werden, wie stets bei Aristoteles, von den jeweiligen Zielen bestimmt, und er vergißt nie, daß ein Zuviel in einem Werk ein Zuwenig in einem anderen sein könnte.

Die Aussagen einiger moderner Verfechter der dichterischen Reinheit zeichnen sich nicht durch eine solche Zurückhaltung aus. Paul Valéry

z. B., dessen Essay über die „Poésie Pure" englische und amerikanische Dichter und Romanschriftsteller sich immer wieder zu eigen machen, hebt eingangs eine Eigenschaft reiner Dichtung hervor, die jeder wahren Dichtung gemein sei. Dichtung entsteht nur, wenn „die Sprache eine *gewisse Abweichung* von der direktesten, das heißt der *unsinnlichsten* Ausdrucksweise des Denkens aufweist", nur wenn „solche Abweichungen gewissermaßen eine Welt von Beziehungen ahnen lassen, die sich von der rein praktischen Welt unterscheidet". Der Dichter erfaßt „Bruchstücke" dieser „edlen, lebendigen", unpraktischen Welt, und er entwickelt und verarbeitet sie zu Dichtung, „soweit sie auf künstlerischer Wirkung beruht".

Derjenige, der *rein*e Dichtung schreiben wollte, müßte nach einem solchen Programm allem Anschein nach versuchen, aus diesen dichterischen Momenten vollständige Werke zu machen. „Ließe sich folglich, mit Hilfe eines in Verse gebrachten oder nicht in Verse gebrachten Werkes, der Eindruck eines vollständigen Systems von *Wechsel*beziehungen zwischen unseren Ideen, unseren Bildern einerseits und unseren Ausdrucksmitteln andererseits erwecken –: . . .? Das ist . . . das Problem der reinen Poesie." Valéry behauptet, es sei unmöglich, ein solches Werk aufzubauen, *rein* von allen nichtpoetischen Elementen, wobei die einzelnen Details miteinander zu einem Ganzen verschmolzen sind, räumt aber ein, daß „die Dichtkunst stets in dem Bemühen bestehe, sich diesem rein idealen Zustand anzunähern. Letzten Endes ist das, was man ein *Gedicht* nennt, praktisch aus Fragmenten *reiner Poesie* zusammengesetzt, die in den Stoff einer Rede gefaßt sind". Es ist nicht verwunderlich, daß für Valéry die ideale Kunst die Musik ist. „Ich will vergleichen, *was dem Dichter gegeben ist und was dem Musiker gegeben ist*. Glücklich der Musiker!" [10]

Diese von Neid erfüllte Gleichsetzung mit der idealen Reinheit der Musik wäre Aristoteles ein Rätsel gewesen, doch hat sie ein Jahrhundert lang die Diskussionen über künstlerische Reinheit beherrscht. Wenn jede Kunst die gleiche Wirkung anstrebt – eine Art reiner Realisierung einer anderen Welt oder eine uneigennützige Betrachtung in reiner Form –, dann sollte zweifellos die Musik (oder manchmal die Malerei, je abstrakter, desto besser) unser Vorbild sein. „Alle Kunst erstrebt unablässig den Rang der Musik", sagte Walter Pater vor beinahe achtzig Jahren, weil es eben die Musik ist, in der das „künstlerische Ideal" von einer „vollkommenen Gleichsetzung von Stoff und Form", von Zielen

[10] „Poésie Pure", *Zur Theorie der Dichtkunst.* Übertragen von Kurt Leonhard (Insel Frankfurt, 1962), S. 80–85.

und Mitteln, von Thema und Ausdruck erreicht wird.[11] Soviel ich weiß, hat er sein musikalisches Modell nie auf die Erzählkunst übertragen, doch wird es bis in die Gegenwart hinein von Kritikern der Erzählliteratur übernommen und erweitert.[12]

Wir sehen in diesem Drang nach Reinheit einen merkwürdigen Gegensatz zu der allgemeinen Forderung nach Realismus. Einige Definitionen des Realismus lassen sich zwar mit manchen Vorstellungen der dichterischen Reinheit in Einklang bringen, doch steht die typische Forderung nach realistischer Wirkung wahrscheinlich im Widerspruch zu der typischen Forderung nach einer reinen Darstellung der idealen Welt der Ästhetik. James wäre von jeder Andeutung, daß seine Erzählwerke von ihrem moralischen Problem und menschlichen Empfindungen befreit werden müßten, zutiefst betroffen gewesen. Entschlossen ist der Angriff Sartres gegen den „unmöglichen Traum, ein unparteiisches Bild von der Gesellschaft und von der Situation des Menschen zu entwerfen". Für ihn offenbaren sich die Menschen „in ihrer Wahrheit", nur wenn sie „in der Liebe, im Haß, im Zorn, in der Furcht, in der Freude, im Unwillen, in der Bewunderung, in der Hoffnung, in der Verzweiflung" dargestellt werden.[13] Aber der typische Purist sieht wahrscheinlich in moralischen Problemen und menschlichen Empfindungen die Hauptursache für die Unreinheit der Literatur.

Seltsamerweise hatten sowohl die Suche nach Realismus als auch die

---

[11] „School of Giorgione", *The Renaissance* (London, 1888; Modern Library ed., o. J.), S. 111–14.

[12] Vgl. David Daiches, *Virginia Woolf* (Norfolk, Conn., 1942), S. 129, im Zusammenhang mit einer in der modernen Literaturkritik oft geäußerten Vermutung, wonach das, was der Romanschriftsteller zu tun versucht – in diesem Fall „Leben zu einem Konzentrat zu destillieren" –, dem Musiker möglicherweise besser gelingt. Jedem Kenner der modernen Literaturkritik fallen sicher zahlreiche Bestrebungen ein, das Werk von Romanschriftstellern wie Gide, Proust, Mann, Joyce und Faulkner mit der Musik zu vergleichen. Es ist kein Zufall, daß Dujardin, der sich als Urheber des stream-of-consciousness *(monologue intérieur)* in der Erzählliteratur rühmte, an sein Werk herangegangen ist mit dem „verrückten Ehrgeiz, die Methoden Wagners auf die Literatur zu übertragen" *(Le monologue intérieur. Son apparition. Ses origines. Sa place dans l'oeuvre de James Joyce* [Paris 1931], S. 97). Vgl. Abrams, *The Mirror and the Lamp* (New York, 1953). Kap. III, Abschn. I, im Hinblick auf den Versuch des neunzehnten Jahrhunderts, eine Analogie zur Musik herzustellen.

[13] „Was heißt schreiben", in *Was ist Literatur*, S. 17. Eine theoretische Erörterung der inhärenten „Unreinheit" der Literatur mit dem unvermeidlichen Hinweis auf eine „äußere" Realität bietet Murray Krieger, *The New Apologists for Poetry* (Minneapolis, Minn., 1956), S. 129 ff.

Suche nach Reinheit, selbst wenn sie die extremsten Formen annehmen, den gleichen Angriff auf rhetorische Unreinheiten in der Erzählkunst zur Folge. Wie wir schon in Kapitel II gesehen haben, darf das Erzählwerk nicht zu viele Hinweise darauf enthalten, daß es gemacht ist, wenn es *real* erscheinen soll. Und hier stellen wir nun fest, daß der Autor irgendwie eine Möglichkeit zur Gestaltung eines gereinigten Objekts finden muß, das für sich selbst sprechen kann, wenn Erzählkunst *rein* sein soll, wenn sie „der Dichtung ebenbürtig sein" soll, wenn sie so etwas haben soll wie einen gleichen Rang unter jenen Künsten, deren Reinheit augenfälliger ist. Ebenso wie viele Dichter der Moderne, seien es Symbolisten, Imagisten oder was immer, die Auffassung vertraten, daß das „natürliche Objekt immer das adäquate Symbol ist",[14] haben auch Romanschriftsteller und Kritiker der verschiedensten Richtungen immer wieder Flauberts Meinung wiederholt, nach der das voll zum Ausdruck gebrachte „natürliche" Ereignis seine eigenen Sinngehalte weitaus besser vermittelt, als es irgendein expliziter wertender Kommentar tun könnte.[15] „Wenn ich in einem Roman lese, Karl war griesgrämig", so sagt Ortega, „so fordert mich der Dichter auf, mir selbst ein lebendiges Bild des griesgrämigen Karl in meiner Einbildungskraft aufzubauen; d. h. ich soll statt seiner dichten. Umgekehrt wird ein guter Roman daraus: indem der Dichter die anschaulichen Tatsachen angibt

---

[14] Ezra Pound, „A Stray Document", (1913), nachgedruckt in *Make It New* (New Haven, Conn., 1935) und in M.D. Zabel, *Literary Opinion in America* (durchgesehene Ausg.; New York, 1951), S. 170. Vgl. auch Pounds Brief an W. Carlos Williams, 21. Oktober 1908, *Letters 1907–1941*, ed. D.D. Paige (New York, 1950), S. 3 f. sowie Hugh Kenner, *The Art of Poetry* (New York, 1959): „Ein Ding ist, was es ist. Der Beruf des Dichters besteht zu einem großen Teil darin, zu wissen, was es ist, und dann zu erkennen, daß seine *Natur* von bleibenderem Interesse ist als die Gedankenprozesse, die in seiner Gegenwart ablaufen. Wenn seine Natur bestimmte moralische Wahrheiten impliziert, wird uns der erfolgreiche Dichter davon überzeugen, daß er diese erläutert, weil sie in seinem Thema enthalten sind, und daß er sie weniger deshalb erfindet, weil ihm danach zumute ist" (S. 174).

[15] Vgl. Auerbach, *op.cit.*, S. 473. Vgl. auch R.G. Collingwood, *The Principles of Art* (Erstveröffentlichung 1938; New York, 1958): „... die Verwendung von Epitheta in der Dichtung oder selbst in der Prosa, in der eine gewisse Ausdruckskraft angestrebt wird, ist gefährlich. Wenn man das Entsetzen ausdrücken will, das etwas hervorruft, darf man ihm nicht ein Epitheton wie ‚entsetzlich' beigeben. Denn dieses beschreibt das Gefühl, anstatt es auszudrücken, und die Sprache wird sogleich frigid, d. h. ausdruckslos. Niemals benennt ein echter Dichter in seinen echten dichterischen Momenten die Gefühle, die er ausdrückt" (S. 112).

und ich willfährig Karls Griesgrämigkeit entdecke und formuliere.“ [16] Einige Jahrzehnte vor diesem Ausspruch über die Notwendigkeit der Reinheit beseitigte der unbekannte James Joyce bei der Durchsicht des umfänglichen Manuskripts, aus dem später das knappe, reine *Ein Porträt des Künstlers als junger Mann* entstand, sorgfältig die meisten Adverbien und Adjektive und schließlich sämtliche auktorialen Kommentare bis auf kaum erkennbare Überreste. Deutliche Hinweise für diesen Vorgang finden wir in *Stephen der Held* (*Stephen Hero*), dem zuvor entworfenen Manuskript. Nachdem er bereits geschrieben hatte, „Stephen durchstieß mit seinem Löffel ärgerlich die Unterseite der Eierschale“, sann er nach und strich „ärgerlich“ durch. Warum? Weil es eindeutig der Autor war, der das natürliche, das reine Objekt – in diesem Fall einen physischen Vorgang – nicht für sich selbst sprechen ließ.

Wir erkennen nunmehr, daß T. S. Eliot kein neues Konzept schuf, als er vom „objektiven Korrelat“ sprach. „Der einzige Weg“, so lautet der Anfang seiner vielzitierten Definition, „Gefühl in Form von Kunst auszudrücken, besteht darin, ein ‚objektives Korrelat‘ zu finden; mit anderen Worten, eine Gruppe von Objekten, eine Situation, eine Kette von Ereignissen, die jenes *bestimmte Gefühl* in eine Formel bringen; in einer Weise, daß das Gefühl unmittelbar hervorgerufen wird, wenn die äußeren Fakten, die letzten Endes sinnlich erfahren werden müssen, vorgegeben sind.“ [17] Dieses „objektive Korrelat“ ist so sehr zu einem Bestandteil unserer kritischen Äußerungen geworden, daß wir oft zu fragen vergessen, ob es überhaupt so etwas wie ein natürliches poetisches Objekt gibt, das, an sich betrachtet, als eine Formel für bestimmte Gefühle dient. Wahr ist, daß Dutzende von unterschiedlichen Konzepten für das, was natürlich ist, in dieser zweckdienlichen Vorstellung von dem Objekt, das mit der natürlichen, unvermeidlichen Reaktion in einer Wechselbeziehung steht, vereint sind. Bevor wir uns erlauben, unsere Literatur von irgendeiner Form der Künstlichkeit zu befreien, sollten wir uns völlig im klaren darüber sein, was wir meinen, wenn wir sagen, daß „das natürliche Objekt immer das angemessene Symbol ist“.

Wir können natürlich einräumen, daß das Auswählen evozierender „Situationen und Ereignisketten“ die wichtigste Gabe des Schriftstellers ist – oder, so ähnlich drückte sich Aristoteles aus, das „Wichtigste von

[16] „Gedanken über den Roman“, in: José Ortega y Gasset, *Gesammelte Werke, II.* Übersetzt von Helene Weyl und Ulrich Weber (DVA Stuttgart, 1955), S. 270.

[17] „Hamlet and His Problems“, *Athenaeum*, 26. September 1919, nachgedruckt in *Critiques and Essays*, ed. Stallman, S. 387.

allem ist die Struktur der Ereignisse". Die Gabe, das richtige „Objekt" zu wählen, ist unerläßlich, sei das Objekt ein Gedanke, eine Geste, ein deskriptives Detail oder ein in eine bedeutungsvolle Handlung einbezogener großer Charakter. Als Gogol Akakij Akakiewitsch Schuhmatschkin schuf, den armen Angestellten in „Der Mantel", fast anonym hinter seinem „ungewöhnlichen, konstruierten" Namen, ein Opfer der Bürokratie, des Schicksals und seiner eigenen Schwäche, Vertreter aller lächerlichen, hilflosen Angestellten, hatte er den Hauptteil seiner rhetorischen Aufgabe bereits bewältigt. Als er dann noch auf die Idee kam, einen Mantel als Zeichen für die Sehnsüchte, das Trugbild und die abschließende Zerstörung seines Helden zu verwenden, hatte er wiederum das „natürliche Objekt" gewählt, das seinen Absichten am besten entgegenkam. Während wir beobachten, wie der verarmte Schuhmatschkin hoffnungslos erkältet und heruntergekommen seine Pfennige verzweifelt für einen Mantel spart, der in seinen Augen immer mehr ein Symbol der Sicherheit, des sozialen Status und des Glücks darstellt, werden wir mit großer Wirksamkeit zum Diebstahl des Mantels und zum Tod des Helden hingeführt. Kein noch so starker direkter Appell an das Mitgefühl oder direkter Angriff auf die Brutalität des „Systems" könnte diese Aufgabe wohl ebenso gut erfüllen. Man braucht nur an die offenkundig geringere Wirkung jedes anderen Kleidungsstückes zu denken, um zu erkennen, wie angebracht die Wahl dieses einen „natürlichen Objekts" war.

Wenn dies zutrifft, wie können wir dann die Behauptung, das „natürliche Objekt" sei angemessen, in Frage stellen? Muß nicht das bloße Vonhandensein von Gogols zahlreichen anderen, leichter erkennbaren Hinwendungen zum Leser darauf hindeuten, daß das Vertrauen auf seine Wahl der richtigen natürlichen Objekte unangemessen ist?

Die „Unreinheit" großer Literatur

Die Frage läßt sich vielleicht ohne Auseinandersetzung mit philosophischen Grundpositionen nicht beantworten. Die meisten programmatischen Äußerungen über Reinheit enthalten das Zugeständnis, daß vollkommene Reinheit unmöglich ist. Solche Programme, die auf einer platonischen Vorstellung basieren, nach der alle Künste einen Zustand der Vollkommenheit anstreben, können die völlige Unvollkommenheit jedes einzelnen Kunstwerks einräumen, ohne die Gültigkeit des Vollkommenheitsstrebens in Frage zu stellen. Zu zeigen, daß eigentlich alle große Literatur rhetorische Mittel verwendet hat, erscheint dem Kritiker, der bereits eingeräumt hat, daß, obwohl „Dichtung rein sein will", die meisten Gedichte „nicht zu rein sein wollen“ [18], sicher ziemlich platt und irrelevant. Trotzdem muß ich mich dieser wörtlich gemeinten Aufgabe unterziehen. Wenn die am meisten bewunderte Literatur wirklich von Grund auf mit Rhetorik durchsetzt ist, sehen wir uns unweigerlich vor die Frage gestellt, ob die Rhetorik selbst vielleicht nicht irgend etwas mit unserer Bewunderung zu tun hat. Wenn wir feststellen, daß es so ist, gibt es auch an diesem Punkt vielleicht immer noch einige Leser, die sich den Platonikern anschließen wollen und ebenso, wie Plato es manchmal tat, anführen, daß die Literatur als Ganzes gerade deswegen schlecht sei, weil sie nicht ohne eine niedrige Reizwirkung auf den Menschen auskommen könne. Zumindest aber sollten sie nicht mehr so zuversichtlich daran gehen, allgemeine Normen der Reinheit als Kriterien für die Wertbeurteilung einzelner Werke heranzuziehen. Wenn selbst die größte Literatur ihre Größe „Unreinheiten“ verdankt und wenn, wie wir alle wissen, manche der reinsten Werke ausgesprochen schlecht sind, dann hat es keinen Zweck, verschiedene Grade der Reinheit als allgemeine Kriterien zu verwenden.

Die Wahrheit ist, daß man eine vollkommene Literatur vergeblich suchen würde, wenn erkennbare Hinwendungen zum Leser ein Zeichen der Unvollkommenheit sind; in den großen Werken, nicht nur der Erzählgattung, sondern aller Gattungen, finden wir solche Beeinflussungen, wo wir auch hinschauen. Am auffälligsten sind natürlich die rhetorischen Einmischungen in der Erzählliteratur, aber dem aufmerksamen Betrachter offenbaren die meisten Theaterstücke und lyrischen Gedichte einen ähnlichen „Kommentar“. In jedem griechischen Theaterstück finden wir beispielsweise vieles, das beseitigt werden müßte, wenn wir gegen jede direkte Einflußnahme auf die gefühlsmäßigen Reaktionen des Publikums wären. Coleridge sagt, daß die Chöre oft rein rhetorische Funktion zu haben scheinen und daß sie geschaffen seien „als ideale Vertreter des wirklichen Publikums und des Dichters selbst in dessen eigener Person, die die Eindrücke, die das Drama erwecken soll, vorwegnehmen, um sie zu lenken und zu leiten“.[19] Beinahe ein Viertel des *Agamemnon* wird von den Kommentaren des Chors ausgefüllt, solange keine anderen Personen auftreten und es nicht um persönliche Entscheidungen oder Maßnahmen geht. Wie einleuchtend man solche Kommentare auch erscheinen lassen kann – und nach manchen modernen Maßstäben des Realismus sind sie in der Tat nicht einleuchtend –,

---

[18] Warren, „Pure and Impure Poetry“, in *Critiques and Essays*, ed Stallman, S. 86.

[19] „Greek Drama“, *Essays and Lectures on Shakespeare* (Everyman ed., [1907]), S. 17.

sie sind eindeutig nach außen gerichtet, erinnern uns daran, daß wir Zuschauer eines Schauspiels sind und bekunden die Bereitschaft des Dichters, „das natürliche Objekt" eine Zeitlang zu verlassen, um seine Bedeutung zu kommentieren oder unseren gefühlsmäßigen Eindruck zu lenken.

> Warum ist's, daß diese Angst,
> Unentrinnbar, nie mich läßt,
> Meinen ahnungsvollen Geist stets umschwebt?
> Daß der Gesang ungelohnt, ungeboten mir weissagt? [20]

Was ist diese unentrinnbare Angst denn anderes als ein Mittel, um das Publikum von der emotionalen Seite her auf das Folgende vorzubereiten?

Ähnlich finden wir bei Shakespeare, den Flaubert wegen seiner göttlichen Objektivität pries, zahlreiche chorartige Kommentare, die offensichtlich für den Zuschauer gedacht sind, oft genug ohne eine deutlich erkennbare innere Funktion. Wenn wir versuchen würden. Shakespeare von rhetorischen Unreinheiten zu befreien, würden wir beispielsweise nicht selbst gegen all die von den Hexen in *Macbeth* aufgeführten Gesänge und Tänze protestieren, wenn niemand anders als der Zuschauer anwesend ist? Und was ist mit den vielen Selbstgesprächen und „beiseite" gesprochenen Worten? Viele von diesen direkt an den Zuschauer gerichteten Worten stehen völlig „losgelöst vom Charakter". Jagos private Äußerungen, so haben viele Kritiker erkannt, sind in gefährlicher Weise irreführend, wenn man sie für die realistischen Meditationen eines in sich stimmigen, von Gedanken geplagten Melancholikers hält. Dramatisch sinnvoll sind sie nur, wenn sie nicht als Rechtfertigung aufgefaßt werden, sondern als Darlegung von Motiven, Drohungen und voraussichtlichen Ereignissen, die in einem überzeugenden Dialog nicht leicht zu verdeutlichen wären.

Vielleicht sollten wir uns auf der Suche nach Reinheit etwas Moderneres und eindeutig Reineres auswählen. Doch selbst in moderner lyrischer Dichtung reinster Art, finden wir da nichts außer „objektiven Korrelaten", nichts außer reiner Lyrik oder reinem Drama, ohne jede Rhetorik? Gewöhnlich nicht. Was wir finden, ist sehr oft eine verhüllte Rhetorik. Die Rätselhaftigkeit eines griechischen Sinnspruches zu einem Gedicht von Eliot kann leicht dazu führen, daß wir übersehen, was Eliot in Wirklichkeit mit uns gemacht hat. Wenn er Heraklit griechisch dem Sinne nach so zitiert, daß „es eine Pflicht ist, gemeines Recht zu be-

[20] „Agamemnon", in *Die Tragödien und Fragmente.* Übertragen von Gustav Droysen (Kröner Stuttgart, 1939), S. 230.

folgen" und daß „der Weg nach oben und der Weg nach unten ein und dasselbe ist", kann man ihm vielleicht vorwerfen, er sei schwer lesbar, ja sogar unverständlich, nicht aber, daß er in aller Öffentlichkeit mit unreinen Mitteln arbeite. Doch welche Wirkung hat das auf den Leser, der gut genug Griechisch kann, um die Sinnsprüche zu „Burnt Norton" zu übersetzen, oder der irgendeine andere Übersetzung aufstöbert? Sie wird ihm sagen: „Denke beim Lesen des folgenden Gedichts an den Ausspruch Heraklits: der Weg nach oben und der Weg nach unten ist ein und dasselbe."

Wer *sagt*, daß „Mister Kurtz – kaputt" („Mistah Kurtz, he dead") für das, was auf diesen Titel folgt, von Bedeutung ist? Sicher nicht die hohlen Männer, die in dem Gedicht in dramatischer Wechselrede sprechen. In Wirklichkeit ist es der Dichter, der sein Thema ankündigt und uns in einen Gemütszustand versetzt, der diesem Thema angemessen ist. Und schließlich, wir dürfen die Rhetorik der Titel nicht vergessen. „Das wüste Land" („The Waste Land")? „Die hohlen Männer" („The Hollow Men")? Wer sagt das?

Erkennbare Rhetorik ist jedoch keineswegs auf die Worte beschränkt, die direkt und ausschließlich an das Publikum oder den Leser gerichtet werden. In vielen durchweg dramatischen Werken ohne jeden chorartigen Kommentar gibt es Szenen, die in ihrer Intention offenkundig rhetorisch sind. Worin besteht z. B. in *Gespenster* die eigentliche Funktion der langen Unterredung zwischen Frau Alving und Manders, bei der es um die Frage geht, ob die neuen Asylgebäude versichert werden sollen? Offensichtlich soll sie dem Zuschauer die dumme und kraftlose Konventionalität von Manders vor Augen führen. Ibsen verwendet solche Szenen manchmal einfach, um das Stück leichter verständlich zu machen, manchmal werden sie aber als Argumente für Ideen verwendet, die der Zuschauer verstehen muß und mit denen er sich zumindest vorläufig anfreunden muß, wenn er das Stück begreifen will. „Nein, wissen Sie, wann und wo *ich* die Unsittlichkeit in Künstlerkreisen gefunden habe?" – der junge Osvald, von dem man annehmen könnte, er sei ausschließlich mit dem dringlicheren Problem seines nahenden Wahnsinns befaßt, nimmt sich die Zeit für diese Frage. Und dann läßt er eine Tirade los gegen „unsere mustergültigen Ehemänner und Familienväter". Ebenso wie Frau Alvings spätere Anklage gegen die „Mittelstadt", die Alving keine einzige „Lebensfreude" [21] bieten konnte, ist sie für das Verständnis des Lesers notwendiger als für irgendeine Wirkung auf eine Person innerhalb des Stücks. Muß Frau Alving Osvald wirklich von der erdrückenden Wirkung überzeugen, die von der

[21] „Gespenster", in *Sämtliche Werke VII* (Fischer Berlin, o. J.), S. 29, 79.

Stadt ausgeht? Nein, aber es ist ihre Aufgabe, die Zuschauer zu überzeugen.[22]

Dasselbe Phänomen finden wir in der Erzählkunst. Selbst die hervorragendsten Romanschriftsteller verfassen Szenen, die, analysiert man sie, unnötig erscheinen, außer daß sie dem Leser helfen. Sie sind ihrem jeweiligen Kontext angemessen, doch muß der Kritiker, der die Ökonomie ihrer Autoren zu verteidigen versucht, eher die Bedürfnisse der Leser im Auge haben als eine Vervollständigung des „natürlichen Objekts" durch notwendige Details.

Die besten Aufschlüsse darüber, wie ein Romanschriftsteller es anstellt, solche Szenen in den unentbehrlichen Stoff zu integrieren, geben die Vorworte und Tagebücher von Henry James. Immer wieder gesteht James eine Erfindung ein, die er *ficelles* nennt, Charaktere, deren Existenz hauptsächlich dem Zweck dient, dem Leser in dramatischer Form die Hilfestellung zu geben, die er braucht, wenn er die Geschichte begreifen will. Wenn James davon spricht, warum er Waymarsh und Maria Gostrey in *Die Gesandten* erfunden hat, gibt er zu, daß sein Bemühen, alles zu dramatisieren, es erfordert, eine sorgfältig verhüllte Rhetorik zu erfinden. Maria Gostrey ist ein solcher *ficelle*, „nach dem man begierig greift, wobei auch nicht einmal vorgegeben wird, *sie* sei im Grunde genommen Strethers Freundin. Sie ist viel eher die Freundin des Lesers – infolge von Dispositionen, die es eben dringend erfordern, daß er eine hat; und sie handelt in dieser Eigenschaft – und *wirklich* nur in dieser Eigenschaft – mit beispielhafter Hingabe vom Anfang des Buches bis zum Ende. Sie ist eine Gestalt gewordene, unmittelbare Hilfe für die Klarheit; kurz gesagt, sie ist, um ihr die Maske abzureißen, der ungebrochenste und eigenständigste aller *ficelles*".[23] Und ohne sich zu rechtfertigen, spricht James dann verallgemeinernd von der ganzen Beziehung des „Wesentlichen" zum Rhetorischen: „Für meinen Helden in Gedanken einen Bezug zu projizieren, der nichts mit dem Gegenstand (dem Gegenstand meines Themas), sondern ausschließlich etwas mit der Art (der Art meiner Darbietung desselben) zu tun hat, und diesen dann doch eng zusammenhängend und um der größtmöglichen Ökonomie

[22] Augenfälligere Beispiele finden sich im älteren Drama. Die Szene zwischen Kassandra und dem Chor in *Agamemnon*, die längste Szene des Stückes, die zu einem Zeitpunkt kommt, da alle wichtigen Handlungen unbeobachtet hinter den Kulissen weiterlaufen, ist ein ausgezeichnetes Beispiel. Sie nimmt nahezu ein Fünftel des Stückes ein, eine Länge, die sich nur als psychologische Vorbereitung des Publikums auf Agamemnons Schrei rechtfertigen läßt.

[23] Vorwort zur New Yorker Ausgabe, nachgedruckt in *The Art of the Novel*, ed. R. P. Blackmur (New York, 1934; 1947), S. 322.

des Ausdrucks willen so zu behandeln, als wäre er wichtig und wesentlich – so etwas zu tun und dennoch nichts durcheinanderzubringen, kann, wie jeder weiß, leicht zu einer außerordentlich fesselnden Aufgabe werden ..." (S. 324).

Es kann ebenso für den Leser eine außerordentlich fesselnde Aufgabe werden, wenn er zu entdecken versucht, an welcher Stelle im Laufe der Herausbildung der Themen bei James der eigentliche „Gegenstand" von der rhetorischen „Art" abgelöst wird. James beginnt gewöhnlich mit „irgendeinem fiktiven oder ihm einmal begegneten Individuum", irgendeiner Person also, die realisiert werden soll. Nach und nach gibt er anderen Personen Gestalt, was entweder für das Verständnis des Lesers oder für den weiteren Fortgang der Handlung erforderlich ist; oft macht er in dieser Phase keinen Unterschied zwischen den beiden. Und so fährt er fort und erfindet immer mehr, bis er zu etwas kommt, das er als *ficelle* bezeichnet.

Manchmal spricht er über den abgeschlossenen Prozeß, als wäre er rein rhetorisch, mit Ausnahme der ersten Vorstellung der Hauptfigur. In *Bildnis einer Dame (Portrait of a Lady)* wird Isabel Archer im „Vorwort", welches lange nach dem Roman entstand, als das eigentliche Thema bezeichnet; alles übrige geschieht, um dem Leser dabei zu helfen, sie so zu sehen, wie James sie gesehen haben will. Doch als er dann Henrietta Stackpole erfindet, ist sie seiner Beschreibung nach viel weiter entfernt vom eigentlich Wesentlichen als alle anderen Figuren, die Isabel umgeben. Er nennt sie nur ein Rad an der Kutsche, das nicht „zum Aufbau des Fahrzeugs" gehört. „Dort allein ist das Thema verborgen, in Form seines ‚Helden und (seiner) Heldin' sowie der privilegierten hohen Beamten, die, sagen wir, mit dem König und der Königin ausreiten." Der arme *ficelle* läuft mit aller Kraft neben der Kutsche her, atemlos, ohne jemals auch nur „den Fuß auf das Trittbrett" zu setzen (S. 52–55).

So werden also die anderen Hauptfiguren erfunden, um den Charakter Isabels zu enthüllen, und der *ficelle*, um sie alle entdecken zu helfen. Wenn wir dem expliziten Kommentar solche „Freunde des Lesers" hinzuzählen – z. B. in seinem einleitenden Absatz mit der barocken und vertraulichen Schilderung des „Nachmittagstees" –, entdecken wir, daß ein großer Teil des Buches auf eine bewußt an den Leser gerichtete Rhetorik entfällt; mit Ausnahme von Isabels Person bleibt fast nichts übrig auf seiten des „Themas".

Wie kommt es, daß wir gegen all diese Fürsorge für den Leser nicht offen protestieren, ja, es nicht können? Und worin unterscheidet sich diese annehmbare Rhetorik von den Tricks und Kunstgriffen, gegen die wir protestieren? In Kapitel VII versuche ich mich mit diesen Fragen auseinanderzusetzen. An dieser Stelle kann ich nur auf zwei wichtige Richtungen hinweisen, in denen die Antwort liegen könnte.

Zunächst einmal – es gibt einen Aspekt des „Wesentlichen", unter dem Rhetorik als annehmbar betrachtet werden kann, selbst wenn sie leicht erkennbar ist und von dem Werk losgelöst werden kann, ohne dessen Wirkung entscheidend zu beeinträchtigen. Die Unterscheidung zwischen wesentlich und unwesentlich wird hinfällig, sobald wir versuchen, sie als Maßstab für die Bewertung der einzelnen Teile eines guten Buches zu nehmen – sobald wir zu entscheiden versuchen, ob dieser oder jener Teil „innerhalb" oder „außerhalb" ist. Ist die Nebenhandlung mit Gloster in *König Lear (King Lear)* weniger wesentlich als Lears eigene Erfahrungen? Gewiß, wenn wir glauben, ein Element müsse unentbehrlich sein, um für wesentlich gehalten zu werden. Diese Vorstellung mag uns zwar entsetzen, doch können wir ziemlich sicher sein, daß *König Lear* auch dann noch ein annehmbares, verständliches und ergreifendes Stück wäre, wenn Shakespeare nicht an diese Nebenhandlung gedacht hätte; keiner würde sich beklagen, daß irgend etwas fehle. Die Nebenhandlung ist anscheinend eine Erfindung, mit der Lears Tragik in gewisser Weise gesteigert werden soll, und sie ist von daher, aus unserer jetzigen Sicht also, rhetorisch. Aber ist sie deshalb weniger künstlerisch, weniger wünschenswert, weniger „wesentlich"? Das Stück enthält andere Elemente, auf die man sogar noch leichter verzichten könnte als auf Glosters Familientragödie. Wollen wir uns hinstellen und Shakespeare mangelnde Kunstfertigkeit vorwerfen, weil er die reinen poetischen Momente – so Lears leidenschaftliche Reden auf der Heide oder die Todesszene – nicht für sich selbst sprechen läßt?

James selbst war tief beeindruckt von dem Prozeß, in dem Form und Inhalt, Thema und Behandlung, Stoff und Stil miteinander verschmolzen werden. „Das Sakrament der Ausführung vermählt sie unauflöslich miteinander, und die Vermählung muß wie jede andere Vermählung nur ‚echt' sein, damit nicht der Skandal eines Bruches offenbar wird." Und er fordert den Leser auf: „Zeige, daß dieser Wert, diese Wirkung ... auf meine Behandlung zurückgeht, zeige, daß ich sie nicht so durcheinandergeschüttelt habe, wie es der Zauberer, der ich zu sein bekenne, mit höchster Vollendung tun *muß*, und ich gestehe ein, daß ich nur einherstolziere, wie ein Jahrmarktschreier vor einer Bude" (S. 116).

Dies ist keine leere Prahlerei, aber wir sollten uns über die Bedeutung dieser Worte vollkommen im klaren sein. Ganz gewiß kann damit nicht gemeint sein, daß es in *Bildnis einer Dame* keine erkennbar rhetorischen Elemente gibt. Hingegen muß es für James wie für uns bedeuten, daß es keine „rein" rhetorischen Elemente gibt; ist das Buch vollendet, so ist alles einschließlich der Rhetorik „dazugehörig", alles wesentlich

– obwohl wir das Wort selbst bei seiner Verwendung hier in unserem erweiterten Sinn verstehen müssen. Die ursprüngliche zweiteilige Unterscheidung ist wieder einmal hinfällig geworden, und wir müssen zugeben, daß es verschiedene Abstufungen des „Wesentlichen" gibt (vgl. Kap. VII, S. 172 ff.).

Vielleicht läßt sich für unsere Bereitschaft, die Rhetorik der *ficelles* und sogar die der Jamesschen Kommentare zu akzeptieren, eine nutzbringendere oder zumindest weniger umständliche Erklärung finden, indem wir eingehend untersuchen, was mit dem „Kern", dem „eigentlich Wesentlichen", dem „wahren Thema" schlechthin gemeint ist. Wie wir den Kern eines literarischen Werkes auch konzipieren, wird er völlig frei von einer rhetorischen Dimension sein? Im Gegenteil, bereits im Augenblick der ersten Konzeption, in dem Moment, in dem James sich selbst zuruft „Das ist mein Thema!", ist ein rhetorischer Aspekt in dieser Konzeption enthalten: Man hält das Thema für *etwas, das einer Öffentlichkeit zugänglich gemacht werden kann,* etwas, das zu einem vermittelten Werk verarbeitet werden kann. Insofern es sich als ein wahres Thema herausstellt, entspringen seine Kommunikationsmittel aus dem Wesensgehalt und befinden sich anscheinend, wenn sie vervollkommnet sind, im Einklang damit.

Das soll nicht heißen, daß der Romanschriftsteller bewußt an seine Leser denken muß, oder daß um ihre Leser besorgte Romanschriftsteller notwendigerweise besser schreiben als diejenigen, die es nicht sind. Zweifellos leisten einige Autoren bessere Arbeit, wenn sie ihre Schriftstellerei als Selbstausdruck und ihre Technik als Selbstentdeckung ansehen. Aber, wie wir Kunst oder Kunstfertigkeit auch definieren, der bloße Gedanke, eine Geschichte zu schreiben, scheint implizit mit der Vorstellung gekoppelt zu sein, Techniken des Ausdrucks zu finden, die das Werk in größtmöglichem Umfang zugänglich machen. Sich Isabel als mögliches Thema vorzustellen, bedeutet, sie sich als etwas vorzustellen, das in „öffentliches Eigentum" umgewandelt werden muß, nicht als etwas, das im kostbaren Innenleben des Autors gespeichert werden muß.

Wenn wir ohne eine vorgefaßte kritische Meinung lesen, halten wir diese Dimension der Literatur in der Regel für selbstverständlich; wir sind nicht im geringsten schockiert, wenn wir entdecken, daß der Autor in der Tat daran gearbeitet hat, uns sein Thema zugänglich zu machen. Wir stellen uns den Schriftsteller als jemanden vor, der zu uns spricht, der gelesen werden will und der alles ihm Mögliche tut, um sein Werk lesbar zu machen. Die Beibehaltung dieser gesunden Einstellung wird durch moderne Erfahrungen erschwert, besonders durch das Anwachsen und die Aufsplitterung von „Leserschaften" sowie durch die vielen privaten Kunstgriffe, zu denen sich Autoren in Erwiderung darauf gezwungen sehen. Doch selbst die kompromißlosesten avantgardistischen Schriftsteller können die Pose, sie wollten nicht gelesen werden, niemals für eine lange Zeit aufrechterhalten.[24]

Wenn ich recht habe mit meiner Meinung, daß die rhetorische Dimension in der Literatur unvermeidlich ist, dann lassen sich in jeder *beliebigen* gelungenen Szene Anhaltspunkte dafür finden, wie rein sie auch sei, und ohne Rücksicht darauf, ob der Autor während des Schreibens an seinen Leser dachte. Mein Hauptargument in diesem Zusammenhang ist jedoch nicht von dieser bewußten Erweiterung des Begriffs „Rhetorik" abhängig, einer Erweiterung, die einigen vielleicht rein verbal zu sein scheint. Wichtiger ist, daß in den von uns bewunderten Werken eine Rhetorik im engeren Sinne vorherrscht – Elemente, die erkennbar, herauslösbar, „Freunde des Lesers" sind. Nun finden sich solche Elemente vielleicht nicht in jedem erfolgreichen literarischen Werk. Wenn jemand einen Roman, ein Drama oder ein Gedicht von Rang ausfindig machen kann, die als solche von einer angemessenen Zahl kompetenter Leser anerkannt werden und doch völlig frei von erkennbarer Rhetorik sind, werde ich überrascht, aber nicht beunruhigt sein. Bei dieser ersten Verteidigung der Rhetorik kommt es nicht so sehr darauf an, ihre Unentbehrlichkeit zu beweisen, sondern vielmehr darauf darzulegen, daß kompetente Schriftsteller sie im allgemeinen eigentlich nicht nur toleriert, sondern sich bereitwillig zu eigen gemacht haben. An diejenigen, die bei ihrer Meinung bleiben würden, daß die Autoren es besser hätten wissen müssen, sind die theoretischen Betrachtungen des nächsten Abschnitts gerichtet. Einstweilen wäre es vielleicht am sinnvollsten, mit einer dramatisierten Szene zu schließen, die beim ersten Lesen den Eindruck völliger Reinheit erwecken könnte.

Im Anfangsteil von Forsters *Auf der Suche nach Indien (Passage to India)* kehrt Dr. Aziz der Welt der verhaßten Engländer, in der man ihn gerade abgewiesen hat, den Rücken und zieht sich in eine beliebte Moschee zurück, um auszuruhen. Mitten in seinen Meditationen bemerkt er im Mondschein eine Engländerin.[25]

Plötzlich von Wut gepackt, rief er laut: „Madam! Madam! Madam!"
„Oh, oh", hauchte erschrocken die Frau.

---

[24] Vgl. z. B. Ellmanns Äußerungen über Joyces fast schon bemitleidenswerte Besessenheit, vor und bei der Veröffentlichung eines jeden Werkes zu erfahren, wie die Kritik es aufnimmt. Joyce mag zwar teilweise rein kommerzielle Verkaufsinteressen gehabt haben, doch wünschte er sich offensichtlich verzweifelt, gelesen zu werden (*James Joyce, passim*).

[25] *Auf der Suche nach Indien.* Übertragen von Wolfgang von Einsiedel (Fischer Frankfurt, 1960), S. 19–30.

„Madam, dies ist eine Moschee. Sie haben kein Recht, sie zu betreten! Sie hätten Ihre Schuhe ablegen sollen. Dies ist für Moslems eine heilige Stätte."
„Ich habe die Schuhe abgelegt."
„Tatsächlich?"
„Ich habe sie am Eingang gelassen."
„Dann bitte ich um Verzeihung."
Noch immer erschrocken, bewegte die Frau sich dem Ausgang zu, wobei sie sich absichtlich auf der anderen Seite des Reinigungsbrunnens hielt. „Ich bitte aufrichtig um Verzeihung für meine Worte", rief er ihr nach.
„Ja, es war doch alles in Ordnung, nicht wahr? Wenn ich meine Schuhe ausziehe, bin ich doch zugelassen?"
„Natürlich. Aber so wenige Damen nehmen sich die Mühe, vor allem, wenn sie glauben, daß niemand es sieht."
„Das macht doch nicht den geringsten Unterschied. Gott ist hier."

Er ist von dieser unerwarteten Empfindsamkeit beinahe überwältigt. Sogleich beginnt eine Freundschaft, eine Freundschaft, die sogar den Schock überdauert, als er entdeckt, daß sie eine ältere Dame ist. Sie kommen dann auf die Frau eines vorgesetzten Offiziers zu sprechen.

Seine Stimme wechselte den Klang. „Oh, eine wirklich reizende Dame!"
„Möglicherweise. Wenn man sie näher kennt."
„Wie? Was? Sie hat Ihnen nicht gefallen?"
„Sie hat es durchaus nicht an Freundlichkeit fehlen lassen, nur finde ich sie nicht gerade reizend."
„Sie hat eben erst ohne meine Einwilligung meine Toga entführt", brach Aziz aus. „Nennen Sie so etwas reizend?" –

Und bald ruft er aus: „Sie verstehen mich, Sie wissen, wie einem Menschen zumute ist. Oh, wenn doch auch die anderen Ihnen ähnlich wären!"

Wie würden wir antworten, wenn jemand von uns wissen wollte, ob man diese Szene nicht aus dem Roman streichen könne? Eine mögliche Antwort würde auf die innere Beziehung von Charakter und Handlung hinauslaufen. Wenn die wesentlichen Ereignisse in *Auf der Suche nach Indien* stattfinden sollen, ist eine Freundschaft zwischen Aziz und Mrs. Moore gleich zu Anfang unerläßlich. Die zitierte Szene ist in dieser Hinsicht ein notwendiges Glied in der Kette der Ereignisse. Wenn Forster seinen Roman überhaupt haben will, dann muß diese Szene darin vorkommen.

Eine andere, dem jedoch nicht widersprechende Antwort würde auf die Bedürfnisse des Lesers eingehen. So würde er gewisse Bedeutungen übersehen, wenn die Szene gekürzt oder gestrichen würde; das erste Buch trägt den Titel „Moschee" („Mosque"), und wenn man es thematisch mit den beiden anderen Büchern „Grotten" („Caves") und „Tempel" („Temple") vergleicht, stellt sich nach und nach heraus, welche

Aufschlüsse es über das Leben der beiden Rassen gibt, die in dieser Begegnung aufeinandertreffen.[26] Die Bedeutungen könnten vorhanden sein – nicht nur in Forsters Bewußtsein, sondern dargestellt in den späteren Büchern – und doch ohne die hier gegebenen Aufschlüsse übersehen werden.

Ebenso wichtig ist: Die Szene ist erforderlich im Hinblick auf das, was sie für die emotionale Beziehung des Lesers zu diesen beiden Menschen leistet. In dem Maße, in dem *sie* Freunde werden, gewinnen sie *unsere* Freundschaft. In dem Maße, in dem sie sich gegenseitig durch ihre menschliche Wärme und Großmut beeindrucken, beeindrucken sie auch uns. Am Ende der Szene sind wir dann, ohne uns unbedingt dessen bewußt zu werden, so weit vorbereitet, daß wir die nun auftretenden weniger sympathischen Engländer richtig zu nehmen wissen. Ja, unsere Sympathien haben sich so weit entwickelt, daß wir später, wenn Mrs. Moores Sohn diese in einer „gereizten, diktatorischen" Art über ihre Begegnung ausfragt, starken Groll empfinden. „Er rief dir in der Moschee etwas zu, wie? In welchem Ton? Unverschämt? Was hatte er zu so später Stunde selbst dort zu suchen? ... Er hat dich also wegen deiner Schuhe zur Rede gestellt. Dann war es Unverschämtheit. Ein alter Kniff. Ich wünschte, du hättest sie anbehalten." Und so pflanzt sich die Wirkung dieser ersten Szene fort; unsere Zuneigungen und Abneigungen, unser Sinn für die Bedeutung bestimmter Dinge, unser Interesse an dem, was jenen geschehen wird, die wir mögen, und jenen, denen wir mißtrauen, all das entspringt dieser ersten Begegnung.

Dramatische Notwendigkeit und rhetorische Funktion scheinen hier also aufs engste miteinander verbunden zu sein. Was immer wir uns von diesem Werk zu Herzen nehmen, sei es Handlung, symbolische Struktur oder bedeutsame Form (welche Bezeichnung wir hier vorziehen, ist unwichtig), scheint diese Szene oder etwas ihr Gleichwertiges zu rechtfertigen. Und jeder Federstrich wirkt ebenso auf uns nach außen, wie er nach innen wirkt.

Doch haben offensichtlich auch hier rhetorische Entscheidungen im engeren Sinne eine Rolle gespielt. Warum ist die Szene so lang und so voller Leben? Die Antwort hierauf ist schwierig, sofern man nicht das „Bedürfnis" des Romans anspricht, sich selbst mitzuteilen. Sein Bedürfnis, er selbst zu *sein,* hätte viel einfacher befriedigt werden können. „Die Freundschaft zwischen Aziz und Mrs. Moore hatte begonnen, als sie sich zufällig in einer Moschee trafen. Aziz war überwältigt, als er entdeckt hatte, daß ..." Oder man hätte uns sogar geradeheraus und einfach sagen können, daß „Aziz und Mrs. Moore Freunde geworden

[26] Vgl. E.K. Brown, *Rhythm in the Novel* (Toronto, 1950), bes. S. 114.

waren, weil einer im anderen erkannt hatte ..." Forster hätte uns dann die Szene in Fieldings Haus zeigen können, in der Aziz Mrs. Moore und Miß Quested zu einem Besuch der Grotten einlädt – wir hätten dann nie gewußt, was uns entgangen wäre.

Gründe gegen eine solche Überarbeitung lassen sich leicht finden, doch nehmen die stichhaltigsten sicher in der einen oder anderen Weise Bezug auf die Bedürfnisse des Lesers. Wenn wir das und das empfinden sollen, wenn wir so und so erkennen sollen, wenn wir uns den einen Ausgang wünschen und den anderen fürchten sollen, müssen wir die Freundschaft als etwas Lebendiges erfahren. Man spricht heute gern davon, daß die Szene „realisiert" werden muß. Aber für wen? Selbst in der summarischsten Wiedergabe ist sie in gewisser Hinsicht „real". Und für den Autor selbst sind die Gegebenheiten und Emotionen, die sie aufzeigt, vermutlich real, ohne daß er die Szene überhaupt schreibt. Aber für den Leser ist so lange nichts real, bis der Autor es realisiert, und es ist der Leser, um dessentwillen der Autor beschließt, diese Szene so eindringlich wie möglich zu gestalten.

Man könnte darauf antworten, daß jeder aufrichtige Autor eine solche Szene nur „für sich selbst" erweitert. Dies stimmt zwar zufälligerweise nicht mit Forsters Aussagen über die Beziehungen des Romanschriftstellers zu seinen Lesern überein, doch stimmt es, wie wir gesehen haben, mit dem überein, was viele andere von sich selbst denken. Dieser Standpunkt kann gefährlich sein, aber wir brauchen ihn nicht rundweg abzulehnen, wenn wir die Unterscheidung zwischen dem realen Autor und seinem zweiten Selbst im Gedächtnis behalten. Der wirkliche Forster braucht diese Szene nicht; all das und mehr noch weiß er über seine Charaktere. Nur wenn er sich selbst zeitweilig als seinen eigenen Leser vorstellt, der an sein Werk ohne bestimmte Kenntnisse herantritt, können wir glauben, er mache sich die Mühe, diese Szene für „sich selbst" zu schreiben. Doch wenn er sich selbst als Leser in diesem Sinne voraussetzt, was tut er dann anderes, als sich beim Schreiben „des Lesers" bewußt zu sein? Der Prozeß, dieses *öffentliche* Selbst auszudrücken, und jener, eine Öffentlichkeit anzusprechen, die aus ähnlichen „Selbst" besteht, werden identisch, und die Unterscheidung zwischen Literaturtheorien des Expressiven einerseits und des Rhetorischen andererseits fällt weg.

Ob dieser Weg, Selbstausdruck und Rhetorik miteinander in Einklang zu bringen, nun fruchtbar ist oder nicht, wir müssen folgern, daß in Forsters Roman ebenso wie in unseren anderen Beispielen erkennbar rhetorische Elemente vom Autor verwendet und von uns als Teil der Realisierung seines Themas gebilligt werden. Mag er dramatisieren oder direkt kommentieren (S. 192 u.), ein Auge ist immer auf den Leser gerichtet, selbst wenn er sich bemüht, den „Roman selbst" zur Vollendung zu bringen.

Ist eine reine Erzählkunst theoretisch wünschenswert?

Wenn das, was ich über Rhetorik im weiteren Sinne gesagt habe, zutrifft, dann ist eine reine Erzählkunst nicht möglich, und es wäre sinnlos zu fragen, ob sie wünschenswert ist oder nicht. Aber die Erzählkunst *kann* von Rhetorik im engeren Sinne teilweise befreit werden. Können wir sagen: je reiner ein Roman ist, desto besser ist er auch? Ist ein Autor, der sich weitestgehend auf die innere Kraft des „natürlichen Objekts" verläßt, künstlerischer als ein Autor, der sich bewußt bemüht, einige Elemente in jenem Objekt stärker zur Geltung zu bringen und andere in den Hintergrund zu stellen?

Vielleicht sind wir letztlich gezwungen, mit Aristoteles und den meisten bedeutenden modernen Kritikern den Schluß zu ziehen, daß der Autor erkennbare Rhetorik so wenig „wie möglich" verwenden sollte. Aber bevor wir dies tun, sollten wir uns völlig im klaren darüber sein, wo die Möglichkeiten der literarischen Kommunikation aufhören.

1. Selbst wenn ein dargebotenes Objekt in den Augen des Autors nach einer natürlichen, auf universellen Vorstellungen beruhenden Reaktion zu verlangen scheint, kann er niemals damit rechnen, daß diese universellen Vorstellungen irgendwelche starken Empfindungen hervorrufen, es sei denn, er führt gute Gründe dafür an. Er muß erkennen, daß alle Leser täglich von realen Ereignissen bombardiert werden, die eigentlich sehr starke, universelle Reaktionen hervorrufen müßten; Mord, Vergewaltigung, Raub, Hungersnot, unverschuldetes Leid, schändliche Machenschaften und irrwitzige Grausamkeit, dies alles kann man in der Abendzeitung finden, manchmal mit, manchmal ohne rhetorische Steigerung. Das Kunstwerk gibt sich jedoch nicht mit den schwachen, undifferenzierten Reaktionen zufrieden, die solche Berichte hervorrufen. „Sie wollen, daß ich", so schreibt Tschechow einem Freund, „wenn ich einen Pferdedieb darstelle, sage: ‚Ein Pferdediebstahl ist etwas Böses.' Aber das ist doch auch ohne mich schon längst bekannt . . . Wenn ich schreibe, rechne ich völlig auf den Leser und nehme an, daß er die in der Erzählung fehlenden subjektiven Elemente selbst beifügt." [27] Aber Shakespeare präsentierte Glosters Leid nicht einfach als einen journalistischen Bericht und überließ dem Zuschauer die subjektiven Elemente. Obwohl der Frevel, alten Männern das Augenlicht zu nehmen, „von alters her bekannt" war, ohne daß Shakespeare „dies

[27] *Briefe* (Winkler München, 1971), S. 173 f.

sagt", tut er alles Mögliche, um den Abscheu seines Publikums zu verstärken. Glosters eigener Ausbruch, die längste Rede in der Szene, ist selbst darauf angelegt, uns gegen die Peiniger aufzubringen: „Weil ich nicht wollte sehn, wie deine Nägel / Ausrissen seine [Lears] armen, alten Augen; / Noch wie die unbarmherz'ge Goneril / In sein gesalbtes Fleisch die Hauer schlage." Die Breite, in der er schildert, wie jeweils ein Auge ausgerissen wird, das entsetzte Einschreiten des Dieners, der durch das, was er sieht, zum Verbrechen der Rebellion getrieben wird, und schließlich die Schreie der Peiniger selbst – Regan, die in schrillen Rufen auf die Vollendung der Tat dringt, Cornwall mit seinem „. . . heraus, du schnöder Gallert! – Wo ist dein Glanz nun"? [28] – all dies zeigt uns Shakespeares Überzeugung, daß keine noch so gesteigerte Reaktion auf diese Szene übertrieben sein könnte. Er wußte, daß wir zwar allein von dem Schauspiel entsetzt sein würden, er aber nicht mit dem von ihm gewünschten Ausmaß des Entsetzens rechnen konnte, ohne unsere Reaktion über alles als natürlich Vorstellbare hinaus zu steigern.

2. Die meisten dramatischen Ereignisse sind viel mehrdeutiger als diese Szene, beruhen viel offenkundiger auf nur konventionellen Empfindungen und erfordern rhetorische Mittel, um sie für den Leser ins rechte Licht zu rücken. Und selbst die zeitlosesten Werte kommen von Mensch zu Mensch, von Ort zu Ort und von Epoche zu Epoche in abgewandelten Konventionen zum Ausdruck. Zweifellos stoßen die größten Künstler instinktiv auf zeitlose Werte; ich bin überzeugt, daß mein Mitgefühl für König Lear, meine Zuneigung zu Elizabeth Bennet und Aljoscha sowie meine Furcht vor Jago und dem Junker von Ballantrae auf Auffassungen beruhen, die ursprünglich nicht nur konventionell sind. Ich bin überzeugt, daß Faulkner recht hat, wenn er die Motive von *Als ich im Sterben lag* universal und natürlich nennt. „Ich stellte mir einfach", so sagt er, „eine Gruppe von Leuten vor und unterwarf sie den einfachen großen Naturkatastrophen – Überschwemmung und Feuer – in Verbindung mit einem einfachen natürlichen Motiv (Begräbnis), das ihr Tun lenken sollte." [29] Die Menschen im allgemeinen werden niemals aufhören, sich Gedanken über die beiden Werte der kindlichen Ehrfurcht und der Achtung vor den Toten zu machen, Werte, die hier den Naturkatastrophen „Überschwemmung und Feuer" gegenübergestellt werden – solange es Leser gibt, denen Literatur überhaupt etwas bedeutet. Aber jeder Künstler wäre wirklich töricht, wenn er einfach auf das Schauspiel unverschuldeten Leidens oder unerklärlichen

[28] „König Lear", in *Sämtliche Werke, III.* In der Übertragung von Wolf Graf Baudissin (Lamberg Schneider Heidelberg, o. J.), S. 645 f.

[29] Jean Stein, „Interview with William Faulkner", S. 39.

Unheils oder verbissener Loyalität hinwiese und von mir erwarten würde, daß ich so reagiere, wie ich es in bezug auf diese komplexen Charaktere und Ereignisse tue. Tatsache ist, daß Faulkner wohldurchdachte technische Vorkehrungen getroffen hat – ein expliziter Kommentar ist es nicht ganz –, die mir dabei helfen sollen, mich in diesem komisch-heroischen Dschungel zurechtzufinden. Trotzdem überläßt er mich an vielen Stellen einer völligen Verwirrung – und mir geht es nicht allein so.[30] Meistens erkennen wir ohne Hilfe vielleicht noch nicht einmal, was das ist, das uns gezeigt wird. Man könnte sagen, wir *müßten* es aber erkennen. Aber *warum* müßten wir? Könnte ich denn mit Recht von Faulkner oder etwa auch Joyce erwarten, daß sie *meine* natürlichen Objekte als das erkennen, was sie wirklich sind, wenn ich ihnen einfach eine fiktive Welt präsentieren würde, ohne Anhaltspunkte dafür zu geben, wie ich diese Welt auffasse? Natürlich empfinden wir alle ungeheuer viel Bewunderung für die Tugenden, welche Namen wir ihnen auch geben („beschlagen" oder „weise", Beweis von „Mut" oder „Mumm" usw.). Und wir alle sind leidenschaftliche Anhänger der Wahrheit. Aber ich kann mich nie darauf verlassen, daß ich selbst Anstand oder Mut erkenne, wenn ich ihnen begegne, und meistens stört mich die Wahrheit, wenn ich das erste Mal auf sie stoße, oder aber sie wird als Unwahrheit abgetan.

Die Vorstellung von fest konstituierten natürlichen Objekten, die natürliche Reaktionen bewirken, fand ursprünglich Eingang in die Literatur, als diese der Wissenschaft des neunzehnten Jahrhunderts nacheiferte, welche sich leidenschaftslos und objektiv mit der konkreten Wirklichkeit auseinandersetzte. In der Literatur war diese Idee nie so fruchtbar wie in der Wissenschaft. Nun, da die Wissenschaftler den Anspruch aufgegeben haben, sie suchten eine einzige Formel für eine fest konstituierte Wirklichkeit, die von der Begrenztheit und den Inter-

---

[30] Vgl. Edward Wasioleks „*As I Lay Dying:* Distortion in the Slow Eddy of Current Opinion", *Critique*, III (Frühjahr – Spätjahr 1959), 15–23. „Soll unsere Haltung mit der der Bundrens gleichgesetzt werden oder soll sie auf einer ironischen Distanz bleiben? ... Faulkner ist durch die Auswahl von Details und Situationen imstande, darüber zu wachen, daß wir den Kampf der Bundrens jederzeit so sehen, wie er es von uns will" (S. 17). Vielleicht ist „imstande" nicht ganz das richtige Wort, zumal Wasiolek feststellt, daß manche Ansichten, die seinen eigenen widersprechen, „in den langsamen Strudel der geltenden kritischen Meinung geraten" sind. Ich finde seine Argumentation zwar bestechend, doch würde ich mir nie zutrauen, selbst zu dieser Anschauung zu gelangen, auch nicht nach eingehender Beschäftigung mit dem Buch und trotz Faulkners ständiger Überwachung mit Hilfe der „Auswahl von Details und Situationen".

essen des Beobachters unberührt bleibt, sollten wir vielleicht wieder einmal unsere Sachen packen und ihrem Beispiel folgen. Einheitliche Wirklichkeit wird den Menschen niemals auf „natürliche" Weise und ohne Beschönigung zuteil. Ohne sich relativistischen Vorstellungen hinzugeben, kann man erkennen, daß unsere unterschiedlichen Interessen und Neigungen uns dazu veranlassen, die Realität in Verbindung mit verschiedenen Zwecken unter jeweils verschiedenen Aspekten zu sehen. Ein und derselbe Tatbestand kann mit vielen verschiedenen Tatbeständen identisch sein, je nachdem, wie wir allgemein eingestellt sind. So ist jeder literarische „Tatbestand" – selbst die nüchternste Schilderung, die irgendeinen universalen Aspekt menschlicher Erfahrung vermittelt – in hohem Maße von der Sinngebung des Autors geprägt, welche Ansprüche an Objektivität er auch stellt.

Das bedeutet, daß jede Geschichte unverständlich ist, wenn sie dem Erzählen nicht den nötigen Raum gibt – und sei es auch auf die subtilste Weise –, nicht nur, um uns das Wertsystem bewußt zu machen, durch das sie ihren Sinn erhält, sondern, was noch wichtiger ist, um in uns die Bereitschaft zu wecken, dieses Wertsystem zumindest vorübergehend zu akzeptieren. Zwar muß der Leser bis zu einem gewissen Grad seine eigenen Zweifel zurückhalten; er muß empfänglich, offen und bereit sein, sich Anhaltspunkte geben zu lassen. Aber das Werk selbst – jedes Werk, das nicht von mir selbst oder von Leuten geschrieben ist, die meine Überzeugungen teilen – muß mit seiner Rhetorik die Lücke füllen, die dadurch entsteht, daß ich meine eigenen Überzeugungen vorübergehend aufgebe.

Selbst ein Gegenstand so allgemeinen Abscheus wie Grausamkeit gegenüber Kindern kann so verarbeitet werden, daß er völlig verschiedene Wirkungen hervorruft. Wenn der Vater von Huck diesen mit seinem Messer verfolgt oder wenn der Vater in den Comics sein Kind schlägt, weil er einen schlechten Tag im Büro gehabt hat; wenn Jim in „Haarschneiden" und Jason in *Schall und Wahn (The Sound and the Fury)* die Kinder um einen Zirkusbesuch bringen; wenn Elizabeth Bowens Heldin den Tod des Herzens erleidet; wenn Sakis kleiner Heide von seiner Tante bestraft wird; wenn Medea ihre Kinder mordet; wenn Macbeth die Kinder von Lady Macduff tötet; wenn Swift in seinem *Ein bescheidener Vorschlag (A Modest Proposal)* kleine Kinder kochen und verspeisen läßt; wenn Pip Miss Havisham in die Falle geht; wenn Farrington in Joyces „Entsprechungen" („Counterparts") seinen Sohn schlägt; und wenn schließlich in *Die Brüder Karamasoff* das Kind zu Tode geprügelt wird, dann reichen unsere Gefühle für die Übeltäter von unbekümmertem Vergnügen bis zu allergrößtem Entsetzen, von mitleidvollem Verzeihen bis zu Haß, was primär nicht von irgendeiner natürlichen Beziehung zwischen den Ereignissen als solchen und unserer Reaktion abhängig ist, sondern vielmehr davon, wie der Autor sich dazu stellt.[31]

3. Selbst wenn zeitlose, universale Empfindungen in das Werk eingearbeitet sind, haben sie wahrscheinlich keine starke Wirkung auf uns und sind vielleicht nicht deutlich – ohne die Rhetorik des Autors. Noch beschwerlicher ist, daß die Erzählkunst gerade in ihrem Drang nach Realität dahin tendiert, sich mit einer Vielzahl von bloßen Konventionen auseinanderzusetzen, die nur in einem Kontext Bedeutung haben. Jeder gute kommerzielle Schreiber weiß, daß eine Frau, die sich beispielsweise eine Zigarette anzündet, in einem 1860 entstandenen Roman etwas anderes bedeutet hätte als in einem aus dem Jahre 1960. Kleidermoden und Frisuren, Formen weltmännischen Benehmens, Sexualverhalten – alle Bereiche des Lebens, in denen Konventionen eine Rolle spielen – können für eine Charakterisierung herangezogen werden, jedoch nur innerhalb von zeitlichen und örtlichen Grenzen, die vom Autor sorgfältig definiert und überwacht werden.[32] Die Promis-

---

[31] Als besonders krasses Beispiel für Grausamkeit gegenüber Kindern vgl. Dostojewski, „Traum eines lächerlichen Menschen", *Sämtliche Werke, VII* (Wissenschaftliche Buchgesellschaft Darmstadt, 1965).
Dieselbe Beobachtung kann man bei jedem allgemeinen Geschehen machen – Hochzeit, Geburt, Selbstmord, Liebe. Man betrachte nur einmal folgende Morde: Macbeth ermordet Duncan, und wir bedauern weniger Duncan als Macbeth; Markheim ermordet den Pfandleiher, und wir hoffen auf Markheims Rettung; Monsieur Verdoux ermordet eine Reihe wohlhabender Frauen, und wir nehmen Partei für ihn und gegen eine morbide Zivilisation; der Möchtegern-Erbe in *Adel verpflichtet (Kind Hearts and Coronets)* ermordet ein halbes Dutzend seiner Verwandten, und wir lachen einfach; Zuleika Dobson „ermordet" fast die gesamte Studentenschaft in Oxford, und wir lachen mit merkwürdig gemischten Gefühlen; Ch'en ermordet in *Man's Fate* kaltblütig einen Fremden, und wir sind entsetzt – wegen Ch'en. Es erübrigt sich, die zahlreichen Morde aufzuzählen, bei denen die mehr „natürlichen" Gefühle des Hasses gegenüber dem Mörder und des Mitleids mit dem Opfer in den Vordergrund gestellt werden.

[32] „Vor einhundertfünfzig Jahren wußten die Leute, welchen Standpunkt und welches Verhalten man von ihnen erwartete, so daß, wichen sie einmal von einer anerkannten Norm ab, ihr Abweichen wirklich etwas über ihre geistige Verfassung aussagte. Als Anne Elliot z. B. feststellte, daß sonntägliches Reisen für ihren Vetter etwas Normales gewesen sei, folgerte sie daraus, und zwar vollkommen zu Recht, daß er ‚zumindest in allen ernsthaften Angelegenheiten leichtfertig' gewesen sei. Selbst in meiner Kindheit konnte man noch von allen möglichen unwahrscheinlichen Merkmalen reden hören, an welchen man erkennen könne, wer eine Dame sei und wer nicht. Heute ist

kuität einer Heldin ist in den sechziger Jahren dieses Jahrhunderts nicht ein annähernd so verdammenswertes Fehlverhalten, wie es selbst die unfreiwillige Unzucht von Tess vor siebzig Jahren war. Mauriac erzählt von einer modernen Frau, die nicht verstehen konnte, was das ganze Getue in *Phädra (Phèdre)* soll: Was könnte natürlicher sein, als sich in seinen Stiefsohn zu verlieben!

Solche Verschiebungen haben zur Folge, daß ein Autor sein Werk bis zur Sinnlosigkeit läutern kann, wenn er sich auf Korrelate verläßt, die eigentlich in keiner Weise objektiv sind. Der Leser sieht sich immer vor die Frage gestellt, was eine bestimmte Geste, ein bestimmtes Detail *bedeutet*. Es genügt nicht zu sagen, daß es überhaupt nichts zu bedeuten braucht, weil es einfach *ist*. Das sinnlose Anhäufen genau beobachteter Details kann uns nicht lange befriedigen; nur wenn man die Details *erzählen* läßt, nur wenn sie bedeutungsvoll für die dargestellten Schicksale werden, sind sie zu ertragen. Wenn James T. Farell im Einleitungssatz von *Gas-House McGinty* (1933) darstellt, wie McGinty einen Spucknapf verfehlt, was hat das zu bedeuten? Daß er überhaupt spuckt, kann etwas über ihn vermuten lassen, obwohl sicher nicht viel. Daß es ein *Spucknapf* ist, sagt etwas über sein Milieu aus. Aber wie steht es damit, daß er den *Spucknapf* verfehlt? Ist es denn in irgendeiner Weise bedeutungsvoller, als wenn er mitten hinein träfe? Vielleicht, vielleicht auch nicht. „Beim Zerkauen seiner vierten Olive dachte McGinty, daß Boyle (der Inhaber) eigentlich gefüllte Oliven haben sollte." Soll dies für irgend etwas stehen? Vielleicht gibt es einfach einen Hinweis auf McGintys Fettleibigkeit, die wir bereits hinreichend kennen. Vielleicht bedeutet es etwas mehr. Wenn der Leser nicht imstande ist, die volle Bedeutung jedes befrachteten Faktums zu begreifen, gerät er natürlich auf gefährliche Abwege. Wenn er aber andererseits annimmt, daß sein Autor die Details bewußt auswählt und sie mit Bedeutung vollpackt, kann es schon vorkommen, daß er überinterpretiert.

Wenn der junge Stephen Daedalus die Eierschale mit seinem Löffel ärgerlich durchstößt, so ist dies eine Art von objektivem Tatbestand,

---

diese Zeichensprache größtenteils überholt, mit dem Ergebnis, daß eine von außen ansetzende Beschreibung immer wenig Bezug auf die Gegebenheiten des Bewußtseins hat und es für den Romanschriftsteller immer mehr zu einer Notwendigkeit wird, seine eigene Einbildungskraft einzusetzen, um den Zusammenhängen nachzuspüren" (Mary Scrutton, „Addition to Fiction", *The Twentieth Century* [April 1956], S. 367 f.). Wenn dies für Äußerlichkeiten wie für sonntägliche Reisen gilt, dann gilt es ebensosehr für Gedanken und Haltungen.

aber Stephen könnte leicht ein anderer werden, nachdem Joyce das „ärgerlich" ausgestrichen hat. Eine Eierschale, so könnten wir dem pedantischen Joyce in pedantischer Weise zu bedenken geben, kann außer im Zorn in vielen anderen Stimmungen zerbrochen werden. Nachdenklich? Nervös? Zerstreut? Unachtsam? Vergnügt? Natürlich „würde der Kontext es zeigen" – manchmal. Aber ist der Kontext dann Teil des „Objekts"? Wenn dem so ist, warum darf der Autor dann nicht Szenen als Teil des Objekts schaffen, die dem Leser den Kontext verdeutlichen sollen, die aber eigentlich nicht unbedingt notwendig für das „Objekt" sind? Und wenn das Objekt selbst in dieser Weise erweitert werden kann, wie wir es bei James im Fall von Henrietta Stackpole sehen können, wo ziehen wir die Grenze? Dürfen wir dann nicht ein oder zwei Adverbien hinzufügen oder sogar ein wenig kommentieren? Wo hört der Kontext auf? Wenn der Kontext erforderlich ist, damit das objektive Korrelat wirklich korreliert, und wenn der Kontext zum Gesamtwerk wird, dann sind wir, sofern wir uns Eliots Formel für das objektive Korrelat zu eigen machen, in der merkwürdigen Lage zu sagen, daß die „einzige Möglichkeit, Emotion in der Kunst hervorzurufen, darin besteht, vollständige Kunstwerke zu schaffen, die für diese Emotion als Formel stehen" – was, da es sich um eine Tautologie handelt, nur zu wahr ist, jedoch bei der Herauslösung der rhetorischen Elemente keine sonderlichen Dienste leistet.

4. Und schließlich beruht ein Teil der bedeutendsten Literatur auf einer erfolgreichen Umkehrung dessen, was viele Leser „instinktiv" als eine angemessene Reaktion ansähen. Solche Umkehrungen sind nur möglich, wenn es dem Autor gelingt, auf Beziehungen und Bedeutungen aufmerksam zu machen, die von der äußeren Erscheinung des Objekts verdeckt werden. Wenn Macbeths rücksichtslos-brutaler Aufstieg zur Macht und seine grausame Tyrannei auf natürliche Weise irgendeine universale emotionale Reaktion hervorriefe, so wäre dies eine Mischung von Furcht und Haß und Rachlust. Je weniger eine solche Geschichte rhetorisch manipuliert wird, desto weniger Sympathie erzeugt sie wahrscheinlich. Wenn Shakespeare eine Rachetragödie beabsichtigt hätte, hätte er vielleicht – es wäre denkbar – auf jede besondere Rhetorik verzichtet und Mord und Tyrannei, ganz aus der Sicht des Außenstehenden, für sich selbst sprechen lassen. Man kann sich schwer vorstellen, daß ein solches Vorgehen ein großartiges Resultat gezeitigt hätte, selbst wenn es von Shakespeare gekommen wäre, doch zumindest wäre es freier von den offenkundigen Manipulationen unserer Sympathie gewesen, als es die tatsächliche Fassung ist. So wie die Dinge liegen, bedient sich Shakespeare einer ausgefeilten Rhetorik, um unsere Sympathien zu lenken: Macbeths leidendes Gewissen, das ausführlich

dramatisiert wird, spricht eine deutlichere Sprache, als es seine nichtdramatisierten Verbrechen tun.[33]

Aristoteles forderte vom Tragödiendichter die Fähigkeit, die Handlung in einfacher Form zu berichten und in geringem Maße die dem Tragischen entsprechenden Emotionen zu bewirken. Das mag vielleicht angehen, wenn es sich dabei um Ödipus oder Lear oder Othello handelt. Aber angenommen, er will, daß sein Publikum jemanden bemitleidet, den jeder Außenstehende für einen niederträchtigen Mann hält, oder daß es wie in *Emma* eine Frau liebt, die jeder Außenstehende für eitel und aufdringlich hält – was dann? Nun, dann werden alle ihm zu Gebote stehenden rhetorischen Mittel – jedes Mittel des Stils, der veränderten Zeitabfolge, der manipulierten „inneren Einblicke" und notfalls des Kommentars – zu Hilfe genommen.

Kurz gesagt, alle Klischees über die Autarkie des natürlichen Objekts sind bestenfalls Halbwahrheiten. Obwohl einige Charaktere und Ereignisse dem Leser ihre künstlerische Botschaft vielleicht selbst überbringen und somit in schwacher Form ihre eigene Rhetorik besitzen, wird dies in keinem Fall mit der richtigen Klarheit und Eindringlichkeit geschehen, solange der Autor nicht all seine Fähigkeiten dazu verwendet, den Leser erkennen zu lassen, wie die Charaktere und die Ereignisse wirklich sind. Der Autor kann nicht entscheiden, ob er rhetorische Verstärkungen verwenden will. Das einzige, was er entscheiden kann, ist, welcher rhetorischen Mittel er sich bedient.

[33] Julian Markels führt diesen Punkt aus in „The Spectacle of Deterioration: Macbeth and the ‚Manner' of Tragic Imitation", *Shakespeare Quarterly*, XII (Sommer 1961), 293–303.

V Allgemeine Grundsätze, IV: Emotionen, Überzeugungen und die Objektivität des Lesers

Weinen und Lachen sind aus ästhetischer Sicht Betrug

„Erzählkunst ist nicht nur ‚künstlich gemacht' und rhetorisch; sie hat Makel." So könnte die Antwort mancher Kritiker lauten, die in meinen Argumenten geradezu den Beweis dafür sehen, daß das Erzählwerk anderen Literaturformen, die einen noch höheren Grad an Reinheit haben, unterlegen ist. Des einen Reinheit ist des anderen Makel, und gerade die emotionale Wirkung, um derentwillen ein Autor wie James sein Werk von der Stimme des Autors reinigt, verlangt von einem anderen, noch puristischeren Autor, weitere Reinigungen vorzunehmen. „Mitfreude und Mitleid mit den Geschicken, die das Kunstwerk berichtet oder darstellt, sind", so sagt Ortega, „himmelweit entfernt von dem wahrhaften ästhetischen Genuß. Mehr noch, die Beschäftigung mit dem menschlichen Gehalt des Werkes ist prinzipiell unverträglich mit dem ästhetischen Genuß im eigentlichen Sinn." Für ihn muß wahre Kunst nicht nur die Rhetorik ausschließen, sondern auch die Realität selbst, insoweit, als Realität Menschliches enthält. „Aber es gilt der Satz, daß der Gegenstand der Kunst nur künstlerisch ist in dem Maße, wie er nicht wirklich ist." „Auch wenn eine reine Kunst unmöglich sein sollte, existiert unzweifelhaft eine Tendenz zur Reinigung der Kunst. Diese Tendenz führt zu einer fortschreitenden Ausmerzung der menschlich-allzumenschlichen Elemente, die in den romantischen und naturalistischen Schöpfungen überwogen." „Weinen und Lachen sind vom ästhetischen Gesichtspunkt Schmuggelware."

Wenn er im Namen der „rührigsten jungen Leute zweier aufeinanderfolgender Generationen – in Paris, Berlin, Rom, London, New York, Madrid" spricht, die festgestellt haben, daß die überkommene Kunst sie nicht mehr interessiert, beschreibt er ihr Tun als die „Vertreibung des Menschen" aus der Kunst im Namen der Form, einer eher betrachteten als erlebten Form, einer Form, in der alles beseitigt wird, was nicht rein ästhetisch ist. So würden die von Ortega beschriebenen Künstler nicht nur alles bloße Berichten im Erzählwerk beseitigen, sie würden auch alle Bemühungen von James außer acht lassen, das Erzählen kunstvoll zu verhüllen; sie würden alles „Erwähnen, Anspielen, Berichten" ausmerzen und einfach „die Dinge selbst", die „anschaulichen Tatsachen" wiedergeben. Obwohl man ganz ohne einen auf emotionalen Empfindungen basierenden Plot wohl nicht auskommen könne, sollte er als ein notwendiges Übel erkannt werden, der „keinen oder doch nur abgeleiteten ästhetischen Wert" [1] besitzt.

[1] *Op.cit.*, S. 231–70.

Natürlich muß auch der Leser solcher Werke von teilnehmenden Emotionen „gereinigt" werden. Immer wieder liest man von Angriffen auf Leser, die von „Handlungen", „Plots" oder sentimentalen Romanzen angeregt werden wollen. Den richtigen Leser, so setzt man voraus, verlangt es nicht nach intensivierten Hoffnungen und Ängsten, denen so platte „melodramatische" Attribute zugrunde liegen wie moralisch einwandfreies Verhalten und schuldloses Leiden; er ist vielmehr bereit, seinen Gewinn aus „ästhetischen" und „intellektuellen" Attributen oder aus einer Betrachtung der Geschicklichkeit des Künstlers zu ziehen. Das höchste Ziel in der Kunst, so sagt Flaubert, ist „nicht Lachen oder Weinen hervorzurufen" – wie oft sollte diese Formel in den folgenden einhundert Jahren wiederholt werden! –, sondern „auf dieselbe Weise wie die Natur zu wirken, das heißt *zum Träumen zu bringen*".[2] Selbst James, der niemals die von Ortega beschriebene Vertreibung des Menschen in ihrer extremen Form hätte billigen können, tritt für einen Leser ein, der imstande ist, über seine Anteilnahme an der bloßen „Geschichte" hinaus „die Geschichte von jemandes Geschichte selbst" [3] in einer Analyse zu würdigen. Was er verlangt, ist Intelligenz, Kritikfähigkeit und analytisches Interesse, und obwohl er, wie wir gesehen haben, bereitwillig die Verantwortung dafür übernimmt, daß der Leser zu dieser Rezeption gebracht wird, setzt er immer noch einen Leser voraus, der bereit ist, das Dargebotene angemessen zu analysieren.

Viele spätere Kritiker haben den Gegensatz zwischen echter Würdigung und einem niedrigen, volkstümlichen, kommerziellen Interesse an Plots und Emotionen erweitert. Heute würden wahrscheinlich wenige so weit wie die von Ortega beschriebenen frühen Modernen gehen, für die wahre Kunst „volksfeindlich" ist, die Masse „in zwei Parteien" spaltet und „den braven Bürger" damit bewußt zwingt, „sich als das zu fühlen, was er ist, braver Bürger, ein Geschöpf, das nicht fähig ist, das Sakrament der Kunst zu empfangen, blind und taub für die formale Schönheit." Aber in den vielen Fällen, in denen die Geschichte oder der Plot heute verunglimpft werden, spürt man immer wieder den Trend, den Ortega in seiner extremsten Form auszudrücken wagt: wahre Kunst basiert nicht auf Antrieben, die „die allgemein menschlichen" sind. Es ist keine Kunst „für die Menschen überhaupt, sondern für eine sehr besondere Gruppe von Menschen, die vielleicht nicht mehr taugen als die andern, jedenfalls aber von ihnen verschieden sind".[4]

[2] *Briefe* (Goverts Stuttgart, 1964), (26. August 1853), S. 288.

[3] Vorwort zu *The Ambassadors*, in *The Art of the Novel*, ed. R. P. Blackmur (New York, 1934; 1937), S. 313.

[4] *Op. cit.*, S. 231–33. Vgl. E.M. Forster, *Ansichten des Romans* (Suhrkamp Frankfurt, 1962), S. 33 f.: „Ja, fürwahr – der Roman erzählt eine Geschichte . . .

Viele der Angriffe auf angeblich nichtästhetische Dinge wie Plot und emotionale Anteilnahme gehen auf die moderne Wiederentdeckung der „ästhetischen Distanz" zurück. Nach einem hemmungslosen Rausch romantischer Gefühlsseligkeit und pedantischen Naturalismus machten die Autoren im ausgehenden neunzehnten Jahrhundert alsbald die Entdeckung, daß sie mit der Beseitigung der verschiedenen künstlichen Elemente der älteren Literatur mehr Fragen aufgeworfen als gelöst hatten; es wurde immer deutlicher, daß die Kunst zerstört sein würde, wenn die Lücke zwischen Kunst und Wirklichkeit sich jemals völlig schlösse. Aber erst in diesem Jahrhundert begann man die Möglichkeit ernst zu nehmen, daß das Vermögen des Kunstwerks, uns in einer gewissen Distanz zur Realität zu halten, vielleicht eher eine Tugend war als einfach ein unumgängliches Hindernis für einen unbeschränkten Realismus. Edward Bullough sagte 1912, das Problem der von ihm so benannten „psychischen Distanz" bestehe darin sicherzustellen, daß ein Werk weder „zuviel distanziert" noch „zuwenig distanziert" sei. Wenn es zuviel distanziert ist, so sagte er, erscheint es unwahrscheinlich, künstlich, leer oder absurd, und wir sprechen nicht darauf an. Wenn es „zuwenig distanziert" ist, wird das Werk zu persönlich und bietet keinen Kunstgenuß. Wenn z. B. ein Mann, der Grund zur Eifersucht auf seine Frau zu haben glaubt, eine Aufführung des *Othello* besucht, wird er zu tief und in einer nicht im eigentlichen Sinne ästhetischen Weise ergriffen.[5] Diese zweite Gefahr war wirklich Ausdruck von etwas Neuem auf der literarischen Szene; als Bullough dem Künstler empfahl, einem Zuwenig an Distanz entgegenzuwirken, befand er sich an der Spitze einer großen Schar von Autoren und Kritikern, die sich für die-

der höchste gemeinsame Nenner für alle Romane. Ich wünschte, es wäre nicht so und könnte irgend etwas anderes sein – Melodie oder: Idee der Wahrheit, und nicht dieses niedere atavistische Element." In *The Mirror and the Lamp* (New York, 1953) zeigt Abrams, daß schon im angehenden neunzehnten Jahrhundert das Kriterium der Reinheit viele dazu veranlaßte, lyrische Dichtung emporzuheben und umfangreichere Erzählformen herabzusetzen. Er zeigt z. B. eine interessante Antizipation der Moderne bei John Stuart Mill: „Ein episches Gedicht, ‚insofern es episch ist (d. h. berichtet) . . . ist in keiner Weise Dichtung', sondern nur ein angemessener Rahmen für die größtmögliche Vielfalt wirklich poetischer Passagen; während das Interesse an Plot und Story ‚als bloßer Story' für primitive Gesellschaftsstufen, Kinder und die ‚oberflächlichsten und hohlsten' Erwachsenen der zivilisierten Welt kennzeichnend ist" (S. 23).

[5] „‚Psychical Distance' as a Factor in Art and an Aesthetic Principle", *British Journal of Psychology*, V (1912), 87–98, nachgedruckt in *The Problems of Aesthetics*, ed. Eliseo Vivas and Murray Krieger (New York, 1953), S. 396–405.

sen oder jenen „Verfremdungseffekt" begeistert haben oder die das Verlangen des Durchschnittsleser nach intensiver und emotionaler Anteilnahme an dem, was er liest, bedauert haben. Bertolt Brechts Versuch, zu Stücken „*nichtaristotelischer* (nicht auf Einfühlung beruhender) *Dramatik*" [6] zu kommen, ist nur ein extremes Beispiel für das, wonach viele Künstler getrachtet haben in ihrem Bemühen, die Ketten der tyrannischen Wirklichkeit zu sprengen.[7]

Daß auf die Notwendigkeit, die Distanz zu lenken, Nachdruck gelegt wird, leuchtet ein. Problematisch wird es jedoch für den Romanschriftsteller, wenn er irgendeine ideale Distanz zu finden versucht, die alle Werke anstreben sollten. Die „ästhetische Distanz" besteht in der Tat aus vielerlei verschiedenen Effekten, von denen einige für bestimmte Werke völlig ungeeignet sind. Wichtiger noch, Distanz ist niemals Selbstzweck; wird Distanz auf einer Ebene angestrebt, dann deswegen, um die Anteilnahme des Lesers auf einer anderen Ebene zu steigern. Wenn Chikamatsu z. B. darauf drängt, die Dichter mögen alle emotionalen Epitheta weglassen, tut er dies, um die emotionale Wirkung auf den Leser zu steigern. „Für mich ist Pathos vollkommen eine Sache der Zurückhaltung ... Wesentlich ist, daß man nicht sagt, ‚etwas ist traurig', sondern daß etwas aus sich selbst heraus traurig ist." [8] Wenn Brecht andererseits eine „Durchkältung" fordert, hat es vielleicht zu-

---

[6] Bertolt Brecht, „Verfremdungseffekte in der chinesischen Schauspielkunst", in *Gesammelte Werke* (Suhrkamp Frankfurt, 1967), Bd. 16, S. 619.

[7] Vgl. z. B. Brecht, „Über das Theater der Chinesen", in *Gesammelte Werke* (Suhrkamp Frankfurt, 1967), Bd. 15, S. 424–28. Man sollte eine Geschichte der ästhetischen Distanz schreiben. Ein Element dieser Geschichte wäre die seit Beginn des Jahrhunderts zunehmende Kenntnis der orientalischen Literatur mit ihrer extrem unrealistischen Bühnenausstattung, Kostümierung und Schauspielkunst. Donald Keene weist einige Ähnlichkeiten nach zwischen antirealistischen Theorien des Marionettenspielers Chikamatsu aus dem achtzehnten Jahrhundert und gewissen Theorien des Westens, angefangen mit den Imagisten (*Japanese Literature* [London, 1953], bes. Kap. III). Brechts sogenanntes episches Theater mit seiner Betonung unrealistischer „Verfremdungseffekte" ist ausdrücklich im Hinblick auf bestimmte Effekte des chinesischen Theaters angelegt. „Der Verfremdungseffekt", so sagt Brecht, „wird im chinesischen Theater auf folgende Weise erzielt: Der chinesische Artist spielt vor allem nicht so, als existiere außer den drei Wänden, die ihn umgeben, auch noch eine vierte Wand. *Er bringt zum Ausdruck, daß er weiß, es wird ihm zugesehen ... Der Artist sieht sich selber zu*" (op. cit., S. 620). Aber solche Einflüsse von außen erklären keineswegs die Bereitschaft ernsthafter Künstler, die eigentliche Bedeutung der Distanz zu erforschen, um deren Überwindung die vorangegangenen Generationen gekämpft hatten.

[8] Keene, *op. cit.*, S. 8.

nächst den Anschein, als wolle er jedwede Art von Distanz vergrößern. Was er dagegen wirklich will, ist, die emotionale Distanz vergrößern, um das soziale Empfinden des Lesers um so tiefer einzubeziehen.

Je näher wir uns das „Konzept der Distanz“ anschauen, desto komplizierter erscheint es. Wenn wir uns natürlich damit zufrieden gäben, alle Literatur so zu sehen, als sei ihr an einer bestimmten Anteilnahme des Lesers, und nur einer einzigen Art gelegen – einem Sinn für Realismus, einer ekstatischen Betrachtung der reinen Form oder was immer –, könnten wir uns auch damit begnügen, nach einer Art von Distanz zu suchen. Jeder Kritiker könnte dann seine Formel anbieten und versuchen, die Leser dazu zu bekehren: Soviel Realismus wie möglich, aber genügend Distanz zur Realität, um einen Sinn für Form zu bewahren; der reinen Form so nahe wie möglich und Unreinheiten – wie z. B. der Plot – nur soviel wie unbedingt notwendig; und so fort. Aber ist unsere Erfahrung mit vorhandenen Werken jemals so einfach, wie hier suggeriert wird? Jedes literarische Werk mit irgendeiner Aussagekraft – ob es sein Autor nun im Gedanken an seine Leser verfaßt hat oder nicht – ist eigentlich ein kunstvolles System, mit dem Anteilnahme und Distanz des Lesers gelenkt werden, wobei *verschiedene* Interessen als Leitlinien dienen. Nur der Bereich menschlicher Interessen setzt dem Autor Grenzen.

Wenn ich also der natürlichen Versuchung widerstehe, meine eigenen Grundsätze aufzustellen, die bestimmen, welche Interessen gesteigert und welche unterdrückt werden sollten, damit Literatur von höchstem Rang entsteht, muß ich hier einen grundlegenden – und für einige Leser vielleicht ziemlich augenfälligen – Katalog von Interessen zusammenstellen, die für Romanschriftsteller – in der Praxis mehr als in der Theorie – bei der Gestaltung ihrer Werke maßgebend waren. Ist der Katalog erst einmal fertig, können wir immer noch der Überzeugung sein, daß eine bestimmte Art von Interesse weit über allen anderen steht. Aber unsere Entscheidung zugunsten dieser Überzeugung sollte erst nach einer recht eingehenden Beschäftigung mit der ganzen Skala von Interessen oder Neigungen [9], die unsere Regeln verbieten würden, getroffen werden. Die verschiedenen Arten der Reinigung – sei es nun die Reinigung von der unrealistischen Stimme eines Autors, von un-

---

[9] Vgl. Kenneth Burke, „Psychology and Form“, *Counter-Statement* (Los Altos, Calif., 1953), S. 31. Leser, die Burkes *Lexicon Rhetoricae* kennen, werden in meiner nachstehend angeführten Dreiteilung einige Ähnlichkeiten mit seinen „fünf Aspekten der Form“ entdecken: syllogistischer Progreß, qualitativer Progreß, sich wiederholende Form, konventionelle Form und kleinere bzw. Nebenformen. Ich klassifiziere jedoch nach Interessen, nicht nach Formen; Formen sind fast immer auf mehreren Interessen aufgebaut.

reinen menschlichen Emotionen oder denjenigen moralischen Urteilen, die zur Entstehung solcher Emotionen beitragen – sind nur im Zusammenhang mit dem verständlich, was nicht beseitigt werden kann: ein bestimmtes Interesse, das den Leser packt und das ganze Buch hindurch nicht mehr losläßt.

Indem ich Interesse zu einem allgemeinen Kriterium mache, bin ich mir bewußt, daß ich mich damit auf etwas einlasse, das sich wie der Apriorismus ausnehmen könnte, den ich kritisiert habe. Warum müssen alle Werke interessant sein? Und interessant für wen? Kann ein Werk nicht einfach „wahr" oder „ausdrucksvoll" oder „kunstvoll gestaltet" sein und es dem Leser überlassen werden, das Beste daraus zu machen? Eine angemessene Beantwortung dieser Frage würde mich weit vom Thema wegführen. Vielleicht genügt es hier zu sagen, daß *Interesse* vom Wesen meines Themas bestimmt wird: Wenn ich mich mit Literatur befasse unter dem Gesichtspunkt, wie sie die Leser anspricht, steht immer irgendeine Art von Interesse im Mittelpunkt. Verschiedene allgemeine Werte würden bestimmend werden, wenn ich versuchte, Werke als Spiegelbilder der Realität zu behandeln, wobei ich wahrscheinlich durchweg den Begriff Wahrheit verwenden würde; oder als Ausdruck von Geist oder Seele des Autors, wobei irgendein allgemeiner Begriff wie Aufrichtigkeit oder Ausdruckskraft von zentraler Bedeutung sein könnte; oder schließlich als durch ihre Form hervorragende Gebilde, wobei allgemeine Begriffe wie Dichte, Vielschichtigkeit, Einheit oder Harmonie eine zentrale Stellung einnähmen. Literarische Werke enthalten eigentlich all diese Dinge; die Entscheidung, welchen Aspekt man hervorheben will, wird weitgehend von der Art der Frage bestimmt, die man beantworten will. Mehr noch, jeder dieser Entscheidungen sind unvermeidbare Grenzen gesetzt, wie Abrams so überzeugend in *The Mirror and the Lamp* gezeigt hat. Es gibt auch Gefahren und Versuchungen, die gemieden werden können – aber nur von dem Kritiker, der sein allgemeines Engagement nicht willkürlich der reichen Vielfalt wirklicher Autoren, Werke und Leser aufzwingt. Ob ich im folgenden so verfahren bin, ist leider nicht eine Frage, die ich einfach abtun kann, indem ich die Hand aufs Herz lege und schwöre, daß ich es versucht habe.

Typen des literarischen Interesses (und der Distanz)

Die Werte, die uns interessieren und die somit erzähltechnisch manipuliert werden können, lassen sich im wesentlichen in drei Typen unterteilen. (1) Geistige oder kognitive: Wir sind – oder können dazu angeregt werden – äußerst wißbegierig in bezug auf „die Tatbestände", die wahre Interpretation, die wahren Gründe, die wahren Ursachen, die wahren Motive oder die Wahrheit über das Leben selbst. (2) Qualitative: Wir haben – oder können dazu angeregt werden – ein starkes Verlangen, jedes Muster oder jede Form vollendet zu sehen, oder aber das Verlangen, eine Weiterentwicklung von Qualitäten der verschiedensten Art zu erfahren. Wir könnten dieses Interesse auch das „ästhetische" nennen, wenn dies nicht den Eindruck nahelegte, daß eine literarische Form, die dieses Interesse anspricht, notwendigerweise einen größeren künstlerischen Wert besitzt als eine Form, die auf anderen Interessen beruht. (3) Stoffliche: Wir haben – oder können dazu angeregt werden – den starken Wunsch, daß diejenigen, die wir lieben oder hassen, bewundern oder verachten, Erfolg haben oder scheitern; oder man kann uns hoffen oder befürchten lassen, daß sich die Qualität einer Person ändern wird. Wir könnten dieses Interesse das „menschliche" nennen, wenn damit nicht impliziert würde, daß die unter den Punkten 1 und 2 genannten Werte irgend etwas Geringeres als das Menschliche erfaßten. Einmal kann diese Hoffnung oder Befürchtung sich auf die geistige Wandlung einer Person oder auf eine Wendung ihres Schicksals beziehen; diesem stofflichen Aspekt begegnet man selbst in den kompromißlosesten Ideenromanen, die, so könnte es den Anschein haben, völlig unter Punkt 1 fallen. Zweitens können wir das Verlangen haben, daß eine Person sich in ihrer Qualität wandelt; diesem stofflichen Aspekt begegnet man selbst im rein „ästhetischen" sensitiven Roman, der, so könnte es den Anschein haben, völlig unter Punkt 2 fällt. Und schließlich können wir das Verlangen haben, daß eine Person sich moralisch wandelt oder daß ihr Schicksal sich wendet – d. h., wir können dazu angeregt werden, bestimmte moralische Entscheidungen und ihre Konsequenzen zu erhoffen und zu befürchten.

Geistige Interessen. – Wir wollen immer die Tatbestände eines Falles aufdecken, seien es nun die einfachen materiellen Umstände, wie in den meisten Detektivgeschichten, oder psychologische bzw. philosophische Wahrheiten, die die äußeren Umstände erklären. Selbst in sogenannten „plotlosen" Werken werden wir von einem Verlangen getrieben, die Wahrheit über die Welt des Buches zu entdecken. Bei Werken, die sich in hohem Maße auf dieses Interesse stützen, wissen wir, daß das Buch vollendet ist, sobald wir das vollständige Bild vor uns sehen. In Hermann Hesses *Siddhartha* z. B. gilt unser Interesse hauptsächlich der Suche Siddharthas nach dem wahren Leben des Menschen. Wenn wir nicht der Meinung sind, daß die Frage, wie ein Mensch leben sollte, wichtig ist, oder daß die Einblicke dieses Autors in diese Frage sich wahrscheinlich als wertvoll erweisen, kann uns dieser Roman niemals viel bedeuten, auch wenn uns darin manche unbedeutenderen Stellen vielleicht erfreuen. Bei vielen ernst zu nehmenden modernen Romanen suchen wir nach einer Antwort auf die Frage: „Was haben diese Schicksale zu *bedeuten?*" Bei anderen suchen wir nach einem in sich geschlossenen Gefüge von Thema, Bild oder Symbol.

Doch nur sehr wenige Werke, die aus der schöpferischen Imagination hervorgehen, stützen sich völlig auf ein Verlangen nach geistiger Vollendung. Die reinen literarischen Formen, die dieser Art von Spannung eigentlich angehören, sind die philosophische Abhandlung, die unsere Wißbegier in bezug auf eine wichtige Frage weckt, sowie der rein auf Schlußfolgerungen aufgebaute Kriminalroman.

Vervollständigung von Qualitäten. – Die meisten Werke der Imagination, selbst diejenigen, die einen kognitiven oder didaktischen Eindruck erwecken könnten, insofern sie ausschließlich auf spekulativen oder geistigen Interessen aufgebaut sind, stützen sich teilweise auf Interessen, die sich von intellektueller Neugier weitgehend unterscheiden. Sie erwecken in uns den Wunsch nach einer Qualität. Obgleich einige der Qualitäten, die gewisse Werke hervorbringen, oft unter kognitiven Begriffen wie „Wahrheit" und „Wissen" erörtert werden, gibt es keinen Zweifel, daß die Befriedigung, die uns die nachstehend aufgeführten Qualitäten geben, sich in gewisser Weise von der Freude am Erkennen unterscheidet.

a) *Ursache – Wirkung.* – Wenn wir den Beginn einer Kausalkette sehen, verlangen wir – und wir verlangen es in einer Weise, die nur indirekt etwas mit bloßer Wißbegier zu tun hat –, das Ergebnis zu sehen. Emma mischt sich ein, Tess wird verführt, Huck läuft davon – und wir fordern bestimmte Konsequenzen. Diese Art der Folge, die Aristoteles bei seiner Erörterung der Handlung so stark hervorhebt, wird, wie wir gesehen haben, von modernen Kritikern und Romanschriftstellern oft herabgesetzt oder sogar beklagt. Doch ist unser Verlangen nach kausaler Vollendung eines der stärksten Interessen, mit denen der Autor rechnen kann. Wir glauben nicht nur, daß bestimmte Ursachen im Leben bestimmte Wirkungen erzeugen; was die Literatur betrifft, glauben wir, daß sie es tun sollten. Folglich nehmen wir gewöhnlichen Leser, sobald wir von einem Autor gefesselt sind, der weiß, wie er sich dieses Interesse zunutze machen kann, alle Anstrengungen auf uns, um herauszufinden, ob unsere Forderungen erfüllt werden.

Die Spanne von der Ursache zur Wirkung ist einerseits natürlich eng mit Neugier verknüpft – d. h. mit einem kognitven Interesse; wir wissen, daß unsere Erwartungen, wie auch immer, auf unvorhergesehene Weise erfüllt werden, und wir sind zwangsläufig neugierig, auf welche Weise. Alle guten Werke überraschen uns, und sie tun dies weitgehend dadurch, daß sie uns auf überzeugende Verknüpfungen von Ursache und Wirkung aufmerksam machen, die vorher weniger zur Geltung kamen. Wir können voraussagen, daß Achilles' Zorn katastrophale Folgen haben wird; wir könnten jedoch nie voraussagen, daß die Großmut gegenüber Priamos wesentlicher Bestandteil der „Katastrophe" ist, wenn wir auch in dem Augenblick, in dem wir davon erfahren, sehen können, daß sie das folgerichtige Ergebnis anderer Beweggründe ist, die im Wesen und in der Situation Achilles' liegen.

Andererseits wird dieses Interesse leicht mit den nachstehend beschriebenen stofflichen Interessen vermengt. Es ist nichtsdestoweniger ein qualitatives Interesse, da es völlig unabhängig von unseren Interessen für das Wohlergehen von Menschen wirkt. Ja, es kann sogar mit jenen Interessen kollidieren. Der Held begeht ein Verbrechen – und wir sind zwischen unserem Bedürfnis nach der angemessenen Wirkung, Entdeckung und Bestrafung und unserem stofflich ausgerichteten Verlangen nach seinem Glück hin und her gerissen.

b) *Konventionelle Erwartungen.* – Für erfahrene Leser verlangt ein begonnenes Sonett nach einem abgeschlossenen Sonett; eine in Blankvers begonnene Elegie verlangt nach einer in Blankvers vollendeten Elegie. Selbst ein so amorphes Genre wie der Roman, für den fast überhaupt keine festen Konventionen gelten, macht sich diese Art von Interesse zunutze: Wenn ich mit etwas beginne, das ich für einen Roman halte, erwarte ich, von Anfang bis Ende einen Roman zu lesen, es sei denn, der Autor kann mich ebenso wie Sterne dazu bewegen, meine Vorstellung davon, was ein Roman ist, zu ändern.

Wir sind anscheinend imstande, fast alles als literarische Konvention zu akzeptieren, gleichgültig, wie unwahrscheinlich es eigentlich ist. Selbst die fremdartigsten Manierismen, wie der Euphuismus oder der Finneganswakismus, können die essentielle Aufgabe erfüllen, unser Gefühl für die künstlerische Eigenständigkeit *dieses* Werkes, das sich von allen anderen sowie vom Leben unterscheidet, zu nähren. Andere Autoren wiederum setzen uns vielleicht in Erstaunen, indem sie gegen Konventionen verstoßen, aber nur solange es in einem vorhandenen Publikum konventionelle Erwartungen gibt, nach denen es sich zu richten gilt. Wenn jeder sich brüstet, gegen Konventionen zu verstoßen, gibt es nichts mehr, wogegen man verstoßen kann; je weniger Konventionen, desto weniger Überraschungen.

c) *Abstrakte Formen.* – Anscheinend verbirgt sich hinter jeder Konvention irgendein mehr allgemeines Muster von Wünschen und Befriedigungen, dem sie dient. Gleichgewicht, Symmetrie, Höhepunkt, Wiederholung, Gegensatz, Vergleich – irgendein aus unserer Erfahrung abgeleitetes Muster wird wahrscheinlich von jeder sich bewährenden Konvention nachgeahmt. Diejenigen Konventionen, die auch dann noch

Vergnügen bereiten, wenn sie nicht mehr in Mode sind, beruhen auf sehr tief eingeprägten Reaktionsmustern. Modeerscheinungen in der Versform beispielsweise wechseln sich ab, doch verlieren das Metrum, der Rhythmus und die anderen musikalischen Mittel der Dichtkunst nicht ihre Bedeutung.

Mit dem Verzicht auf die Versform, und ohne in irgendeiner Konvention vereinbart zu haben, was guter Prosastil ist, sind die Verfasser umfangreicher Erzählwerke gezwungen, ständig neue Wege zu suchen, um abstrakten Formen Gestalt zu geben.

d) *„Versprochene"* Qualitäten. – Neben diesen Qualitäten, die vielen Werken gemein sind, verspricht jedes Werk auf seinen Anfangsseiten, die hier vorgestellten Qualitäten um einige weitere unverkennbare Qualitäten zu bereichern. Ob es sich dabei nun um besondere Brillanz des Stils oder der verwendeten Symbolik handelt, um originellen Esprit, einzigartige Sublimität, Ironie, Ambiguität, Illusion der Wirklichkeit, Tiefe oder überzeugende Charakterzeichnung – hinter all dem steht das Versprechen, daß noch mehr kommt.

Unser Interesse an diesen Qualitäten ist vielleicht statisch; wir erhoffen keine Änderung in der Qualität oder suchen nicht danach, sondern lesen einfach weiter auf der Suche nach mehr von dem bisher Dargebotenen. Einige gute Werke stützen sich nachhaltig auf diese Art von Interesse (Montaignes *Essais*, Burtons *Anatomy of Melancholy*, Sammlungen von Tischgesprächen oder Witzen, moderne experimentelle Romane wie Gertrude Steins *Melanctha)*. Viele der realistischen und naturalistischen Romane, die einst populär waren und nun langweilig sind, stützten sich etwas zu nachhaltig auf die anhaltende Anziehungskraft dessen, was oft Wahrheit genannt wird. Viele Leser waren, wenn sie zum ersten Mal einen Roman lasen, der sich in einer neuen lebendigen Art und Weise mit einem neuen Gegenstand befaßte – sei es die soziale Wirklichkeit im Hinblick auf die Prostitution, Slums oder den Weizenmarkt oder die psychologische Wirklichkeit im Hinblick auf irische Juden oder amerikanische Psychopathen – von dem neuen Sinn für Realität so fasziniert, ganz abgesehen von der Anziehungskraft, die die Fakten als Information ausübten, daß wenig anderes erforderlich war, um sie bis zum Ende bei der Stange zu halten. War diese Qualität jedoch erst einmal Gemeingut geworden, ließ ihre Anziehungskraft nach. Heute, da die meisten kommerziellen Schriftsteller wissen, wie man beispielsweise brutale physische Realität mit einer Lebendigkeit wiedergibt, die zu einem früheren Zeitpunkt einen weltweiten Ruf begründet hätte, haben nur diejenigen Romane Bestand, die mehr als physische Realität bieten.

Dieselbe Gefahr droht dem Interesse im Bereich des Technischen, selbst wenn man das an sich schon interessante Verfahren einer fortschreitenden Änderung der Qualität anwendet. Folgte man James, der in meisterhafter Weise untersuchte, was die „Komposition" für den Roman leisten kann, fiel es leicht zu glauben, daß das Interesse des Lesers an Technik ein adäquater Ersatz für andere Interessen sei, anstatt im besten Fall eine nützliche Beigabe und im schlimmsten Fall eine schädliche Ablenkung zu sein. Und es wurden einige Romane geschrieben, die dieses Interesse förderten. Als James und seine elf Kollegen *The Whole Family: A Novel by Twelve Authors* (1908) schrieben, wobei jeder Autor ein Kapitel schrieb und in jedem Kapitel mit Hilfe eines anderen zentralen Bewußtseins ein anderes Licht auf die Ereignisse geworfen wurde, mußte sich jeder Leser notgedrungen hauptsächlich für die Erzählerperspektive und weniger dafür interessieren, was die Perspektive enthüllte: „Ich frage mich, was James aus *seinem* Kapitel macht?" [10] Aber selbst wenn soviel „Spannung" erzeugt wird, erweist sich das Interesse an Technik allein wahrscheinlich als gering.

Stoffliche Interessen. – Wenn wir unsere Reaktionen auf die meisten großen Romane genau prüfen, entdecken wir, daß die Romanfiguren als

---

[10] Vgl. auch *The Affair at the Inn* (London, 1904) von Kate Douglas Wiggins, Mary Findlater, Jane Findlater, Allan McAuley. Jeder Autor „übernahm" einen Charakter. Stimmen gegen diese Tendenz, das Interesse an dem Erzählten durch das Interesse an der Qualität des Erzählens zu ersetzen, werden in der gesamten Literaturkritik laut. Beach behauptete, daß die Wirkung von *The Awkward Age* als solche zu sehr von „der Erkenntnis der Klugheit des Autors" abhängig sei *(The Method of Henry James* [New Haven, Conn., 1918; Philadelphia, 1954], S. 249). David Daiches stellt fest, daß das Vergnügen an Viginia Woolfs *Die Jahre (The Years)* „mehr von einer Erkenntnis der Virtuosität als beispielsweise davon herrührt, daß uns der Roman als vollkommenes Kunstwerk völlig in den Bann zieht"; obwohl er versucht, jene Erkenntnis als ein legitimes literarisches Vergnügen gelten zu lassen, rangiert sie für ihn eindeutig hinter dem, was wirklich „ein vollkommenes Kunstwerk" ist *(Virginia Woolf* [Norfolk, Conn. 1942] S. 120).
Vgl. dazu, was Faulkner an Sherwood Anderson bemängelt: „Er hatte so eine tappende Art, sich um Genauigkeit zu bemühen, um die genauen Worte und Sätze innerhalb eines begrenzten Vokabulars – welches in ihm durch so etwas wie einen Fetisch der Einfachheit kontrolliert und sogar verdrängt wurde –, um beides auszuquetschen, um immer wieder zu versuchen, bis zu den tiefsten Tiefen eines Gedankens vorzudringen. Er arbeitete so verbissen daran, daß zuletzt nur noch Stil übrigblieb – ein Zweck anstelle eines Mittels –, so daß er alsbald die Überzeugung gewann, daß, vorausgesetzt, er ließe diesen Stil rein, intakt, unverändert und unversehrt, das darin Enthaltene von höchstem Rang sein müsse – es müsse einfach von höchsten Rang sein, und das gelte für ihn folglich auch" (*Atlantic Monthly* [Juni 1953] S. 28).

Menschen ein starkes Interesse in uns wecken; wir sorgen uns um ihr Glück und ihr Unglück. In den meisten Werken, die irgendwie von Bedeutung sind, werden wir dazu veranlaßt, zu bewundern oder zu verabscheuen, zu lieben oder zu hassen oder wenigstens eine Hauptperson einfach zu akzeptieren oder abzulehnen, und unser Interesse, das von Seite zu Seite unterhalten wird, ist ebenso wie unser wohlerwogenes Urteil über das ganze Buch nicht von dieser emotionalen Anteilnahme zu trennen. Wir sind besorgt, und zwar zutiefst, um Raskolnikoff und Emma, um Vater Goriot und Dorothea Brooke. Was ihnen auch geschieht, wir wünschen ihnen Gutes. Wohl trifft es zu, daß unsere Wünsche in bezug auf das Schicksal von solchen fiktiven Personen sich deutlich von unseren Wünschen im realen Leben unterscheiden. Wir akzeptieren die Zerstörung des Menschen, den wir lieben, in einem literarischen Werk, sofern die Zerstörung zur Befriedigung unserer anderen Interessen erforderlich ist; wir finden Gefallen an Mischungen von Furcht und Hoffnung, die im realen Leben unerträglich wären. Aber Hoffnung und Furcht werden genährt, und Zerstörung oder Rettung rufen Empfindungen hervor, die denjenigen im realen Leben sehr stark entsprechen.

Jedes Wesensmerkmal, sei es nun geistiger, physischer oder moralischer Art, das mich im realen Leben andere Menschen lieben oder hassen läßt, zeitigt dieselbe Wirkung in der Erzählkunst. Aber es gibt einen großen Unterschied. Da es uns nicht möglich ist, von einer fiktiven Person zu profitieren oder geschädigt zu werden, ist unser Urteil selbstlos, ja in gewisser Weise verantwortungslos. Wir können hier leicht von Personen angezogen werden, die wir im realen Leben unausstehlich fänden. Dennoch bleibt die Tatsache bestehen, daß das, was ich stoffliches Interesse nenne, und insbesondere moralische Qualitäten, die entweder aus charakteristischen Entscheidungen gefolgert oder direkt vom Autor dargelegt werden, schon immer eine wichtige Grundlage für die literarische Form gewesen sind. Unser Interesse am Schicksal von Ödipus und Lear, von David Copperfield und Richard Feverel, von Stephen Daedalus und Quentin Compson entspringt teilweise unserer Überzeugung, daß dies Menschen sind, die als solche zählen, Menschen, deren Schicksal uns nicht einfach wegen seiner Größe oder Einzigartigkeit berührt, sondern weil sie uns als Menschen bewegen.

Solche Interessen, durch die nach Ortega eine „Betrachtung möglich wird", die aber „keinen oder doch nur abgeleiteten ästhetischen Wert" besitzen, sind jedoch nicht einfach eine notwendige, aber unter dem Aspekt der Kunst nicht ganz einwandfreie Grundlage der Rezeption. In vielen Werken von höchstem Rang bilden sie den eigentlichen Kern unserer Kunsterfahrung. Wir verhalten uns vielleicht ablehnend, sobald ein Autor uns auf eine zu offenkundige oder billige Weise zu manipulieren versucht, wenn er so ganz lässig Güte oder geistige Brillanz oder Schönheit oder Charme verleiht. Uns allen ist ein Epitheton wie „melodramatisch" für Mißbräuche dieser Art geläufig. Aber dies bedeutet nicht, daß das menschliche Interesse des Lesers an sich billig sei. Wohl trifft es zu, daß unsere Anteilnahme am Schicksal Raskolnikoffs nicht anders geartet ist als die Anteilnahme, die von Romanen sentimentalster Art angestrebt wird. Aber ein großes Werk nimmt uns emotionell gefangen aus Gründen, die wir später nicht bereuen oder widerrufen möchten, wenn die erste Faszination verflogen ist. Es sind in der Tat Gründe, denen *nicht* zu entsprechen wir uns schämen müßten.

Den besten dieser Gründe liefert seit jeher das „Drama" des guten Menschen, der vor wichtigen moralischen Entscheidungen steht. Daß wir gegenwärtig moralische Wertbegriffe wie „guter Mensch" und „schlechter Mensch" vernachlässigen, erweist sich als wirklicher Mangel, wenn wir dadurch übersehen, welche Rolle das moralische Urteil im größten Teil unserer anspruchsvollen Lektüre spielt. Da gibt es die Geschichte des Psychoanalytikers, der seinem Patienten, der sein verbrecherisches Tun enthüllt, geduldig und vorurteilslos zuhört – bis er plötzlich, als der Patient gerade gehen will, von einer ihn selbst überraschenden heftigen Abneigung gepackt wird. Sosehr wir auch versuchen, Begriffe wie „moralisch" und „gut" zu vermeiden – und trotz der sich mehrenden Stimmen gegen den Relativismus versuchen es viele immer noch –, können wir nicht umhin, die Charaktere, die wir kennen, als moralisch bewunderungswürdig oder verachtenswert einzustufen, wie wir es ebensowenig vermeiden können, über ihre geistigen Fähigkeiten zu urteilen. Wir sagen uns vielleicht, daß wir Dummheit und Bosheit nicht verdammen, glauben aber, daß die Menschen dennoch nicht dumm und böse sein sollten. Wir erklären das Verhalten des Bösewichts vielleicht mit seiner Umwelt, aber selbst etwas durch Erklärungen aus der Welt schaffen heißt zugeben, daß etwas entschuldigt werden muß.

Wenn die moderne Erzählliteratur auch zu neuen Begriffen für „gut" und „böse" übergegangen ist, so ist man dadurch im eigentlichen Sinne doch weniger vom moralischen Urteil abgekommen, als es auf den ersten Blick erscheint. Die moderne Literatur ist nämlich voller Bösewichter, die im konventionellen Sinne „tugendhaft" sind und deren tragischer Irrtum darin besteht, daß sie blind an überlebten Normen festhalten oder intolerant gegenüber wahrer, jedoch unkonventioneller Güte sind (die Missionare in Maughams „Regen" [„Rain"], der „stille Amerikaner" in Greenes Roman). Der Prototyp ist vielleicht Huck Finns Miss Watson, die entschlossen ist, so zu leben, „daß sie einmal in den

Himmel kommen tät". Der Autor bringt uns leicht dahin, daß wir mit Huck übereinstimmen: „Na, ich hab' gar keine Lust, dahin zu gehen, wo sie auch hingeht."[11] Aber es ist wohl kaum mal jemand auf den irrtümlichen Gedanken gekommen, Huck habe die Tugend abgelehnt, weil er Miss Watsons Vorstellungen von Tugend ablehnte.

Vieles von dem, was sich bei einem Charakter wie eine rein ästhetische oder geistige Qualität ausnimmt, besitzt vielleicht in Wirklichkeit eine moralische Dimension, die äußerst wirkungsvoll ist, obwohl es darüber keine offene Verständigung zwischen Autor und Leser gibt. Im Vergleich mit Dickens beispielsweise mag James Joyce ausgesprochen amoralisch erscheinen. Joyces unverhohlenes Interesse gilt ausnahmslos Phänomenen der Wahrheit und Schönheit. Konventionelle moralische Urteile werden in seinen Büchern, wenn sie überhaupt vorkommen, nur mit Spott bedacht. Und doch ist die volle Wirkungskraft von *Ein Porträt des Künstlers* abhängig von der im wesentlichen moralischen Qualität der Entdeckung Stephens, daß er zum Künstler berufen ist und die Integrität seiner Person darin besteht, den Weg zu gehen, den diese Berufung ihm weist. Seine Absagen an die konventionelle Moral – seine Weigerung, Priester zu werden, sein Nein zur Gemeinschaft, sein Beschluß, ins Exil zu gehen – werden eigentlich als Zeichen ästhetischer Integrität gelesen – d. h. einer höheren Moral. Joyce würde ihn wahrscheinlich nie einen „guten" Jungen nennen, obwohl später ein älterer und abgeklärterer Joyce bereit war, Bloom als „einen guten Mann", einen „ganzen Mann" zu bezeichnen. Für uns ist Stephen in gewisser Hinsicht ein guter Junge. Kompromißlos folgt er seiner eigenen Vision; er steuert Joyces Himmel an.[12] Wir können so tun, als ob wir Joyce objektiv und uneigennützig lesen, ohne die von der viktorianischen Literatur von uns geforderte sentimentale Anteilnahme. Aber die meisten von uns würden nie über die erste Seite hinaus gelangen, wenn der

---

[11] *Tom Sawyer und Huckleberry Finn* (Deutsche Buchgemeinschaft Darmstadt, 1956), S. 222.

[12] Als gegensätzliche Auffassung vgl. Caroline Gordon, *How To Read a Novel* (New York, 1957), S. 213. Als überzeugende Begründung dafür, daß Joyce sich für die moralische Satire und nicht einfach für ästhetische Werte interessiert, vgl. Lawrance Thompson, *A Comic Principle in Sterne – Meredith – Joyce* (Oslo, 1954). „Die moralische Entrüstung ist vorhanden, obgleich sowohl Stuart Gilbert als auch David Daiches mit Nachdruck behaupten, Joyce gehe es nicht um Moral, sondern nur um Ästhetik" (S. 26). Vgl. auch Joyces Brief an Grant Richards, in dem er über *Die Dubliner (Dubliners)* schreibt: „Meine Absicht war es, ein Kapitel der Sittengeschichte meines Landes zu schreiben, und ich wählte Dublin als Schauplatz, weil diese Stadt das Zentrum der Paralyse zu sein schien ..." (zitiert bei Thompson, S. 25).

Roman nur das Porträt einer ästhetischen Sensibilität Joycescher Prägung wäre.[13]

Was Joyce auch beabsichtigen mag mit Episoden wie beispielsweise derjenigen, in welcher der unschuldige Stephen grausame Stockschläge auf die Handflächen bekommt, er profitiert eindeutig von unserer Sympathie für das unschuldige Opfer, gegen die wir uns nicht wehren können. Ist eine solche Sympathie erst einmal begründet, wird jede spätere Episode tief empfunden und nicht einfach betrachtet. Der viktorianische Held gewann oft genug unsere Sympathien, weil er das Herz am richtigen Fleck hatte. Viele moderne Helden gewinnen unsere Gefolgschaft, weil ihre ästhetische Sensibilität sich nicht verleugnen läßt oder weil sie das Leben bis auf den Grund auskosten oder einfach weil sie ein Opfer ihrer Umgebung sind. Dies ist in der Tat eine Verschiebung der Emphase, aber wir sollten uns nicht von allgemeinen Reden über den „affektiven Trugschluß" täuschen lassen: Gerade die Struktur und folglich auch die ästhetische Apperzeption des Erzählwerks ist oft von solchen stofflichen und in sich selbst scheinbar nichtästhetischen Materialien geprägt.

Kombinierte Interessen und Interessenkonflikte

Da die Menschen nun einmal starke geistige, qualitative und stoffliche Interessen haben, gibt es keinen Grund, warum keine großen Romane geschrieben werden können, die sich vorwiegend auf eines dieser drei Interessen stützen. Aber es ist klar, daß kein großes Werk ausschließlich auf einem Interesse beruht. Sobald ein Werk dahin tendiert, sich ausschließlich auf geistige Interessen, auf die Betrachtung von Qualitäten oder auf stoffliche Wünsche zu berufen, suchen wir nach Adjektiven, um den Missetäter damit zu strafen; ein bloßer „Ideenroman", eine bloße „vertrocknete Form" und ein bloßer „Schmachtfetzen" erregt Anstoß bei jedem, außer der kleinen Schar von Kritikern und Autoren, die gerade ausschließlich damit beschäftigt sind, ein Interesse völlig auszuschöpfen.[14] Selten aber gibt es einen Kritiker, der die Romane, die wirklich

[13] Um zu sehen, wie wesentlich für Joyces Konzeption seines Werkes das kritische Urteil war, vgl. Ellmann, *op. cit.*, S. 380 ff.

[14] Vgl. David Daiches' Unterscheidung zwischen der „Überbetonung des Intellektuellen, derzufolge die meisten ‚realen' Fakten über Männer und Frauen als Ausdruck ihrer geistigen und weniger ihrer sellischen Konstitution angesehen werden", und der „Überbetonung des Emotionalen", derzufolge Romane oder Theaterstücke „aus rein emotionalen Kompositionselementen" bestehen (*Virginia Woolf*, S. 27 f.). Obwohl Daiches ausdrücklich verneint, daß Werke, deren Autoren diesen beiden „Irrtümern" erliegen, notwendigerweise auf nied-

an ihrer Enge kranken, von jenen „engen" Romanen unterscheiden kann, die wie diejenigen Jane Austens die verschiedensten Interessen in einem engen sozialen Rahmen entwickeln.

In jedem Fall, sei es zum Guten oder Schlechten, scheinen wir alle davon überzeugt zu sein, daß ein Roman oder ein Stück, welches unserem Interesse für Wahrheit, Schönheit und Güte gerecht wird, selbst dem erfolgreichsten „Ideenroman", „wohlkonstruierten Stück" oder „empfindsamen Roman" – um nur einige der mit Vorliebe verwendeten konventionellen Etiketts zu nennen – überlegen ist. Unsere emotionale Anteilnahme an Shakespeareschen Dramen ist fest in geistigen, qualitativen und moralischen Interessen verankert. Es ist ein schwerwiegender Irrtum zu meinen, dieser Reichtum sei einfach dadurch zustandegekommen, daß in die Stücke alles Mögliche hineingepackt wurde: Hier etwas Passendes für das Parterre, da etwas anderes für die Galerie. Wollte man den Plot, die vielfältigen Reize (einschließlich der Bildmuster und der reichlich vorhandenen Obszönitäten) oder den tieferen geistigen Sinn herauslösen und einem dieser Bestandteile den Vorrang geben, so täte man genau das, was uns ein unmittelbares Erleben der Stücke nicht zu tun lehrt. Wir erleben eine wundersame Einheit von Elementen, die ohne Shakespeares Fähigkeit, unseren Geist, unser Herz und unsere Empfindsamkeit gleichzeitig anzusprechen, ohne Beziehung zueinander geblieben wären.

Ein anderer Meister dieses Reichtums ist Dostojewski. In *Schuld und Sühne* wird unser Geist in mannigfaltiger Weise angesprochen. Wir verfolgen einerseits mit Spannung und Wißbegier die philosophische, religiöse und politische Auseinandersetzung zwischen Nihilismus und Relativismus und möchten andererseits etwas über das Thema der Erlösung wissen. Wir sind auch einfach neugierig, ob Porphyrij seine Maus fängt. Unsere Wißbegier gilt zahllosen Details, die im Verlauf des Werkes aufgeklärt werden. Außerdem werden unsere qualitativ ausgerichteten Interessen stets aufs neue angestachelt: Wir haben das Verbrechen gesehen und verlangen nach Bestrafung; wir hätten gern noch mehr von diesen sehr tiefgründig verwendeten Träumen und wir bekommen mehr; wir hätten gern noch öfter diese geschickten Umwandlungen unangenehmer Charaktere in sympathische Portraits, und Dostojewski enttäuscht uns nicht. Schließlich werden auch noch unsere Urteile über den *Stoff* und die daraus resultierenden Emotionen mit

---

rigerer Stufe stehen, scheint eindeutig festzustehen, daß er sein Werk, in dem gewissermaßen beide „Übertreibungen" vermieden werden, sogar über ein Werk höchsten Ranges stellen würde, wenn dieses den einen oder anderen „Irrtum" beginge.

großer Wirkung einbezogen. Wir sympathisieren von Anfang bis Ende besonders stark mit Raskolnikoff; wir wünschen uns leidenschaftlich, obwohl ohne große Hoffnung, sein Glück, und wir fürchten uns gerade vor der Bestrafung, die unser Interesse an der Verkettung von Ursache und Wirkung fordert. Wir bringen vielen anderen Sympathie entgegen, besonders Ssonja. Dieser ästhetische Betrug, Lachen und Weinen ist überall vorherrschend. Aber wir erleben es nicht jeweils als vereinzeltes Gefühlsmoment, das von unseren geistigen und ästhetischen Bedürfnissen und deren Befriedigung getrennt wäre.

So weit, so gut. Es wäre jedoch falsch, einfach dafür einzutreten, daß Autoren ihre Palette bereichern, so als wenn in allen Werken alle Reize enthalten sein sollten, je mehr, desto besser. Die Gefahr ist nicht so sehr die, daß nicht genügend Interessen Platz fänden, sondern daß die Berücksichtigung sekundärer Interessen diejenigen Interessen beeinträchtigen könnte, die dem Autor am meisten am Herzen liegen. Wenn auch große Werke bis zu einem gewissen Grad alle drei Kategorien von Interessen in sich bergen, so sind doch einige besondere Interessen jeder dieser Kategorien weder miteinander noch mit bestimmten rhetorischen Kunstgriffen vereinbar. Und so führte die Erkenntnis dieser Unvereinbarkeit einzelner Interessen zu der Auffassung, daß unverhüllte Rhetorik, so nützlich sie auch für die Intensivierung einiger stofflicher Interessen sei, manchen auf Qualität, und zwar besonders auf Realismus oder künstlerische Reinheit ausgerichteten Interessen entgegenwirke. Es gibt jedoch noch andere Unvereinbarkeiten, die nicht so ausführlich beschrieben worden sind.

Ein Autor kann z. B. den Wunsch haben, das qualitative Interesse des Lesers für Ambiguität zu kultivieren. Dann kann er jedoch dem Leser nicht gleichzeitig in vollem Umfang des intellektuelle Vergnügen befriedigter Wißbegier verschaffen oder die moralischen und emotionalen Interessen des Lesers voll berücksichtigen. Es bereitet Vergnügen zu sehen, wie jemand, den wir mögen, über Schwierigkeiten triumphiert, und es bereitet Vergnügen zu erkennen, daß das Leben so komplex ist, daß niemals jemand uneingeschränkt darüber triumphieren kann. Beide Arten von Vergnügen können in ein und demselben Werk nicht in vollem Umfang realisiert werden. Wenn ich mich z. B. über Stephens Flucht ins Exil als dem endgültigen Zeichen für seine Wandlung zum wahren Künstler freuen soll, kann ich mich nicht gleichzeitig ungehemmt daran erfreuen, daß sein Schöpfer so klug war, die Bedeutung dieser Flucht offenzulassen; je mehr Ambiguität, desto weniger Triumph.

Wenn ein großer Künstler sich im klaren darüber ist, wo der Schwerpunkt seines Schaffens liegt, kann er natürlich den komplexen Verhältnissen dieser Welt in gewissem Umfang gerecht werden und dennoch ein hohes Maß an emotionaler Anteilnahme erreichen. Dostojewski verdankt seine eminente Bedeutung ebenso wie Shakespeare der Fähigkeit zu zeigen, was für eine trübe Angelegenheit doch die Welt der Moral in Wirklichkeit ist, wobei er dennoch unseren moralischen Sympathien eine klare Richtung weist. Seine Verbrecher bleiben zutiefst sympathisch, weil er weiß und dieses Wissen an uns weitergibt, warum sie Verbrecher und warum sie dennoch sympathisch sind. Nicht echte Ambiguität, sondern vielmehr Komplexität, gepaart mit Klarheit, scheint sein Geheimnis zu sein. Wenn er den Grundwert Raskolnikoffs oder Dmitrijs im unklaren ließe oder wenn er uns im Zweifel über Iwans Aufrichtigkeit in seiner Gegnerschaft zu Aljoscha ließe, könnte uns ihr Schicksal niemals so tief ergreifen.

Die reale Welt ist natürlich vieldeutig. Wenn meinen König das Schicksal ereilt, bin ich nie sicher, ob ich lachen oder weinen soll; oder wenn ich sicher bin, stelle ich alsbald fest, daß ich mich sehr wohl geirrt haben kann. Meine Geliebte, so stellt sich heraus, hat nicht ein Herz aus Stein – wie es sehr gut in älteren Erzählwerken und Dramen hätte der Fall sein können –, sondern ein Herz, das mich verwirrt zurückläßt. Wie ich selbst, ist sie weder gut noch böse, sondern eine rätselhafte Mischung. Wenn Literatur sich realistisch mit dem Leben auseinandersetzen soll, muß sie dann nicht auf neutrale Töne Nachdruck legen und weniger auf Töne wie Scharlachrot und dunkles Himmelblau? Ja – wenn Wahrscheinlichkeit und Natürlichkeit wichtiger als alles andere sind. Aber starke dramatische Effekte sind nur durch Steigerung zu erreichen. Halbgötter, Helden, Schurken, poetische Othellos und Jagos – sie sind nicht realistisch im Sinne unserer alltäglichen Wirklichkeit. Und andererseits erscheint Maggie, das Straßenmädchen, nicht als Königin, auch nicht potentiell, wenn sie nach strengen realistischen Maßstäben behandelt wird; nur wenn der Erzähler sich frei fühlt, seinen Stoff zu manipulieren, um zu zeigen, was sie hätte sein können oder inwieweit ihr Schicksal repräsentativ für eine Gesellschaft steht – kurz, warum es bedeutsamer ist als die Katastrophen, von denen man in den Tageszeitungen liest –, werden wir ihr das Interesse schenken, das wir bereitwillig der unrealistischen Desdemona zugestehen. Ein Joyce mag genug andere Interessen wecken, um unsere Frage riskieren zu können: „Wen kümmert das Schicksal der Molly Bloom?", doch was wird Farrell auf meine Frage antworten: „Wen kümmert der unheldische Held in *Gas-House McGinty?"*[15]

[15] Was ich hier sage, bezieht sich auf die Aussagen E. E. Stolls über die künstliche und daher unrealistische Verstärkung der Sympathie gegenüber Shakespeares Charakteren. „Um zu sympathisieren, muß man die Fakten ken-

Ähnlich ist es, wenn ein Autor mich auf eine lange Suche nach der Wahrheit mitnehmen und sie mir schließlich präsentieren will – ich empfinde diese Suche als eine langweilige Nebensächlichkeit, es sei denn, er gibt mir unmißverständlich zu verstehen, wonach ich eigentlich suche, und daß ich mein Ziel erreicht habe, wenn ich dorthin gelange; seine persönliche Überzeugung, daß die Frage, das Ziel und deren Wichtigkeit klar sind oder daß Klarheit unwichtig ist, genügt nicht. Für seine Zwecke ist vielleicht ein direktes auktoriales Kommentieren, mit dem die Illusion zerstört wird, die Geschichte erzähle sich selbst, dasjenige Mittel, das der von ihm angestrebten Wirkung zugute kommt, anstatt sie unmöglich zu machen.

Es bereitet Vergnügen, die einfache Wahrheit zu erfahren, und es bereitet Vergnügen zu erfahren, daß die Wahrheit nicht einfach ist. Beides sind legitime Quellen, aus denen die literarische Wirkung schöpft, aber man kann nicht gleichzeitig aus beiden in vollem Umfang schöpfen. In dieser Hinsicht, wie in jeder anderen, muß der Künstler wählen, bewußt oder unbewußt. Ein Buch auf diese Art zu schreiben, bedeutet in gewissem Sinne immer, andere Arten auszuschließen. Und ohne Rücksicht auf die erklärte Indifferenz eines Autors gegenüber dem Leser greift jedes Buch diejenigen Leser aus der Menschheit heraus, für die die ihm eigentümlichen Wirkungen bestimmt waren.

Die Rolle der Überzeugung

Mit diesem erweiterten Spektrum von Interessen im Gedächtnis sollten wir nun in einer etwas günstigeren Lage sein, wenn wir die Frage bedenken, welche Überzeugungen Autor und Leser haben. „Die meisten zeitgenössischen Literaturwissenschaftler würden sich der Auffassung anschließen, daß die Ideen eines Schriftstellers mit seinem künstlerischen Talent ebensowenig zu tun haben wie seine persönlichen Moralvorstellungen ... Nicht viele würden die Auffassung vom Menschen teilen, die Homer, Dante, Baron Corvo oder Ezra Pound vertreten; aber die Frage, ob wir mit ihnen übereinstimmen oder nicht, sollte wenig mit der Frage zu tun haben, ob wir ihre Kunst anerkennen oder ablehnen." So schreibt Maurice Beebe, Herausgeber der *Modern Fiction Studies*[16] und bringt damit noch einmal eine Position zum Ausdruck, die man immer wieder

nen; kennt man sie nicht, ist das Interesse anders geartet; und während die Triebfeder der Spannung bei Shakespeare und den Alten eine Sympathie aus Besorgnis ist, ist sie bei Ibsen und den Modernen eine angestachelte Neugier" (*Shakespeare and Other Masters* [Cambridge, Mass., 1940] S. 14; vgl. auch S. 27, 28, 240.

[16] Sommer 1958, S. 182.

bezogen hat, seit I. A. Richards die berühmte Behauptung aufstellte, daß „wir keine Überzeugungen brauchen; und in der Tat keine haben dürfen, wenn wir *König Lear (King Lear)* lesen".[17] Andererseits sieht der Herausgeber von Beiträgen eines kürzlich abgehaltenen Symposiums über die Frage der Überzeugung eines gemeinsame Basis aller Beteiligten in der Gewißheit, daß Literatur „Annahmen, Überzeugungen und Sympathien impliziert, mit denen der Leser in hohem Maße übereinstimmen muß, um Literatur als Literatur und nicht als etwas anderes zu lesen".[18]

Der scheinbare Widerspruch hierbei ist augenfällig. Er wird aber teilweise gelöst, wenn wir uns die Unterscheidung ins Gedächtnis zurückrufen, die wir zwischen dem realen Autor und dem implizierten Autor getroffen haben, jenem zweiten Selbst, das im Werk geschaffen wird. Die „Auffassung vom Menschen", die Faulkner oder E. M. Forster in ihren Stockholmer Vorträgen oder ihren Essays vertreten, ist für mich eigentlich nur von sekundärem Wert, wenn ich ihre Romane lese. Aber der implizierte Autor eines jeden Romans ist jemand, dessen Überzeugungen ich in allen Punkten weitgehend teilen muß, wenn ich Gefallen an seinem Werk finden will. Natürlich muß die gleiche Unterscheidung zwischen mir selbst als Leser und dem oft ganz anderen Selbst gemacht werden, das gerade Rechnungen bezahlt, undichte Hähne repariert und dem es an Großmut und Weisheit mangelt. Erst während des Lesens werde ich das Selbst, dessen Überzeugungen sich mit denen des Autors decken müssen. Unabhängig von meinen wirklichen Überzeugungen und Gewohnheiten muß ich Herz und Verstand dem Buch unterordnen, wenn ich es vollauf genießen will. Der Autor schafft, kurz gesagt, ein Bild von sich selbst und ein anderes Bild von seinem Leser; er schafft seinen Leser, während er sein zweites Selbst schafft, und optimales Lesen ist dann gegeben, wenn die geschaffenen Selbst – Autor und Leser – zu einer völligen Übereinstimmung gelangen können.

Diese Unterscheidung löst den Widerspruch in der Rolle der Überzeugung jedoch nur teilweise auf, weil die Trennung zwischen meinem

---

[17] „Poetry and Beliefs", *Science and Poetry* (1926), nachgedruckt in R.W. Stallman (ed.), *Critiques and Essays* (New York, 1949), S. 329–33. Eine kurze Bibliographie der Kritik an Richards' Standpunkt findet sich bei Stallman S. 333. Man sollte beachten, daß das Wort *Überzeugung* im Kontext seiner Unterscheidung zwischen „Behauptung" und „Pseudo-Behauptung" nicht das meint, was Richards' Kritiker ihm im allgemeinen unterstellen; es bedeutet vielmehr so etwas wie „die Gewißheit über eine auf soliden Beweisen beruhende letztliche Realität".

[18] *Literature and Belief: English Institute Essays, 1957*, ed. M. H. Abrams (New York, 1958), S. X.

gewöhnlichen Selbst und den Selbst, die ich während des Lesens bereit bin zu werden, nicht vollständig ist. Walker Gibson sagt in einem ausgezeichneten Essay über „Autoren, Sprecher, Leser und Scheinleser",[19] daß ein Buch, das wir als schlecht ablehnen, oft einfach ein Buch ist, in dessen „Scheinleser wir eine Person entdecken, die zu werden wir uns weigern, eine Maske, die anzulegen wir uns weigern, eine Rolle, die wir nicht spielen wollen". Wir können uns selbst zu tolerantem Lesen ermahnen, wir können für den willentlichen Verzicht auf Zweifel Coleridge anführen, bis wir glauben, völlig in einem relativistischen Universum aufzugehen, und wir werden immer noch zahlreiche Bücher finden, die Leser postulieren, die zu werden wir uns weigern, Bücher, die von „Überzeugungen" und „Haltungen" – welchen Begriff wir hier wählen, ist unwichtig[20] – abhängig sind, die wir uns noch nicht einmal hypothetisch zu eigen machen können.

Wir erkennen, daß unter diesem Aspekt die Schwierigkeiten, die mir Lawrences impliziertes zweites Selbst bereiteten (S. 86 ff. oben), auf zweierlei Weise erklärt werden können: entweder mit meiner Unfähigkeit, oder aber mit meiner Weigerung, diejenigen Eigenschaften zu akzeptieren, die er von einem „Scheinleser" verlangt. Was Anhänger von Lawrence auch über die Schwäche meines eigenen wirklichen Charakters, die für meine Weigerung in Frage kommen könnte, sagen mögen, ich kann seine Polemik einfach nicht lesen, ohne zu lächeln, wo ich Herzklopfen haben sollte, ohne zu spotten, wo ich Ehrfurcht empfinden sollte. Ob ich mich selbst oder Lawrence dafür tadeln soll, werde ich nie mit Gewißheit sagen können. Vielleicht sind wir beide in gewisser Hinsicht im Unrecht. Selbst wenn ich nicht umhin kann, ihn zumindest ein wenig zu tadeln, ist es schwierig, in Erfahrung zu bringen, ob sein Unvermögen, mich mitzureißen, auf mangelnde Kunstfertigkeit oder auf eine grundlegende Unvereinbarkeit zurückzuführen ist, die keine noch so große Kunstfertigkeit überwinden könnte. Ich kann jedoch unmöglich den Schluß ziehen, die Unvereinbarkeit von Überzeugungen sei unerheblich für meine Beurteilung von Lawrence.

Wir können, um ein anderes Beispiel zu geben, James' Roman *Die Gesandten* nicht vollauf genießen, wenn wir während des Lesens darauf bestehen, daß die Spontaneität des Bewußtseins stets dem puritanischen Gewissen untergeordnet werden muß – wenn wir uns also weigern, die Werte, die der implizierte Autor setzt, in etwa so einzuschät-

[19] *College English*, XI (Februar 1950), 265–69.

[20] Viele Schriftsteller haben „Überzeugungen" abgelehnt, nur um sie dann unter einem anderen Begriff wie „Haltungen" wieder einzuführen. Vgl. „Poetry and Belief", *T. L. S.* (17. August 1956), S. XVI f.

zen wie er selbst. Wenn Strether in Paris entdeckt, was es heißt zu *leben,* dann bedeutet das für uns eher einen Abstieg als einen Triumph, und das Buch ist für uns weniger wirkungsvoll. Seine Entdeckung muß als etwas Gutes erscheinen, nicht nur in seiner oder in James' Sicht – die für uns interessant sein kann –, sondern auch in unserer eigenen. Und wenn das Buch unsere Wertschätzung behalten soll, wenn die Erinnerung daran mehr sein soll als die Erinnerung an eine auf kurzlebigen Manipulationen beruhende angenehme Erfahrung, müssen wir auch nachher noch die Überzeugungen, in denen Strethers Entdeckung gründet, aufrechterhalten können, und zwar wie andere geistig und moralisch vertretbare Lebensanschauungen. Eine unserer häufigsten Leseerfahrungen ist in der Tat die nach einigem Nachdenken gemachte Entdeckung, daß wir selbst es zugelassen haben, zu „Scheinlesern" zu werden, die wir nicht achten *können,* und daß die Überzeugungen, zu denen man uns zeitweilig herumgekriegt hat, bei Tageslicht nicht mehr vertretbar sind.

Es trifft zu, wie Beebe uns ins Gedächtnis zurückruft, daß wir die Werke sehr vieler Autoren mit Vergnügen lesen, wenn wir auch manche ihrer Überzeugungen ablehnen: Dante, Milton, Hopkins, Yeats, Eliot, Pound – die Liste ändert sich natürlich mit der Position des Kritikers. Aber trifft es wirklich zu, daß der ernsthafte Katholik oder Atheist, so empfindsam, tolerant, gewissenhaft und gut informiert über Miltons Anschauungen er auch sein mag, *Das verlorene Paradies (Paradise Lost)* ebensosehr genießt, wie dies einem von Miltons Zeitgenossen und Glaubensbrüdern mit der gleichen Intelligenz und Empfindsamkeit möglich war? Kann ein fromer Protestant oder Jude, der den priesterlichen Zölibat verabscheut, Hopkins' „Das Gehaben der Vollkommenheit" („The Habit of Perfection") ebenso genießen, wie dies ein frommer Katholik mit gleicher literarischer Empfindsamkeit und Erfahrung tut? Wir müssen uns völlig im klaren darüber sein, daß wir jetzt von literarischer Erfahrung sprechen und nicht von dem Vergnügen, das es bereitet, die eigenen Vorurteile bestätigt zu sehen. Die Frage lautet, ob der Genuß von Literatur als Literatur und nicht als Propaganda unbedingt unsere Ansichten einbezieht, und ich glaube, die Antwort liegt klar auf der Hand. Jeder, der jemals ein und denselben Roman „vorher" und „nachher" gelesen hat und dabei bemerkt, wie ein Roman merkwürdig an Aussagekraft verliert, wenn man seine Normen ablehnt, seien es solche der Kirche oder der Partei, des Glaubens an Fortschritt, Nihilismus, Existentialismus oder was immer, weiß, daß unsere Überzeugungen, selbst wenn sie sich auf rein intellektuelle Phänomene beziehen, unsere literarische Reaktion grundlegend beeinflussen.

Selbst wenn alle Leser es faktisch zulassen müssen, daß ihre Überzeugungen der objektiven Betrachtung eines Werkes in den Weg treten, mögen Puristen ihnen zurufen, daß sie dies nicht tun sollten. Das bringt uns genau zu unserem Ausgangspunkt zurück: Wenn wir uns mit einer idealen Literatur beschäftigen wollen, die es auf dieser Welt noch nie gegeben hat, und einen idealen Leser postulieren, den es unmöglich jemals geben kann, und dann alle Bücher und alle Leser danach beurteilen, inwieweit sie diesem Idealzustand nahekommen, so ist das unser gutes Recht. Aber wie die Dinge liegen, ist selbst Literatur von höchstem Rang ganz und gar darauf angewiesen, daß die Überzeugungen von Autor und Leser sich im Einklang befinden. In einer ausgezeichneten Abhandlung über dieses Problem sagt M. H. Abrams etwas, das überhaupt nicht gesagt zu werden brauchte, wenn uns nicht eine Generation der Mahner zur „Objektivität" in die Irre geführt hätte:

> Ist die Würdigung einer Ode [auf eine griechische Urne] also völlig unabhängig von den Überzeugungen des Lesers? Sicher nicht. Während das Gedicht sich entfaltet, nimmt es fortwährend Bezug auf einen ganzen Komplex von Überzeugungen, die das Ergebnis allgemeiner menschlicher Erfahrungen sind, Erfahrungen mit dem Leben, mit Menschen, der Liebe, der Veränderlichkeit, dem Alter und der Kunst. Diese äußern sich weniger in Form von Behauptungen als in Form von unausgesprochenen Haltungen . . .; aber sie stehen bereit und werden schlagartig zu Behauptungen, in dem Augenblick, in dem sie von Grund auf angezweifelt werden . . . Wenn das Gedicht wirkt, würdigen wir die Dinge, die es präsentiert, nicht von der hohen Warte des Betrachters, sondern als aktiv Mitwirkende . . . Wir sind in einer Weise interessiert, die unsere gesamte moralische Einstellung ins Spiel bringt und fortwährend in Haltungen wie Billigung oder Mißbilligung, Sympathie oder Antipathie zum Ausdruck kommt.[21]

Dies bedeutet natürlich nicht, daß Katholiken *Das verlorene Paradies* nicht mehr genießen könnten als vielleicht ein zweitrangiges katholisches Epos oder daß Protestanten „Das Gehaben der Vollkommenheit" nicht mehr genießen könnten als vielleicht eine zweitrangige protestantische Hymne. Es bedeutet einfach, daß unterschiedliche Weltanschauungen selbst dort, wo es um abstrakte, metaphysische Systeme geht, immer in gewissem Maße relevant, oft stark hinderlich und manchmal fatal sind. Man stelle sich eine schön geschriebene Tragödie vor, in der der Held ein überzeugter Nazi und SS-Mann ist, dessen tragischer Irrtum darin besteht, daß er zeitweilig mit bürgerlich-demokratischen Idealen spielt. Findet sich irgend jemand unter uns, der gleichviel, ob wir uns um Objektivität bemühen, ernsthaft behaupten wollte, die Billigung oder Mißbilligung der Ideen des Autors in einem solchen

[21] *Literature and Belief*. S. 16 f.

Werk habe nichts damit zu tun, ob wir seine Kunst akzeptieren oder verwerfen?

Es trifft zu, daß einige große Werke anscheinend über weltanschaulichen Unterschieden stehen und Leser aus allen Lagern gewinnen. Shakespeare ist das herausragende Beispiel. Die Normen in seinen Stücken lassen sich in der Tat mit mehr Philosophien vereinbaren, als in den meisten unserer Dogmen enthalten sind; gerade diese Zentralität, diese Unvoreingenommenheit und diese Fähigkeit, zum Kern der Probleme vorzudringen, die alle Philosophien in Begriffssysteme zu fassen suchen, läßt seine Stücke zu dem werden, was wir universal nennen. Große Kunst kann Menschen verschiedener Anschauungen dadurch zusammenbringen, daß sie ihre verschiedenen „Sprachen" sozusagen umsetzt in eine unmittelbare Erfahrung, die all das verkörpert, was jene meinen. Sie vermittelt somit zwischen den Philosophien: Platoniker und Aristoteliker, Katholiken und Protestanten, Liberale und Konservative, sie alle können darin übereinstimmen, daß diese Schicksale komisch und jene tragisch sind, daß dieses Verhalten boshaft und jenes bewundernswert ist, ja, daß diese Stücke irgendwie existentiell, wie es heute heißt, das zum Ausdruck bringen, was Leben bedeutet.

Damit ist aber noch lange nicht gesagt, daß große Literatur mit *allen* Überzeugungen vereinbar ist. Obwohl Shakespeare bei oberflächlicher Betrachtung „keine Überzeugungen" zu haben scheint, obwohl es wirklich unmöglich ist, aus seinen Stücken irgendein kohärentes philosophisches oder religiöses oder politisches System herauszulösen, das alle Leser zufriedenstellt, ist es nicht schwierig, unzählige Normen anzuführen, die wir akzeptieren müssen, wenn wir bestimmte Stücke begreifen wollen; und einige dieser Normen durchziehen alle seine Werke. Zwar sind diese Ansichten zum größten Teil Binsenwahrheiten, ja sogar Gemeinplätze – aber gerade deswegen können sie von den meisten von uns akzeptiert werden. Nach Shakespeare müssen wir davon überzeugt sein, daß es recht ist, unsere Väter zu ehren, und daß es unrecht ist, alte Männer wie Lear hinzumorden oder alten Männern wie Gloster die Augen auszureißen. Er beharrt darauf, daß es immer ein Unrecht ist, andere Menschen als Werkzeug für die eigenen Zwecke zu benutzen, sei es durch Mord oder durch Verleumdung, daß es gut ist zu lieben, aber unrecht, selbstsüchtig zu lieben, daß Hilflosigkeit im Alter bemitleidenswert ist und daß blinder Egotismus Bestrafung verdient. Er läßt uns nie vergessen, daß die Welt aus Gut und Böse besteht, die auf seltsame und erschreckende Weise miteinander vermischt sind, oder daß das Leiden ein wesentlicher Bestandteil des Daseins ist; aber er erinnert auch daran, daß das Leiden eine menschliche Reife hervorbringen kann, die in gewissem Sinne alles rechtfertigt: In seinen Stücken erhält das

Leiden ebenso wie alles andere einen gewissen Sinn in einem geordneten Universum. Die hier genannten ständig wiederkehrenden Normen besitzen eine erstaunliche Ähnlichkeit mit denen, die aus den Werken anderer wirklich großer Autoren abgeleitet werden können, aber auch mit jenen, die sich bei sehr mittelmäßigen Autoren finden. Sicher, ein Autor erlangt noch keine Größe, wenn er in Übereinstimmung mit solch universellen Vorstellungen arbeitet. Aber in den Werken, in denen sie Geltung haben, müssen sie akzeptiert werden, bevor Größe überhaupt erfahren werden kann.

Wir verwenden diese Begriffe für große Literatur nur deswegen so selten, weil sie für uns selbstverständlich sind oder weil sie altmodisch erscheinen.[22] Nur ein Wahnsinniger würde vermutlich mit Goneril und Regan Partei gegen Lear ergreifen. Nur wenn ein Werk ausgesprochen doktrinär erscheint oder wenn seine Wertvorstellungen zwischen vernünftigen Menschen zu ernsten Meinungsverschiedenheiten führen, steht die Frage der Überzeugung zur Diskussion. Selbst dann ist es oft irreführend, Überzeugungen in weltanschauliche Begriffssysteme zwängen zu wollen. Die großen „katholischen" oder „protestantischen" Werke sind in ihrem Wesensgehalt keineswegs katholisch oder protestantisch. Wenn man vielleicht auch annimmt, daß einem Katholiken bei der Lektüre von Mauriacs *Natterngezücht (Le noeud de vipères)* zusätzliche Genüsse und Einblicke zuteil werden, die dem Nichtkatholiken versagt bleiben, wirkt das Bild, das uns hier von einem Manne gegeben wird, der durch seine eigene spirituelle Verwirrung ins Elend gerät, aufgrund von Wertvorstellungen, die den meisten Ansichten über das Schicksal des Menschen gemein sind. Jeder Leser, der glaubt, daß menschliches Elend bemitleidenswert ist und daß das ständige Ge-

[22] Ebenso wie ich scheint auch Alfred Harbarge nach einer ähnlichen, jedoch umfangreicheren Aufstellung der Werte Shakespeares im Hintergrund einen Chor sehr moderner Stimmen zu hören, die beteuern, daß er alles ganz falsch angefaßt habe. Er dreht sich sozusagen zu ihnen um, und für mich faßt er alles ganz richtig an: „Wenn jemand fragen kann, wie ein Künstler mit der vorstehend geforderten Intelligenz die in diesem Buch beschriebenen Werte akzeptieren konnte – so kopierte und ‚viktorianische', so bourgeoise und drittklassige –... [gebe ich zur Antwort, daß] ein großer Dichter diese Werte akzeptieren konnte, weil es große Werte waren. Sie stellen eine Synthese aus Erscheinungen der judäischen und griechischen Philosophie dar, die die größte Überlebenskraft gezeigt haben – also buchstäblich aus dem Besten, was die Welt je gekannt oder erdacht hat. Durch nichts ist seit Shakespeares Zeit die Existenz eines geordneten Universums widerlegt – um so viel vorsichtiger sie auch heute definiert werden muß – oder die hohe Bedeutung einer Liebesethik in Frage gestellt worden..." (*Shakespeare and the Rival Traditions* [New York, 1952], S. 296).

fühl von Neid und Furcht und Mißtrauen gleichbedeutend mit Elend ist, muß diesen Mann bedauern. Jeder, der glaubt, daß es für einen unglücklichen Menschen, der niemanden liebt, gut oder wichtig ist, wenn er vor seinem Tod wenigstens etwas Reue und Liebe empfindet, kann von diesem Schluß nicht unberührt bleiben. Die Reaktion des nichtkatholischen Lesers wird zweifellos in gewissem Maße dadurch abgeschwächt, daß dieser die Sorge um die letzte Ölung des Protagonisten – ein Problem, das in dem Buch eine untergeordnete Rolle spielt – nicht kennt. Aber das nagende Natterngezücht ist für einen Ungläubigen ebenso peinigend wie für den gläubigsten Leser.

Obwohl solche universellen Vorstellungen durchaus in allen erfolgreichen literarischen Werken in gewissem Umfang mitwirken, beruhen die meisten Werke, deren Autoren vom Leser „Objektivität" verlangen, eigentlich in hohem Maße auf der Substitution mehr konventioneller oder allgemeingültiger Normen durch unkonventionelle oder subjektive Werte, die häufig in der modernen Literaturwissenschaft als „Mythen" bezeichnet werden. Ihre Autoren sind in Wirklichkeit weit davon entfernt, Objektivität zu verlangen, vielmehr fordern sie, daß man sich einem ungewöhnlichen Wertsystem überlasse. Die fremdartige Wirkung, die beim ersten Lesen von vielen Werken der modernen Literatur ausgeht, rührt großenteils von dieser Substitution einer alten Wertskala durch eine neue und besondere her, einer Substitution, die als solche selten durch Erläuterung oder Intensivierung bestätigt oder gestützt wird.

So verwirft der „sensitive Roman", dessen Vertreter Virginia Woolf und andere sind, ganz bewußt die meisten Werte, auf denen die Wirkung der älteren Romankunst beruht. In *Die Fahrt zum Leuchtturm (To the Lighthouse)* wird selten der Versuch unternommen, uns aufgrund der sittlichen oder geistigen Wesenszüge der Personen gefühlsmäßig für oder gegen eine oder mehrere von ihnen einzunehmen. Stattdessen wird der Wert der „Sensibilität" in den Mittelpunkt des Geschehens gestellt; diejenigen Charaktere, die wie Mrs. Ramsay eine ausgeprägte Sensibilität entwickelt haben, sind sympathisch; die „Bösewichter" sind diejenigen, die wie Mr. Ramsay unsensibel sind. Wir lesen weiter, weil wir fast so sehr auf neue Beispiele für Sensibilität gespannt sind wie auch auf das, was den Personen widerfährt. Was der Roman als Ganzes sozusagen enthüllt, ist weniger die Bedeutung der einzelnen Ereignisse als vielmehr ein sie umfassendes *Gefühl.*[23] Aber dies bedeu-

[23] „Die neue Philosophie erschloß dem Roman Interessenbereiche, die es ihm ermöglichten, auf jedwede Werte, von denen Schriftsteller wie George Eliot und Henry James in einer noch weiter zurückliegenden Periode abhängig waren, zu verzichten. Ebenso wie der Naturalismus brachte sie ihre eigene

tet natürlich nicht, daß die Überzeugung keine Rolle spiele. Derjenige Leser, der die Sensibilität nicht ebenso hoch einstuft wie Virginia Woolf, wird keinen allzu großen Gefallen an ihrem Werk finden, es sei denn, er wird, während er liest, dazu überredet, sein Urteil zu ändern.

Andere Beispiele: Wenn ich mir bei der Lektüre des *Ulysses* sage, „Bloom ist schlecht, weil er öffentlich masturbiert" oder „Camus' Fremder ist böse, weil er einen Mord begeht" – ist es mir offensichtlich nicht möglich, *Ulysses* oder *Der Fremde (L'Etranger)* vollkommen zu erleben. Meiner Meinung nach trifft es zwar zu, daß in beiden Werken andersgeartete moralische Werte gelten.[24] Aber es trifft auch zu, daß weder Joyce noch Camus sich sehr viel darum kümmern, ob ihre Charaktere in irgendeinem anderen als von ihnen selbst verstandenen Sinne des Wortes gut sind. Andererseits ist in den späteren Werken Tolstois der zentrale Wert ein streng moralischer; eine Fülle von Werten, die man akzeptieren muß, um Joyce oder Camus, Faulkner oder Hemingway zu lesen, werden in der Rhetorik einer Erzählung wie „Wo die Liebe ist, da ist auch Gott" nicht nur völlig ignoriert, sondern aktiv angefochten.

Das eigentliche Problem für den Leser besteht somit darin, herauszufinden, welche Werte vorübergehend aufgehoben sind und welche tatsächlich Geltung haben, obwohl das in modernen Werken oft schwer zu erkennen ist. Dort urteilen, wo der Autor Neutralität im Sinn hat, heißt falsch lesen. Aber dort neutral oder objektiv sein, wo der Autor ein Bekenntnis verlangt, heißt ebenfalls falsch lesen, obwohl dieser Effekt wahrscheinlich weniger augenfällig ist oder vielleicht sogar unbemerkt bleibt, außer daß man Langeweile empfindet. In den Anfängen der Moderne war zweifellos die Gefahr, allzu dogmatisch zu urteilen, die größere. Aber seit nunmehr mindestens zwei Jahrzehnten ist, nach meiner Überzeugung, falsches Lesen weitaus häufiger auf das zurückzuführen, was ich nur als dogmatische Neutralität bezeichnen kann.

Überzeugung – veranschaulicht an „The Old Wives' Tale"

Daß wir beim Lesen von Überzeugungen abhängig sind, läßt sich am besten nachprüfen, wenn wir unsere Reaktion auf irgendeinen beliebi-

---

Ästhetik mit sich; sie lieferte ein Medium, das keine anderen Werte außer dem vorrangigen Wert der Selbstaussprache einbezieht" (William Troy, „Virginia Woolf: The Novel of Sensibility", *The Symposium*, III [Januar–März, 1932] 53–63; und [April–Juni, 1932], 153–66, nachgedruckt bei Zabel, *Literary Opinion in America* [überarbeitete Aufl.; New York, 1951] S. 324).

24 Als ein überzeugendes Argument dafür, daß Moral in *Ulysses* wichtig ist, vgl. Lawrance Thompson, *A Comic Principle in Sterne – Meredith – Joyce*. Vgl. auch S. 136 o.

gen Text genauer beobachten. Aber am deutlichsten wird es, wenn wir uns mit einem Text beschäftigen, dessen Wertvorstellungen wir weder ganz akzeptieren noch ganz ablehnen können.

In *The Old Wives' Tale* (1908) zeigt Arnold Bennett die junge Heldin Sophia auf der Flucht mit ihrem Geliebten Gerald Scales. Sie treffen sich in einem Hotelzimmer. Gerade das, war Virginia Woolf als so störend empfand, tut Bennetts Erzähler – er schwebt über seinen Charakteren, befaßt sich einmal mit den Gedanken des einen, einmal mit denen des anderen, und kommentiert nach Gutdünken:

Sie war seine Beute; er umklammerte sie ... Etwas in ihm hatte sie gezwungen, ihre Sittsamkeit auf den Altar seines Verlanges zu legen. Und die Sonne schien hell. Und so küßte er sie noch heftiger, mit der etwas herablassenden Art eines Siegers; und ihr brennendes Verlangen, mit dem sie reagierte, stellte seine Selbstsicherheit, die er schon beinahe verloren hätte, mehr als völlig wieder her.
„Nun hab' ich niemanden mehr als dich", murmelte sie mit schmelzender Stimme.
Sie stellte sich in ihrer Unwissenheit vor, daß das Aussprechen dieses Gefühls ihm gefallen würde. Sie war sich nicht bewußt, daß ein Mann gewöhnlich davon abgeschreckt wird, weil es ihm beweist, daß der andere an die Pflichten und nicht an die Rechte des Partners denkt. Sicher dämpfte dieser Ausspruch auch Gerald, obwohl er daraus nicht ersehen konnte, was sie als seine Pflichten empfand. Er lächelte schwach. Für Sophie war sein Lächeln ein sich ständig wiederholendes Wunder; in ihm mischten sich ausgelassene Fröhlichkeit mit einem Hauch von Wehmut in einer Weise, die ihre bezaubernde Wirkung auf sie nie verfehlte. Ein weniger kindlich-naives Mädchen als Sophia hätte vielleicht aus diesem gewinnenden, beinahe femininen Lächeln erraten, daß sie bei Gerald alles tun könnte, nur nicht sich auf ihn verlassen. Aber Sophia mußte noch lernen (Buch II, Kap. I).

Was hier am auffälligsten ist, ist das „stoffliche Interesse". Wenn wir auf Sophias großen Irrtum so reagieren sollen, wie es Bennett offensichtlich beabsichtigt, müssen wir vor allem erst einmal Verachtung für Gerald empfinden. Er trägt deshalb den Namen „Scales"*, und der zitierte Text beschreibt ihn ausdrücklich als selbstzufrieden, gönnerhaft, unverantwortlich und unzuverlässig. Seine Handlungen – die in der modernen Erzählliteratur völlig für sich selbst sprechen müßten – unterstützen diesen expliziten Kommentar: Er ist durch und durch verachtenswert, und wir können die dramatische Ironie dieser Szene offensichtlich nicht genießen, wenn wir ihm nicht Mißtrauen und Verachtung entgegenbringen.

---

* „Scales" kann hier als Waage *und* als schillernde Fischschuppe gedeutet werden (Anm. des Üb.).

„Aber Sophia mußte noch lernen." Nicht nur über den schmierigen Verführer müssen wir ein Urteil abgeben, wir müssen uns auch dem Urteil des Erzählers über Sophia anschließen. Und dies ist ein ziemlich komplexes Urteil, komplexer als es die meisten von uns mit einiger Bestimmtheit von sich aus abgeben könnten. Wir müssen für sie und gegen Gerald Partei ergreifen, aber wir müssen sie gleichzeitig für ihre Torheit und Blindheit tadeln. Sie ist teilweise mitschuldig an der drohenden Katastrophe, aber sie ist „kindlich-naiv" und daher bemitleidenswert. Um sie so zu sehen, müssen wir bereit sein, ihre kindliche Unwissenheit für entschuldbarer und daher für bemitleidenswerter zu halten als Geralds selbstsüchtige Torheit. Damit wir leichter zu diesem Urteil gelangen – ein geschickter Romanschriftsteller könnte es leicht ins Gegenteil verkehren –, wird uns ihre Offenheit als Gegensatz zu seiner Unaufrichtigkeit vorgeführt. Aber Bennett ist sich keineswegs sicher, ob das genügt. Er will sie als unschuldiges Opfer herausstellen, und so versucht er auf der nächsten Seite noch einmal zu verdeutlichen, wer hier zu bemitleiden ist. „Sie sah bemitleidenswert jung, rein, unerfahren und unverdorben aus; hilflos inmitten schrecklicher Gefahren."

Kurzum, Bennett fordert uns auf, Sophia als gut, aber töricht anzusehen, und Gerald als schlecht und töricht. Wenn wir Geralds Verhalten trotz Bennetts Bemühungen billigen, wenn wir unwissende junge Mädchen, die sich selbst bemitleiden, verabscheuen, oder wenn wir uns, umgekehrt, weigern, eine unverheiratete junge Frau zu bedauern, die in einem Hotelzimmer mit „brennendem Verlangen" auf „heftige" Küsse antwortet, reagieren wir wohl kaum im Sinne Bennetts. Und es wird uns wahrscheinlich unmöglich sein weiterzulesen, wenn wir nicht als Ausgleich Ansichten vorfinden, die wir mit dem Autor teilen können. Unsere ethische Bewertung der beiden Charaktere ist somit für den zitierten Text wie für das Buch als Ganzes wesentlich.

Aber wir müssen nicht nur dem Urteil des Autors über Verführung, Unwissenheit, Unredlichkeit, sexuelle Leidenschaft junger Mädchen und Heirat zustimmen. In gleichem Maße werden unsere qualitativen Interessen angesprochen, obwohl diese hier vielleicht eine untergeordnete Rolle zu spielen scheinen. Ob wir nun unsere Übereinstimmung mit dem Autor hinsichtlich solcher Interessen „Überzeugung" nennen wollen oder nicht, fest steht, daß wir dieses Buch nur lesen, wenn wir Bennetts implizitem Urteil zustimmen, wonach wir besser daran tun, unsere Zeit mit diesem niedergeschriebenen Spektakulum zu verbringen als etwa aus dem Fenster auf die vorbeiziehende Parade zu schauen oder im *True Story Magazine* über eine Verführung zu lesen. Wir müssen z. B. auch der Ansicht sein, daß diese aufdringliche Erzählweise der Geschichte, in welcher der allwissende Autor freimütig kommentiert, künstlerisch zulässig ist. Wenn wir das aber nicht nur allgemein, sondern in diesem konkreten Fall ablehnen, hat die Geschichte in unseren Augen Makel. Wenn die Art und Weise jeder einzelnen Einmischung des Autors sich nicht selbst rechtfertigt, wenn Stil und Verfahren des sich offenbarenden Autors sich nicht als zwingend erweisen, dann wird unser Mißtrauen gegenüber diesem Aspekt der Geschichte uns daran hindern, sie als Ganzes zu genießen.

Das Problem liegt keineswegs darin, daß der Autor gegenwärtig ist, sondern daß der gegenwärtige Autor immer wieder verrät, daß er sich nicht genügend um das kümmert, was er tut: „Etwa in ihm", „Altar des Verlangens", „brennendes Verlangen", „schmelzende Stimme" – Bennett hat die Verantwortung für diese Banalitäten übernommen, und es fällt uns etwas schwer, ihm zu verzeihen. Wie wir später sehen werden, kann ein Autor, der einem in gewisser Weise unzuverlässigen Erzähler den Stil seines Werkes zuschreibt, in dieser Hinsicht sogar mit einem Mord durchkommen, wenn er sich nur eine passende Entschuldigung zurechtlegt, für den Fall, daß Schwächen entdeckt werden: „Sie sind charakteristisch für meinen Erzähler, nicht für mich" (vgl. Kap. XI).

Schließlich werden auch unsere intellektuellen Überzeugungen stark einbezogen. Da der Autor sich explizit einmischt, wird uns vielleicht mehr als sonst unsere Zustimmung oder Ablehnung ins Bewußtsein gerufen. Obwohl der Bennett, der hier impliziert ist, als weiser, ironischer Kommentator weniger überzeugt, als es die von Fielding oder Austen oder Meredith oder sogar von Faulkner geschaffenen Autoren tun, ist der Text dort für mich am stärksten, wo der Autor direkt kommentiert: Bennetts ironische Auffassung von seinen Charakteren erlöst sie bis zu einem gewissen Grad aus der Verdammung, die sein Stil über sie verhängt. „Sie war sich nicht bewußt, daß ein Mann gewöhnlich davon abgeschreckt wird", sagt er über das Eingeständnis ihrer Abhängigkeit, „weil es ihm beweist, daß der andere an die Pflichten und nicht an die Rechte des Partners denkt. Sicher dämpfte dieser Ausspruch auch Gerald" – dies ist vielleicht nicht einem Fielding ebenbürtig, aber immerhin bewahrt es den Text vor dem Anschein einer unbeabsichtigten Vorwegnahme der bewußt eintönig gestalteten und bedeutungslosen Verführung in Eliots *Das wüste Land*. Obwohl ich mich der Meinung anschließen würde, es gebe in dem ganzen Roman viel zu viel von diesem Erzähler – seine Eliminierung würde das Buch unerträglich langweilig machen.

Ein solches Urteil ist eindeutig von meinem Einverständnis mit Bennetts Spekulationen abhängig. Sobald ich uneins mit ihm bin, sei es in bezug auf seinen expliziten Kommentar über die Bedeutung des Lebens in den Fünf Städten oder in bezug auf das implizite Urteil, das der Autor uns auf weniger auffällige Weise vermittelt, leidet das Buch in meinen Augen darunter. So zu tun, als läsen wir anders, und zu behaupten, daß wir objektive, leidenschaftslose und von Grund auf tolerante Leser aus uns machen können, ist letzten Endes Unsinn.

VI Erzählweisen

Wir haben gesehen, daß der Autor nicht die Wahl hat, sich gegen rhetorische Kunstgriffe zu entscheiden; er kann nur wählen, welcher Art von Rhetorik er sich bedienen will. Er kann nicht darüber bestimmen, ob er die Werturteile seiner Leser durch die von ihm gewählte Erzählweise beeinflussen will oder nicht; es bleibt ihm lediglich die Wahl, dies gut oder schlecht zu tun. Wie die Dramatiker seit jeher wissen, ist selbst das reinste Drama nicht rein dramatisch in dem Sinne, daß es sich ausschließlich als ein im Augenblick stattfindendes Ereignis darbietet. Es gibt nach den Worten Drydens immer eine „Erzählung", um die es sich zu kümmern gilt, und so sehr der Autor versuchen mag, diesen lästigen Umstand zu ignorieren, „manche Teile der Handlung eignen sich mehr für eine Darbietung, andere mehr für eine Erzählung".[1] Aber Erzählung durch wen? Der Dramatiker muß sich entscheiden, und beim Romanschriftsteller liegt die Sache nur insofern anders, als die ihm offenstehenden Möglichkeiten zahlreicher sind.

Wenn wir uns einmal die vielen uns bekannten erzähltechnischen Mittel der Romankunst vergegenwärtigen, stört uns alsbald schon die Unzulänglichkeit unserer traditionellen Einteilung der „Erzählhaltungen" in drei oder vier Arten, bei denen nur die „Person" und der Grad der Allwissenheit variabel sind. Schon wenn wir mehr drei oder vier große Erzähler nennen – z. B. Cervantes' Sidi Hamét Benengelí, Tristram Shandy, das „Ich" in *Middlemarch* und Strether, aus dessen Sicht uns der größte Teil von *Die Gesandten* vermittelt wird, erkennen wir, daß uns die Anwendung von Begriffen wie „Ich-Form" und „allwissend" auf irgendeinen von ihnen noch nichts darüber sagt, worin sie sich voneinander unterscheiden oder warum sie Erfolg haben, während andere, auf die man dieselben Begriffe anwendet, scheitern.[2] Es sollte sich daher der Versuch lohnen, die einzelnen Formen, die die Stimme des

[1] *An Essay of Dramatic Poesy* (1668). Obwohl dieses Zitat von Lisideius stammt, der hier das französische Drama verteidigt, und nicht von Neander, der anscheinend mehr auf der Seite Drydens steht, gilt der in Neanders Erwiderung vertretene Standpunkt als erwiesen; der einzig strittige Punkt ist der, *welche* Teile sich mehr für eine Darstellung eignen.

[2] Es hat keinen Sinn, irgendwelche konventionellen Klassifizierungen hier anzuführen, um sie dann zu verwerfen. Es gibt sie, angefangen von der einfachsten und am wenigsten hilfreichen, dargeboten in einem klug aufgebauten, populären Essay von C. E. Montague („‚Sez ‚e' or ‚Thinks"ę'", *A Writer's Notes on His Trade* [London, 1930; Pelican ed., 1952], S. 34 f.) bis zu der wertvollen Arbeit Norman Friedmans („Point of View", *PMLA*, LXX [Dezember 1955] 1160–84).

Autors annehmen kann, in größerem Umfang zu erfassen mit dem Ziel, sowohl die vorangegangenen Kapitel zusammenzufassen als auch eine Ausgangsbasis für die Teile II und III zu schaffen.

Die Person des Erzählers

Die vielleicht am meisten strapazierte Unterscheidung ist die nach der Person des Erzählers. Die Feststellung, daß eine Geschichte in Ich- oder Er-Form[3] erzählt wird, sagt nichts Wichtiges aus, sofern wir nicht präzisieren und beschreiben, welche Beziehung zwischen den jeweiligen Eigenarten der Erzähler und bestimmten Wirkungen besteht. Man kann zwar sagen, daß der Spielraum manchmal allzu stark eingeengt wird, wenn die Ich-Form gewählt wird; wenn das „Ich" unzureichenden Zugang zu notwendigen Informationen hat, kann der Autor zu Unwahrscheinlichkeiten verleitet werden. Und es gibt andere Wirkungen, die in manchen Fällen eine ganz bestimmte Wahl vorschreiben können. Hilfreiche Kriterien können wir jedoch von einer Einteilung der gesamten Erzählliteratur in zwei oder höchstens drei große Gruppen kaum erwarten. In der einen finden wir *Henry Esmond*, „Das Faß Amontillado" („A Cask of Amontillado"), *Gullivers Reisen* und *Tristram Shandy*. In der anderen haben wir *Jahrmarkt der Eitelkeit (Vanity Fair), Tom Jones, Die Gesandten* und *Schöne neue Welt*. Aber in *Jahrmarkt der Eitelkeit* und *Tom Jones* wird der Kommentar in Ich-Form gegeben und erinnert oft mehr an die vertraute Wirkung von *Tristram Shandy* als an die vieler in Er-Form erzählten Werke. Und wiederum ähnelt die Wirkung von *Die Gesandten* viel mehr der der großen Ich-Romane, da Strether großenteils seine eigene Geschichte „erzählt", wenn er auch immer in Er-Form erscheint.

Ein weiterer Beweis dafür, daß diese Unterscheidung weniger wichtig ist, als man oft behauptet hat, zeigt sich darin, daß sämtliche nach-

[3] Bemühungen, die Du-Form zu verwenden, sind nie sehr erfolgreich gewesen, aber es ist erstaunlich, wie wenig selbst diese ausgefallene Wahl in Wirklichkeit ins Gewicht fällt. Wenn mir am Anfang eines Buches mitgeteilt wird: „Du hast den linken Fuß ... Du zwängst dich durch die schmale Öffnung ... Deine Augen sind noch nicht richtig geöffnet ...", dann ist dieses völlig Unnatürliche zwar im Augenblick verwirrend. Liest man aber Michel Butors *Paris–Rom oder Die Modifikation (La Modification)* [Paris, 1957], aus der diese einleitenden Sätze entnommen sind, ist es überraschend, wie schnell einen die illusorische „Gegenwart" der Erzählung absorbiert, wobei man die eigene Vorstellung mit dem „Du" fast ebenso uneingeschränkt gleichsetzt wie mit dem „Ich" oder „Er" in anderen Erzählungen *(Paris–Rom oder Die Modifikation* [Biederstein München, 1958] S. 7).

stehend angeführten Unterscheidungen hinsichtlich der Erzählerfunktion gleichermaßen für Erzählwerke in der Ich- und in der Er-Form gelten.

Auftretende Erzähler und verborgene Erzähler

Entscheidend für die vielleicht wichtigsten Unterschiede in der Erzählwirkung ist, ob der Erzähler als eigenständige Person auftritt und ob der Autor an seinen Überzeugungen und Wesenszügen teilhat.

Der implizierte Autor (des Autors „zweites Selbst"). – Selbst ein Roman, in dem kein Erzähler dramatisiert ist, läßt implizit das Bild von einem Autor entstehen, der hinter den Kulissen steht – sei es als Regisseur, Marionettenspieler oder als ein indifferenter Gott – und sich schweigend die Fingernägel schneidet. Dieser implizierte Autor unterscheidet sich immer – für was wir ihn auch halten mögen – von dem „realen Menschen", der, während er sein Werk schafft, eine höhere Version von sich selbst, ein „zweites Selbst" schafft (Kap. III).[4]

Sofern ein Roman nicht direkt auf diesen Autor verweist, gibt es keinen Unterschied zwischen ihm und dem implizierten, verborgenen Erzähler; in Hemingways „Die Killer" („The Killers") z. B. gibt es keinen anderen Erzähler als das implizierte zweite Selbst, welches Hemingway schafft, während er schreibt.

Verborgene Erzähler. – Gewöhnlich sind Erzählungen nicht so konsequent unpersönlich wie „Die Killer"; die meisten werden über das Bewußtsein eines Erzählers vermittelt, ob nun in „Ich"- oder in „Er-Form". Selbst im Drama wird vieles von dem, was uns vermittelt wird, von irgend jemandem erzählt, und oft sind wir ebensosehr an der geistig-seelischen Wirkung des Gesagten auf den Erzähler selbst interessiert wie daran, zu erfahren, was der Autor uns *sonst noch* zu erzählen hat. Wenn Horatio in *Hamlet* von seiner ersten Begegnung mit dem Geist erzählt, ist sein eigener Charakter, obgleich er nie beschrieben wird, wichtig für uns, die wir zuhören. In der Romankunst sind wir uns, sobald wir auf ein „Ich" stoßen, eines erlebenden Selbst bewußt, dessen Ansichten über das Erfahrene zwischen uns und das Ereignis treten werden. Wenn es, wie in „Die Killer", kein solches „Ich" gibt, könnte der unerfahrene Leser fälschlich annehmen, die Geschichte erzähle sich ihm unmittelbar. In dem Augenblick jedoch, in dem der Autor einen Erzähler

[4] Eine ausgezeichnete Darstellung der Finessen, die den scheinbar einfachen Beziehungen zwischen dem realen Autor und dem von ihm während des Schreibens geschaffenen Selbst innewohnen, bietet „Makers and Persons", von Patrick Cruttwell, *Hudson Review*, XII (Winter 1959–60), 487–507.

in die Geschichte stellt, ist eine solche Täuschung undenkbar, selbst wenn dem Erzähler keinerlei persönliche Wesenszüge beigegeben werden.

Auftretende Erzähler. – In gewissem Sinne tritt selbst der zurückhaltendste Erzähler hervor, sobald er sich in „Ich"-Form präsentiert oder er uns, wie Flaubert, erzählt, daß „wir" im Klassenzimmer sind, als Charles Bovary eintritt. Viele Romane aber stellen ihre Erzähler sehr ausführlich vor und machen aus ihnen Charaktere, die ebenso lebendig sind wie diejenigen, von denen sie uns erzählen *(Tristram Shandy, Auf der Suche nach der verlorenen Zeit [A la recherche du temps perdu], Herz der Finsternis [Heart of Darkness], Doktor Faustus).* In solchen Werken unterscheidet sich der Erzähler oft völlig von dem implizierten Autor, der ihn schafft. Die Skala der Menschentypen, die als Erzähler auftreten, ist fast ebenso groß wie die Skala anderer fiktiver Charaktere – man muß „fast" sagen, weil es einige Charaktere gibt, die sich nicht in vollem Umfang als Erzähler oder „Reflektoren" einer Geschichte eignen (Faulkner kann den Idioten nur deshalb für *Teile* seines Romans verwenden, weil die anderen drei Teile dazu dienen, die Verwirrtheit des Idioten klar und deutlich herauszustellen).

Wir sollten uns daran erinnern, daß viele dramatisierte Erzähler überhaupt nie ausdrücklich als Erzähler ausgewiesen werden. In gewisser Weise erzählt jede Rede und jede Geste etwas; in den meisten Werken gibt es verkleidete Erzähler, die dem Leser alles Notwendige erzählen und dabei den Anschein erwecken, als würden sie lediglich ihrer Rolle gerecht.

Obwohl verborgene Erzähler wie diese selten so explizit gekennzeichnet werden wie Gott in Hiob, ist ihre Rede von einer Autorität getragen, die ebenso sicher wirkt wie die Gottes. Zurückkehrende Boten, die über den Spruch des Orakels berichten, Ehefrauen, die ihre Männer davon zu überzeugen versuchen, daß Geschäftemacherei etwas Unmoralisches ist, treue Bedienstete, die widerspenstige Sprößlinge zur Rede stellen –, sie alle üben auf uns oft eine stärkere Wirkung aus als auf ihre offiziellen Zuhörer; der König sucht hartnäckig weiter, der Ehemann schließt das unsolide Geschäft ab, der Sprößling, dem die Hölle bestimmt ist, marschiert unbeirrt auf dem Weg des Verderbens weiter, als ob nichts gewesen wäre; wir aber wissen, was wir wissen – und zwar so sicher, als ob wir es vom Autor selbst oder seinem offiziellen Erzähler wüßten.

„Sie lacht Sie einfach aus!" sagt Cleante zu Orgon in *Tartuffe,* „Ich möchte Sie nicht kränken, / Herr Schwager, doch wenn wir den Fall in Ruh bedenken, / So fühl ich mich geneigt, dem Mädchen recht zu geben, / Denn etwas Ähnliches sah ich noch nie im Leben . . . Her-

Schwager, haben Sie am Ende gar 'nen Sparren?" [5] Und in der Tragödie gibt es gewöhnlich einen Chor, einen Freund oder sogar einen freimütigen Bösewicht, der im Gegensatz zu den tragischen Irrtümern des Helden die Wahrheit spricht.

Die wichtigsten unerkannten Erzähler in der modernen Romankunst sind die in Er-Form dargebotenen „Bewußtseinszentren", durch welche die Autoren ihre Berichte filtern. Ob solche „Reflektoren", wie James sie mitunter nannte, hochpolierte Spiegel sind, die komplexe geistige Erfahrungen widerspiegeln, oder die ziemlich trüben, an die Sinne gebundenen „Kamera-Augen" in vielen Romanen nach James, sie erfüllen genau die Funktion „akkreditierter" Erzähler – obwohl sie Eigenes an Intensität mit einbringen *können.*

Gabriel war nicht mit den anderen zur Tür gegangen. Er stand im dunklen Teil des Flurs und spähte die Treppe hinauf. Eine Frau stand etwa unterhalb des ersten Treppenabsatzes, auch sie im Schatten. Er konnte ihr Gesicht nicht sehen, aber er sah die terrakottafarbenen und lachsroten Applikationen auf ihrem Rock, die der Schatten schwarz und weiß wirken ließ. Es war seine Frau. Sie lehnte am Geländer und hörte auf etwas ... Er fragte sich, wofür eine Frau, die im Schatten auf der Treppe steht und ferner Musik lauscht, wohl ein Symbol sei.[6]

Die für einige Zwecke wirklich echten Vorteile dieser Methode sind zu einem beherrschenden Thema in der modernen Literaturwissenschaft geworden. Solange wir unsere Aufmerksamkeit Qualitäten wie Natürlichkeit und Lebendigkeit zuwenden, scheinen die Vorteile in der Tat überwältigend zu sein. Nur wenn wir uns von der gängigen Annahme distanzieren, jeder gute Roman strebe in der gleichen Art und Weise nach der gleichen lebendigen Illusion, erkennen wir zwangsläufig Nachteile. Der Reflektor in Er-Form ist nur eine Möglichkeit unter vielen, für einige Wirkungen geeignet, aber umständlich und sogar schädlich für andere (Kap. XI–XIII).

Erzähler als Beobachter und Akteure

Unter den auftretenden Erzählern gibt es reine Beobachter (das „Ich" in *Tom Jones, Der Egoist, Troilus and Criseyde*), und es gibt Akteure, die einen nachweisbaren Einfluß auf den Gang der Ereignisse nehmen (angefangen von der relativ geringen Mitwirkung Nicks in *Der grosse Gatsby (The Great Gatsby)* über die ausgedehnte Rede und Gegenrede

[5] „Tartuffe", *Molière Werke* (Insel Wiesbaden, 1959), S. 371–73.
[6] *Op. cit.*, S. 214 f.

Marlows in *Herz der Finsternis*[7] bis zu der zentralen Rolle Tristram Shandys, Moll Flanders' und Huckleberry Finns sowie – in Er-Form – Paul Morels in *Söhne und Liebhaber (Sons and Lovers)*. Sicher, die Regeln, die wir vielleicht in bezug auf die Beobachter herausfinden, lassen sich möglicherweise nicht auf die Akteure unter den Erzählern anwenden, doch macht man diesen Unterschied selten bei der Erörterung von Erzählhaltungen (Kap. XII).

Szene und zusammenfassender Bericht

Alle Erzähler und Beobachter, ob sie nun in der Ich- oder Er-Form auftreten, können uns ihre Geschichten vorwiegend szenisch vermitteln („Die Killer", *The Awkward Age*, die Werke von Ivy Compton-Burnett und Henry Green), vorwiegend durch einen zusammenfassenden Bericht oder das „Bild", wie Lubbock es nennt (Addisons fast vollkommen nichtszenische Geschichten in *The Spectator*), oder aber, was am häufigsten ist, durch eine Kombination von beidem.

Ebenso wie Aristoteles' Unterscheidung zwischen dramatischem und epischem Stil steckt auch die etwas andere moderne Unterscheidung zwischen Darstellen und Erzählen dieses Terrain ab. Das Problem ist jedoch, daß diese umfassende Behandlung große Ungenauigkeiten in Kauf nimmt. Erzähler aller Arten und Schattierungen müssen einen Dialog entweder allein wiedergeben oder ihn mit „Bühnenanweisungen" und einer Beschreibung des „Bühnenbildes" ergänzen. Wenn wir jedoch die völlig verschiedenen Wirkungen einer von Huck Finn und einer von Poes Montresor dargebotenen Szene bedenken, erkennen wir, daß das Merkmal des „Szenischen" allein sehr wenig über die literarische Wirkung aussagt. Und man vergleiche den in *Tom Jones* (3. Buch, 1. Kap.) auf zwei Seiten gegebenen ergötzlichen Bericht, der zwölf Jahre zusammenfaßt, mit der langweiligen Wiedergabe einer zehn Minuten dauernden ungekürzten Unterhaltung von Sartre, der seine Leidenschaft für einen „dogmatischen Realismus" walten läßt, wo eigentlich ein raffender Bericht erforderlich wäre. Wie bereits in den Kapiteln I

[7] Vgl. als sorgfältige Interpretation der Entwicklung und Funktionen des Marlow in Conrads Werken W. Y. Tindall, „Apology for Marlow", in *From Jane Austen to Joseph Conrad*, ed. Robert C. Rathburn und Martin Steinmann jr. (Minneapolis, Minn., 1958), S. 274–85. Obwohl Marlow oft selbst ein Opfer von Conrads Ironien wird, ist er im allgemeinen ein zuverlässiger Reflektor der unmißverständlichen wie auch vieldeutigen Bemerkungen des implizierten Autors. Weit ausführlicher ist die Arbeit von James L. Guetti jr., *The Rhetoric of Joseph Conrad* („Amherst College Honors Thesis", Nr. 2 [Amherst, Mass., 1960]).

und II gezeigt wurde, ist die Gegenüberstellung von Szene und Zusammenfassung sowie von Darstellen und Erzählen wahrscheinlich von geringem Nutzen, solange wir nicht den Erzähler näher bestimmen, der Szene oder Zusammenfassung liefert.

Der Kommentar

Zwischen Erzählern, die sich die Freiheit nehmen, sowohl zu erzählen als auch darzustellen, gibt es große Unterschiede, je nachdem, wie viele und was für Kommentare sie sich neben der direkten szenischen oder berichtenden Erzählung der Ereignisse gestatten. Ein solcher Kommentar kann natürlich jeden Aspekt menschlicher Erfahrung einbeziehen, und er kann auch auf zahllose Arten und in zahllosen Abstufungen in Beziehung zum Hauptgegenstand des Werkes stehen. Ihn als einen Kunstgriff für sich zu behandeln, würde bedeuten, daß man wichtige Unterschiede außer acht ließe zwischen einem Kommentar, der lediglich ausschmückende Funktion hat, einem Kommentar, der einem rhetorischen Zweck dient, aber nicht Bestandteil der dramatischen Struktur ist, und einem Kommentar, der für die dramatische Struktur unerläßlich ist, wie in *Tristram Shandy* (vgl. Kap. VII–VIII).

Rollenbewußte Erzähler

Die Trennungslinie zwischen all diesen Beobachtern und handelnden Erzählern kreuzt sich mit der zwischen *rollenbewußten Erzählern* (Kap. VIII), die sich ihrer als Schriftsteller bewußt sind *(Tom Jones, Tristram Shandy, Barchester Towers, Der Fänger im Roggen [The Catcher in the Rye], Auf der Suche nach der verlorenen Zeit, Doktor Faustus)*, und Erzählern oder Beobachtern, die selten, wenn überhaupt, ihre schriftstellerische Arbeit erörtern *(Huckleberry Finn)*, oder die sich anscheinend nicht der Tatsache bewußt sind, daß sie schreiben, denken, sprechen oder ein literarisches Werk „widerspiegeln" (Camus' *Der Fremde*, Lardners „Haarschneiden", Bellows *Das Opfer [The Victim]*).

Variierende Distanz

Ob die Erzähler und „Er-Reflektoren" nun als Akteure oder als Erleidende mit der Handlung verbunden sind oder nicht – es bestehen auffallende Unterschiede zwischen ihnen, je nach dem Grad und der Art der Distanz, die sie von Autor, Leser und den anderen Charakteren der Geschichte trennt. Jede Leseerfahrung impliziert einen Dialog zwischen Autor, Erzähler, den anderen Charakteren und dem Leser. Bei jedem der vier kann die Skala der möglichen Beziehungen zu jedem einzelnen der drei anderen von der Identifikation bis zur völligen Opposition reichen, wobei beliebige Werte – moralische, geistige, ästhetische und sogar physische – maßgebend sein können. (Reagiert der stotternde Leser auf das Stottern H. C. Earwickers etwa ebenso wie ich? Sicher nicht.) Natürlich treten die für gewöhnlich unter dem Begriff der „ästhetischen Distanz" erörterten Elemente auch hier auf; Distanz in Zeit und Raum, Klassenunterschiede, Konventionen in Sprache und Kleidung – diese und viele andere Faktoren halten das Gefühl wach, daß wir es mit einem ästhetischen Objekt zu tun haben, ebenso wie die Papiermonde und andere unrealistische Bühnenaufmachungen mancher modernen Dramen einen „Verfremdungseffekt" erzielen. Wir dürfen sie jedoch nicht mit den gleichermaßen wichtigen Effekten verwechseln, die von den persönlichen Überzeugungen und Eigenarten des Autors, Lesers und Erzählers ausgehen, sowie mit all den anderen, die auf die handelnden Personen zurückzuführen sind.

1. Der *Erzähle*r kann eine mehr oder weniger große Distanz zum *implizierten Autor* halten. Die Distanz kann eine moralische sein (Jason gegenüber Faulkner, der Friseur gegenüber Lardner, der Erzähler gegenüber Fielding in *Jonathan Wild*). Sie kann eine geistige sein (Twain und Huck Finn, Sterne und Tristram Shandy, wenn er sich über den Einfluß von Nasen ausläßt, Richardson und Clarissa). Sie kann eine psychische oder zeitliche sein: Die meisten Autoren sind selbst von den klügsten Erzählern insofern distanziert, als sie vermutlich wissen, wie „alles enden wird". Und so fort.

2. Ebenso kann der *Erzähler* eine mehr oder weniger große Distanz halten zu den *Personen* in der Geschichte, die er erzählt. Dies kann moralisch, geistig oder zeitlich bedingt sein (der reife Erzähler und sein jüngeres Selbst in *Große Erwartungen [Great Expectations]* oder in *Redburn*); moralisch und geistig (Fowler als Erzähler und Pyle als Amerikaner in Greenes *Der stille Amerikaner [The Quiet American]*, wobei beide völlig von den Normen des Autors abweichen, jedoch nach verschiedenen Richtungen); moralisch und gefühlsmäßig (Maupassants „Das Halsband" [„La parure"] und Huxleys „Nuns at Luncheon", in denen die Erzähler eine geringere emotionale Anteilnahme vorgeben, als es Maupassant und Huxley eindeutig vom Leser erwarten); und so weiter im Hinblick auf alle möglichen Charakterzüge.

3. Der *Erzähler* kann eine mehr oder weniger große Distanz zu des *Lesers* eigenen Normen halten; z. B. physisch und gefühlsmäßig (Kafkas *Die Verwandlung*); moralisch und gefühlsmäßig (Pinkie in *Am Abgrund des Lebens [Brighton Rock]*, der Geizhals in Mauriacs *Natterngezücht* und die vielen anderen moralisch Degenerierten, aus denen die moderne Erzählkunst menschliche Wesen macht.

Nach der Absage an das allwissende Erzählen und angesichts der inhärenten Beschränkungen, die dem auftretenden zuverlässigen Erzähler auferlegt sind, ist es kaum überraschend, daß moderne Autoren mit unzuverlässigen Erzählern experimentiert haben, deren Wesenszüge sich im Laufe der von ihnen erzählten Werke wandeln. Seit Shakespeare die moderne Welt gelehrt hat, was die Griechen außer acht gelassen hatten, indem sie die Wandlungen des Charakters vernachlässigten (man vergleiche *Macbeth* und *Lear* mit *Ödipus*), sind Geschichten über positive oder negative Charakterentwicklungen immer populärer geworden. Aber erst als die Autoren die reichen Möglichkeiten des Er-Reflektors entdeckt hatten, konnten sie wirkungsvoll darstellen, wie ein Erzähler sich *während des Erzählens* wandelt. Der reife Pip wird in *Große Erwartungen* als ein großmütiger Mann dargestellt, der das Herz auf dem Fleck hat, wo es der Leser haben sollte; er beobachtet, wie sein eigenes junges Selbst sich sozusagen vom Leser entfernt und sich ihm wieder nähert. Der Er-Reflektor kann jedoch – technisch in der Vergangenheitsform, aber im eigentlichen gegenwärtig für den Leser – als jemand dargestellt werden, der sich den Werten, die dem Leser teuer sind, zuwendet oder sich von ihnen abkehrt. Die Autoren des zwanzigsten Jahrhunderts sind beinahe so verfahren, als wollten sie alle möglichen Formen des Plots, die auf solchen Verschiebungen beruhen, ausschöpfen: Fern vom Leser beginnen und nahe bei ihm enden; nahe bei ihm beginnen, sich weit von ihm entfernen und am Ende ihm nahe sein; entfernt von ihm beginnen und sich noch weiter entfernen; und so fort. Am charakteristischsten sind aber vielleicht die erstaunlichen Ergebnisse, die in der ersten der genannten Gruppen erzielt worden sind – hier werden extrem unsympathische Charaktere wie Faulkners Mink Snopes vorgeführt und sowohl durch charakterliche Wandlung als auch durch technische Manipulation in würdige und starke Charaktere verwandelt. Wir benötigen dringend gründliche Arbeiten über die verschiedenen Formen des Plots, die aus dieser Art von wechselnder Distanz hervorgegangen sind.

4. Der *implizierte Autor* kann eine mehr oder weniger große Distanz zum *Leser* halten. Die Distanz kann eine geistige sein (der implizierte Autor in *Tristram Shandy*, der natürlich nicht mit Tristram gleichzusetzen ist, interessiert sich mehr für tiefgründige alte Sagen und weiß mehr darüber als irgendeiner seiner Leser), eine moralische (die Werke von Sade) oder eine ästhetische. Aus der Sicht des Autors wird sein Buch dann richtig gelesen, wenn die Lektüre jede Distanz zwischen den grundlegenden Normen seines implizierten Autors und den Normen des postulierten Lesers aufhebt. Oft genug besteht gleich zu Anfang sehr wenig grundsätzliche Distanz; Jane Austen muß uns nicht erst davon

überzeugen, daß Stolz und Vorurteil nicht erstrebenswert sind. Andererseits erkennt man ein schlechtes Buch oft ganz deutlich daran, daß der implizierte Autor von uns fordert, nach Normen zu urteilen, die wir nicht akzeptieren können.

5. Der *implizierte Autor* (der den Leser mit sich reißt) kann eine mehr oder weniger große Distanz zu *anderen Charakteren* halten. Und wiederum können für die Wahrung der Distanz beliebige Werte maßgebend sein. Einige erfolgreiche Autoren halten die meisten ihrer Charaktere in jeder Hinsicht sehr weit von sich „weg" (Ivy Compton-Burnett), und sie arbeiten vielleicht bewußt darauf hin, wie William Empson über T. F. Powys sagt, eine Künstlichkeit zu erhalten, die ihre Charaktere „in großer Distanz zum Autor" beläßt.[8] Bei anderen ist der Spielraum zwischen „fern" und „nah" größer, da sie eine Vielfalt von Werten berücksichtigen. Bei Jane Austen beispielsweise ist das Spektrum der moralischen Wertungen sehr groß (es reicht von der fast uneingeschränkten Anerkennung der Jane Fairfax in *Emma* bis hin zur Verachtung für Wickham in *Stolz und Vorurteil*); ebenso die Variationsbreite geistiger Überlegenheit (von Knightley bis hin zu Miss Bates oder Mrs. Bennett), des Geschmacks, des Takts und der Sensibilität.

Es ist offenkundig, daß die Möglichkeiten, die diese Skalen bieten, auch nicht einmal im Ansatz durch meine Beispiele erfaßt werden. Was wir „Anteilnahme" oder „Sympathie" oder „Identifikation" nennen, setzt sich gewöhnlich aus vielen Reaktionen auf Autor, Erzähler, Beobachter und andere Personen zusammen. Und Erzähler können sich von ihren Autoren oder Lesern durch verschiedene Arten der Anteilnahme oder Distanzierung unterscheiden, angefangen von starkem persönlichen Mitempfinden (Nick in *Der grosse Gatsby*, MacKellar in *Der Junker von Ballantrae [The Master of Ballantrae]*, Zeitblom in *Doktor Faustus*) bis hin zu einer höflichen, leicht belustigten oder bloß genau beobachteten Distanzierung (Waughs *Auf der schiefen Ebene [Decline and Fall]*).

Für die stofflich orientierte Literaturbetrachtung ist die wichtigste unter diesen Arten von Distanz wahrscheinlich die zwischen dem fehlbaren oder unzuverlässigen Erzähler und dem implizierten Autor, der den Leser bei der Beurteilung des Erzählers für sich gewinnt. Wenn die Perspektive aus dem Grund erörtert wird, weil man herausfinden will, welche Beziehungen sie zu literarischen Wirkungen hat, dann sind die

---

[8] *Some Versions of Pastoral* (London, 1935), S. 7. Vgl. als hervorragende Erörterung von Powys' bewußter Künstlichkeit Martins Steinmanns „The Symbolism of T.F. Powys", *Critique*, I (Sommer 1957), 49–63.

moralischen und geistigen Eigenschaften des Erzählers für unser Verständnis sicher weitaus wichtiger als die Frage, ob er als „Ich" oder „Er" hingestellt wird oder ob er Privilegien hat oder ihm Grenzen gesetzt sind. Wenn er sich als unglaubwürdig herausstellt, dann ändert sich damit auch die Gesamtwirkung des Werkes, das er uns vermittelt.

Unsere Terminologie für diese Art von Distanz bei Erzählern ist fast hoffnungslos unzulänglich. Aus Mangel an besseren Begriffen nenne ich einen Erzähler *zuverlässig,* wenn er für die Normen des Werkes (d. h. die Normen des implizierten Autors) eintritt oder in Übereinstimmung mit ihnen handelt, und *unzuverlässig,* wenn er dies nicht tut. Die Mehrzahl der großen zuverlässigen Erzähler gestattet sich zwar gern ein großes Maß an beiläufiger Ironie und ist somit „unzuverlässig" in dem Sinne, daß sie möglicherweise Täuschungen bewirkt. Doch ist schwer zu durchschauende Ironie kein ausreichender Grund, einen Erzähler als unzuverlässig hinzustellen. Auch hat Unzuverlässigkeit gewöhnlich nichts mit Lüge zu tun, obwohl für manche modernen Romanschriftsteller bewußt täuschende Erzähler ein wesentliches künstlerisches Mittel sind (Camus' *Der Fall [La Chute],* Calder Willinghams *Natural Child* usw.).[9] In den meisten Fällen handelt es sich um etwas, das James *Unbewußtheit* (inconscience) nennt; der Erzähler irrt sich, oder er glaubt Eigenschaften zu besitzen, die der Autor ihm versagt. Oder, wie in *Huckleberry Finn,* der Erzähler behauptet, von Natur aus böse zu sein, während der Autor heimlich hinter seinem Rücken seine Tugenden preist.

Unzuverlässige Erzähler unterscheiden sich also merklich untereinander, je nachdem, wie weit und nach welcher Richtung hin sie von den

[9] Alexander E. Jones tritt in einem kürzlich erschienenen Essay in überzeugender Weise dafür ein, *Die Tortur (The Turn of the Screw)* „unbefangen" zu lesen, wobei eines seiner Argumente lautet: „... die zugrundeliegende Konvention des Erzählwerks in Ich-Form setzt notwendigerweise ein Vertrauen in den Erzähler voraus ... Sofern James nicht gegen die Grundregeln seines Handwerks verstößt, kann die Erzieherin keine pathologische Lügnerin sein" (*PMLA,* LXXIV [März 1959] 122). Was auch immer zu den Zeiten eines James gegolten haben mag, es ist offensichtlich, daß es in der modernen Erzählkunst eine derartige Konvention nicht mehr gibt. Die einzige Konvention, auf die man sich verlassen kann, ist, wie ich in Kapitel XI zeigen werde, die, daß ein Erzähler, der sich dem Leser als sprechend oder schreibend vorstellt, dies auch wirklich tut. Der Inhalt dessen, was er sagt, *kann* sich als Traum herausstellen („In Dreams Begin Responsibilities" von Schwartz oder als Unwahrheit (Jean Cayrols *Die Fremdkörper [Les corps étrangers]*), oder aber er „läßt sich überhaupt nicht fixieren" – d. h. er bleibt unbestimmt zwischen Traum, Unwahrheit, Phantasie und Realität (Unamunos *Nebel [Niebla],* Becketts *Wie es ist [Comment c'est]*).

Normen ihres Autors abweichen; der ältere Begriff „Ton" umfaßt ebenso wie die derzeit geläufigen Begriffe „Ironie" und „Distanz" viele Wirkungen, die wir voneinander unterscheiden sollten. Einige Erzähler, wie z. B. Barry Lyndon, werden möglichst weit „weg" von Autor und Leser plaziert, und zwar im Hinblick auf jede Tugend, mit Ausnahme einer bestimmten interessanten Vitalität. Einige, wie z. B. Fleda Vetch, der Reflektor in James' *The Spoils of Poynton*, verkörpern schon fast die Idealvorstellungen des Autors in bezug auf Geschmack, Urteilsbildung und moralisches Empfinden. Sie alle nehmen das logische Denkvermögen des Lesers stärker in Anspruch, als es zuverlässige Erzähler tun.

Variierende Unterstützung oder Berichtigung des Erzählers

Zuverlässige wie auch unzuverlässige Erzähler erfahren von anderen Erzählern entweder keine Unterstützung oder Berichtigung (Gully Jimson in *Des Pudels Kern [The Horse's Mouth]*, Hederson in Bellows *Der Regenkönig [Henderson the Rain King]*, oder aber sie werden unterstützt beziehungsweise berichtigt *(Der Junker von Ballantrae, Schall und Wahn)*. Manchmal ist es fast unmöglich auszumachen, ob oder in welchem Maße der Erzähler fehlbar ist; manchmal machen eine ausdrückliche Bestätigung oder eine widersprechende Zeugenaussage das Schlußfolgern leicht. Man sollte beachten, daß die Unterstützung oder Berichtigung grundlegend verschieden ausfällt, je nachdem, ob sie von der Handlung selbst ausgeht, so daß der mithandelnde Erzähler einen Nutzen daraus ziehen kann, indem er auf der richtigen Linie bleibt oder seine eigenen Ansichten ändert (Faulkners *Griff in den Staub [Intruder in the Dust]*), oder ob sie von außen her kommt, um dem Leser zu helfen, seine Meinung der des Erzählers entgegenzusetzen, sei es durch Berichtigung oder durch Bekräftigung des eigenen Standpunktes (Graham Greenes *Die Kraft und die Herrlichkeit [The Power and the Glory]*). Daß die Isolierung des Erzählers sich dabei in beiden Fällen völlig verschieden auswirkt, versteht sich von selbst.

Privilegien

Beobachtende und mithandelnde Erzähler – ob sie sich ihrer als solche nun bewußt sind oder nicht, ob sie zuverlässig oder unzuverlässig sind, kommentieren oder schweigen, ob sie mit ihrer Meinung allein gelassen oder unterstützt werden – können das Privileg genießen zu wissen, was sie mit rein natürlichen Mitteln niemals erfahren könnten, oder aber sie können lediglich auf ihre begrenzte Sicht und die entsprechenden

Schlußfolgerungen angewiesen sein. Ein vollkommenes Privileg ist, was wir gewöhnlich „Allwissenheit" nennen. Aber es gibt viele Arten von Privilegien, und nur sehr wenige „allwissende" Erzähler dürfen soviel wissen oder darstellen, wie ihre Autoren wissen.

Uns fehlt eine gründliche Untersuchung über die Vielfalt von Privilegien, Einschränkungen des Erzählers und deren Funktion. Einige Einschränkungen bestehen nur zeitweilig, oder sie haben sogar nur spielerischen Charakter, wie die Unwissenheit, die Fielding mitunter seinem „Ich" unterstellt (so, wenn er an seinen eigenen erzählerischen Fähigkeiten zweifelt und die Musen um Hilfe anruft [*Tom Jones*, 13. Buch, 1. Kap.]). Manche werden strenger durchgehalten, können aber dann und wann gelockert werden, wie bei dem allgemein eingeschränkten, menschlich bedingten Ismael in *Moby Dick*, der jedoch aus seiner menschlichen Bedingtheit ausbrechen kann, wenn die Geschichte es erfordert („‚Der hat Mut, aber er gehorcht, ein höchst vorsichtiger Mut ist das!' murmelte Ahab" [10] – wobei niemand zugegen ist, der es dem Erzähler berichten kann). Und einige beobachtende und mithandelnde Erzähler sind in ihrem Wissen eingeschränkt durch ihre formalen Konditionen (Ich-Form, Huck Finn; Er-Form, Miranda und Laura in den Erzählungen Katherine Anne Porters).

Das wichtigste Privileg eines Erzählers ist die ihm verliehene Fähigkeit, Einblick in eine andere Person zu nehmen, und zwar deshalb, weil es dem Erzähler erlaubt, uneingeschränkt mit rhetorischen Mitteln zu arbeiten. Der Begriff „Allwissenheit" enthält eine merkwürdige Ambiguität. Viele modernen Werke, die wir gewöhnlich als dramatische Erzählwerke einstufen und bei denen uns alles aus der begrenzten Sicht der handelnden Personen vermittelt wird, setzen bei dem verborgenen Autor eine ebenso große Allwissenheit voraus, wie Fielding sie für sich beansprucht. Unsere „Seelenvisitation" der sechzehn Personen in Faulkners *Als ich im Sterben lag*, bei der wir nur deren Innerstes wahrnehmen, scheint vielleicht in gewissem Sinne nicht von einem allwissenden Autor abhängig zu sein. Aber diese Methode beruht auf einer Allwissenheit, die gewisse Tücken in sich birgt: der implizierte Autor verlangt von uns absolutes Vertrauen in seine divinatorischen Fähigkeiten. Wir dürfen keinen Augenblick lang daran zweifeln, daß er alles über jede dieser sechzehn Personen weiß oder daß er mit dem, was er von ihnen zeigt, die richtige Auswahl getroffen hat. Kurz gesagt, unpersönliches Erzählen ist im eigentlichen keine Flucht aus der Allwissenheit – der wahre Autor ist auch hier der „unnatürliche" Alleswisser, der er schon immer gewesen ist. Wenn erkennbar „Konstruier-

[10] *Moby Dick* (Winkler München, 1964), S. 572.

tes“ ein Mangel wäre – was es nicht ist –, wären die modernen Erzählwerke ebenso mangelhaft wie die von Trollope.

Eine andere Methode, die gleiche Ambiguität einsichtig zu machen, ist die, das Konzept des „dramatischen“ Erzählens genau zu prüfen. Der Autor kann seine Figuren in einer dramatischen Situation vorführen, ohne daß seine Darstellungsweise im geringsten dramatisch im üblichen Sinne wäre. Nachdem Joseph Andrews von Dieben ausgeraubt und mißhandelt worden ist, fährt eine Postkutsche an ihm vorbei: Fielding präsentiert diese Szene in einer nach modernen Maßstäben folgewidrig und undramatisch erscheinenden Weise. „Der arme Kerl, der lange regungslos dalag, kam gerade wieder zur Besinnung, als eine Postkutsche sich näherte. Der Postillion hielt, als er ein menschliches Gestöhn vernahm, seine Pferde an und sagt zum Kutscher, im Graben müsse ein Sterbender liegen ... Eine Dame, welche die Worte des Postillions und ebenso das Stöhnen gehört hatte, rief dem Kutscher empört zu, er solle anhalten und sehen, was es gebe, worauf dieser dem Postillion sagte, daß er abspringen und in den Graben schauen solle. Der Postillion tat das und berichtete, daß da ein Mann aufrecht säße, so nackt wie je einer geboren sei“ (1 Buch, 12. Kap.). Danach folgt eine ergötzliche Beschreibung, für welche die Bezeichnung Szene kaum zutrifft und in der die selbstsüchtigen Reaktionen der einzelnen Reisenden festgehalten werden. Ein junger Rechtsanwalt weist darauf hin, daß sie gesetzlich zur Verantwortung gezogen werden könnten, wenn sie sich weigerten, Joseph mitzunehmen. „Diese Worte verfehlten ihre Wirkung auf den Kutscher nicht, der den Mann, der sie aussprach, nur zu gut kannte; und der obenerwähnte alte Herr erklärte sich in der Hoffnung, daß der nackte Mann ihm häufig Gelegenheit bieten werde, sich vor der Dame mit seinem Witz hervorzutun, mit der Mitnahme einverstanden und wollte einen Krug Bier als Fahrgeld geben. So willigte der Kutscher, teils durch die Drohungen des einen beunruhigt, teils durch die Versprechungen des andern und vielleicht ein wenig durch Mitleid mit der Lage des armen Geschöpfes besänftigt, schließlich ein ...“ (1. Buch, 12. Kap.).[11] Sobald sich Joseph in der Kutsche befindet, nimmt die „Szene“ auf dieselbe indirekte Weise ihren Fortgang, mit häufigen, wenn auch nicht sehr weit gehenden Abstechern in die Gedanken- und Gefühlswelt der dort versammelten Narren und Schurken, mit gelegentlichen Mutmaßungen, wenn uneingeschränktes Wissen um die Dinge nicht ratsam erscheint. Wenn das „Dramatische“ gleichzusetzen ist mit der Darstellung von Personen, die in einer dramatischen Situation auf-

[11] „Joseph Andrews“, in *Sämtliche Romane, I* (Hanser München, 1965), S. 54–56.

einander verwiesen sind, von Motiven, die miteinander kollidieren, und der Harmonisierung der Motive am Schluß, dann ist diese Szene dramatisch. Wenn sie aber den Eindruck erwecken soll, daß die Geschichte sich aus sich selbst ereignet, wobei sich ihre Personen in einem dramatischen Miteinander dem Zuschauer gegenüber befinden, ohne Vermittlung eines Erzählers und in ihrer Eigentlichkeit nur faßbar durch die sukzessive Auslegung ihrer Worte in Verbindung mit ihren Taten, dann ist diese Szene relativ undramatisch.

Andererseits kann ein Autor eine Person in dieser zuletzt beschriebenen Art von dramatischer Gegenüberstellung mit dem Leser vorführen, ohne sie auch noch in eine dramatische Situation innerhalb des Werkes zu verwickeln. Viele lyrische Gedichte sind in diesem Sinne dramatisch und in jedem anderen undramatisch. „Das ist kein Land für alte Menschen –" Wer sagt das? Yeats oder seine „Maske" sagt das. Zu wem? Zu uns. Woher wissen wir, daß es Yeats ist und nicht irgendeine Person, die von ihm ebensoweit entfernt ist wie Caliban von Browning in „Caliban upon Setebos"? Wir erschließen es, während die dramatisierte Darlegung sich entfaltet; diese Notwendigkeit der Schlußfolgerung macht Lyrisches dramatisch im oben beschriebenen Sinne. Kurz gesagt, Caliban ist in zweierlei Hinsicht dramatisch; er befindet sich zusammen mit anderen Charakteren in einer dramatischen Situation, und er befindet sich in einer dramatischen Situation uns gegenüber. Yeats' Gedicht ist nur in einem Sinne dramatisch.

Als noch komplizierter erweist sich die Vieldeutigkeit des Begriffs „dramatisch" in Erzählwerken, die Bewußtseinszustände unmittelbar zu dramatisieren versuchen. Ist *Ein Porträt des Künstlers als junger Mann* dramatisch? In mancher Hinsicht, ja. Uns wird nichts über Stephen mitgeteilt. Er wird vor uns auf die Bühne gestellt und spielt sein Schicksal, wobei sein Autor nur versteckt Hilfen oder Kommentare gibt. Aber nicht seine Handlungen werden unmittelbar in Szene gesetzt, und nicht seine Worte werden unvermittelt zur Kenntnis genommen; dramatisiert wird allein sein geistiges Protokoll von all dem, was geschieht. Wir erleben sein Bewußtsein in der Auseinandersetzung mit der Welt. Manchmal ist das, was er registriert, selbst schon dramatisch, so, wenn Stephen sich in einer Szene mit anderen Personen selbst beobachtet. Aber der Bericht an sich, das geistige Protokoll, ist nur in dem zweiten Sinne dramatisch. Der Bericht, den wir von den Vorgängen in Stephens Bewußtsein erhalten, ist ein Monolog, der von keinem dramatischen Kontext beeinflußt wird. Und es ist ein unfehlbarer Bericht, der gegen Zweifel sogar noch mehr gefeit ist als das typische elisabethanische Selbstgespräch. Wir gehen im Sinne konventioneller Vorstellungen davon aus, daß alles, was laut Bericht in Stephens Bewußtsein vor sich geht, sich auch wirklich dort abspielt oder, anders gesagt, daß Joyce weiß, wie Stephens Bewußtsein arbeitet. „Die Gleichung auf der Seite seines Schmierhefts begann einen immer weiter werdenden Schweif zu spreizen, mit Augen bestückt und bestirnt wie der eines Pfauen; und begann sich dann, nachdem die Augen und Sterne seiner Exponenten eliminiert worden waren, wieder langsam zusammenzufalten. Die Exponenten, die auftauchten und verschwanden, waren Augen, die sich öffneten und schlossen; die Augen, die sich öffneten und schlossen, waren Sterne . . ." [12] Wer sagt das? Nicht Stephen, sondern der allwissende, unfehlbare Autor. Der Bericht ist unmittelbar, und er wird eindeutig von keinem „dramatischen" Kontext verändert – d. h., anders als eine Rede in einer dramatischen Szene gibt er uns nicht zu dem Verdacht Anlaß, die Gedanken zielten in irgendeiner Weise auf Wirkung ab. Die dramatische Beziehung zwischen uns und Stephen besteht nur in begrenztem Sinn – in dem Sinn, in dem ein lyrisches Gedicht dramatisch ist.[13]

Innere Einblicke

Und schließlich unterscheiden sich die Erzähler, die uns Einblicke in das Wesensinnere ihrer Personen gewähren, im Hinblick auf die Tiefe und Richtung dieser Einblicke. Boccaccio kann Einblicke gewähren, aber sie sind sehr oberflächlich. Jane Austens Romane gehen moralisch-ethisch ziemlich tief, während die Psychologie ihrer Personen nur an der Oberfläche gestreift wird. Vermutlich versuchen alle Autoren, die mit der Erzähltechnik des Bewußtseinsstroms arbeiten, psychologisch tief vorzudringen, doch bleiben einige von ihnen in moralischer Hinsicht bewußt an der Oberfläche.[14] Wir sollten uns bewußtmachen, daß jeder länger anhaltende innere Einblick, gleichgültig, wie tief er ist, die Per-

[12] „Ein Porträt des Künstlers als junger Mann", in *Joyce Werke, II* (Suhrkamp Frankfurt, 1972), S. 361.

[13] Ich bin mir darüber im klaren, daß meine Terminologie hier im Widerspruch zu Joyces eigener Verwendung der Dreiheit *Lyrisches, Episches, Dramatisches* steht. *Porträt* ist in Joyces Sinn dramatisch, aber eben nur in diesem Sinn.

[14] Die Erörterung der zahlreichen, unter dem weiten Begriff „Bewußtseinsstrom" zusammengefaßten Kunstgriffe hat sich im allgemeinen auf deren Nützlichkeit für den psychologischen Realismus konzentriert, und dabei wird die moralische Wirkung unterschiedlicher Tiefegrade ausgeklammert. Selbst Kritiker, die diesen Kunstgriffen ablehnend gegenüberstehen – z. B. Mauriac in *Le romancier et ses personnages* – haben im allgemeinen auf ihren amorphen Charakter, ihren Mangel an klarer Lenkung und ihre offenkundige Künstlichkeit verwiesen und nicht auf ihre moralischen Auswirkungen. Allzuoft haben sowohl Gegner als auch Befürworter einen einzigen Kunstgriff

son, deren Bewußtsein dargestellt wird, vorübergehend zu einem Erzähler macht; innere Einblicke können somit von verschiedenen Spielarten all der oben beschriebenen Erzählerqualitäten direkt beeinflußt werden, und vornehmlich in bezug auf den Grad der Unzuverlässigkeit. Allgemein gesagt: Je tiefer wir vordringen, desto mehr Unzuverlässigkeit akzeptieren wir, ohne daß unsere Sympathie abnimmt (vgl. Kap. X).

Erzählen ist eine Kunst, keine Wissenschaft, aber das bedeutet nicht, daß unser Versuch, Prinzipien hierzu darzulegen, notwendigerweise zum Scheitern verurteilt ist. In jeder Kunst gibt es systematische Elemente, und wer sich kritisch mit Erzählliteratur beschäftigt, kann nie aus der Verpflichtung entlassen werden, technisch Gelungenes und Mißlungenes mit Bezug auf allgemeine Prinzipien zu erläutern zu versuchen. Wir müssen uns jedoch immer die Frage stellen, wo die allgemeinen Prinzipien zu finden sind.

Es überrascht nicht, Romanschriftsteller sagen zu hören, daß sie von der Literaturwissenschaft niemals Rat und Hilfe in puncto Erzählperspektive erhalten hätten. Bei der Auseinandersetzung mit der Perspektive muß der Romanschriftsteller sich immer mit dem einzelnen Werk auseinandersetzen: Welche bestimmte Person diese bestimmte Geschichte oder den Teil einer Geschichte erzählen soll, welcher Grad von Zuverlässigkeit, welche Privilegien und welche Freiheiten in bezug auf den Kommentar ihr genau zugemessen werden sollen, und so fort. Soll sie mit dramatischer Lebendigkeit ausgestattet sein? Selbst wenn der Romanschriftsteller sich für einen Erzähler entschieden hat, der in eine der Klassifizierungen des Literaturkritikers paßt – „allwissend", „Ich-Form", „beschränkt allwissend", „objektiv", „weitschweifig", „sich zurückhaltend" oder was immer –, sieht er sich sogleich vor Probleme gestellt. Er findet jedenfalls keine Antwort auf seine drängenden, spezifischen, praktischen Probleme, wenn er sich an Aussagen hält wie „Allwissenheit ist die flexibelste Methode" oder „Objektivität ist die rasche-

---

vorausgesetzt, der als gut oder schlecht bewertet werden konnte, ein für allemal, aus diesen und jenen allgemeinen Gründen. Melvin Friedman (*Stream of Consciousness* [New Haven, Conn., 1955]) kommt zu dem Schluß, daß es „beinahe ein Axiom ist, daß kein weiteres erstrangiges Werk innerhalb dieser Tradition geschaffen werden kann", da die Methode abhängig war von einer „bestimmten literarischen Mentalität, die mit Joyce, Virginia Woolf und dem frühen Faulkner ausstarb" (S. 261). Aber die Werke, die er behandelt, bedienen sich Dutzender verschiedener Techniken des Bewußtseinsstroms, von denen einige heute zum festen Repertoire eines Romanschriftstellers gehören. Für die meisten von ihnen finden sich in Zukunft wahrscheinlich neue Verwendungsmöglichkeiten.

ste oder lebendigste Methode". Selbst die vernünftigste Verallgemeinerung in diesem Zusammenhang wird ihm bei seiner konkreten, von Seite zu Seite fortschreitenden Arbeit am Roman wenig nützen.

Wie Henry James' detaillierte Berichte zeigen, entdeckt der Romanschriftsteller seine Erzähltechnik, während er versucht, die Möglichkeiten, die in seiner langsam Gestalt annehmenden Idee enthalten sind, für den Leser zu entfalten. Die Mehrzahl seiner Entscheidungen bezieht sich folglich auf Nuancen, nicht auf die Art. Die Entscheidung, daß der Erzähler nicht allwissend sein soll, entscheidet praktisch nichts. Die Frage, um die es geht, lautet: Wie *unbewußt* soll er genau sein? Und wiederum, die Entscheidung für eine Erzählung in Ich-Form löst nur einen Teil des Problems, den vielleicht leichtesten Teil. Was für ein Ich? Wie umfassend wird es charakterisiert? Wie weit ist es sich selbst als Erzähler bewußt? Wie zuverlässig? Wie stark auf realistische Folgerungen angewiesen; mit wie vielen Privilegien ausgestattet, um über die menschliche Bedingtheit hinauszugehen? An welchen Stellen soll er die Wahrheit sprechen und an welchen Stellen kein Urteil abgeben oder sogar Unwahres äußern? Diese Fragen lassen sich nur beantworten, wenn man sich auf die jeweiligen Möglichkeiten und Erfordernisse einzelner Werke beruft und nicht auf die Erzählkunst im allgemeinen oder auf den Roman oder auf Regeln zur Perspektive verweist.

Zweifellos gibt es verschiedene *Arten* von Wirkungen, auf die der Autor sich beziehen kann; wenn er z. B. eine Szene amüsanter, pointierter, lebendiger oder vieldeutiger gestalten will oder wenn er einen Charakter sympathischer oder überzeugender machen will, sind vielleicht diese oder jene Praktiken angebracht. Aber wir können verstehen, warum dem Romanschriftsteller auf der Suche nach Entscheidungshilfen das Vorgehen seiner Kollegen eine bessere Hilfe ist, als es die abstrakten Regeln der Lehrbücher sind: Der sensitive Autor, der die großen Romane liest, findet in ihnen eine Fülle genauer Beispiele dafür, wie eben *diese* Wirkung im Unterschied zu allen anderen möglichen Wirkungen durch die richtige erzähltechnische Entscheidung intensiviert wird. Bei der Auseinandersetzung mit den Erzählweisen muß der Literaturkritiker immer hinterherhinken, wenn er ständig auf die vielfältigen Möglichkeiten der Praxis verweist, die allein seine Anfälligkeit für übertriebene Verallgemeinerungen in Grenzen halten kann. Anstelle unserer modernen „vierten Einheit", anstelle abstrakter Regeln über Folgerichtigkeit und Objektivität bei der Verwendung der Erzählperspektive brauchen wir Arbeiten, die sorgfältiger und spezifischer erläutern, wie Erzählungen von Rang zustandekommen.

Wir wenden uns nun einer genaueren Betrachtung der künstlerischen Mittel des Erzählens zu.

Teil II: Die Stimme des Autors im Erzählwerk

VII Die Verwendungsformen des zuverlässigen Kommentars

Es überrascht nicht, daß Literaturkritiker versucht sind, den Kommentar im Roman zu erörtern – und ihn gewöhnlich zu verurteilen –, als sei er eine Erscheinung für sich, die einfach nach Maßgabe allgemeiner Ansichten über den Roman beurteilt werden kann. Aber es müßte sich als lohnend erweisen, solche a priori gefällten Urteile aufzugeben und sich einige gute Romane näher anzusehen, um die Wirkungen zu entdecken, zu deren Hervorbringung die jeweiligen Kommentare eigentlich verwendet wurden. Danach sagen wir vielleicht immer noch, die Autoren hätten zwar diese oder jene Gründe für ihren Kommentar gehabt, wir aber wünschten trotzdem, sie hätten ihn unterdrückt. Doch zumindest sollten wir in der Lage sein, mit einiger Sicherheit die Frage zu entscheiden, ob irgendwelche von den besonderen Ergebnissen, die die Gegenwart des Autors gezeitigt hat, es wert gewesen sind, daß ihnen alle möglichen von uns hochgeschätzten allgemeinen Qualitäten geopfert wurden.

Vermittlung von Fakten, „Bildern" oder zusammenfassenden Kurzberichten

Die offenkundigste Aufgabe eines Kommentators besteht darin, dem Leser Fakten mitzuteilen, die er anderweitig nicht ohne weiteres in Erfahrung bringen könnte. Es gibt natürlich viele Arten von Fakten, und sie können in einer unbegrenzten Anzahl von Erzählweisen „mitgeteilt" werden. Beschreibung des Schauplatzes, Erläuterung der Bedeutung einer Handlung, Zusammenfassung von Denkprozessen oder von Vorgängen, die zu unbedeutend sind, um eine Dramatisierung lohnend erscheinen zu lassen, Beschreibung physischer Vorgänge und Details, wann immer eine solche Beschreibung nicht natürlicherweise durch eine Romanfigur gegeben werden kann — all dies erscheint in den verschiedensten Formen.

Wenn die Geschichte von Criseydes Leid beginnt, erledigt Chaucer den Fall Trojas in sieben Zeilen, was genau den Erfordernissen seiner Geschichte entspricht:

Aber daß ich erzähle, wie diese Stadt
Zerstört wurde, entspricht nicht meiner Absicht;
Denn es wäre hier nur eine lange Abschweifung vom Thema
Und für Euch zu lang, um dabei zu verweilen.

Aber die Geschichte Trojas, wie sie sich ereignete,
Mag, wer immer dies kann, in den
Schriften des Homer, Dares oder Dite nachlesen.

Der „Chaucer", der uns hier daran erinnert, daß wir eine Geschichte von vielen lesen, daß er seine Materialien in unserem eigenen Interesse auswählt und daß wir uns an Homer und andere Autoren wenden können, wenn wir noch *weitere* Geschichten lesen wollen, ist in *Troilus and Criseyde* durchweg unser vertrauter Begleiter. Alles, was nicht unmittelbar seinen Zwecken dient, das faßt er zusammen.

Wenn ich mir vorgenommen hätte,
Die Waffen dieses würdigen Mannes zu beschreiben,
Würde ich auch von seinen Schlachten berichten.
Aber da ich von Anfang an von seiner
Liebe schrieb, habe ich so gesprochen, wie ich kann.
Wer von seinen tapferen Taten hören möchte, lese Dares,
Der kann ihm alles zusammen berichten.[1]

Er läßt uns nie seine Gegenwart vergessen, doch kann man von seiner Gegenwart nicht sagen, sie lenke von den Geschichten ab, die er erzählt. Er *erzählt* uns eine ganze Menge über jene Aspekte der Geschichte, die zwar notwendig sind, jedoch keinen Anspruch auf die durch Dramatisierung hervorgerufene Steigerung hätten. Und doch haben wir vom Gesamteindruck her das Gefühl, daß wir keine so gute und sorgfältig gearbeitete Geschichte bekommen hätten, wenn er uns seinen Stoff einfach unbearbeitet vorgesetzt hätte.

Die großen Erzähler haben immer einen Weg gefunden, solche zusammenfassenden Berichte interessant zu machen, so wie es Fielding mit seiner ironischen Aufforderung an uns tut, die Lücken in *Tom Jones* zu füllen. Er gibt dem Leser, so sagt er, „eine Möglichkeit, den prächtigen Scharfsinn, der ihm zu Gebote steht, anzuwenden, indem er diese leeren Zeiträume mit eigenen Vermutungen ausfüllt". Da er sicher ist, daß der größte Teil seiner Leser „diese Eigenschaft in sehr hohem Grade" besitzt, überläßt er ihnen „einen Zeitraum von zwölf Jahren", an dem sie sich üben können (3. Buch, 1. Kap.).[2]

Diese Art der Zusammenfassung ist nur eine von vielen verschiedenen Techniken zur Vermittlung von Fakten, von denen die meisten – vielleicht glücklicherweise – nie benannt worden sind. Wie soll man z. B. den Kunstgriff nennen, mittels Fußnoten zu berichten? In Marcel

[1] Buch V, 11, 1765–71. Zur Erörterung der Beziehung zwischen diesem „Chaucer" und Chaucer selbst vgl. Morton W. Bloomfield, „Distance and Predistination in ‚Troilus and Criseyde'", *PMLA*, LXXII (März 1957), 14–26.

[2] „Tom Jones", in *Sämtliche Werke*, II und III (Hanser München, 1966). Alle Zitate stammen aus dieser Ausgabe.

Aymés *Le chemin des écoliers* (1946) liefert der Autor gelegentlich in Fußnoten Informationen, die außerhalb des Gesichtskreises seiner Charaktere liegen. Während der deutschen Besatzung in Frankreich beobachtet Michaud, wie vier deutsche Soldaten vor dem Sacré-Coeur „ihrer Touristenpflicht nachkommen". Einen Augenblick lang beneidet er sie um ihr sorgenfreies Dasein. Da wird uns unversehens in einer Fußnote mitgeteilt, daß die vier Soldaten Arnold, Eisenhart, Heinecken und Schulz hießen. „Der erste wurde an der russischen Front getötet. Der zweite wurde auf der Krim verwundet, kam ohne Beine nach Hause und wurde von seiner Frau vergiftet." Und so weiter bis zu der Beschreibung, daß der letzte von ihnen, Schulz, von einem wütenden Pariser Mob in der Zeit der Befreiung in Stücke gerissen wird. Diese faktische Einmischung, in der Michauds Neid in sardonischer Weise kommentiert wird, ist kurz, klar, wirkungsvoll und völlig dem Werk angemessen, in dem sie erscheint. Wenn wir uns eine ähnlich konzise Methode vorzustellen versuchen, mit welcher der ironische Zusammenhang zwischen dem Neid des Helden und dem schrecklichen Schicksal der Soldaten hergestellt werden könnte, erkennen wir, daß das einfach von keinem anderen als dem allwissenden Autor geleistet werden könnte, der hier in eigener Person spricht. Das braucht natürlich nicht in einer Fußnote zu geschehen, obwohl der exotische Kunstgriff einer Fußnote in diesem Fall der einfachste Weg ist darzustellen, daß diese Fakten für die Geschichte zwar notwendig sind, streng genommen aber eine Nebenrolle spielen; die beschriebenen Figuren können unmöglich im weiteren Verlauf der Geschichte wichtig werden. Die einzige in Frage kommende Alternative wäre ein dramatisierter Einschub, der uns in vier Episoden versetzt, in denen kurz das weitere Schicksal der Soldaten mitgeteilt wird. Ein solcher Schritt würde jedoch nicht nur viel mehr Raum beanspruchen, sondern auch Wichtigkeit implizieren und so die Erwartungen des Lesers durcheinanderbringen.[3]

Dies ist nur ein anschauliches modernes Beispiel für den sehr allgemeinen und sehr nützlichen Dienst, den das direkte Erzählen leisten kann. In der gleichen Weise kann der Autor zwischen den Szenen einen zusammenfassenden Bericht geben, einen Bericht, der von keiner der handelnden Personen kommen könnte. Oder er teilt vielleicht Fakten über eine Romangestalt mit, die eine andere nicht wissen könnte. „Ray sah Leopold nachdenken: Oh ja, ein Engländer! (Es sollte klar sein, daß Ray wie irgendeiner dieser hochgewachsenen Engländer aussah,

[3] Vgl. auch J. D. Salinger, „Zooey", in *The New Yorker*, 4. Mai 1957, S. 33, zu anderen erzähltechnischen Verwendungsmöglichkeiten dessen, was Salingers Erzähler „das ästhetische Übel einer Fußnote" nennt.

die ...)." So betritt Elizabeth Bowens Erzähler *The House in Paris* (1935), um uns eine Beschreibung von Ray zu geben, die Ray *beinahe* selbst zustandebringen könnte, die aber, da sie vom Autor kommt, nützlicher, weil verläßlicher ist; man zweifelt nicht daran, daß er tatsächlich einen unvoreingenommenen Bericht gibt.

Wenn wir uns an die vielen umständlichen „Selbstbetrachtungen im Spiegel" in der modernen Erzählkunst erinnern – „Was er im Spiegel sah, war ein Mann mittlerer Größe" – erkennen wir, welche Schwierigkeiten der Wunsch, ein solches deskriptives Detail zu dramatisieren, mit sich bringen kann. Einige Situationen eignen sich in der Tat für diese Art von Pseudodrama, besonders wenn das im Spiegel Wahrgenommene und das lang andauernde, in sich versunkene Starren in den Spiegel selbst Anhaltspunkte sind, die uns das Wesen der betreffenden Person begreiflich machen sollen. Aber wenn auch der Spiegel damit effektiv funktionale Bedeutung erhält, kann eine konzentriertere Information oft dadurch gegeben werden, daß die Stimme eines zuverlässigen Erzählers beibehalten wird, und zwar unabhängig von der subjektiven Sicht der Romanfigur. „Obwohl das verschlafene, blinzelnde, kahlköpfige Wesen, dessen Bild der Spiegel zurückwarf, höchst unbedeutend war und auf den ersten Blick sicherlich niemanden gefesselt hätte, schien Herr Goljadkin mit seinem Spiegelbild doch durchaus zufrieden zu sein." [4] So gestaltet Dostojewski in *Der Doppelgänger* (1846), noch bevor man sich große Gedanken über die Erzählperspektive gemacht hatte, seine einleitende Beschreibung weitgehend dramatisch und verwendet gleichzeitig seine eigenen Kommentare, um den Egotismus seiner Romanfigur offenzulegen. Dadurch daß er eine allwissende Haltung einnimmt, kann er in vier Zeilen unterbringen, was mit jeder anderen Methode viel mehr Raum beanspruchen würde. Jeder, der versucht, diese Stelle in ein völlig objektives Portrait der Gedanken Goljadkins umzuwandeln, ohne daß irgendeine Wirkung, einschließlich der Klarheit, verlorengeht, wird erkennen, wieviel Dostojewski ausgespart hat.

Eine wesentliche Funktion in der Darstellung glatter Tatsachen erfüllt die durch dramatische Ironie ausgeübte Kontrolle. Die einfachste Form ist, wie mehrere der vorgenannten Beispiele zeigen, die geradlinige Beschreibung, wie eine Person die unausgesprochenen Gedanken oder Motive einer anderen mißdeutet. „Als sie ein großes Mädchen geworden war", so berichtet uns der Erzähler von Faulkners *Licht im August (Light in August)*, pflegte Lena „ihren Vater zu bitten, er möchte draußen vor der Stadt halten, und dann stieg sie aus und ging zu Fuß

---

[4] „Der Doppelgänger", in *Die kleineren Romane* (Winkler München, 1963), S. 141 f.

nebenher. Weshalb sie lieber ging als fuhr, wollte sie dem Vater nicht sagen. Er meinte, es sei wegen der schönen glatten Straßen, wegen der Bürgersteige. Was sie dazu bewog, war jedoch, daß sie glaubte, die Leute, die sie ... sahen, würden denken, sie gehöre gleichfalls in die Stadt." [5] Die Tatsache der Fehldeutung konnte nur der allwissende Erzähler wissen, da diese durch die persönliche Meinung des Vaters im Zusammenhang mit dem persönlichen Motiv der Tochter entsteht; doch hätte die Szene als Hinweis auf Lenas Charakter keinen Sinn, wenn die Fehldeutung uns nicht klargemacht würde.

Vorgriffe

Augenfälligere Wirkungen werden erzielt, wenn die Erwartungen des Lesers ausdrücklich gelenkt werden und dadurch sichergestellt ist, daß er nicht unter dem Einfluß falscher Hoffnungen und Ängste der Romangestalten weiterliest. Manche aufgeklärten Leser wehren sich mit Nachdruck gegen solche offensichtlichen Manipulationen, doch hängt das Lesevergnügen bei vielen Romanen zur Hälfte von ihnen ab. Selbst der „unsichtbare" James hält es in *Die Gesandten* (1903) für angemessen, uns in unseren Vorahnungen mit Sätzen wie diesem zu bestärken: „Damit geriet er in eine Verfassung, aus der sich herauszureißen ihm später – wie wir noch sehen werden – notwendig erschien ..." [6]

James war der erste, der das ästhetische Problem, welches sich durch eine rein faktische Zusammenfassung stellt, klar formulierte. Abgesehen von *The Awkward Age* (1899) versuchte er nicht, den zusammenfassenden Bericht zu beseitigen, aber immer entschiedener suchte er nach einem Weg, den zusammenfassenden Bericht selbst dramatisch zu gestalten – ob es sich dabei nun um eine Beschreibung, eine Erzählung oder eine moralische und psychologische Auswertung handelte.

Seine Bemühungen im einzelnen, „alles im Gesichtskreis meines Helden" [7] zu halten, jegliche Zusammenfassung in das Gedächtnis der Romangestalten zurückzudrängen, sind so wichtig, daß sie später ausführlich erörtert werden müssen. Keiner hat je mit mehr Klugheit und Redlichkeit der Versuchung widerstanden, nichtintegrierte Informationen zu geben, einer Versuchung, die jeden Romanschriftsteller ankommt. Wir brauchen nur irgendeinen der Tausende von „informativen" Romanen anzusehen, die vor und nach ihm entstanden sind, um die Wichtigkeit seines Bemühens zu erkennen, allem Funktionswert zu verschaffen. Die eingeschobenen Reiseberichte von Balzac (z. B. *Die*

[5] *Licht im August* (Droemer München, 1962), S. 5.

[6] *Die Gesandten* (Kiepenheuer & Witsch Köln, 1956), S. 89. Zur Erörterung der Methoden und Vorteile, das Publikum besser als die handelnden Personen zu informieren, vgl. Bertrand Evans, *Shakespeare's Comedies* (Oxford, 1960).

[7] Vorwort zu *The Ambassadors*, in *The Art of the Novel*, ed. R. P. Blackmur (New York, 1947), S. 317.

Königstreuen [Les chouans, 1829]), Madame de Stael (*Corinne* [1807]) und Dickens (z. B. *Martin Chuzzlewit* [1843–44]), ganz zu schweigen von vielen modernen regionalen Romanschriftstellern, sind nur das Extrem einer Verderbnis, der man überall begegnen kann – angefangen von Romanen, die in Wirklichkeit nur verhülltes Gerede über das Leben beim Militär, in Penthäusern oder Greenwich Village sind, bis hin zu Romanen, die kaum mehr tun, als den unglückseligen Erlebnisgehalt eines bestimmten Seelentyps zu katalogisieren.[8]

Aber wir können James' Bedeutung in diesem Zusammenhang anerkennen, ohne doch mit Lubbocks Meinung übereinzustimmen, James habe das Problem des zusammenfassenden Berichts gelöst, ohne dafür auf etwas anderes verzichten zu müssen. „Der Romanschriftsteller, der freier als der Bühnenschriftsteller ist, könnte uns natürlich, wenn er dies wollte, *erzählen*, was sich hinter diesem erregten Gemüt verbirgt [Strether in *Die Gesandten*]; er könnte vortreten und die von Ruhelosigkeit gekennzeichneten Gedanken des Mannes erläutern. Aber wenn er den dramatischen Weg vorzieht, der zugestandenermaßen wirkungsvoller ist, dann gibt es nichts, was ihn davon abhält."[9] Wenn der Romanschriftsteller James' Methode folgt, gibt er nichts von seiner Freiheit auf. „Diese Freiheit ... über der Geschichte zu stehen und einen umfassenden Überblick über viele Dinge zu haben, die Grenzen der unmittelbar dargebotenen Szene zu überschreiten – nichts von dem wird geopfert, wenn der Autor ständig in Richtung auf das Dramatische vorgeht. Das Bewußtsein des Mannes ist sichtbar, greifbar, dramatisch geworden; aber wenn es seine Rolle spielt, vergrößert es immer noch unser Blickfeld, bietet es immer noch die Möglichkeit, unsere Vorstellung zu erweitern" (S. 149).

Und dennoch geht es auch hier nicht ohne Verzicht. Wenn der Romanschriftsteller beschließt, seine Informationen und Berichte so zu vermitteln, als stammten sie von einer seiner Figuren, läuft er Gefahr, sich einer Freiheit zu begeben, nämlich „der Freiheit, die Grenzen der unmittelbar dargebotenen Szene zu überschreiten" – besonders die Grenzen der Romangestalt, die er als sein Sprachrohr gewählt hat. Die Konsequenzen dieses Verzichts werden im ganzen dritten Teil dieses Buches thematisch. Einstweilen genügt der Hinweis, daß es ein Unterschied ist, ob uns der Autor oder ein als sein Gewährsmann fungieren-

[8] Zur Diskussion der unentbehrlichen Rolle des Faktischen in der Erzählkunst vgl. Mary McCarthy, „The Fact in Fiction", *Partisan Review*, XXVII (Sommer 1960), 438–58. Zur Diskussion der schädlichen Folgen einer Verwechslung von Soziologie und Fiktion vgl. Geoffrey Wagner, „Sociology and Fiction", *Twentieth Century*, CLXVII (Februar 1960), 108–14.

[9] *The Craft of Fiction* (London, 1921), S. 157 f.

der Sprecher etwas mitteilt, oder ob wir dasselbe „Faktum" aus dem Mund einer fehlbaren Person in der Geschichte erfahren. Wenn eine Person realistisch, innerhalb der Handlung spricht, wird die Konvention absoluter Zuverlässigkeit zerstört, und so unbestreitbar die damit verbundenen Vorteile für manche Zwecke der Fiktion sind, so unbestreitbar sind auch die daraus entstehenden Nachteile.

Immer wenn ein Tatbestand, eine zusammenfassende Erzählung oder eine Beschreibung als Anhaltspunkt für unsere Interpretation der Person, die all dies liefert, dienen soll oder vielleicht sogar nur dienen könnte, können Tatbestand, zusammenfassender Bericht oder Beschreibung als solche leicht etwas von ihrem Charakter verlieren. Wenn Prufrock den Abendhimmel mit einem narkotisierten Patienten vergleicht, liefert er weder einen Tatbestand noch eine Beschreibung, wenn der Leser wissen muß, wie das Wetter wirklich ist. Mit zunehmender Unzuverlässigkeit kann offenbar ein Punkt erreicht werden, an dem eine derart anverwandelte Information sogar für eine Charakterisierung der inneren Persönlichkeit ihre Nützlichkeit verliert, wenn der Autor nicht eine Methode beibehält, mit der er darstellt, was die Tatbestände sind, von denen die Deutungen des Sprechers in einer für diesen charakteristischen Weise abweichen.

Calibans Eindruck von Prospero in Brownings Gedicht kann uns alles Notwendige über Caliban mitteilen, und zwar nur deshalb, weil wir noch aus anderer Quelle über Prospero informiert werden. Wir würden die Ironie viel weniger genießen – obgleich dies vielleicht auch auf andere Weise ausgeglichen werden könnte –, wenn wir die ganze Zeit über rätseln müßten, ob Brownings und Calibans Anschauungen ein und dieselben sind.

Eine dramatische Ironie ist per definitionem nicht möglich, wenn nicht Autor und Leser ein Wissen teilen, das die handelnden Personen nicht besitzen. Obwohl zuverlässiges Erzählen keineswegs der einzige Weg ist, dem Leser die Fakten zu vermitteln, auf denen dramatische Ironie beruht, so ist es doch ein hilfreicher Weg; und in einigen Werken, in denen begreiflicherweise nur der Autor wissen kann, was zu wissen notwendig ist, mag ein solches Erzählen unabdingbar sein. Bei einem Großteil der komischen Erzählwerke von Rang z. B. ist unser Vergnügen davon abhängig, daß der Autor uns im voraus erzählt, daß die Probleme der Charaktere nur temporär und ihre Sorgen lächerlich übertrieben sind. Jeder, der den Wert dieser Art von Rhetorik bezweifelt, sollte einmal in Gedanken versuchen, *Tom Jones* zu erzählen, ohne daß die Stimme des Autors den Leser daran erinnert, daß die Dinge nicht so schlecht für Tom stehen, wie es aussieht, oder *Große Erwartungen*, ohne daß die Stimme des reifen Pip einerseits unseren Eindruck vom moralischen Verfall des jüngeren Pip verstärkt und andererseits unsere Sympathie für ihn bewahrt, wenn es mit ihm abwärts geht, sowie unsere Gewißheit, daß es wieder aufwärts mit ihm gehen wird. Gleichermaßen wichtig kann dramatische Ironie jedoch auch in ernsteren Werken sein. Würden wir *Der grosse Gatsby* ohne das uns in der Einleitung vermittelte Wissen wirklich lieber lesen? „Als ich vorigen Herbst aus dem Osten zurückkam", so erzählt uns Nick, „hätte ich am liebsten die Welt in eine Uniform gesteckt und sozusagen für immer moralisch strammstehen lassen ... Einzig und allein Gatsby ... machte darin für mich eine Ausnahme – Gatsby, der Inbegriff alles dessen, was ich aus tiefster Seele verachte ... dann ging von ihm etwas Strahlendes aus ... es war eine ungewöhnliche Begabung, immer etwas zu erhoffen, eine romantische Bereitschaft, wie ich sie bei keinem Menschen sonst gefunden habe und wohl nie wieder finden werde. Nein – Gatsby ging am Ende untadelig aus allem hervor. Aber was ihm auf den Fersen war, der widerliche Dunst, der seine Träume umspielte, stieß mich ab und lähmte zeitweise mein Interesse für die kümmerlichen Fehlschläge und kurzatmigen Aufschwünge der Menschen." [10] Wenn wir dies gelesen haben, wissen wir ein gut Teil mehr, als irgend jemand im weiteren Verlauf der Geschichte wissen wird. Der jüngere Nick wäre als „klarer Reflektor" im Sinne James' ein unzuverlässiger Zeuge für die Geschehnisse. Wie die Dinge liegen, ist uns der ältere Nick ein äußerst verläßlicher Wegbegleiter.

„Singe den Zorn, o Göttin, des Peleiaden Achilleus, / Ihn, der entbrannt den Achaiern unnennbaren Jammer erregte / ..." (I. Gesang, 1 f.) [11] – *das* ist der kausale Zusammenhang in *diesem* Werk; hier schon kennen wir unseren Standpunkt, den wir trotz der zahlreichen unterschwelligen Mehrdeutigkeiten unverändert beibehalten werden. Der *Ilias* diese Absolutheit nehmen hieße das Werk zerstören. Immer wenn es wichtiger ist, den Erfordernissen von Prägnanz oder Klarheit oder emphatischer dramatischer Ironie zu entsprechen, als den Anschein zu wecken, die Geschichte erzähle sich selbst, oder die rätselhafte Ambiguität des Lebens anzudeuten, wird der Autor solche Mittel anzuwenden suchen, mit deren Hilfe er Fakten und glaubwürdige Urteile durchgängig als solche aufrechterhalten kann.[12]

---

[10] *Der grosse Gatsby* (Blauvalet Berlin, 1953), S. 8 f.

[11] *Op. cit.*, S. 5.

[12] „Für das Erzählwerk, dem nach wie vor der ungetarnte zusammenfassende Bericht als Hilfsmittel zur Verfügung steht, gibt es sehr wenige entschuldbare Gründe dafür, daß es einen solchen mühsam als Szene getarnten Bericht verwendet, wenn es erforderlich ist, ‚zurückzugehen und Fehlendes nachzutragen'" (Robert Liddell, *Some Principles of Fiction* [London, 1953],

Wenn all dies für Fakten gilt, gilt es um so mehr für wertendes Kommentieren. Tatsächlich haben in der Erzählliteratur die meisten Fakten, die scheinbar nur einen faktischen Sinn haben, in hohem Maße wertenden Charakter. Sie bestimmen in gewisser Weise den Stellenwert der einzelnen Teile; sie beeinflussen die Überzeugungen des Lesers.

In seiner Eigenschaft als Rhetoriker entdeckt der Autor, daß manche der Überzeugungen, von denen eine volle Würdigung seines Werkes abhängt, bereits eingebürgert sind und von dem postulierten Leser, wenn er an das Buch herangeht, voll akzeptiert werden, während andere erst noch gebildet oder bekräftigt werden müssen. Wir erwarten vielleicht, daß überall dort, wo unverhüllte Rhetorik vorherrscht, fragliche Sachverhalte behandelt werden. Doch gibt es erstaunlich viele Kommentare, die darauf abzielen, Werte zu bekräftigen, die für die meisten Leser, so möchte man meinen, bereits selbstverständlich sind. „Es gibt zwei Arten von Leuten, die unsern Helden, wie ich fürchte, wegen seines Betragens gegen Sophia mit einiger Verachtung ansehen", sagt „Fielding" in *Tom Jones* (4. Buch, 6. Kap.), und er versucht dann in spöttischer Weise all seine Leser zu einer Bewußtseinshaltung zu bringen, die eigentlich die meisten von ihnen bis zu einem gewissen Grad schon vor der Lektüre dieses Textes eingenommen haben müßten – daß sie nämlich zu „der Art" von Leuten gehören, die nur dann Verachtung empfinden, wenn es wirklich gerechtfertigt ist. Aber Fielding weiß, daß bloße Übereinkunft nicht ausreicht. Jeder Leser kennt, oder glaubt es wenigstens, „den Wert wahrer Liebe". Aber der Autor kann nicht darauf zählen, daß eine derart allgemeine Übereinkunft für seine Zwecke lebendig genug ist. Indem er uns zum Lachen bringt über jene imaginären Dummköpfe, die den Wert wahrer Liebe nicht kennen, aktiviert er uns gleichzeitig, diese Liebe genau in der Erscheinungsform zu würdigen, in der sie uns in seinem Buch begegnet.

Durchforsche dein Herz, mein guter Leser, und entschließe dich, ob du mir all das glauben willst. Ist das der Fall, so kannst du jetzt zu den Beispielen auf den folgenden Blättern übergehen; ist es nicht der Fall, so hast du, ich versichere dich, bereits mehr gelesen, als du verstanden hast, und es wäre besser, wenn du deinen Geschäften oder deinen Vergnügungen (worin sie auch bestehen mögen) nachgingest, als daß du noch ferner den geringsten Teil deiner Zeit daran verschwendest, etwas zu lesen, was so wenig für deinen Geschmack ist wie für deinen Verstand. Mit dir von den Wirkungen der Liebe sprechen, das

---

S. 55). Ein anderes ausgezeichnetes Plädoyer für die auktoriale Zusammenfassung liefert Phyllis Bentley, *Some Observations on the Art of Narrative* (London, 1946).

wäre ebenso unsinnig wie sich mit einem Blindgeborenen über Farben zu unterhalten ... und nach deiner Meinung möchte wohl die Liebe sehr einem Napf voll Fleischbrühe oder einem saftigen Rindsbraten gleichen (6. Buch, 2. Kap.).

In dieser Weise bestimmt er für uns oft die genaue Rangfolge der Werte, nach denen unser Urteil sich richten sollte. Toms bewundernswerte „Herzensgüte und sein offenes Wesen" werden hier z. B. sorgsam gegen seine mangelnde Klugheit abgewogen. So unentbehrlich sie sind, sie allein genügen nicht. „Klugheit und Umsicht sind selbst den besten Menschen unentbehrlich. Sie sind in der Tat gleichsam eine Leibwache der Tugend, ohne die sie niemals in Sicherheit ist. Es genügt nicht, daß eure Absichten, ja nicht einmal, daß eure Handlungen an sich gut sind: Ihr müßt auch dafür sorgen, daß sie so erscheinen. Euer Inneres mag noch so schön sein, so müßt ihr doch auf ein gefälliges Äußeres bedacht sein" (3. Buch, 7. Kap.). Da im wirklichen Leben über die genaue Rangfolge von „Herzensgüte" und „Klugheit" keine Einigkeit besteht, braucht der Leser eine derartige Anleitung – nicht für sein eigenes Leben, aber für seine Beurteilung von Tom Jones.[13]

Ähnlich offenkundige Bemühungen, Normen zu bekräftigen, finden sich in den meisten Erzählwerken. In *Vortoppmann Billy Budd (Billy Budd, Foretopman)* besteht die Gefahr, daß die Bewunderung, die die Leser für Billys Lauterkeit empfinden, von ihrer Verachtung für seine Einfachheit überlagert wird. Also versucht Melville, dem entgegenzuwirken. „Die ganz Klugen werden vielleicht meinen, Billy hätte es sich kaum versagen können, an den Mann von der Achterwache heranzutreten und ihn unumwunden zu fragen, was seine Absicht ... gewesen sei ... Kluge Leute denken vielleicht auch, es sei nur natürlich, wenn Billy jetzt einige andere gepreßte Matrosen ausgehorcht hätte, um dahinterzukommen, ob den dunklen Andeutungen jenes Abgesandten wirklich etwas zugrunde lag ..." Ja, so fragen sich vielleicht kluge Leute, aber „um einen Charakter wie Billy Budd richtig zu verstehen, ist doch wohl etwas mehr, oder besser, etwas anderes erforderlich als nur Klugheit".[14] In ähnlicher Weise können die Leser in *Thomas der Schwindler (Thomas l'imposteur)* die Werte durcheinanderbringen, nach denen die einzelnen „Helden" beurteilt werden sollen, und Cocteau

---

[13] Über die Rolle der Unklugheit Toms und seine daraus resultierende Verwundbarkeit vgl. die beste Darstellung bei R. S. Crane in: „The Concept of Plot and the Plot of *Tom Jones*", *Critics and Criticism*, ed. R. S. Crane (Chicago, 1952), S. 616–47. Cranes Untersuchung über den Erzähler ist ebenfalls sehr hilfreich.

[14] „Vortoppmann Billy Budd", in *Erzählungen* (Schünemann Bremen, o. J.), S. 419.

tritt ganz unverfroren in Erscheinung, um uns ins Bild zu setzen: „Der Heroismus vereinigte eine gemischte Gesellschaft unter ein und derselben Palme. Manch ein zukünftiger Mörder fand hier die Gelegenheit, die Entschuldigung seines Lasters und dessen Belohnung, Seite an Seite mit den Märtyrern." Auf der einen Seite waren die „Angehörigen der Strafbataillone", die *Joyeux,* und auf der anderen die Zuaven und die Marine-Füsiliere, deren Offiziere „liebenswürdige Helden" waren. „Diese jungen Männer, die tapfersten der Welt, von denen keiner übriggeblieben ist, faßten den Krieg als ein Spiel auf, ohne jeden Haß. Leider nehmen solche Spiele ein trauriges Ende." [15]

Und schließlich noch, wenn Graham Greene in *Am Abgrund des Lebens* (1938) das Gefühl hat, daß wir eher die konventionellen Maßstäbe von Recht und Unrecht als die erforderlichen Maßstäbe von Gut und Böse anlegen können, zögert er nicht, unmittelbar zu kommentieren, wobei er sorgfältig unterscheidet zwischen dem erbärmlichen, aber vom Glück erfüllten „Loch", in dem Rose lebt, mit dem Wissen um „Mord, Begattung, äußerste Armut, Treue und Gottesliebe, Gottesfurcht", und der blendenden Helle der „offenen Welt draußen", in der die Menschen einen falschen Anspruch auf „Erfahrung" erheben.[16]

Obwohl wir eine derart bekräftigende Rhetorik selbst in Werken antreffen, die sich auf allgemein anerkannte Normen gründen, wird die Notwendigkeit hierfür natürlich größer, wenn die Wahrscheinlichkeit besteht, daß sich Meinungsunterschiede zwischen Autor und Leser hinderlich auswirken. Der geschickte Autor wird seine Rhetorik natürlich so gestalten, daß sie schon an sich ein Lesevergnügen bietet; es ist daher oft schwierig festzustellen, ob ein Text, in dem es um Werte geht, um seiner selbst willen, zur Ausschmückung oder aus einem umfassenderen Grund verfaßt worden ist. „Sie stürzten eins dem andern in die Arme", so sagt der Erzähler von Balzacs „Das Weib des Konnetabels" („La Connestable") (*Tolldreiste Geschichten* [*Contes drolatiques,* 1832 bis 1837]) „hielten sich umfaßt, und in einem köstlichen Anfall jenes Fiebers, das ihr hoffentlich alle aus eigener Erfahrung kennt, versanken sie in tiefes Vergessen ..." Und in „Die Jungfrau von Thilhausen" („La Pucelle de Thilhouze") nimmt er noch deutlicher Stellung, wenn er sich hervordrängt und sagt: „Die *Tolldreisten Geschichten* sind eher geschrieben worden, auf daß ihr die Moral des Vergnügens lernen könnt, als daß sie euch Vergnügen verschaffen sollen, Moraltanten zu spielen." [17] Das Vergnügen, das uns solche Stellen bereiten, rührt von

[15] *Thomas der Schwindler* (Desch München, 1954), S. 132.
[16] *Am Abgrund des Lebens* (Ullstein Frankfurt, o. J.), S. 104.
[17] *Tolldreiste Geschichten* (Winkler München, 1970), S. 237, 218.

den witzigen Attacken auf die konventionelle Moral her, und so betrachtet, rechtfertigen sie sich selbst. Doch ist der Angriff als solcher erforderlich, damit die beabsichtigte Wirkung der dramatischen Abschnitte der Geschichten gewährleistet ist. Wenn der Leser einen Augenblick lang die Charaktere nach alltäglichen Maßstäben von Keuschheit und Treue beurteilt, sind die Geschichten zerstört. Wir könnten leicht in den Irrtum verfallen zu glauben, daß Balzacs Leser in dieser Hinsicht schon vorgeprägt waren, aber wir können sicher sein, daß sein Werk nicht soviel Rhetorik zugunsten von Ausschweifungen enthielte, wenn er das Gefühl gehabt hätte, bei seinen Lesern davon ausgehen zu können, daß sie Ausschweifungen als etwas Selbstverständliches ansehen.

Man ist heute allgemein der Auffassung, daß die Leser des zwanzigsten Jahrhunderts in sexuellen Dingen toleranter geworden sind. Sollten wir diese Überzeugung teilen, würden wir vielleicht annehmen, daß die Balzacsche Art der Rhetorik im Bereich von Liebe und Sexualität immer mehr aus unseren Romanen verschwindet – besonders seit aus kunsttechnischen Gründen solche unverhohlene Rhetorik in Ungnade gefallen ist. In Wirklichkeit finden wir jedoch solche Rhetorik immer noch in großem Ausmaß vor. Da ein genau abgestimmtes Verhältnis von Liebe und Sexualität niemals als selbstverständlich vorausgesetzt werden kann, bleibt es dem einzelnen Romanschriftsteller überlassen, die Welt zu schaffen, in der die Liebe seiner Figuren sich vollzieht. Eines der interessantesten und gelungensten Beispiele für dieses Bemühen ist der Roman *Die grüne Stute (La jument verte)* von Marcel Aymé (1933). In dieser Geschichte gibt es zwei Erzähler: den nicht näher bestimmten Autor, verbindlich, ironisch, aber zuverlässig in seinen Grundanschauungen, und den anderen, eine portraitierte grüne Stute, eine Art lustvolle Göttin der Liebe, die durch ihre Gegenwart jeden beglückt, der die Botschaft ihrer Fruchtbarkeit wirklich versteht. Um diese Geschichte von dem komischen Kampf zwischen zwei grundverschiedenen Brüdern und ihren gegensätzlichen Familien richtig zu genießen, müssen wir der offenen und liebevollen Sexualität des bäuerlichen Bruders den Vorrang gegenüber den heimlichen Vergnügungen des „ehrbaren" Bruders geben. In Honorés Haus, so berichtet uns der Erzähler immer wieder, war die Liebe etwas, das man teilte; obgleich jedes Familienmitglied den Wein der Liebe aus seinem eigenen Glas trank, fand es in ihm eine Trunkenheit, die „der Bruder seinem Bruder anmerkte, der Vater bei seinem Sohn spürte, eine Trunkenheit, die sich in unhörbaren Liedern des Schweigens breitmachte". In Ferdinands Haus war dieses „Gemeinschaftsgefühl im Lustgenießen" nicht zu finden. „Jeder ging dort seine eigenen Wege und suchte Liebe da, wo nur er allein sie zu finden wußte." Von der ganzen Familie war der Vater der einzige, „der sich über die

Heimlichkeiten der anderen den Kopf zerbrach, aber er tat es einzig und allein, um ihnen dauernd das Leben sauer zu machen".[18] Wie immer Aymés Leser wirklich eingestellt sein mögen, vorübergehend schafft er sie neu nach seinem Bilde – oder vielmehr nach dem Bilde des „Autors", der nur im Buch existiert. Wir können aus dem Buch mit keinerlei Gewißheit Aymés Überzeugungen oder sein Verhalten erschließen, wir können jedoch mit einiger Sicherheit folgern, wie Aymé sich die Überzeugungen der von ihm postulierten Leser vorstellt. Und wiederum erweist es sich, daß sie nicht von selbst zustandekommen. Selbst der emanzipierteste Leser wird sich nicht ohne fremde Hilfe genau den Kodex zu eigen machen, der in Honorés Haus herrscht.

Eine noch kunstvollere Rhetorik dürfte man erwarten, wenn ein Autor, anstatt einen anerkannten Kodex über einen anderen zu erheben, versucht, eine Umwertung aller Werte zu bewirken, über diesen oder jenen Kodex hinaus zu völligem Neuland vorzustoßen oder alle Werte in der Schwebe zu halten. Aber Einmischungen zu diesem Zweck sind nicht leicht zu finden. Versuche zu derart radikalen Umwandlungen sind im allgemeinen nur von denjenigen Autoren unternommen worden, die sich dem zuverlässigen Erzählen am stärksten widersetzten. Gide z. B., der den Anspruch auf Neutralität gegenüber seinen Charakteren und den von ihnen auszutragenden Wertkonflikten erhebt, wirft seinen Lesern unfaires Verhalten vor, wenn sie ihn um eine Stellungnahme bitten.

Ich habe jedoch aus diesem Buch weder eine Anklageschrift noch eine Apologie machen wollen und habe mich jeden Urteils enthalten. Das Publikum verzeiht dem Autor heute nicht mehr, wenn er sich nach dem Schildern der Handlung nicht für oder wider erklärt; selbst mitten im Fortgang des Dramas soll er Partei ergreifen, soll er sich eindeutig äußern, entweder für Alceste oder für Philinte, für Hamlet oder für Ophelia ... Ich will gewiß nicht behaupten, die Neutralität (fast möchte ich sagen *die Unentschiedenheit)* sei das sichere Zeichen für einen großen Geist; aber ich glaube, manche großen

[18] „In Honorés Haushalt war die Liebe so ähnlich wie der Wein eines der Familie gehörenden Weinbergs; man trank ihn, jeder in seinem eigenen Glas, aber er verschaffte eine Trunkenheit, die der Bruder seinem Bruder anmerkte, der Vater bei seinem Sohn spürte, eine Trunkenheit, die sich in unhörbaren Liedern des Schweigens breitmachte ... In Saint Margelon, in Ferdinands Haus, war diese Solidarität, dieses Gemeinschaftsgefühl im Lustgenießen nicht zu finden. Jeder ging dort seine eigenen Wege und suchte Liebe da, wo nur er allein sie zu finden wußte. Von der ganzen Familie war der Veterinär der einzige, der sich über die Heimlichkeiten der anderen den Kopf zerbrach, aber er tat es einzig und allein, um ihnen dauernd das Leben sauer zu machen" (*Die grüne Stute* [Rowohlt Hamburg, 1971], S. 133 f.).

Geister waren wenig geneigt zu ... entscheiden – und wer geschickt ein Problem stellt, der hat es noch lange nicht im voraus gelöst.[19]

Wenn Gide wirklich Neutralität von seinen Lesern verlangt, dann ist eine solche Äußerung in der Tat hilfreich. Aber sei es zum Guten oder Schlechten, nichts dergleichen erscheint in dem Buch selbst.

Einmischungen in bezug auf Werte und Überzeugungen stellen eine besondere Versuchung für den Romanschriftsteller dar, und wir alle können Werke nennen, in denen der verhinderte Philosoph sich in irrelevanter Dogmatisierung ergeht. Wie wir jedoch gesehen haben (S. 84 ff.), kommt es in einem solchen Kontext viel mehr auf den Rang der Geisteshaltung des Autors an als darauf, ob er beschließt, seine tiefschürfenden Gedanken in das Bewußtsein einer handelnden Person zurückzudrängen. Die Haltung des Lesers gegenüber dem vielerörterten Theoretisieren Gavin Stevens' im Schlußteil von Faulkners *Griff in den Staub* wird von dem Umstand, daß die Gedanken nicht unmittelbar von Faulkner ausgehen, nicht nennenswert beeinflußt. Die Frage ist, ob Gavins kunstvoller Kommentar in einem wesentlichen Zusammenhang steht mit der Erfahrung seines Neffen, der einen beinahe geglückten Lynchmord erlebt, und mit dessen daraus folgender Reifung. In jedem auf „Wahrheitsenthüllung" ausgerichteten Roman und besonders in Romanen, die versuchen, junge Menschen an die harten Wahrheiten des Erwachsenseins heranzuführen, besteht das Problem darin, die Wahrheitsfindung zu einem überzeugenden Ergebnis der Erfahrung zu machen. In *Griff in den Staub* ist, wie in vielen solchen Werken, die Haltung, in die Faulkner seine jungen Helden hineinwachsen lassen will, derart komplex, daß wahrscheinlich weder der Junge noch der Leser sie aus der Erfahrung selbst ableitet. Beide müssen daher durch die Predigt des weisen Onkels belehrt werden, die manchmal wenig mit der eigentlichen Handlung zu tun hat. „Die wahre Liebe des Amerikaners gehört nur seinem Auto; weder seine Frau, sein Kind noch sein Vaterland, ja nicht einmal sein Bankkonto, kommt an erster Stelle (tatsächlich liebt er sein Bankkonto nicht annähernd so sehr, wie das Ausländer gern meinen; denn er gibt sein Geld fast ganz oder auch gänzlich aus für sozusagen alles Mögliche, wenn es bloß wertlos genug

[19] Kommentar zu dem erstmals 1921 veröffentlichten Roman *Der Immoralist (L'Immoraliste)*. [Das Zitat stammt aus]: „Der Immoralist", in *Romane und lyrische Prosa* (DVA Stuttgart, 1973), S. 119 f. Zu Gides allgemeinen rhetorischen Grundsätzen vgl. Kenneth Burke, „Thomas Mann and André Gide", *Counter-Statement* (New York, 1931 ^{2}; Los Altos, Calif., 1953), S. 92–106, ebenso in Zabel, *Literary Opinion in America* (durchgesehene Aufl.; New York, 1951).

ist), sondern sein Kraftfahrzeug. Denn das Automobil ist unser nationales Sexualsymbol geworden ...“ [20] Und so geht es Seite um Seite.

Wenn wir in die Proteste gegen das auf diesen Seiten Gesagte einstimmen, müssen wir uns weitgehend klar darüber sein, daß unsere Einwände nicht dem auktorialen Kommentieren gelten, sondern vielmehr einer bestimmten Art von Disharmonie zwischen Idee und dramatisiertem Gegenstand. Selbst wenn man zeigen könnte, daß Stevens' Ansichten sich von denen Faulkners unterscheiden, würde die hierbei entdeckte Ironie das Werk nicht retten; die Disharmonie bliebe bestehen. Mehr noch, unsere Einwände würden sich nicht verstärken, wenn diese Anschauungen in Faulkners eigenem Namen vermittelt würden.

Das Verhältnis des Besonderen zum allgemein Verbindlichen

Wenn Romanschriftsteller schon große Mühe aufwenden müssen, um ihre eigenen Normen aufzustellen, um wieviel mehr müssen sie sich dann oft anstrengen, wenn sie uns dahin bringen wollen, daß wir ihre Figuren genau im Lichte jener Normen beurteilen. Schließlich besteht unter uns ein gewisses Maß an Übereinstimmung über den Wert, den Großmut etwa gegenüber Gemeinheit oder Güte gegenüber Brutalität besitzt. Obwohl einige der Ausdrücke für die vier Kardinaltugenden vielleicht ebenso wie das Wort „Tugend“ selbst in Verruf sind, werden dennoch die Tugenden selbst hoch eingeschätzt. Aber ebenso wie die Gesprächspartner des Sokrates sind wir uns nicht darin einig, ob eine bestimmte Handlung weise, besonnen, gerecht oder mutig ist. Obwohl unsere Literaturkritik gemeinhin davon Abstand nimmt, sich über literarische Figuren lobend oder tadelnd zu äußern, entstehen dennoch viele literaturkritische Streitgespräche aus unserer Unfähigkeit, uns über die genauen Maßstäbe für Lob und Tadel zu verständigen. Ist Don Quijote ein christlicher Heiliger oder ein liebenswerter alter Narr? [21] Geht Tom Jones zu weit, wenn er Lady Bellaston erlaubt, ihn zu bestechen? Ist Fleda Vetchs großartiger Verzicht in *The Spoils of Poynton* gerechtfertigt?

Sobald wir ohne große Mühe des Autors eigenes Urteil erschließen können, werden solche Fragen zu Fragen nach seinem Verdienst: Ist es gerechtfertigt, daß Faulkner für die Beschreibung der Heldin in *Requiem für eine Nonne (Requiem for a Nun)* das Wort „Nonne“ verwendet?

---

[20] *Griff in den Staub* (Scherz & Goverts Stuttgart, 1951), S. 267.

[21] Als ausgezeichnete Verteidigung von Cervantes' eigenen expliziten Urteilen vgl. Oscar Mandel, „The Function of the Norm in *Don Quijote*“, *Modern Philology*, LV (Februar 1958), 154–63.

Wenn nicht, um so schlimmer für Faulkner. Können wir Silone zugestehen, Pietro Spina in *Wein und Brot* mit Christus zu vergleichen? Rechtfertigt Stephens Berufung in Joyces *Stephen der Held* all die Stellen, an denen der Erzähler den Künstler-Gott ausdrücklich vergöttert? Ein Autor kann zwar störende Meinungsunterschiede in solchen Fragen vermeiden, indem er seine eigene Meinung verbirgt, doch sobald unsere Übereinstimmung mit ihm für den Erfolg seines Werkes wesentlich ist, muß er den umgekehrten, schwierigeren Weg einschlagen, um diesen zu gewährleisten.

Art und Umfang erforderlicher Rhetorik werden bestimmt durch das spezifische Verhältnis, in dem das zu beurteilende Handlungselement oder der Charakterzug einer Person zum Werkganzen stehen. Die meisten großen Geschichtenerzähler aller Epochen haben eine unmittelbare Stellungnahme als nützlich erachtet, sei es in Form beschreibender Adjektive oder ausgedehnter Kommentare. „Aber Aeneas schickt (die Vaterliebe gebeut's ihm) / Eilends den flinken Achates ..." (I, 644 f.)[22], sagt Vergil, und wir wissen über Aeneas' Motive ebensoviel, als wenn seine Rücksichtnahme uns ausführlich in einer Handlung vor Augen geführt worden wäre. Ovid nennt Jason „strahlend", Chaucer (oder vielmehr sein Müller) nennt Nicholas „listig", Maupassant, der sich rühmte, „objektiv" zu schreiben, nennt Pierre in *Pierre und Jean (Pierre et Jean)* „exaltiert, intelligent, wankelmütig, aber hartnäckig ... voll von Utopien und philosophischen Ideen", während Jean „ebenso sanft wie sein Bruder ... nachtragend" ist.[23] Wenn Zola Hubert in *Le rêve* einführt, beschreibt er uns dessen traurigen und zärtlichen Mund. Sofern der Erzähler uns nicht täuscht, gehört ein Zug von Zartheit zu Huberts unveränderlichen Eigenschaften. Die Überzeugung, daß Zartheit etwas Sympathisches ist, setzt Zola – sogar Zola – natürlich als selbstverständlich voraus, ebenso wie Maupassant es nicht als notwendig empfindet, Argumente dafür anzuführen, daß „sanft" besser ist als „nachtragend".

Aus mancherlei Gründen bevorzugen wir vielleicht den kleinen Trick, der hier darin besteht, daß der Mund der Person und weniger sein Wesen beschrieben wird. Moderne Autoren verstehen sich nämlich oft darauf, eine Aura von Objektivität zu schaffen, die der Leser akzeptieren kann, und gleichzeitig alle Früchte des Kommentierens zu ernten, einfach indem sie die äußeren Erscheinungen, die Oberfläche, umfassend behandeln und sich dabei die Freiheit nehmen, Sinn und Wesen eines solchen äußeren Erscheinungsbildes ganz offen und manchmal in schein-

---

22 *Aeneis* (Suhrkamp Frankfurt, o. J.), S. 29.

23 „Pierre und Jean", in *Romane* (Goldmann München, 1964), Bd. 9, S. 351.

bar wilden Mußmaßungen auszulegen. „Auf dem Buch sind Hightowers Hände friedlich, gütig, fast priesterlich gefaltet", sagt der Erzähler von Faulkners *Licht im August.* Dieser Roman zeigt Faulkner als einen Meister der „konjekturalen" Beschreibung, die aber in Wirklichkeit keineswegs konjektural ist. Er spricht immer davon, daß niemand sagen könne, ob es so oder so war und ob dieses oder jenes das Motiv war, aber *beid*e Alternativen, die er vorschlägt, vermitteln die von ihm intendierte Beurteilung: sie eröffnen ein breites Spektrum von Möglichkeiten, innerhalb dessen die Wahrheit liegen muß. So urteilt er noch in anderer Form, und zwar fast wie die großen Epiker in Form von Gleichnissen und Metaphern, wobei er aber „als ob" und „wie wenn" häufiger als „wie" oder „gleichsam" verwendet. Auf zwei Seiten findet man nicht weniger als vierzehn wertende Vergleiche, von denen neun mit „wie wenn" oder „als ob" eingeführt werden.[24] In den Augen mancher Leser kommt dieser Kunstgriff vielleicht allgemeinen Forderungen nach Realismus entgegen – es ist, „als ob" der Autor an der menschlichen Bedingtheit wirklich in einem Maße teilhat, daß er nicht sicher weiß, wie diese Ereignisse zu werten sind. Aber moralisch ist der Effekt immer noch der, daß des Lesers eigener Ermessensspielraum streng überwacht wird.[25]

Die meisten Romanschriftsteller vor James machten sich keine Gedanken darüber, wie sie sich tarnen könnten. „Und er begann sogar zu flennen", sagt Dostojewskis Erzähler über den alten Karamasoff. „Er konnte auch sentimental werden. Er war boshaft und sentimental zugleich." Und wenn Karamasoffs Verhalten widersprüchlich wird, schließt der Erzähler jede mögliche Fehldeutung aus: „Niemals hatte unser Kloster etwas Besonderes in seinem Leben bedeutet . . . Er aber ließ sich hinreißen von seinem geheuchelten Gefühl, daß er einen Augenblick fast selbst daran glaubte; ihm traten vor Ergriffenheit beinah Tränen in

---

[24] *Op. cit.*, S. 332, 338 ff.

[25] Dieses besondere Mittel der Objektivität, die künstliche Einschränkung eines Erzählers, der sich in anderer Hinsicht als allwissend erweist, kündigte sich in vielen komödienhaften Werken des siebzehnten und achtzehnten Jahrhunderts an. Vgl. z. B. das anonyme Werk (mit seinen erheblichen Anleihen bei Furetières *Le roman bourgeois*) *The Temple Beau; or the Town Coquets* (London, 1754): „Niemals konnte ich über ihr Liebeswerben mehr in Erfahrung bringen als das, was ich hier öffentlich niedergeschrieben habe, und selbst dieses Wissen habe ich nur vom Hörensagen und nach und nach erworben. Und manchmal bin ich sogar gezwungen (*nicht, um zu lügen*), die Geschichte mit einigen eigenen Mutmaßungen auszufüllen" (S. 29 f.). „Leider wissen wir jedoch nichts Genaues über diesen Sachverhalt" (S. 36). Vgl. auch *Scarrons City Romance, Made English* (171).

die Augen ..." Solche „unnötigen" Angriffe gegen das Böse sind vergleichbar mit den Lobreden auf das Gute. Selbst Aljoschas Heiligmäßigkeit, die schon augenfällig genug sein dürfte, wird stark hervorgehoben.

Nur möchte ich den Leser bitten, nicht gleich über den reinen Sinn meines Jünglings zu lachen. Ich habe nicht die Absicht, seinen einfältigen Glauben durch sein jugendliches Alter zu entschuldigen oder zu rechtfertigen. Ich tue gerade das Entgegengesetzte und versichere hiermit, daß ich für diesen Glauben aufrichtige Hochachtung empfinde. Zweifellos wäre mancher andere Jüngling, der schon verstanden hätte, solche Herzenseindrücke mit Vorsicht aufzunehmen, der verstanden hätte, nicht heiß, sondern nur lau zu lieben – wenn auch mit richtigem, so doch für sein Alter gar zu reiflich überlegendem und daher billigendem Verstande –, solch ein Jüngling, sage ich, wäre dem entgangen, was mit meinem Jüngling geschah. Nur ist es, meiner Meinung nach, in manchen Fällen denn doch achtbarer, sich so hinreißen zu lassen (denn wenn es auch unvernünftig ist, so geschieht es doch nur aus übergroßer Liebe), als sich überhaupt nicht hinreißen zu lassen. Und das besonders noch im Jünglingsalter! ... Denn hoffnungslos und billig ist der Geist eines beständig überlegenden Jünglings, – das ist meine Meinung.[26]

Diese Apologie geht noch zwei Seiten weiter. Strebte der Autor einfache und klare Verständlichkeit an, wäre sie viel zu lang. Aber im Hinblick auf die emotionale Emphase ist sie völlig gerechtfertigt: Wir werden durch die Verbindung von Handlung und Apologie zu einer tieferen Anteilnahme an Aljoschas Schicksal bewegt, als es die Handlung allein bewirken könnte.[27]

Wenn der heiligmäßige Aljoscha noch von einer solchen Hervorhebung profitieren kann, bedürfen sündige oder törichte Charaktere, die sympathisch bleiben müssen, erst recht einer eindringlichen Apologie. Wenn die einfältige Catherine Morland in *Northanger Abbey* (1798; 1818) z. B. sich durch John Thorpes allzu deutliche Schmeicheleien von ihrem Urteil abbringen läßt (Kap. VII), berichtet uns der Erzähler, daß „solche Attacken, wäre sie älter oder eitler gewesen, vielleicht wenig bewirkt hätten; doch wo Jugend und mangelndes Selbstvertrauen vereint sind, bedarf es einer ungewöhnlich festen Geisteshaltung, um der Verlockung widerstehen zu können, das reizendste Mädchen der Welt genannt zu werden und sich so früh partnerschaftlich zu binden" – und die Apologie geht noch eine halbe Seite weiter.

Derartige Apologien erscheinen in modernen Erzählwerken viel öfter,

---

[26] *Op. cit.*, S. 41, 148, 553.

[27] Ich möchte darauf hinweisen, daß der Erzähler in *Die Brüder Karamasoff* nicht immer ganz so zuverlässig ist, wie er hier erscheint. Einen guten Diskussionsbeitrag zu Dostojewskis Verwendung von Erzählern bietet Ralph E. Matlaw in *The Brothers Karamasow: Novelistic Technique* (Den Haag, 1957), bes. S. 36–41.

als objektive Theorien uns vermuten lassen. Sie können ganz oder teilweise getarnt sein als aufschlußreiche Fakten aus der Kindheit des Helden, wie es in dem folgenden Ausschnitt aus Graham Greenes *Das Attentat (This Gun for Hire*, 1936) der Fall ist. Aber man kann erkennen, daß der Autor seine Apologie trotzdem mit unverminderter Klarheit vorbringt. „Die Gedanken waren kälter und unangenehmer als Eisregen", erzählt uns Greene über seinen bösen, bemitleidenswert verlorenen kleinen Helden. „Er war nur an Bitterkeit gewöhnt." Und fast unmerklich werden wir in einen Text eingeführt, der die gleiche Form wie Austens „solche Attacken ..." haben könnte.

Der Haß hatte ihn zu der finsteren, mörderischen Gestalt gemacht, die jetzt gejagt durch den Regen hetzte. Seine Mutter hatte ihn geboren, während sein Vater im Gefängnis saß. Und sechs Jahre später, als der Vater wegen eines anderen Verbrechens gehängt worden war, hatte sie sich das Leben genommen. Nachher war das Asyl gewesen.
Er hatte nie für irgend jemand Zärtlichkeit empfunden; er konnte nur hassen, und darauf war er sonderbarerweise stolz. Er wünschte sich gar nicht anders zu sein. Mit Schrecken kam ihm plötzlich zu Bewußtsein, daß er gerade jetzt hart bleiben müsse, wenn er entkommen wollte. Sentimentalitäten helfen nicht, den Maschen des Gesetzes zu entfliehen.[28]

Und sogleich werden wir wieder in die Handlung zurückgeführt. Obwohl ein solches Vorgehen, löst man es aus dem Kontext, als Manipulation erscheint und anscheinend, wie wir es nennen, nicht konkretisiert ist, erzielt es an der richtigen Stelle bedeutende Wirkung und wird bei der Lektüre des Romans gewiß nicht als Makel empfunden – es sei denn, man habe sich darüber belehren lassen, daß solche Passagen unter keinen Umständen zulässig seien.

Interessant ist ein Vergleich zwischen wirklich gelungenen Apologien der genannten Art und den vielen Mißgriffen, die die Geschichte der Erzählliteratur verunzieren. Warum sollte Jane Austens Verteidigung angemessen und die nachstehende Verteidigung von Fanny Seymour plump, geschmacklos und letzten Endes unaufrichtig erscheinen? „Sollten diese Memoiren in die Hände einer Prüden fallen oder einem Kreis alter Jungfern vorgelesen werden, würde meine Heldin sicher von ihnen verurteilt. Sie war allen zu Willen, sagen sie; und möge die Strafe noch so hart sein, sie verdient sie, weil sie eine Dirne ist. Mögen solche bösen Zungen ... weiter lästern ... Aber vor meinen geneigten Lesern, die von einem anderen Schlag sind, würde ich mich entschuldigen und mich dafür einsetzen, daß meine Heldin nicht zu sehr von ihnen getadelt wird ... Bitte versetzt euch in ihre Lage." „Welche Fehler sie auch be-

[28] *Das Attentat* (Ullstein Frankfurt, 1970), S. 68 f.

gangen haben mag, ihr wurde auch ein großes Maß an Leid auferlegt." [29]

Obwohl schon diese einzelnen Zitate eine gewisse Antwort geben, würde eine erschöpfende Beantwortung der Frage die sorgfältige Analyse beider Werke erfordern. Man bedenke, daß der Autor in beiden Fällen gleichermaßen direkt, persönlich, voreingenommen und unrealistisch ist. Die meisten Argumente gegen eine unverhüllte Rhetorik, die wir in den Kapiteln II bis V betrachtet haben, lassen sich sowohl auf den einen wie auch auf den anderen Fall anwenden. Um unsere Entscheidung zu begründen, müssen wir allgemeine Regeln aufgeben und uns genau an den Text halten: Inwieweit ist *dieser* Kommentar, der in *diesem* Stil dargeboten wird, *dieser* Struktur dienlich oder nicht? In Kapitel IX werde ich anhand eines Werkes von Jane Austen einen Versuch in eben dieser Richtung unternehmen.

Selbstverständlich wird die Notwendigkeit auktorialen Kommentierens in dem Maße größer, wie die in ein und derselben Person vereinigten Tugenden und Laster an Komplexität zunehmen.[30] Die Intensität unserer tragischen Reise mit dem Bürgermeister von Casterbridge, Hardys großem, ungestümem, strauchelndem Helden, stützt sich teilweise auf die „altmodische" Stimme des Erzählers, die uns von komplexen Zusammenhängen erzählt, die Henchard und den mit ihm auftretenden Personen nicht bewußt sind. „Dieses Lachen wirkte auf Fremde nicht ermunternd ... Die Liebenswürdigkeit eines sich so gebärdenden Menschen, sofern er überhaupt eine besaß, würde eine sehr unbeständige sein – eine zuweilen beinahe erdrückende Großmut und weniger eine sanfte und gleichbleibende Freundlichkeit" (Kap. V). „Zu jeder privaten *Diplomatie* stand sein Verhalten in einem hoffnungslosen Widerspruch. Wenn er jemanden liebte oder haßte, war sein diplomatisches Geschick ebenso absonderlich wie das eines Büffels" (Kap. XVII). Henchard „in der gleichen Weise wie Faust zu beschreiben – als einen heißblütigen Melancholiker, der die Pfade gewöhnlicher Menschen verlassen hat, ohne ein Licht zu haben, das ihn auf einen

[29] [John Cleland?], *The History of Fanny Seymour* (London, 1753), S. 60, 319.

[30] Vgl. Paul Goodman, *The Structure of Literature* (Chicago, 1954), S. 117: „Im allgemeinen erfordert jedes Gedicht, in dem Komisches und Ernstes oder andere ethische Elemente ständig miteinander vermengt werden, das systematische Eingreifen des Erzählers, um auf diese Weise den Leser zu lenken." Goodman ist, soweit ich feststellen konnte, der einzige Autor, der diesen Aspekt der Rhetorik in größerem Umfang erörtert. Vgl. bes. S. 75 f., 117–24, 158–60, 223.

besseren Weg geleitet –, wäre vielleicht gar nicht so abwegig" (Kap. XVII).

Die meisten großen Verfasser von Erzählwerken – und ich rechne natürlich auch die Autoren von Versepen dazu – arbeiten in der Tat mit einem breiten Spektrum von Wertvorstellungen. Ja, keine andere Kunst eignet sich so sehr für das Charakterportrait, in dem Gutes und Böses, Bewunderungswürdiges und Verachtenswertes auf komplexe Weise miteinander vermischt ist. Selbst das Drama, das dem mit ihm konkurrierenden Roman am nächsten kommt, muß sich im allgemeinen auf einen relativ einfachen Gegensatz von Herz und Verstand stützen. Zwar können einige wenige Stücke einen Hamlet oder einen Macbeth unterbringen, doch finden wir selbst diese äußerst komplexen Charaktere nicht annähernd so verworren wie Faulkners Ike McCaslin oder den sympathischen Mörder Raskolnikoff, dessen Verhalten mit der geistigen Entwicklung einer ganzen Generation, deren Vertreter er ist, teilweise „entschuldigt" wird. In einigen Dramen mögen die Hauptpersonen durchaus derart komplex *konzipiert* sein, doch kann kein Zuschauer in einer zweistündigen Aufführung jemals darauf hoffen, einen Konflikt, der sich auf so vielen Ebenen abspielt und so viele religiöse, philosophische und politische Anspielungen aufweist, aufnehmen zu können.

Warum sollten wir also nicht – anstatt die Erzählkunst zu ihren Ungunsten mit der Musik und dem Drama vergleichen – annehmen, daß andere Künste den Rang der Erzählkunst voller Neid anstreben? Eigentlich ist keines von beidem wirklich sinnvoll; wir können jedoch auf unserer Suche nach ästhetischen Konstanten einige Merkmale entdecken, die alle Künste miteinander gemein haben – jede Kunst gedeiht, wenn sie die ihr eigentümlichen Möglichkeiten ausschöpft. Auf jeden Fall bedarf es keiner Rechtfertigung für eine Kunst, die moralischer Komplexität – gleich jener, die wir mit Hilfe des Erzählers in *Auf der Suche nach Indien* erkennen – Form geben kann. „Um sie her lag etwas von Freundlichkeit, Freundschaftlichkeit in der Luft – hatten unsichtbare Gnomen einander die Hand geschüttelt? Mann und Frau – sie beide waren im Vollbesitz ihrer Kräfte, waren verständig, redlich, sogar feinspürig. Sie sprachen die gleiche Sprache, hegten die gleichen Ansichten, und die Verschiedenheit von Alter und Geschlecht rissen keine Kluft zwischen ihnen auf. Und doch fühlten sie sich ein wenig unbefriedigt."[31] Man ist von der außergewöhnlichen Fülle dieses Urteils über Fielding und Miß Quested beeindruckt, wenn man damit die relativ spärlichen Urteile der Figuren selbst vergleicht. „Hatten unsichtbare Gnomen einander die Hand geschüttelt?" – niemand in dem Buch kann

[31] *Op. cit.*, S. 255.

dieses Gleichnis verwenden, ausgenommen der Erzähler, die einzige Person, die vollauf den Wert erkennt, verständig, redlich und feinspürig zu sein, und die dennoch erkennt, daß Männer und Frauen diese Tugenden zwar verkörpern, aber dabei trotzdem bloß liebenswerte Gnomen sein können.

Wo sind die dramatischen Kunstgriffe, die geeignet sind, das Bild, daß uns Conrad in *Nostromo* (1904) von Decoud gibt – wobei er gegen die ihm von Ford zugeschriebenen Grundsätze verstößt –, ökonomisch darzubieten: „Dieses Leben, dessen trübsinnige Oberflächlichkeit vom Gefunkel eines universalen Schwadronierens bedeckt wird, wie die törichten Possen eines Harlekins von den Flittern seines bunten Narrenrocks, brachte in ihm ein französisiertes – aber höchst unfranzösisches – Weltbürgertum hervor, das in Wirklichkeit bloß öde Teilnahmslosigkeit war, die als intellektuelle Überlegenheit posierte"? Oder dieses Bild des Doktors, in dem nun einmal Details enthalten sind, die niemand, noch nicht einmal die betroffene Person selbst wissen könnte? „Die Leute hielten ihn für zynisch und sauertöpfisch", ein Gerede, von dem *er* vermutlich nichts weiß. „Die Wahrheit seines Wesens lag in seiner Befähigung zur Leidenschaft und in der Empfindlichkeit seines Gemüts. Was ihm fehlte, das war die polierte Gefühlskälte des Weltmannes, die Gefühlskälte, der die bequeme Duldsamkeit, die so weit abliegt von wahrer Sympathie und menschlicher Anteilnahme wie ein Pol vom anderen. Diesem Mangel an Gefühlskälte waren der sarkastische Zug seines Denkens und seine bissige Zunge zuzuschreiben." [32] Kein Leser könnte je aufgrund der Handlungen und Reden eines Menschen, der seine gesamte Umgebung getäuscht hat, zu einem derart substantiellen Urteil gelangen. Doch ergibt sich das Urteil aus dem Dargestellten und wird von ihm angemessen gestützt. Im Erzählen wird uns hier ein beinahe unerschließbarer, aber unentbehrlicher Teil des dramatischen Gegenstandes selbst offenbart.

Ganz deutlich wird die volle Bedeutung dieser drei ersten Funktionen in einem ausführlichen Beispiel, das ein Werk „vor" und „nach" der Überarbeitung zeigt. Ein solches Beispiel muß, damit es überzeugt, zeigen, wie der Autor selbst mit Problemen ringt, die sich am besten mit Hilfe althergebrachter Kunstgriffe lösen lassen. Beispiele, die derart komplizierte Sachverhalte unmißverständlich veranschaulichen, sind naturgemäß nicht leicht zu finden. Aber glücklicherweise erhalten wir die meisten von uns benötigten Informationen von F. Scott Fitzgerald, der bemüht ist, die richtige Erzählweise für *Zärtlich ist die Nacht (Tender Is the Night)* zu finden.

[32] *Nostromo* (Fischer Frankfurt, 1967), S. 180, 577.

Ebenso wie die Kritiker lange über den relativen Mißerfolg Fitzgeralds gerätselt haben – Mißerfolg im Vergleich zu dem, was man nach dem triumphalen Erfolg von *Der grosse Gatsby* im Jahre 1925 vielleicht von ihm erwartet hätte –, rätselte auch Fitzgerald über den vergleichsweise großen Mißerfolg von *Zärtlich ist die Nacht.* Die erste Ausgabe von 1934 stellte ihn nicht zufrieden – und nicht nur, weil die Öffentlichkeit viel zurückhaltender reagierte, als er gehofft hatte. Er feilte fast bis zu seinem Tod an dem Buch herum, und obwohl er die Überarbeitung nie zu seiner Zufriedenheit abschloß, gelang es Malcolm Cowley 1953, eine Fassung des Buches zu veröffentlichen, die Fitzgerald „endgültig" genannt hatte.[33]

Die beiden heute im Druck vorliegenden Fassungen scheinen keine grundlegenden Unterschiede aufzuweisen (obwohl es ältere Manuskriptfassungen gibt, die fast nicht darin zu erkennen sind). In der älteren Ausgabe werden wir anfangs, als sich zwischen Rosemarie und dem Helden Dick Diver eine Beziehung anbahnt, auf die Perspektive der siebzehnjährigen Rosemarie festgelegt. Nach einhundertfünfzig Seiten ergreift der zuverlässige Erzähler das Wort und gibt uns auf vier Seiten einen genauen Bericht darüber, wie es mit Dick in dessen mehr „heroischer" Zeit acht Jahre davor stand. Dann, und das geschieht hauptsächlich aus Dicks eigener Sicht, stellt er uns in einigen kurzen Episoden dar, wie der brillante, großmütige junge Psychiater dazu kam, seine reiche Patientin, Nicole Warren, zu heiraten, und so beginnt, ohne daß Dick es weiß, sein langer Abstieg in die trunkene Düsternis, in der der Roman endet.

Fitzgeralds Überarbeitung unterscheidet sich davon hauptsächlich dadurch, daß die sechzig Seiten der heroischen Jugend wieder an den Anfang des Buches gestellt werden. Zu Rosemaries Einstellung gegenüber Dick gelangen wir erst, nachdem wir ihn viel näher kennengelernt haben, als dies Rosemarie je gelingen wird.

Wie entscheidet man nun die Frage, ob eine solche Überarbeitung eine Verbesserung bedeutet? Offensichtlich kann es uns wenig helfen, wenn wir die in den Kapiteln II–V erörterten allgemeinen Merkmale des Stils oder der Technik betrachten. Mit der Perspektive verfahren die Fassungen gleichermaßen inkonsequent. Beide Fassungen treten in unregelmäßigen Abständen in das Bewußtsein der Charaktere ein oder

[33] Die Fakten meines Berichts verdanke ich ausschließlich Cowleys ausgezeichneter Einführung und seinen Anmerkungen zu *Tender* in *Three Novels of F. Scott Fitzgerald* (New York, 1953). Meine Seitenangaben beziehen sich auf Cowleys Text. Seine Interpretation der Leistung der beiden veröffentlichten Fassungen, der ich im wesentlichen zustimme, hat sich ebenfalls als nützlich erwiesen.

verlassen es, wobei der zuverlässige, privilegierte Erzähler freimütig berichtigende oder unterstützende Kommentare gibt. Wenn Dick z. B. Baby Warren verdächtigt, ihn mit ihrer Schwester verkuppeln zu wollen, tritt der Erzähler aus Dicks Perspektive heraus und sagt: „Er irrte sich; Baby Warren hatte keineswegs solche Absichten. Sie hatte Dick ... gemustert ... und hatte ihn unzulänglich befunden."[34] Für beide Fassungen sind im Hinblick auf ihren Realismus solche Einmischungen gleichermaßen nützlich oder schädlich: Ein vierseitiger Diskurs des zuverlässigen Erzählers ist ebenso künstlich, wenn er auf der ersten Seite beginnt, wie wenn er erst nach einem Drittel des Weges eingefügt wird.

Ein derzeit gängiges Prinzip für realistisches Erzählen könnte uns allerdings dazu verleiten, die ältere Fassung vorzuziehen: es ist „unrealistisch", am Anfang anzufangen und diese chronologische Methode bis zum Ende durchzuziehen. Unter dem Einfluß von James, der darauf bestand, daß eine getrübte Sehweise mittels einer anderen getrübten Sehweise dargestellt werden müsse, und der Experimente von Conrad und anderen mit chronologischen Verschiebungen hatte sich bis zur Mitte der zwanziger Jahre eine Theorie herausgebildet, die besagte, daß eine mit Rückblenden arbeitende Technik realistischer sei als die überkommene, übliche Zeitenfolge. „Bereits sehr früh gelangten wir zu der Erkenntnis", so hatte Ford über sich selbst und Conrad geschrieben, ein Jahr, bevor Fitzgerald dann 1925 *Zärtlich ist die Nacht* begann, „daß das charakteristische Merkmal des Romans und insbesondere des englischen Romans, darin bestand, daß er streng chronologisch vorging, was man von einer allmählich sich entwickelnden Bekanntschaft mit einer anderen Person ja nie sagen kann." Um einen lebendigen Eindruck von irgendeinem starken Charakter in einem Erzählwerk zu bekommen, „kann man einfach nicht ganz vorn vorn anfangen und sein Leben chronolo bis zum Ende verfolgen. Man muß zunächst einen starken Eindruck bei seiner Einführung erzeugen und dann in Rück- und Vorgriffen seine Vergangenheit bearbeiten".[35] Sehr viele unter den ernst zu nehmenden jungen Romanschriftstellern folgten zu diesem Zeitpunkt nicht nur dem Prinzip Fords, sondern lehnten traditionelle Auffassungen vom Plot insgesamt ab. Und als Fitzgerald 1933 an der Vollendung seiner ersten gedruckten Fassung arbeitete, lagen ihm Dutzende vielgepriesener Werke als Vorbilder vor, die ihre Helden zunächst „sehr eindrucksvoll" einführten und dann die Chronologie einfügten; vor allem aber

[34] *Zärtlich ist die Nacht* (Blauvalet Berlin, 1952), S. 11 f., 35, 66, 147.

[35] *Joseph Conrad: A Personal Remembrance* (Boston, 1924), S. 129 f. Vgl. als eine gute Abhandlung über Conrads chronologische Umstellung Warren Beach, *The Twentieth-Century Novel* (New York, 1932), S. 359–65.

hatte er den Erfolg seines eigenen Werkes *Der grosse Gatsby*, in dem er die Technik der Rückblende äußerst wirkungsvoll angewendet hatte.

Wahrscheinlich können wir nie in Erfahrung bringen, inwieweit derlei allgemeine Überlegungen seine Entscheidung zugunsten der ursprünglich verwendeten Rückblende beeinflußten. Aber sollte sie ihm 1934, als er *Zärtlich ist die Nacht* mit großen Hoffnungen auf einen Erfolg veröffentlichte, auch wichtig erscheinen, so richtete er doch im Dezember 1938, als er Maxwell Perkins die Wiederherstellung einer chronologischen Reihenfolge vorschlug (S. v), sein ganzes Augenmerk völlig auf die besonderen Erfordernisse von Dick Divers Geschichte. Wie sehr chronologische Verschiebungen sich auch für Conrad oder Ford oder Huxley oder Dos Passos eignen mögen, wie sehr sie sich sogar für die Geschichte Jay Gatsbys eignen mögen, Dick Divers Tragödie erfordert eine andere Rhetorik.

Lange vor der Veröffentlichung der ersten Ausgabe hatte Fitzgerald erkannt, daß seine Geschichte von Dick Divers Tragödie handeln müsse. „Der Roman sollte", so schrieb er 1932, „einen Mann zeigen, der ein natürlicher Idealist und verhinderter Priester ist, der sich aus verschiedenen Gründen den Ideen des Großbürgertums überläßt, der bei seinem Aufstieg zur Spitze der Gesellschaft seinen Idealismus und sein Talent verliert und der dem Alkohol und Ausschweifungen verfällt. Der Schauplatz ist einer, auf dem die Reichen in ihrem strahlendsten Glanz erscheinen" (S. x). Zwar brachte er diese Absicht zu verschiedenen Zeitpunkten jeweils anders zum Ausdruck, und vielleicht konnte er auch, wie Cowley vermutet, die verschiedenen Intentionen der einzelnen Entwürfe nie völlig miteinander in Einklang bringen.[36] Aber sobald er klar erkannte, daß seine Geschichte von Dick Divers Tragödie handeln müsse, änderte er nie wieder seine Hauptintention: Er wollte die Zerstörung eines Mannes darstellen und nicht einfach einen überzeugenden Eindruck von diesem oder jenem Charakter bzw. Milieu vermitteln. Der Hauptakzent liegt auf der moralischen Zerstörung, der Dick „sich überläßt" und der er „sich zukehrt". Wenn dem so ist, sollte jede technische Maßnahme danach beurteilt werden, was sie für die Realisierung von Dicks Tragödie leistet.

Das Problem besteht also darin, anhand von spezifischen Wirkungen zu bestimmen, was der umgestellte Abschnitt an seiner jeweiligen Stelle leistet. An beiden Stellen scheint er ganz deutlich dadurch erklärt zu

[36] Vgl. auch Arthur Mizener, „F. Scott Fitzgerald: The Poet of Borrowed Time", *Critiques and Essays on Modern Fiction: 1920–1951*, ed. John W. Aldridge (New York, 1952), S. 286–302, bes. S. 297–99. Zuerst gedruckt wurde dieser Essay in *Sewanee Review*, Winter 1946.

sein, daß er die drei vorerwähnten Funktionen erfüllt, besonders aber die beiden letzten. Die Fakten über Dick Diver und Nicole sowie die Normen, nach denen der Erzähler sie beurteilt, werden in diesem Abschnitt ohne Umschweife beschrieben. Der Erzähler gibt eine auktoriale Beschreibung von Dick: Ein glänzend begabter, vielversprechender sechsundzwanzig Jahre alter Junggeselle, ein „schönes Alter für einen Mann", „eigentlich der Höhepunkt der Junggesellenjahre", ein „schönes Alter für Dick". Er ist bezaubernd, kann Zuneigung geben und hervorrufen, ist „vom Glück begünstigt", ein „Genie", ein „Idealist", aber anders als viele Idealisten ist er sich im klaren darüber, daß das Glück, welches seinen „Idealismus" möglich macht, selbst eine Art von Verwundbarkeit darstellt. Er ist zu echter Liebe fähig; er kann sich weit mehr als die meisten Männer hingeben. Verzweifelt will er gut, freundlich und mutig sein, und es gelingt ihm weitgehend, wie wir in diesem Abschnitt immer wieder feststellen. Er ist physisch stark und hat ein attraktives Äußeres; er ist erfahren im Umgang mit Menschen, besitzt außergewöhnlich viel Takt und Einfühlungsvermögen. Obwohl Jugend und Frische ihn anziehen, erkennt er die Verlogenheit, die in der amerikanischen Vergötterung der Jugendlichkeit à la Hollywood liegt. Kurzum, er kommt einer Karikatur all der Fitzgeraldschen Tugenden so gefährlich nahe, daß ein skizzenartiger Bericht wie dieser, der nicht von einer Handlung unterbrochen wird, in der die Tugenden exemplifiziert werden, ihn ein wenig lächerlich erscheinen läßt.

Der von ihm fast erreichten Vollkommenheit sind seine charakterlichen Schwächen und die vielen Bedrohlichkeiten der Welt um ihn herum gegenübergestellt. Seine Schwächen sind nur geringfügig, aber sie sind verhängnisvoll. Mitunter kann er es nicht lassen, den bloßen Charmeur zu spielen, wie in der Szene mit Käthe Gregorovius, ein Anlaß für ihn, sich selbst dafür zu verfluchen, „letzten Endes doch wie die anderen" zu sein. Wichtiger ist, daß allein schon sein Streben nach Vollendung und Vollkommenheit etwas Bedrohliches an sich hat. „Er wollte gut sein, er wollte gütig sein, er wollte mutig und weise sein, aber es war alles ziemlich schwierig. Er wollte auch geliebt werden, wenn er es einrichten könnte." Äußerst verhängnisvoll ist sein Entschluß, das Unglück kennenzulernen (wie kann jemand ohne es vollkommen sein?); er hat Schuldgefühle wegen seines Glücks. Kurz, er ist dabei, einen fatalen Fehler zu begehen. Wie der Erzähler sagt, hatten Männer und Frauen„ viel von ihm hergemacht", und intuitiv spürte er, daß dies einem ernsthaften Mann nicht eben gut bekam.

Die Beschreibung der Umwelt Dicks in ihrer hohlen und bösen Modernität soll sowohl unser Gefühl für seinen einzigartigen Wert als auch unser Gefühl für seine Verwundbarkeit verstärken. Dick ist in der Tat zwischen zwei Welten gefangen: der Welt seiner Sehnsüchte – romantisch, etwas „viktorianisch", so sagt er, die an einen „sicheren Instinkt" glaubt, an Ehre, Höflichkeit und Mut – und der Nachkriegswelt Baby Warrens – sie besitzt keinerlei Werte, läßt sich treiben, ist unfähig, das, was Dick zu verwirklichen sucht, zu verstehen, ja, sie ist bereit, Dick als Ehemann für Nicole zu ködern, in der Hoffnung, ihn für ihre Heilung benutzen zu können. Viele der schlechtesten Seiten dieser Welt kommen in anderen Teilen des Buches zum Ausdruck, doch ist der Gegensatz als solcher bereits in der frühesten Lebensperiode Dicks fixiert.

Nun ist unser Bild von diesem Mann und den zwei Welten, zwischen denen er sich bewegt, in beiden Fassungen das gleiche. Welche moralischen oder sozialen Themen den Zusammenhang dieses Werkes auch mit konstituieren, sie bleiben in beiden Fassungen unverändert. Was sich grundlegend *ändert*, ist des Lesers gefühlsmäßige Verbundenheit mit Dick. Den Roman sozusagen ein Stück bergab beginnen lassen und ihn auf die unklare Perspektive einer Nebenfigur festlegen heißt etwas von unserer Bindung an Dick und folglich auch die scharfe dramatische Ironie zu einem guten Teil opfern, wenn wir Dick auf dem Weg zu seinem Untergang beobachten.

Zwar zeitigt diese teuer erkaufte Rückblende auch andere Wirkungen. Wie Cowley sagt, ist der ursprünglich aus Rosemaries Sicht dargebotene Anfang viel schillernder, exotischer und mysteriöser. Er weckt Neugier: Der Leser möchte etwas über Nicoles rätselhafte Krankheit erfahren und wissen, was Violet McKisko im Badezimmer der Villa Diana gesehen hat; es bleibt uns hier nicht nur verborgen, wie Dick zuerst auf den Weg des Scheiterns gerät, sondern wir werden anfangs sogar auch darüber im unklaren gelassen, ob er die Hauptperson ist. Und schließlich ist noch die Liebesbeziehung zwischen Dick und Rosemarie in dieser Fassung viel reizvoller; wir sehen sie nicht eindeutig als eine Stufe in der Zerstörung eines Mannes, den wir zu bewundern gelernt haben.

Aber exotisch, mysteriös und reizvoll sind keine Eigenschaften, die unter allen Umständen in allen Romanen angestrebt werden sollten. *Dieser* Roman erfordert starke Sympathie für Dick Diver. „Das Buch ist nicht tot", schrieb Fitzgerald. „Ich treffe ständig Leute, die sich ihm genau so uneingeschränkt zuwenden wie andere *Gatsby* ... Menschen, die sich mit Dick Diver identifiziert haben. Sein großer Fehler ist, daß der eigentliche Anfang – der junge Psychiater in der Schweiz – mitten im Buch verborgen ist" (S. v). Wenn die „Identifikation" mit Dick ein Maßstab für den Erfolg dieses Buches sein soll, dann ist Rosemaries Perspektive zu Beginn nicht die geeignete; dadurch kann der Gegensatz zwischen Dick und der Welt, die ihn hinabzieht, nicht herausgebildet werden. Ihre Sicht, aus der sie Dick betrachtet, wird fast von Anfang an durch ihre Verliebtheit getrübt; wir können aus ihr nicht einmal entnehmen, ob er wirklich anziehend ist, da sie bereit zu sein scheint, sich in fast jeden gutaussehenden Mann zu verlieben. Noch viel weniger eignet sie sich für die Aufgabe, das komplizierte Bild von Dick zu zeichnen, der sich auf halbem Weg zwischen Glück und Scheitern befindet. Wenn wir mit ihren Augen sehen, haben wir, wie Cowley sagt, Dick gegenüber von Anfang an eine ungewisse Einstellung (S.ix), was zur Folge hat, daß wir uns zwar allmählich um Dick sorgen, dies aber sogar in der ersten Fassung zögernd und in mancher Hinsicht zu spät tun.

Wir können diesen Verlust klar erkennen, wenn wir irgendeine entscheidende Szene in beiden Fassungen genau prüfen und unsere Reaktionen vergleichen. Betrachten wir z. B. die Szene, in der Rosemarie erfährt, daß Nicole und Dick sich um vier zu einem Liebesrendezvous verabredet haben. Wenn wir Rosemaries eifersüchtige Reaktionen kennenlernen („Es war schwerer, als sie gedacht hatte, und ihr ganzes Ich lehnte sich auf, als Nicole davonfuhr."), ohne jemals Dicks und Nicoles Liebe in den Anfangsjahren erlebt zu haben und ohne zu wissen, was diese Liebe neben dem Geschlechtlichen noch ausmacht, können wir kaum umhin, gefühlsmäßig ganz auf der Seite Rosemaries zu stehen – schlimm für den armen Mann, der sich in der Falle der geheimnisvollen und offenkundig gefährlichen Nicole befindet. In der überarbeiteten Fassung verteilen sich unsere Sympathien dagegen gleichmäßig: Wir sehen zwei Frauen im Kampf um einen „Ertrinkenden", der selbst ein Opfer von beiden ist, obgleich jede auf ihre Weise sympathisch ist. Eine recht triviale Angelegenheit verwandelt sich nach entsprechender Vorbereitung in einen bedeutungsvollen Schritt auf dem Weg zu einem moralischen Zusammenbruch, den keine der Hauptpersonen so klar sieht wie wir.

Kurzum, der Erfolg der Überarbeitung liegt darin, daß sie eine übertriebene Distanzierung korrigiert, einen Fehler, der sich von einer Methode herleitet, die für andere Werke zu anderen Zeiten angemessen war, nicht aber für die Tragödie, die Fitzgerald schreiben wollte. Er konnte seine wahre Wirkung nur dadurch erzielen, daß er vieles von dem, was bedeutende Literaturkritiker über die Erzählhaltung sagten, verwarf und in einer klaren, direkten und „unmodernen" Darstellung den anfänglichen Glanz und den allmählichen Niedergang seines Helden enthüllte.

Die Erhöhung der Bedeutsamkeit von Ereignissen

Hinweise auf die moralischen und geistigen Qualitäten von Romanfiguren beeinflussen stets unsere Sicht des Geschehens, an dem jene

Personen aktiv beteiligt sind. Folglich werden sie unmerklich zu direkten Aussagen über die Bedeutung und Wichtigkeit der Ereignisse als solcher. „Am darauffolgenden Tag", so erzählt uns Hardy in „The Three Strangers", „machte sich alles verstärkt auf die Suche nach dem schlauen Schafdieb, zumindest allem Anschein nach. Aber die vorgesehene Bestrafung war grausam im Verhältnis zu dem Vergehen, und der überwiegende Teil der Landbevölkerung jenes Bezirks sympathisierte mit dem Flüchtling. Außerdem gewannen seine unglaubliche Kaltblütigkeit und sein Wagemut . . . ihre Bewunderung . . ." Ein solcher Bericht weckt explizit ein emotionales Interesse, wie es jede dramatisch dargebotene Ungerechtigkeit implizit tut: eine starke Neigung entweder zur Wiederherstellung des Rechts oder zur tragischen Konfliktlösung. Die gleiche Art von Kommentar kann dazu dienen, die Bedeutung der Entscheidung stärker zu betonen, sobald diese getroffen wird. „Nachdem ich meine Heldin in die glücklichste aller glücklichen Situationen versetzt habe", so sagt der zuverlässige Erzähler, augenscheinlich ein Mann, in Sarah Fieldings *History of Betty Barnes* (1753), „liebend und von einem gefühlvollen, tugendhaften Mann zärtlich wiedergeliebt, werde ich ihr nun Lebewohl sagen" (S. 298). Und in plumper Nachahmung von Henry Fielding, Sarahs Bruder, beschreibt er unumwunden die Moral der Geschichte.

Solche direkten Kommentare zum Geschehen wirken vermutlich aufdringlicher als Hinweise auf die Charaktere; ja, sie können sehr negativ wirken, wenn sie als Ersatz für das Geschehen verwendet werden, anstatt zu seiner Hervorhebung. Da den Romanschriftstellern diese Gefahr bekannt war, entwickelten sie bereits sehr früh eine Methode, ihre bedeutungsvollen Vorzeichen als Bestandteil des Dargestellten zu kaschieren. Lange bevor Dogmen in Mode kamen, die die Autoren bestimmten, das Darstellen dem Erzählen vorzuziehen, verbargen die Autoren ihre Kommentare oft dadurch, daß sie sie als Szene oder als Symbol dramatisch gestalteten. Derlei implizierte Kommentare können, wie die Natur in *Sturmhöhe (Wuthering Heights)* oder der Nebel in *Bleakhaus (Bleak House)*, sehr wirkungsvoll sein. Doch obwohl sie scheinbar dramatischer sind, können sie genauso ermüdend wirken wie die schlechteste unmittelbare Hinwendung zum Leser. Wenn jede schlechte Wendung, die das Geschehen nimmt, durch einen Wetterumschwung angezeigt wird, wenn jeder Mord Schlag Mitternacht verübt wird, geht mehr an Dramatik verloren, als wenn der Erzähler einfach erklärt, die Zukunft sei schwärzer, als es aussehe. In *Manon Lescaut* (1753) z. B., wo die vorwegnehmenden Klagen des Kavaliers vielleicht unangenehm erscheinen, wäre es trotzdem noch schlechter, den Leser mit unheimlichen Zeichen zu überschütten, wie der grollende alte Vesuv in Mrs. Radcliffes *The*

Italian (1797) eines ist. Für meinen Geschmack sind viele in der modernen Erzählliteratur als Ersatz für Kommentare verwendete Symbole genauso aufdringlich, wie es vielleicht die meisten direkten Kommentare wären. Natürlich ändert sich der Geschmack in solchen Dingen. So kann die Schildkröte in *Früchte des Zorns (The Grapes of Wrath*, 1939), die die Schnellstraße in südwestlicher Richtung überquert und mit dem Weg, den sie einschlägt, mit ihrer Hilflosigkeit und Entschlossenheit und mit ihrem langsamen Gang das hoffnungslose und zäh-verbissene Leben der Joads gleichnishaft abbildet, zu einem bestimmten Zeitpunkt als brillanter Einfall wirken, während Tolstois eingeschobene Kapitel plump, schwerfällig und zu direkt erscheinen. Aber zwanzig Jahre später wirkt diese Schildkröte ausgesprochen überlebt und aufdringlich, während Tolstois beinahe hundert Jahre alten Kommentare irgendwie neues Leben gewinnen. Symbolhafte Kommentare müssen ebenso wie alle anderen mit künstlerischem Genie oder zumindest mit handwerklichem Können gestaltet werden, wenn sie die Schwankungen des Geschmacks überdauern sollen.

Die Verallgemeinerung der Bedeutung des Werkes

All diese verschiedenen Kommentare dienen dem Zweck, die Intensität zu steigern, mit der der Leser bestimmte Momente in einem Buch erlebt. Obwohl sie auch andere Wirkungen hervorrufen können, sind sie in erster Linie dadurch gerechtfertigt, daß sie in gewisser Weise das Urteil des Lesers über dieses oder jenes Wertsystem mitformen.

Viele dieser rhetorischen Aufgaben hätten ohne explizites Kommentieren erfüllt werden können, wenn auch nicht so ökonomisch. Wenn es jedoch darum geht, die Wirkung des gesamten Werkes zu verallgemeinern und den Eindruck zu erwecken, es sei von universaler oder doch zumindest repräsentativer Bedeutung über den besonderen Fall hinaus, stellt sich das Problem, welche anderen Kunstgriffe da auch nur annähernd von Nutzen sein können. „... und daß es nicht so schlimm um dich und mich bestellt ist, wie es hätte sein können", so erzählt uns George Eliot in *Middlemarch* (1871–72), „verdanken wir nicht zuletzt den Einzelnen, die treulich ihr verborgenes Leben gelebt haben und in Gräbern ruhen, die keiner mehr besucht." [37] Es wäre denkbar, daß ein zuverlässiger Sprecher wie Conrads Marlow diese Worte hätte sprechen können, aber niemals hätte eine ganz in die Handlung einbezogene Person ihnen die Verbindlichkeit verleihen können, die sie besitzen.[38]

---

[37] *Middlemarch* (Manesse Zürich, 1962), S. 1134.

[38] Am besten verteidigt wird diese Art von Kommentar in W. J. Harveys „George Eliot and the Omniscient Author Convention", *Nineteenth-Century*

Keine Figur in *Tom Jones*, keine Figur in *Bleakhaus*, in *Der scharlachrote Buchstabe (The Scarlet Letter)* oder in *Krieg und Frieden* weiß genug über die Bedeutung des Ganzen, um über ihre persönlichen Probleme hinaus zu einem allgemeinen Überblick zu kommen. Da das gleiche auf fast alle modernen Werke zutrifft und da ein zuverlässiger Erzähler oft nicht zugelassen ist, bleibt die Aufgabe der Verallgemeinerung fast völlig dem Leser überlassen. Keine Erzählerstimme weitet die Bedeutung von *Fiesta (The Sun also Rises)* aus – abgesehen natürlich von dem verallgemeinernden Titel und den Epigraphen.[39]

Doch selbst in modernen Werken machen sich die meisten Autoren mehr direkte verallgemeinernde Kommentare zu eigen, als man glauben möchte, wenn man die Kritiker liest. In dem Roman *Auf der schiefen Ebene* z. B., der in den späten zwanziger Jahren veröffentlicht wurde, als der Drang nach dramatischer Objektivität vielleicht am stärksten war, gestattet Waugh seinem Erzähler fast keine einzige verallgemeinernde Einmischung, aber wenn er schließlich einen Kommentar abgibt, so ist dieser äußerst wichtig:

Für diesen einen Abend materialisierte sich der Schatten, der unter dem Namen

---

Fiction, XIII (September 1958), 81–108. Bei der Behandlung der nach seinem Dafürhalten irreführenden „nach-Jamesianischen" kritischen „Dogmen" des unpersönlichen Erzählens bringt Harvey zwingende Argumente vor, die George Eliots Geschick bei der Verwendung von Kommentaren beweisen. Er schließt seinen Essay mit der Forderung nach einem Buch, das über diese „grobe" Unterscheidung zwischen Jamesianischen und nicht-Jamesianischen Erzählweisen vielleicht hinausgeht und genauere Unterscheidungen vornimmt „mit Hilfe einer gezielten Heranziehung der Literaturgeschichte, einer Analyse der technischen Mittel sowie einer genaueren Prüfung der verschiedenen Beziehungen, die zwischen Autor, Leser und Buch vorausgesetzt oder geschaffen werden oder deren Existenz man annimmt. Eine derartige Arbeit wäre umfassend, komplex und mühevoll; unter dieser Perspektive müßte der vorliegende Essay auf den Umfang einer Fußnote zusammenschrumpfen" (S. 108). Ich las diese Stelle zum erstenmal, als mein Buch fast fertig war; in mancher Hinsicht habe ich das Buch zu schreiben versucht, das Harvey vorschwebt. Meine Bereitwilligkeit, seinen ausgezeichneten Essay „auf den Umfang einer Fußnote zusammenschrumpfen" zu lassen, soll jedoch nicht besagen, daß ich den Anspruch erhebe, das geforderte Buch geliefert zu haben.

[39] Es ist interessant, die stark zunehmende Bedeutung von Titeln und Mottos in modernen Werken zu beobachten, in denen sie oft den einzigen deutlichen Kommentar für den Leser darstellen: *Ein Porträt des Künstlers als junger Mann, Fiesta (The Sun Also Rises), . . . aber das Fleisch ist schwach, A Handful of Dust, Schöne neue Welt, Antic Hay, Schall und Wahn* – sind doch dies merkwürdige Titel für eine Literatur, die ohne auktoriale Eingriffe aus den Wogen der Kunst emporsteigt.

Paul Pennyfeather unseren bisherigen Bericht durchgeisterte, zu der soliden Gestalt eines intelligenten, gebildeten, wohlerzogenen jungen Mannes, dem man zutrauen konnte, bei den allgemeinen Wahlen sein Stimmrecht klug und unvoreingenommen auszuüben, dessen Urteil über ein Ballett oder einen philosophischen Essay eher besser war als das der meisten anderen Leute, der ohne in Verlegenheit zu geraten und mit gutem französischen Akzent ein Dinner zu bestellen wußte, und sogar ... mit dem Gepäck zurechtkam ... Es war der Paul Pennyfeather der friedlichen Jahre vor Beginn dieser Erzählung. Eigentlich ist ja dieses Buch nichts anderes als ein Bericht über das mysteriöse Verschwinden Paul Pennyfeathers, und so beklage sich der Leser nicht, wenn es besagtem, Pauls Namen tragenden Schatten nicht recht gelingt, den ganzen, für den *Helden* der Geschichte ausgesparten Raum voll auszufüllen ... Einen Abend lang war Paul eine reale Person. Am nächsten Morgen aber, als er erwachte, hatte irgendwo zwischen Sloane Square und Onslow Square seine neuerliche Entkörperung stattgefunden.[40]

In einem satirischen Werk dieser Art ist solche Rede völlig angemessen und ohne Einschränkung vertretbar. Die spätere Erfindung eines Professors Otto Silenus, der kluge Worte zu uns spricht, ist viel weniger wirkungsvoll, so objektiv oder handlungsgebunden sie auch scheinen mag.

Unsere Einstellung zu verallgemeinernden Kommentaren wird zwar teilweise von den zeitgenössischen Tendenzen beeinflußt, im Grunde aber mehr davon, wie geschickt der Autor ihre Möglichkeiten für die jeweiligen Erfordernisse seiner dramatischen Abschnitte nutzbar macht. Der in *... aber das Fleisch ist schwach (Vile Bodies)* oder *Auf der schiefen Ebene* dargebotene Jahrmarkt der Eitelkeit könnte niemals die Beredsamkeit des Erzählers im eigentlichen *Jahrmarkt der Eitelkeit* unterstützen. Aber für Thackerays sehr allgemein gehaltene und umfassende Satire ist eine solche Beredsamkeit von erkennbarem Nutzen. „Oh, *Vanitas Vanitatum!* Wer von uns ist glücklich auf dieser Welt? Wer von uns besitzt, was er wünscht, und wenn er es besitzt, wer ist zufrieden? – Kommt, Kinder, wir wollen die Puppen in den Kasten schließen, denn unser Spiel ist aus."[41] Waughs Verschwiegenheit würde den Schluß von *Jahrmarkt der Eitelkeit* teilweise zerstören, und das gleiche geschähe mit *Bleakhaus, Middlemarch* und *Der Egoist.* Wie moderne Romanschriftsteller, z. B. Faulkner, wiederentdeckt haben, kann allein schon das Bemühen des Erzählers, sich mit seinem Wertsystem ausdrücklich auseinanderzusetzen, selbst den unbedeutendsten Charakteren den Anschein welterschütternder Bedeutung geben. Obwohl geschwätzige Erzähler ebenso langweilig sind wie geschwätzige Bekannte, ob-

[40] *Auf der schiefen Ebene* (Herold Wien, 1953), S. 185–87.
[41] *Jahrmarkt der Eitelkeit* (List Leipzig, 1956[5]), S. 937.

wohl kommentierende Erzähler tatsächlich besonders anfällig für eine schwülstige und weitschweifige Redeweise sind, können sie im Idealfall einen Erfahrungsreichtum vermitteln, der im Hinblick auf das, was jedes andere künstlerische Mittel zu bieten hat, unvergleichlich ist. „Der Verleumdungsfall Preedy-Syson machte im Nu Schlagzeilen: Auf der einen Seite ein Geistlicher, auf der anderen ein Pfarrer, eine Anklage wegen unsittlichen Verhaltens gegenüber einem jungen Mädchen" – bis hierher gibt uns Carys Erzähler in *The Captive and the Free* (1959) nur die Fakten. Aber in diesem posthum veröffentlichten Werk weicht Cary von seiner üblichen Praxis ab, die es dem Leser überläßt, die Meinung des Autors über das Geschehen zu erschließen. Und welch ein Glück, daß er davon abweicht.

Der Fall enthielt alles, um die tiefsten, primitivsten Empfindungen wachzurufen. Diejenigen, die die Schlagzeilen haßten, so gab Hooper zu verstehen, taten dies einfach deshalb, weil sie in jenen übermächtigen Gefühlen, jenen ewigen Vorurteilen gefangen waren. Denn je weniger die Briten in die Kirche gehen, desto mehr machen ihnen religiöse Probleme und Fragen der Moral zu schaffen. Sie sind dann wie Flüchtlinge, deren Städte man zerbombt hat. Plötzlich treten die fundamentalen Bedürfnisse ihrer Seele zutage – Männer, die sich kaum Gedanken über ein komfortables Heim gemacht haben, sieht man nun in mühevoller Arbeit eine Hütte aus ein paar Brettern und einer alten Decke zusammenbasteln, um sich und ihrer Familie eine Wohnstätte inmitten der Wüste der Zerstörung zu bereiten. Und für diese Behausung kämpft der verzweifelte Besitzer dann bis zum Tod.
So kämpfen Atheisten für die ideelle Erhabenheit der Mathematik, und die Naturwissenschaftler liefern sich heiße Gefechte um die moralisch-ethische Verantwortung der Atomphysiker für die Atombombe. Rationalisten stürzen beim bloßen Anblick einer Gamasche aus ihren Löchern hervor, und positivistische Philosophen ereifern sich die ganze Nacht über das Geflüster eines Liebespaares in der hinteren Gasse.
Denn unter Unbehausten ist sich jeder selbst der Nächste – alle Nachbarn sind Feinde, und jeder Besitz provoziert (Kap. XXVII).

Jeder, der glaubt, er hätte diesen Sinnzusammenhang in derart prägnanter Form aus den dramatisierten Ereignissen allein erschließen können, besitzt eine hohe Meinung von seinen eigenen literarischen Fähigkeine. Obwohl der Verleumdungsfall Preedy-Syson das Gesamturteil in der Tat stützt, verleiht Cary seiner Erzählung mehr Verbindlichkeit, als sie wahrscheinlich ohne sein direktes und unbefangenes Eingreifen besäße.

Die Manipulation von Stimmungen

Bisher haben wir nur Kommentare betrachtet, die sich zu etwas äußern, das in dem Werk unverkennbar dramatisch gestaltet ist. Die Autoren haben uns das Wesen des dramatischen Gegenstandes an sich einfach dadurch klarzumachen versucht, daß sie uns die nackten Tatsachen gaben, daß sie ein System von Normen errichteten, bestimmte Einzelheiten jenen Normen anpaßten oder die Erzählung auf allgemeine Wahrheiten abstimmten. Dabei kontrollieren die Autoren in der Tat genau, inwieweit der Leser an den Geschehnissen der Erzählung Anteil nimmt oder sich von ihnen distanziert; dies tun sie, indem sie sicherstellen, daß der Leser den dargebotenen Stoff ebenso distanziert oder mitfühlend betrachtet wie der implizierte Autor.

Ein anderes Element tritt hinzu, wenn ein Autor sich einmischt, um Stimmungen und Gefühle des Lesers direkt anzusprechen. „Es gibt gewisse Themen, welche zwar allseits ein tiefes Interesse finden, doch aber zu schauerlich sind, als daß sie in die höhere Literatur Eingang finden könnten ... Lebendigen Leibes begraben zu werden, ist fraglos das schrecklichste dieser Extreme, das je dem Sterblichen zum Lose ward." Wenn Poe „Das vorzeitige Begräbnis" („The Premature Burial", 1844) mit diesen Sätzen einleitet und sich auch auf den folgenden Seiten über die Schrecknisse einer vorzeitigen Bestattung und über die Häufigkeit solcher Fälle ausläßt, spüren wir, daß da etwas nicht stimmt. Er wendet sich sofort direkt an uns und versucht, uns in eine bestimmte Gemütslage zu versetzen, *bevor* seine Geschichte beginnt; es fällt uns schwer, nicht gelangweilt oder verärgert zu sein. „Fürchterlich, fürwahr, der Verdacht – doch fürchterlicher noch solch' Schicksal! Man darf wohl ohne Zögern behaupten, daß *kein* Ereignis so entsetzlich dazu angetan ist, das Äußerste und Letzte an körperlicher und geistiger Qual hervorzurufen, als es die Bestattung vor dem Tode ist." [42] Welche Wirkung Poe damit auch ursprünglich bei seinen Zeitschriftenlesern hervorgerufen haben mag, es ist kaum anzunehmen, daß erfahrene Leser jemals stark davon berüht wurden.

Wir könnten zunächst versucht sein, den Superlativen die Schuld dafür zu geben; schließlich erinnert man sich so vieler anderer „äußerster" Schrecknisse in anderen Erzählungen Poes. Aber solche Superlative könnte man viel eher akzeptieren, wenn sie für die Beschreibung der eigentlichen Qualen des Opfers während der Bestattung aufgespart würden. Ebenso wie einem Melvilles „Shakespeare-hafte" Kommentare lächerlich übertrieben vorkommen, wenn man sie in Auszügen aus *Moby Dick* liest, während man sie im Kontext gewöhnlich völlig richtig und angemessen findet, könnte man vielleicht auch diese Prosa, die für sich genommen schlechte Prosa zu sein scheint, in der richtigen Umge-

---

[42] „Das vorzeitige Begräbnis", in *Werke, II* (Walter Olten, 1967), S. 788 f., 797 f.

bung akzeptieren. Aber die Erzählung stellt sie nicht in einen Kontext. Es ist isolierte Rhetorik, wobei der Autor in seinem eigenen Namen und Kraft seiner Person alles in seiner Macht Stehende tut und sämtliche Register zieht, um uns in die richtige Stimmung zu bringen, bevor die Geschichte einsetzt. „Macht euch fertig zum Erschaudern", scheint er zu sagen, und ebenso wie die Stimme des Kommentators in einem schlechten Dokumentarfilm spürt er nichts von den Wirkungen seiner eigenen Rhetorik.

Wenn wir dazu vergleichsweise eine gelungenere Geschichte – „Der Untergang des Hauses Usher" („The Fall of the House of Usher", 1839) – heranziehen, in der die Erzeugung von Stimmung voll integriert ist, erkennen wir einen Grund für die wiederholte Forderung, unentbehrliche Kommentare sollten von einer Person in der Erzählung kommen.

An einem trüben, unwirtlichen Herbsttag, als der Himmel mit grauen, schweren Wolken verhängt war und man weit und breit keinen Laut hörte, war ich schon seit dem frühen Morgen durch eine ungewöhnlich öde Gegend geritten. Es dämmerte bereits, als ich endlich den schwermütigen Stammsitz der Usher gewahrte. Schon nach dem ersten Blick auf das Gebäude überkam mich ohne Grund eine ganz unerträgliche Niedergeschlagenheit, unerträglich besonders deshalb, weil sich keine Spur irgendwelcher poetischer Empfindungen hineinmischte, womit gewöhnlich selbst die trübsten und schaurigsten Natureindrücke verklärt werden.[43]

Dadurch daß einfach eine Person geschaffen wird, welche die Rhetorik an sich selbst erfährt, besteht weniger Anlaß, diese zu beanstanden. Jedes Adjektiv und jedes Detail, mit dem eine bestimmte Stimmung in uns erzeugt werden soll, ist Teil der sich entwickelnden Stimmungen und Erfahrungen der Hauptperson; die Rhetorik erscheint nun funktional, „wesentlich". Sie ist nicht mehr einfach direkt nach außen gerichtet – so als sei sie eine Droge, die man dem Zuschauer auf dem Weg ins Theater injizieren könnte.

Wir könnten jedoch leicht den Fehler begehen, von diesem Vergleich fälschlich Verallgemeinerungen abzuleiten. Man darf aber weder daraus schließen, daß Kommentare immer wirkungsvoll sind, solange sie von einer Person in der Erzählung ausgehen, noch, daß diese Erzählung noch weiter verbessert würde, wenn ihr „Ton" sich mehr und mehr in szenischen Details und immer weniger in erzählten Passagen äußerte. Caroline Gordon und Allen Tate betrachten diese Geschichte als einen wichtigen Schritt, aber eben nur als einen Schritt in der Entwicklung, die zur Meisterschaft in der Behandlung des *„kreativen, aktiven Details*

[43] „Der Untergang des Hauses Usher", in *Unheimliche Geschichten* (Artemis Zürich, 1958), S. 69.

führt, das mit Flaubert Eingang in diese Tradition der Erzählkunst fand, um dann später von James, Tschechow und Joyce vervollkommnet zu werden".[44] Für diese ist die Geschichte, da sie „in keinem einzigen Fall ein Detail dramatisiert", immer noch erst zur Hälfte realisiert. In Wirklichkeit gehen ihre Forderungen dahin, *sämtliche* allgemeinen Kommentare, die nicht von Ironie durchsetzt sind, zu eliminieren. Der Erzähler darf nicht sagen: „Kahle Wände" oder „hohle augenähnliche Fenster" oder „der schwarze und unheimliche Bergsee, der in bewegungslosem Glanz dalag". Wände, Fenster und Bergsee sollten dramatisch portraitiert werden, damit sie lebendig erscheinen in ihrer Kahlheit, Hohlheit und Unheimlichkeit, die dem Leser *dargestellt* und nicht nur *erzählt* werden. Dies scheint mir eine Forderung zu sein, die sich von den Vorurteilen einer Zeit herleitet, die grundlegend andere Wirkungen als Poe anstrebte. Für Poes besondere Art von morbidem Horror ist ein psychologisches Detail, das durch ein emotionalisiertes Adjektiv vermittelt wird, wirkungsvoller als jede Form einer rein auf sinnlicher Wahrnehmung beruhenden Beschreibung. Was auch immer mit „Der Untergang des Hauses Usher" nicht stimmen mag, es läßt sich nicht durch eine Änderung der Technik beheben. Wenn ich bereits jetzt nicht im Sinne Poes reagieren kann, scheint es völlig klar zu sein, daß ich dies auch sonst nicht täte, gleichgültig, welche Technik er anwendet. Diejenigen unter uns, die sich an eine Zeit erinnern können, da Poe noch Wirkung *hatte,* wissen, wie unentbehrlich die befrachteten Adjektive sind.

Man wird zugeben, daß stimmungserzeugende Kommentare, wie z. B. eine bestimmte Art des Philosophierens, besondere Schwierigkeiten mit sich bringen, ja, daß sie den Autor zu Praktiken verleiten können, die Angriffe gegen den Kommentar rechtfertigen. Dennoch trifft es zu, daß viele große Autoren Gebrauch davon gemacht haben, und zwar guten Gebrauch. „Es war ein für jene Küste bezeichnender Morgen. Alles lag reglos und stumm, in Grau gehüllt. Trotz einer langhin rollenden Dünung schien das Meer unbewegt zu sein. Es war glatt wie Blei, das, in der Gießform abgekühlt, in Wellen erstarrt ist. Der Himmel bildete eine graue Decke. Rastlose graue Vögel, eins mit den rastlosen grauen Nebelschwaden, in denen sie verschwammen, glitten niedrig und stoßweise über die Fluten dahin – wie Schwalben über Wiesen, wenn Stürme nahen. Gegenwärtige Schatten, die künftige tiefere Schatten vorausahnen ließen." [45]

Es ist schwieriger, als man annehmen möchte, triftige Gründe dafür

[44] *The House of Fiction* (New York, 1950), S. 116.

[45] „Benito Cereno", in *Erzählungen* (Schünemann Bremen, o. J.), S. 91.

anzuführen, warum diese Einleitung zu Melvilles „Benito Cereno" (1855) als so viel angemessener empfunden wird als die Einstimmung in „Das vorzeitige Begräbnis". Die Frage läßt sich gewiß nicht dadurch klären, daß man sich auf bestimmte Regeln der Erzählperspektive beruft. Keiner der beiden Autoren bemüht sich, die Quelle des Kommentars in irgendeiner Weise zu kaschieren; Melville versucht nicht, uns davon zu überzeugen, daß Kapitän Delano selbst die künftigen tieferen Schatten vorausahnt. Beide Autoren wenden sich in direkter und rhetorischer Weise unmißverständlich an uns. Obwohl Melville mehr als Poe an der Beschreibung von *Gegenständen* interessiert zu sein scheint, ist Poes Thema offenkundig mehr mit dem Gegenstand seiner Geschichte verbunden und in dieser Hinsicht fast schon in höherem Maße „wesentlich". Sicher ist einem nicht ganz wohl bei der Feststellung, daß Melvilles Überlegenheit einfach darauf beruht, daß er eine deutliche List anwendet, indem er einen düsteren Tag erfindet – und Poe kann dieser einen List ohnehin ein Dutzend ebenso raffinierter und ebenso deutlicher Tricks entgegenhalten. Und schließlich liegt Poes Schwierigkeit vielleicht teilweise darin, daß er uns darauf hinweist, daß er uns die Geschichte einfach erzählt, um uns in Schrecken zu versetzen. Zu sagen „Nichts ist wahrscheinlich unheilvoller als . . .", hört sich so an wie „Ich habe mich ein bißchen umgesehen und komme nun mit der unheilvollsten Geschichte heraus, die ich entdecken konnte." Die Autonomie der Handlung zu bestreiten, anzudeuten, man könne aus einer Geschichte machen, was man wolle, gilt als schweres Vergehen, seit James ausdrücklich Anstoß an Trollope genommen hat, der sich spielerisch und unüberhörbar in das Schicksal seiner Romangestalten einmischt. Aber es finden sich ohne große Mühe auch sehr gelungene Kommentare, die sogar diese Regel durchbrechen, wie ich im folgenden Kapitel zeigen werde. Und wenn ich in diesem Punkt recht habe, bleibt uns eine Regel, die einfach besagt: „Wenn du das und das schlecht machst, dann ist es schlecht."

Ich glaube keineswegs sicher zu wissen, warum ich Melville besser finde als Poe. Aber ich bin ziemlich zuversichtlich, daß ich eine Antwort darauf finden kann: Ich muß nämlich den Kommentar sehr genau betrachten in seinem Zusammenhang mit dem ihm zugehörigen Kontext. Wenn ich dies tue, werde ich mich letztlich, dessen bin ich mir ganz sicher, auf einige Normen berufen, die viele Geschichten miteinander gemein haben. Zum Beispiel ist Poes Kommentar „zu lang"; er ist verschwenderisch, unökonomisch. Zweifellos ist „Ökonomie" ein allgemeiner Maßstab, aber in jeder Geschichte stelle ich eine ganz bestimmte Ökonomie fest, derzufolge ein vorhandenes Element „überflüssig" ist oder nicht. (Ist Shakespeare ökonomisch? Er ist es – für gewöhnlich –, wenn er seine Maßnahmen für die besonders vielfältige Organisation seiner Werke trifft.) Und selbst einem ziemlich unerfahrenen Schriftsteller könnte man zutrauen, daß er nach mehrmaliger Lektüre von „Das vorzeitige Begräbnis" Mittel und Wege fände, die Einleitung so zu straffen, daß einige echte Verbesserungen erzielt würden und dennoch nichts dabei verlorenginge. Aber wenigen wäre ganz wohl bei dem Ansinnen, das gleiche mit der Einleitung von „Benito Cereno" zu versuchen – und nicht einfach deshalb, weil die Einführung als solche viel kürzer und die Geschichte selbst viel länger ist.

Wir könnten daneben noch andere Kriterien heranziehen und versuchen, zwischen den *oft* nützlichen allgemeinen Normen und den jeweiligen Erfordernissen jeder Geschichte einen Mittelweg zu finden. Ist der Stil z. B. „frisch", „interessant", „angemessen"? Wenn ein Stil auch, um akzeptiert zu werden, immer in *irgendeiner* Weise interessant sein muß, so gibt es doch keine allgemeine Stilqualität – z. B., „sei konkret!" –, die in allen Werken in der gleichen Form existent sein müßte. Man könnte, glaube ich, nachweisen, daß Melvilles Stil die an ihn gestellten Forderungen erfüllt, ohne ablenkende oder irreführende Interessen ins Spiel zu bringen, während Poes Stil uns beständig daran erinnert, daß der Autor sich über sein Tun keine großen Gedanken macht.

Kurzum, der Autor darf sich einmischen, selbst mit dem Ziel, unsere Gefühle direkt zu beeinflussen, vorausgesetzt, er kann uns davon überzeugen, daß seine „Einmischungen" zumindest ebenso sorgfältig gestaltet und ebenso dem Ganzen dienlich sind wie die Szenen, die er darbietet.

Kommentare zum Werk selbst

Wenn schon die direkte Einflußnahme auf Stimmungen und Gefühle des Lesers für unzulässig gehalten wird, um wieviel mehr müßte man das dann für direkte Bemühungen um die Bewunderung des Lesers annehmen. Nicht nur, daß diese in keinem unmittelbaren Zusammenhang mit anderen Elementen der Geschichte stehen, sie machen den Leser oft auch noch ausdrücklich darauf aufmerksam, daß er eben nur eine Geschichte liest. Sicher ist es diese Art der Einmischung, gegen die James die stärksten Einwände erhoben hat, und vielleicht ist es auch die Art, die von der modernen Erzählliteratur am meisten gemieden wird.[46]

[46] In der modernen Erzählliteratur findet sich zwar eine Vielzahl von rollenbewußten Erzählern, doch treten sie fast alle, ganz im Gegensatz zu ihren Autoren, als unzuverlässige Charaktere in Erscheinung. Die Erzähler von Manns *Doktor Faustus* und *Der Erwählte*, von Gides *Die Falschmünzer (Les*

Jegliche Lobpreisung der künstlerischen Gestaltung eines Werkes bedeutet, so möchte es scheinen, daß es der Welt, mit der es das Kunstwerk zu tun hat, an Realität mangelt. Und sicher erweckt jedes vom Autor ausgesprochene Eigenlob, wie geistreich es auch versteckt ist, den Eindruck, er könne mit seinen Figuren verfahren, wie er will.

Aber die Argumentation in diese Richtung lenken heißt wiederum allgemeine Ziele an die Stelle jener spezifischen Untersuchung setzen, die technische Schlußfolgerungen erst ermöglicht. Vielleicht gibt es einige fiktionale Wirkungen, die durch jede Andeutung der direkten Gegenwart des Autors zerstört werden, obwohl ich nichts dergleichen gefunden habe. Nur dürfen eben bestimmte Autoren bei bestimmten Ereignissen nicht zugegen sein.

Alle erfolgreichen Romanschriftsteller machen sich über ihr rollenbewußtes Kommentieren offensichtlich mehr Gedanken, als die Angriffe der Kritiker seit Flaubert vermuten ließen. Trollope z. B., der in der Tat unangenehm geschwätzig sein kann und der uns manchmal wünschen läßt, er möge aufhören sich selbst zu loben und mit der Geschichte fortfahren, respektiert seinen Stoff gewöhnlich uneingeschränkt. Nur sehr selten begeht er die Sünde, wenn es wirklich eine Sünde ist, den Eindruck zu erwecken, die Ereignisse des Buches könnten nach seinem Belieben verändert werden. Angedeutet wird nur, daß die Art, *wie er* die Ereignisse *erzählt*, geändert werden kann. So geschieht es auch in dem berühmten Kommentar in *Barchester Towers* (1857):

> Doch möge der geneigte Leser keinerlei Befürchtungen hegen. Es ist nicht beschlossen, daß Eleanor Mr. Slope oder Bertie Stanhope heiratet. Und hier sei es dem Romanschriftsteller vielleicht gestattet, seine Ansichten zu einem sehr wichtigen Aspekt der Erzählkunst darzutun. Er untersteht sich, jenes Verfahren zu verwerfen, welches so weit geht, daß es jedes angemessene Vertrauen zwischen dem Autor und seinen Lesern untergräbt, indem es das Schicksal ihrer Lieblingsfigur fast bis zum Ende des dritten Bandes als Geheimnis hütet . . . Unserer Lehrmeinung zufolge sollten Autor und Leser in vollem Vertrauen zueinander ihren Weg gehen. Mögen die Personen unter sich eine noch so vollendete Komödie der Irrungen erleben, der Zuschauer aber soll den Syrakuser niemals fälschlich für einen Epheser halten; denn sonst ist er einer der Gefoppten, und die Rolle eines Gefoppten ist niemals ehrenvoll (Ende von Kap. XV).

Hier sind die Schicksale der Personen unantastbar; was vielleicht manipuliert wird, ist lediglich das Verhältnis von Autor und Leser zu jenen

---

faux monnayeurs) und von Huxleys *Kontrapunkt des Lebens (Point Counter Point)* arbeiten alle daran, die Wertschätzung für das Werk, das *sie* schreiben, in großem Umfang einzubeziehen, doch, obwohl sie das Gegenteil vortäuschen, schreiben sie Werke, die sich recht auffällig von den eigentlichen Romanen eines Mann, Gide und Huxley unterscheiden.

Schicksalen, und der Autor intensiviert durch das Lob seiner eigenen Meisterschaft das Komödienhafte dieser unbedeutenden, aber repräsentativen Schicksale, mit denen er sich zu unserem Vergnügen befaßt. Die meisten Einmischungen Trollopes weisen genau diese Haltung auf, selbst wenn sie uns ohne jede Umschweife daran erinnern, daß das Buch eben ein Buch ist: „Aber wir müssen ein wenig zurückgehen – es wird nur ein kleines Stück sein –, denn eine gewisse Schwierigkeit beginnt sich in der Notwendigkeit abzuzeichnen, mit allen unseren Freunden auf dem engen, mir in diesem Band noch verbleibenden Raum ins reine zu kommen. O daß Mr. Longman mir einen vierten zugestände!" (Kap. LXIII). Mit allen unseren Freunden „ins reine kommen" heißt in diesem Zusammenhang nicht mit ihnen verfahren, wie es uns beliebt. Der Autor steht vor der Mannigfaltigkeit und Komplexität ihrer Schicksale, und er zieht gemeinsam mit dem Leser in den Kampf der Komödie, in dem es darum geht, den Schicksalen der Personen Mr. Longman, dem Verleger, zum Trotz gerecht zu werden.

Die Skala möglicher Einmischungen, die das Buch selbst oder seine Schwächen erörtern, reicht von einer „zwischenzeitlichen" bzw. ausdrücklichen Abschweifung bis hin zur ausgefeiltesten Burleske über die Technik anderer Autoren. „Ich hätte dir sagen sollen, geneigter Leser", so spricht der Erzähler von *The History of Joshua Trueman, Esq.* (1754; S. 91), und wir haben wahrscheinlich das Gefühl, wir seien in plumpe Hände geraten; entweder er hat tatsächlich vergessen uns etwas zu erzählen, oder aber er hat bewußt etwas zurückgehalten, einfach weil es für ihn bequem ist; in beiden Fällen geht er nicht so geschickt vor, wie er es vielleicht hätte tun können. Klügere Erzähler, die sich dieser Dinge bewußt sind, basteln an solchen Einmischungen stets so lange herum, bis der Eindruck entsteht, sie wüßten über die Klischees ebensoviel, wie ein Leser bestenfalls wissen kann. „Wir müssen zu dem Mann von Irgendwoher zurückkehren, wie die Romanschreiber sagen und lieber nicht sagen sollten", sagt eine von Dickens' Romanfiguren, die selbst eine Geschichte erzählt, in *Unser gemeinsamer Freund (Our Mutual Friend*, 1864–65).[47] Solche Einmischungen, die halb Entschuldigung, halb Eigenlob sind, findet man häufig in der Geschichte der Erzählliteratur. Sie können ergötzlich oder ärgerlich sein, je nach der Begabung des Autors, dem Geschmack des Lesers, den literarischen Strömungen der Zeit und der Art des Werkes, in dem sie in Erscheinung treten; „qualitative" Genüsse sind oft sehr von Marotten abhängig, und was in einem Jahrzehnt reizvoll erscheint, ist im darauffolgenden hoffnungslos

---

47 *Unser gemeinsamer Freund* (Winkler München, 1967), S. 22.

passé. Der folgende Ausschnitt aus *Der Raritätenladen (The Old Curiosity Shop*, 1841) würde den meisten modernen Lesern auf die Nerven gehen, aber zweifellos galt er bei vielen Zeitgenossen von Dickens als eine der Perlen seines Werkes.

Da der Verlauf dieser Geschichte erfordert, daß wir uns jetzt irgendwie mit einigen besonderen Eigenheiten der häuslichen Verhältnisse des Mr. Sampson Brass bekannt machen, und da sich keine andere geeignetere Stelle dazu bietet, nimmt der Erzähler den geneigten Leser bei der Hand, springt mit ihm in die Luft, teilt diese mit größerer Geschwindigkeit als selbst die, mit der Don Cleophas Leandro Perez Zambullo und sein Vertrauter gemeinsam durch diese Region flogen, und landet mit ihm auf dem Pflaster von Bevis Marks.
Die beherzten Luftfahrer begeben sich zu einem kleinen dunklen Haus, der ehemaligen Residenz des Mr. Sampson Brass.[48]

Ist das nicht ein bloßes Spiel, bei dem die wichtigen Dinge unbeachtet bleiben?

Sicher gibt es in manchen Romanen keine Entschuldigung für diesen Vorwurf: „Spielen" wird zum Selbstzweck. In *Charlotte Summers*[49] zum Beispiel wird die Aufgabe des Autors, einen Szenenwechsel vorzunehmen, in einem sehr langen Abschnitt – wie gelegentlich in *Tom Jones* – ausgebreitet.

Bevor ich meine Leser in die Gesellschaft von Miss *Charlotte Summers* einführe, muß ich sie mit einigen ihrer Freunde bekannt machen ... zu welchem Zweck ich sie alle nach *Carmarthenshire* in Wales bitten muß. Zwar ist die Reise ziemlich lang und nimmt auf dem üblichen Wege vielleicht einige Tage in Anspruch – doch sind wir Autoren stets mit einer leicht dahinfliegenden Kutsche ausgestattet, die unsere Leser im Nu noch längere Reisen zurücklegen läßt als die, die wir jetzt antreten: Wir sind Meister in einer Art Kunstzauber, so daß wir nur das bestimmte Wort aussprechen müssen, und *schon* wirst du von eben der Stelle, an der du dich zufällig gerade befindest, an den Ort gebracht, an dem du auf uns warten sollst. Spürst du nicht schon die Zauberwirkung? Die Reise ist vorbei, und wir sind soeben an der Toreinfahrt zu einem stattlichen, von ehrwürdigen Eichen umgebenen alten Gebäude ausgestiegen ... Du kannst ungehindert eintreten ... (S. 12 f.).

So störend dieser Text sein mag, besonders wenn man ihn aus dem Zusammenhang löst, so nehmen die meisten von uns den gleichen, eleganter gehandhabten Kunstgriff doch mit Vergnügen auf, wenn in *Heinrich V (Henry V)* der Chor – der uns gemeinhin in einem historischen Drama aufdringlicher erscheinen müßte als die Stimme des Erzählers in

[48] *Der Raritätenladen* (Winkler München, 1962), S. 368.
[49] *The History of Charlotte Summers, the Fortunate Parish Girl* (London, 1749?).

einem Roman – die Zuschauer aus „diesem Schauspielhaus" entführt und „nach Frankreich versetzt". Die Exkurse sind vielleicht in beiden *Romanen* schlecht, aber wenn wir nicht bereit sind, Shakespeares Chor ebenso zu verurteilen, können wir schwerlich argumentieren, sie seien schlecht, weil sie aus zudringlicher Rhetorik beständen. Der eigentliche Grund für den Qualitätsunterschied ist zunächst, Zeile für Zeile, in der Überlegenheit des Shakespeareschen Stils zu suchen und alsdann in der inneren Beziehung dieser Rhetorik zu ihrem Kontext. Der Flug des Chores unterstützt sozusagen die Invasion. Unsere Imagination treibt uns über den Kanal, hinter die Streitmacht Heinrichs V. Die Welt wird durch seine Rede ausgeweitet, ebenso wie sie durch Heinrichs Heldentaten ausgeweitet wird.

Es gibt nichts in der Handlung von *Der Raritätenladen* oder *Charlotte Summers,* das in ähnlicher Weise durch den imaginären Flug gesteigert würde. Daß die Leser in beiden Geschichten zu beherzten Luftfahrern gemacht werden, trägt zu ihrem Erfolg beim Leser nichts bei. Und doch sind die beiden fiktionalen Flüge nicht einmal so schlecht, wie dieses naheliegen könnte. Wenn wir in diesem Zusammenhang die Angemessenheit an das ganze Werk als Kriterium nehmen, müssen wir uns fragen, worin das „ganze Werk" besteht, wenn Dutzende von Seiten bereits dem Kommentar gewidmet sind. Wir erleben diese „Einmischungen" nicht als beziehungslose Ausbrüche; sie machen uns Schritt für Schritt mit den Erzählern bekannt. In dieser Hinsicht erscheinen die Einmischungen im Roman weniger als unvorbereitete Ausbrüche als die Rede von Shakespeares Chor. Der „Dickens", den wir kennengelernt haben, spricht so; selbst die rauhen Kanten seines unverbildeten Humors sind somit einem Kontext angemessen – dem Kontext, der durch seine übrige deutliche Erzählstrategie geschaffen wird.

Wollten wir nun aber damit beginnen, solch einen Kontext und die Beziehung, die er zwischen Erzähler und Leser herstellt, zu erörtern, so würden wir weit über alle Begriffe von Funktion hinausgehen, mit denen wir bisher gearbeitet haben. Obwohl die Funktionen, die wir dargelegt haben, schon als solche jeden allgemeinen Versuch zur Eliminierung des Kommentars verbieten würden, erklären sie noch nicht einmal ansatzweise die tiefe Wirkung, die große Autoren erzielen, wenn sie die Aufmerksamkeit des Lesers darauf lenken, daß ihre Werke Literatur und sie selbst Künstler sind. Wir können dieser Wirkung nur annähernd gerecht werden, wenn wir unsere Beziehung zu auftretenden Erzählern, zuverlässigen wie unzuverlässigen, im einzelnen betrachten.

VIII Erzählen als Darstellen: Auftretende Erzähler – zuverlässige und unzuverlässige

Zuverlässige Erzähler als auftretende Sprecher für den implizierten Autor

Wie ist der Kontext beschaffen, in den Fieldings Erzähler sich im Schlußteil von *Joseph Andrews* einmischt und von Fanny sagt: „Wie soll ich dir, Leser, eine annähernde Vorstellung von diesem lieblichen jungen Geschöpf vermitteln ... sie ganz zu fassen, dazu stelle dir Jugend und Gesundheit in rosigem Hauch, voller Reinheit und Unschuld in ihrem bräutlichen Bett vor, stelle dir alles in der höchsten Vollendung vor, und du wirst der bezaubernden Fanny Bildnis vor Augen haben." [1] Seine früheren Kommentare machen offensichtlich einen Teil des Kontextes aus. Wenn dem aber so ist, welche Beziehung hat dann dieser neue, selbst aus „Einmischungen" bestehende Kontext zu der ganzen Geschichte? Und wie steht es mit jenem sogar noch umfangreicheren Kontext, den Erfahrungen von Autor und Leser mit älteren Erzählwerken?

Offensichtlich muß der Begriff der Funktion, mit dem wir bisher gearbeitet haben, weiter gefaßt werden. Obwohl Kommentare in der oben beschriebenen Weise von Nutzen gewesen sind und obwohl hier kein anderer Kunstgriff die gleichen Dienste hätte leisten können, trifft es ebenso zu, daß die Betrachtung dieser Funktion nur ein erster Schritt ist, um die starke Wirkung der großen Kommentatoren zu erklären. In *Don Quijote* z. B. ist unser Vergnügen an den Kommentaren der einzelnen Erzähler offenbar nicht erschöpfend mit dem Hinweis zu erklären, daß solche Kommentare dazu dienen, die Abenteuer des Ritters in ihrer Wirkung zu steigern. Obwohl Sidi Hamét Benengelís Abschied von seiner Feder eine komische Parallele zu Don Quijotes Abschied von seinen Büchern und vom Leben selbst darstellt, erklärt eine solche Parallele noch nicht den ganzen Genuß an diesem Text. „Hier an diesem Schlüsselbrett sollst du von diesem Kupferdraht herabhängen, meine liebe Feder, ob du nun gut geschnitten oder schlecht gespitzt warst, und da sollst du lange Jahrhunderte ruhen, falls anmaßliche und räuberische Geschichtsschreiber dich nicht herabnehmen, dich zu entweihen ... Für mich allein ist Don Quijote geboren und ich für ihn; er wußte Taten zu vollbringen und ich sie zu schreiben; wir beide allein sind bestimmt, zusammen ein Ganzes zu bilden, zum Trutz und Ärger des sogenannten Schriftstellers aus Tordesillas, der sich vermaß oder sich künftig noch

---

[1] „Joseph Andrews", in *Sämtliche Werke, I* (Hanser München, 1966), S. 400.

vermessen wird, mit einer groben ungeschlachten Straußenfeder die Taten meines mannhaften Ritters niederzuschreiben ...[2]

Die Wirkung setzt sich hier aus mehreren Elementen zusammen. Da ist das Vergnügen am bloßen Ornament: Die Geschichte der sich einmischenden Autoren ist voll von schier überflutendem erzählerischen Reichtum, als ob die Erzählung, so gut sie auch sei, dem Genie des Autors nicht genügend Raum biete. Dann gibt es da die Parodie auf die ältere Erzählliteratur: Das Niederlegen von Schwertern, Flöten, Hörnern und anderen romantischen Gegenständen gehörte zu der Tradition, die in *Don Quijote* verspottet wird. Aber ganz offensichtlich ist die wichtigste Qualität hier etwas ganz anderes: Der Erzähler ist in die Rolle einer auftretenden Person geschlüpft, auf die wir wie auf andere Figuren reagieren.

Erzähler wie Sidi Hamét, die für die Normen eintreten können, auf denen die Handlung beruht, können Wegbegleiter und Führer werden und ganz anders sein als die Wunder, die sie darzustellen haben. Unsere Bewunderung oder Zuneigung oder Anteilnahme oder Ehrfurcht – niemals üben auch nur zwei von diesen Erzählern ein und denselben Einfluß auf uns aus – ist gerade deshalb intensiver, weil alle diese Reaktionen an eine Person gebunden sind; das Erzählen selbst ist die dramatische Wiedergabe einer Beziehung zum „zweiten Selbst" des Autors, welches in streng unpersönlichen Erzählwerken oft weniger lebendig ist, da es nur implizit existiert.

Diese Beziehung ist in der Literaturkritik bisher sehr wenig erörtert worden. Aber es ist nicht schwer, Stimmen zu finden, die sich dazu bekennen. Zu Beginn von *Der Fänger im Roggen (The Catcher in the Rye,* 1951) sagt J. D. Salingers halbwüchsiger Held: „Am meisten halte ich davon, wenn man nach einem Buch ganz erledigt ist und sich wünscht, daß man mit dem Autor, der es geschrieben hat, nah befreundet wäre und daß man ihn antelefonieren könnte, wenn man dazu Lust hätte." [3] Viele reifere Leser haben bei sich die gleichen Gefühle entdeckt.[4] Selbst Henry James kann sich trotz seines Mißtrauens gegenüber

[2] *Der sinnreiche Junker Don Quijote von der Mancha* (München, 1970), S. 1102 f.

[3] *Der Fänger im Roggen* (Rowohlt Hamburg, 1966), S. 17.

[4] Vgl. z. B.: (1) Clayton Hamilton, *Materials and Methods of Fiction* (London, 1909): „Viele Leser kehren immer wieder zurück zu ‚The Newcomes', nicht so sehr wegen des Vergnügens, Londons vornehme Gesellschaft zu sehen, als vielmehr wegen des Vergnügens, Thackeray bei der Beobachtung dieser Gesellschaft zuzusehen" (S. 132), (2) G. U. Ellis, *Twilight on Parnassus: A Survey of Post-war Fiction and Pre-war Criticism* (London, 1939): „Nicht bloß die Rhetorik veranlaßte *The Times,* in [Dickens] mit einem persönlichen Freund

der Stimme des Autors nicht dem Bann eines großen beredsamen Autors wie Fielding entziehen. So sagt James, nachdem er die geistigen Mängel von Tom Jones und seine dies teilweise kompensierende Vitalität beschrieben hat: „Daneben verfügt sein Autor – er besitzt beachtliche geistige Fähigkeiten – über eine solche Fülle von Reflexionen über ihn und im weiteren Zusammenhang mit ihm, daß wir ihn durch die reife abgeklärte Atmosphäre von Fieldings trefflichem Moralismus, prächtigem Humor und großartigem Stil hindurch sehen, die alle irgendwie vergrößernd wirken und alles und jedes wichtig werden lassen.“ [5]

Es mag übertrieben erscheinen, diese Beziehung des Lesers zum Autor als Identifikation zu bezeichnen, wie es Paul Goodman und H. W. Leggett tun,[6] doch bisweilen überantworten wir uns eben den großen Autoren und lassen unser Urteil völlig in dem ihren aufgehen. Diese unsere Überantwortung muß nicht durch den sich unverhohlen äußernden Erzähler inszeniert werden, aber ihr dienen viele Kommentare und finden ihre Hauptberechtigung in dieser Aufgabe. So mancher Kommentar, der übertrieben scheint, wenn er an den engen Normen der Funktionalität gemessen wird, ist völlig zu rechtfertigen, wenn wir durch ihn unseren Eindruck verstärkt sehen, daß wir mit einem vertrauenswürdigen Gefährten reisen, mit einem Autor, der ernsthaft darum bemüht ist, seinem Stoff gerecht zu werden. George Eliot z. B. macht uns ständig zu Mitstreitern für die Wahrheit, und das selbst auf Kosten der Schönheit und des Vergnügens. „‚Dieser Pfarrer von Broxton ist kaum besser als ein Heide!‘ höre ich einen meiner Leser ausrufen. ‚Wieviel erbaulicher wäre es gewesen, wenn du ihn dazu gebracht hättest, Arthur einen wirklich christlichen Rat zu erteilen! Du hättest ihm die schönsten Dinge in den Mund legen können – das wäre dann ebenso gut wie eine

---

zu vergleichen. In jedem Buch begegnen wir ihm, der uns leichtfüßig begleitet ... bis wir von seiner Stimmung sozusagen infiziert werden ... Wenn wir dann später wieder nüchterner sind und seine Welt weitgehend als phantastisch ansehen, bleibt er uns in lebendiger Erinnerung wie jemand, den wir selbst gern mögen“ (S. 121); und (3) Harold J. Oliver, „E. M. Forster: The Early Novels“, *Critique*, I (Sommer 1957), 15–32: „Die Methode des allwissenden Erzählens ... mag tatsächlich die bestmögliche sein, wenn die ‚Persönlichkeit des Autors ein wichtiges Element im Werkganzen darstellt. So ist es bei Forster“ (S. 30).

[5] Vorwort zu *Princess Casamassima*, S. 68.

[6] „In Romanen identifizieren wir uns mit dem allwissenden Erzähler“ (Goodman, *Structure of Literature* [Chicago, 1954], S. 153). „Es trifft in der Tat zu, daß der Leser von Erzählwerken sich mehr mit dem Autor einer Geschichte als mit ihren handelnden Personen identifiziert“ (H. W. Leggett, *The Idea in Fiction* [London, 1934], S. 188.

Predigt gewesen.'" Die Geschichte von *Adam Bede* (1859) wird einige Seiten lang unterbrochen, während sie „meinem redlichen Kritiker" ihre Antwort erteilt. „Gewiß könnte ich, wenn ich die höchste Berufung des Romanschriftstellers darin sähe, Dinge so darzustellen, wie sie nie gewesen sind und die nie sein werden." Aber „ihr stärkstes Bemühen ist darauf gerichtet, eine solch eigenmächtige Darstellung grundsätzlich zu vermeiden und einen getreuen Bericht von Menschen und Dingen zu geben, wie sie sich in meinem Geist widerspiegeln". Selbst wenn der Spiegel „trübe" ist, fühlt sie sich „ebensosehr verpflichtet, diese Reflexion so genau wie möglich wiederzugeben, wie wenn ich im Zeugenstand meine Erlebnisse unter Eid erzählen würde". Aus dem Kontext genommen mögen solche Worte übertrieben, ja prahlerisch klingen. Im Kontext jedoch können sie überzeugend sein. „Und so begnüge ich mich damit, meine einfache Geschichte zu erzählen, ohne den Versuch zu machen, die Dinge besser hinzustellen, als sie es waren; dabei fürchte ich in der Tat allein die Unwahrheit, die zu fürchten auch Grund besteht, mögen die Anstrengungen noch so groß sein. Ist es ja so leicht, die Unwahrheit zu sagen, und so schwer die Wahrheit zu sagen." [7] Offenbar besteht eine Wirkung dieses Textes darin, daß er uns zu verstehen gibt: der Pfarrer *ist* überzeugender, als es ein idealisiertes Porträt wäre. Noch wichtiger aber ist der Effekt, daß wir durch diesen Text auf die Seite des Autors gezogen werden, der aufrichtig, scharfsinnig und vielleicht etwas unbeholfen ist, aber sicher bei seiner fast übermächtigen Anstrengung, die Unwahrheit zu vermeiden, zu keinem Kompromiß bereit ist.

Selbst die plumpeste Einmischung kann dadurch wiedergutgemacht

[7] *Adam Bede*, Buch II, Kap. XVII, „In Which the Story Pauses a Little". Gerade gegen diese Einmischung wendet sich W. J. Harvey wegen ihrer „geradezu unverfrorenen Deutlichkeit". Der „Leser wird davon, daß seine Reaktionen vorbestimmt werden, abgestoßen; er empfindet sich und nicht die handelnde Person als Marionette, die der Autor manipuliert" („George Eliot and the Omniscient Author Convention", *Nineteenth-Century Fiction*, XIII [September 1958], 88). Aber George Eliot will uns damit eindeutig zu einer ablehnenden Haltung gegenüber dieser frommen Leserin bewegen (1. Aufl.: „einer meiner Leserinnen"). Harvey verteidigt in einem ausgezeichneten Plädoyer das übliche Vorgehen George Eliots: „Die in diesem Erzählwerk angestrebte ‚Illusion der Realität' ist nicht die einer eigenständigen Welt, eines fiktionalen Mikrokosmos, der nach Art von James intakt und autonom ist, sondern einer Welt, die mit der ‚realen' Welt, dem faktischen Makrokosmos deckungsgleich ist. Der Autor überbrückt die beiden Welten ... Zwischen Realität und Fiktion bedarf es keiner scharf gezogenen Grenzen; die Übergänge sind fließend, und der allwissende Autor gestattet uns ein müheloses Hinübergleiten von der einen Welt in die andere" (S. 90).

werden, daß sie einem diesen Eindruck von dem um sein Tun zutiefst besorgten Erzähler vermittelt. Der prosaische Schluß von Melvilles *Billy Budd* z. B. soll uns an die sehr realen Probleme des Autors erinnern und uns dazu bewegen, über jeden scheinbaren Mangel hinwegzusehen. „Die symmetrische Form, die man einer frei erfundenen Erzählung geben kann, läßt sich nicht so leicht in einer Geschichte erreichen, deren Kern weniger auf Dichtung als auf Tatsachen beruht. Wenn man die Wahrheit kompromißlos berichtet, gibt es stets scharfe Kanten ... Aber wenn die Geschichte auch eigentlich mit seinem Leben endet, ist eine Art Fortsetzung vielleicht nicht fehl am Platze. Drei kurze Kapitel werden genügen." [8]

Dostojewski versteht es oft meisterhaft, das, was er erzählt, als Teil jenes Kampfes erscheinen zu lassen. Wenn er sagt, er „fühle sich nicht allzu befähigt" für die vor ihm liegende ungeheure Aufgabe, weckt er damit in uns niemals Zweifel an seiner Befähigung. Seine Neigung, so zu tun, als sei er mitsamt seinen Schwächen identisch mit seinem Helden, erweist sich als besonders wirkungsvoll. In *Der Doppelgänger* gibt es eine ausgezeichnete satirische Passage, in der es um das vergebliche Bestreben des Autors geht, jene glanzvolle Welt zu entwerfen, zu der aufzusteigen sein Held mit der gleichen Vergeblichkeit bestrebt ist.

„Fielding" in „Tom Jones"

Es ist ein aussichtsloses Unterfangen, sich mit solchen Wirkungen kritisch auseinanderzusetzen, da es ein Ding der Unmöglichkeit ist, sie einem Leser, der sie nicht kennengelernt hat, zu veranschaulichen. Keine noch so ausführlichen Zitate, keine noch so ausführlichen Inhaltsangaben können zeigen, wie uneingeschränkt die Person des implizierten Autors unsere Reaktionen auf das Gesamtwerk bestimmt. Alles, was uns vielleicht zu tun bleibt, ist, ein Werk, in diesem Fall *Tom Jones*, genau zu prüfen und mit statischen Begriffen zu analysieren, das bei jedem richtigen Lesen so folgerichtig und dynamisch wie die Handlung selbst ist.[9]

Obwohl der auftretende Fielding sicher viele Teile von *Tom Jones* zusammenhält, die sonst zusammenhanglos erscheinen könnten, und obwohl er zahlreiche andere Funktionen erfüllt, geht er unter dem Gesichtspunkt strenger Funktionalität zu weit: vieles von seinem Kom-

[8] *Op. cit.*, S. 474.

[9] Das vielleicht beste Plädoyer für Fieldings Kommentar liefert Alan D. McKillop, in *Early Masters of English Fiction* (Lawrence, Kan., 1956), bes. S. 123.

mentar bezieht sich ausschließlich auf den Leser und auf ihn selbst. Wenn wir dieses Buch wirklich als Kunstwerk verteidigen wollen, müssen wir diese „unwesentlichen" Elemente irgendwie berücksichtigen. Dies ist jedoch nicht schwierig, wenn wir erst einmal an die Wirkung denken, die unsere Vertrautheit mit „Fielding" auf unsere Einstellung zu dem Buch als Ganzem hat. Wenn wir uns einfach all die scheinbar überflüssigen Stellen vornehmen, an denen der Erzähler auftritt, und dabei Toms Geschichte außer acht lassen, entdecken wir einen fortlaufenden Bericht über die wachsende Vertrautheit zwischen Erzähler und Leser, einen Bericht mit einer Art eigenem Plot und einer eigenen Auflösung. Im Einleitungskapitel zu seinem letzten Band weist der Erzähler ausdrücklich auf diese Auflösung hin, wenn er ein deutliches Interesse an der „Geschichte" seiner Beziehung zum Leser bekundet. Dieses Interesse bedarf sicher einiger Erläuterungen, wenn wir den Anspruch erheben wollen, *Tom Jones* sei ein in sich geschlossenes Kunstwerk und nicht halb Roman, halb Essay.

Lieber Leser, nun sind wir auf der letzten Station unserer langen Reise angelangt. Da wir also so manche Blätter miteinander durchreist haben, so wollen wir es so machen wie die Reisenden in einer Postkutsche, die mehrere Tage miteinander hingebracht haben, und die, ungeachtet aller kleinen Sticheleien oder Feindseligkeiten, die auf dem Wege vorgefallen sein mögen, am Ende gewöhnlich alles gut sein lassen und zum letztenmal freundlich und munter wieder in die Kutsche steigen . . . (18. Buch, 1. Kap.).

Die Verabschiedung geht dann noch etliche Absätze weiter, und bisweilen unterbleibt der in einem Großteil des Werkes angeschlagene neckende Ton ganz. „Und somit, mein Freund, nehme ich diese Gelegenheit wahr (weil ich keine andere mehr haben werde), dir von Herzen alles Gute zu wünschen. Wenn ich dir ein unterhaltsamer Reisegefährte gewesen bin, so war das, wie ich dir versichere, genau das, was ich wünschte. Sollte ich irgend etwas getan oder gesagt haben, was dich kränkte, so geschah das wirklich ohne Absicht" (18. Buch, 1. Kap.).

Es mag übertrieben sein, den Begriff „Nebenhandlung" für die Geschichte unserer Beziehung zu diesem Erzähler zu verwenden. Sicher verlaufen das Leben des Erzählers und dasjenige von Tom Jones viel weniger streng parallel, als wir es bei den meisten Handlungen und Nebenhandlungen erwarten. In *Lear* verlauft Glosters Schicksal parallel zu dem von Lear und akzentuiert es. In *Tom Jones* hat der „Plot" unserer Beziehung zu Fielding als dem Erzähler keine Ähnlichkeit mit Toms Geschichte. Es gibt keine Komplikation, nicht einmal irgendeine bestimmte Abfolge, mit Ausnahme der wachsenden Bande der Vertrautheit bis hin zum Abschied. Und vieles von dem, was wir bewundernswert an dem Erzähler finden oder was uns an ihm ergötzt, nimmt sich in vielerlei Hinsicht ganz anders aus als das, was wir an seinem Helden mögen oder was uns an ihm ergötzt.

Und doch ist irgendwie eine echte Harmonie zwischen den beiden dramatisierten Elementen hergestellt. Tom weicht zwar von den Normen des Erzählers ab, wenn er sich selbst in Schwierigkeiten hineinmanövriert, doch befindet er sich immer mit den wichtigsten Normen des Erzählers im Einklang. Der Erzähler versichert uns nicht nur ständig, daß Tom sein Herz stets auf dem rechten Fleck hat, sondern garantiert uns darüber hinaus mit seiner Gegenwart dafür, daß Toms Existenz sowohl moralisch als auch literarisch gerechtfertigt ist. Während wir den Roman unter seiner Anleitung durchreisen und beobachten, wie Tom immer tiefer sinkt und allem Anschein nach Allworthys Schutz, Sophias Liebe und seinen eigenen unsicheren moralischen Halt verliert, erleben wir an seiner Statt etwas, das R. S. Crane die „komische Analogie zur Angst" nennt.[10] Und unsere wachsende Vertrautheit mit Fieldings dramatischer Version seiner selbst erzeugt eine Art komische Analogie zu dem Vertrauen des wahrhaft Gläubigen auf eine gütige Vorsehung im realen Leben. Es geht nicht nur darum, daß er uns einen glücklichen Ausgang verspricht. In einer fiktionalen Welt, in der es keine einzige Person gibt, die sowohl weise als auch gut ist – selbst Allworthy ist bei all seiner Beherztheit kein Muster an Scharfblick –, steht der Autor immer auf seiner Plattform und erinnert uns durch seine Weisheit und Großmut daran, wie das menschliche Dasein beschaffen sein sollte und sein könnte. Mehr noch, sein Selbstportrait ist das eines durch umfassende literaturgeschichtliche Kenntnisse bereicherten Lebens und eines großen schöpferischen Geistes – Qualitäten, die dem Leser niemals in dieser Vollständigkeit vermittelt werden könnten, wenn sie einfach kommentarlos in den dramatischen Stoff von Toms Geschichte eingingen.

Bei dem Leser, dem der Anspruch des Autors auf höchste Tugenden zu sehr bewußt wird, bleibt die Wirkung vielleicht aus. Ihm erscheint der Autor vielleicht lediglich als Poseur. Für den Leser, der sich dagegen auf den Hauptgegenstand des Werkes konzentriert, wird der Erzähler zu einem ergiebigen und provokativen Chor. Seine Weisheit, Gelehrtheit und Großmut durchdringen die Welt des Buches, siedeln das Komische zwischen Gefühlsüberschwang und verachtungsvoller Entrüstung an und machen damit in gewisser Weise Toms Welt der Heuchler und Narren wieder gut. Kompensation

Man könnte sich vielleicht ein noch höheres Maß an Tugend, Weisheit oder Gelehrtheit vorstellen, als es der Erzähler besitzt. Aber für die

[10] *Critics and Criticism*, ed. R. S. Crane (Chicago, 1952), S. 637.

meisten von uns erreicht er in seiner Welt – und zumindest für dieses eine Mal auch in der unsrigen – das höchstmögliche Maß. Er versucht nicht für irgendeine andere Welt zu schreiben, sondern hält für *diese* eine genau die Mitte zwischen zuviel und zuwenig Frömmigkeit, Großmut, Gelehrtheit und weltlicher Weisheit.[11] Wenn er sich dann mit seinen Abschiedsworten dem Ende nähert, zu einem Zeitpunkt, da wir wissen, daß wir ihn verlieren werden, und Worte gebraucht, die uns unweigerlich über die Grenze zwischen Leben und Tod hinausführen, empfinden wir neben der Belustigung über seine spielerische Art des Abschieds etwas von dem gleichen Gefühl, das wir haben, wenn wir einen guten Freund verlieren, einen Freund, der uns ein Geschenk gemacht hat, das wir ihm nie vergelten können. Das Geschenk, das er uns hinterläßt – sein Buch –, ist er, er selbst. Der Autor hat dieses Selbst geschaffen, als er sein Buch geschrieben hat. Das Buch und der Freund sind ein und dasselbe. „Denn so kurz auch immer das Leben meiner eigenen Werke sein mag, so werden sie doch höchstwahrscheinlich ihren kränkelnden Verfasser und die elenden Machwerke seiner hämischen Zeitgenossen überleben" (18. Buch, 1. Kap.).[12] Kränkelte Fielding wirklich, als er diesen Satz niederschrieb? Es ist nicht im geringsten von Bedeutung. Nicht um Fielding kümmern wir uns, sondern um den Erzähler, der geschaffen ist, um in seinem Namen zu sprechen.

Nachahmer von Fielding

Man könnte annehmen, es sei ziemlich einfach, solche unkomplizierten Wirkungen zu imitieren. Sicher kann dieses Spiel einer ebenso gut wie der andere spielen. Aber unter den Hunderten von Versuchen, ähnliche Erzähler zu schaffen, sind weit mehr Fehlschläge als Erfolge.

Der sichtbarste Grund für Mißerfolg ist hier ein grobes Mißverhältnis zwischen dem ausdrücklichen Anspruch des Autors auf Brillanz und dem Talmiglanz der von ihm dargebotenen Geschichte. In *Tom Jones* herrscht ein wunderbar ausgewogenes Verhältnis zwischen Prahlerei und Darbietung, doch prahlten viele Nachahmer damit, ein Bankett aus-

---

[11] *Ibid.*, S. 642. William Empson liefert ein lebhaftes und überzeugendes Plädoyer für Fieldings Code und den moralischen Gehalt von *Tom Jones* in „Tom Jones", *Kenyon Review*, XX (Frühjahr 1958), 217–49. Obwohl Empson sich die Sache etwas dadurch verdirbt, daß er „dort weitschweifig ist, wo Fielding uns ganz unumwunden erzählt" (C. J. Rawson, „Professor Empson's *Tom Jones*", *Notes and Queries*, N. S., VI [November 1959], 400), ist seine Arbeit ein wertvolles Gegenstück zu der allzu vereinfachenden Art, in der man Fielding und seinen Kommentar abgetan hat.

[12] *Op. cit.*, 18. Buch, 1. Kap.

zurichten, während sie in Wirklichkeit Reste auftischten. Die brillante Struktur der Abenteuer von Tom Jones und der Plot mit der im wahrsten Sinne des Wortes vollen Wirkung, die diese Geschichte als abgeschlossenes Ganzes auf uns ausübt,[13] sind der Hauptbeweis für die unverhohlenen Ansprüche des Erzählers. Natürlich hat es den meisten Autoren, denen es leicht erschien, die verschiedenen Möglichkeiten der Einmischung zu imitieren, an den erforderlichen Fähigkeiten gefehlt, um ihre olympischen Ansprüche realisieren zu können.

Aber es gibt noch zwei andere Möglichkeiten des Mißlingens, die mehr in den Bereich der Analyse fiktionaler Rhetorik fallen. Die erste betrifft den Charakter des implizierten Autors. Ein sich einmischender Autor muß in irgendeiner Weise interessant sein; er muß als Person lebendig sein. Und in Hunderten von Werken, angefangen von Fielding bis zur Gegenwart, haben langweilige Geister langweilige Sprecher hervorgebracht, die ihre stumpfe Art noch unterstreichen, indem sie den Anspruch erheben, brillant zu sein. Die großen Erzähler dieser Richtung haben oft eine so große Ähnlichkeit mit Klatschbasen, daß es bloße Klatschbasen oft versucht haben, große Erzähler zu schaffen.

Fieldings Schwester Sarah z. B. änderte unter dem Eindruck von *Tom Jones* ihre Erzähltechnik grundlegend. In den Werken, die sie in den vierziger Jahren des achtzehnten Jahrhunderts veröffentlichte (*David Simple, The Governess* usw.), kommen wenige Einmischungen vor, und die inbegriffene Person des Erzählers, die zwar im großen und ganzen stumpfsinnig und schwerfällig wirkt, ist blaß genug, um nicht als störend empfunden zu werden. Unter dem Einfluß von *Tom Jones* experimentierte sie jedoch eifrig mit neuen Erzähltechniken (z. B. in *The Cry* [1754] und *The Lives of Cleopatra and Octavia* [1757]) und insbesondere mit der Technik der Einmischung. Obwohl man kaum sagen könnte, daß dies den Wert ihres Werkes insgesamt mindere, erweisen sich ihre Versuche, ähnliche Wirkungen wie Fielding zu erzielen, als kläglicher Fehlschlag. Der Geist des Erzählers ist plump und „seine" Weisheit nicht überzeugend. In *The Countess of Dellwyn* (1759) wird uns statt des faszinierenden Selbstportraits eines Fielding ein etwas trockenes Gelehrtenwissen in anmaßender Breite vermittelt. Statt der relativ kurzen, kernigen Einleitungskapitel eines *Tom Jones* wird uns ein unerträglich langes, diffuses Vorwort von dreiundvierzig Seiten vorgesetzt, in dem anscheinend sämtliche literarische Probleme, die Sarah Fielding sich nur denken kann, erörtert werden, wobei ausgiebig von Le

13 Als ausführliche Untersuchung zu der hier vertretenen Auffassung von Plot und zu dem einzigartigen Plot von *Tom Jones* vgl. R. S. Crane, *op. cit.*, bes. S. 616–23.

Bossu und aus „An old gentleman of taste“ zitiert wird. Statt der wirklich unterhaltsamen Exkurse, mit denen Fielding die Erzählung unterbricht, wird uns eine unausgegorene Analyse der in der Öffentlichkeit anzutreffenden „verschiedenen Arten von Exzentrizität“ (Buch II, Kap. VI) sowie eine Sammlung von Gemeinplätzen zur Literatur vorgestellt: „Die Unbeliebtheit oder Beliebtheit literarischer Figuren richtet sich weitgehend danach, wie bekannt sie dem Leser oder dem Publikum bereits sind. Lord *Foppington* und Sir *Fopling Flutter* konnten früher, sobald ihr Name auf den Theaterzetteln stand, jederzeit ein volles Haus haben; aber diese Art von Dandy ist jetzt ebensosehr aus der Mode wie die Kleidung, in der sie vorgestellt werden.“ Und sie äußert am Schluß eines langen Exkurses über dieses Thema die Hoffnung, daß die „Figur, die ich nun einführen werde, nicht in der unglücklichen Lage sein möge, ein Geschöpf zu sein, das *niemand kennt*; vielmehr möge sie zumindest einem Teil der Welt bekannt sein“ (Buch II, Kap. VIII).

Dieser Anspruch auf Realismus steht in einem interessanten Gegensatz zu den geistvollen Einmischungen ihres Bruders, mit denen die gleiche Wirkung erzielt werden soll. In einem Kommentar zu Bridget Allworthys vorsichtiger Haltung in sexuellen Fragen sagt Fielding: „In der Tat habe ich bemerkt (so unbegreiflich dem Leser das scheinen mag), daß diese Wache der Vorsicht ebenso wie die Bürgerwehr am liebsten stets da auf Posten zieht, wo am wenigsten Gefahr vorhanden ist. Oft verläßt sie in niederträchtiger, feigherziger Weise solche Schönheiten, nach denen alle Männer trachten, um die sie seufzen, für die sie sterben und denen sie so viele Netze legen, wie sie können; sie begleitet aber auf Schritt und Tritt jene höhere Gattung von Frauen, für die das andere Geschlecht eine weit ehrfürchtigere und zurückhaltendere Verehrung hegt und die es (aus ernstlichem Zweifel am Erfolg, nehme ich an) niemals anzugreifen wagt“ (1. Buch, 2. Kap.). Der Gegenstand der Prahlerei ist derselbe: Meinen Figuren liegt eine genaue Beobachtung tatsächlicher Verhaltensweisen zugrunde. Aber die Stimme ist die eines Meisters, der Ironie fähig, ohne dadurch etwas von ihrer direkten Wirkung zu verlieren.

Was ich hier sage, erscheint vielleicht als bloße Tautologie: Interessante Erzähler sind interessant. Aber dahinter ist viel mehr als das: Einige interessante Erzähler erfüllen in ihren Werken eine Funktion, die durch nichts anderes erfüllt werden könnte. Sie sind nicht einfach nur einem Kontext angemessen, so wesentlich das auch ist.[14] Ihre ursprüng-

---

[14] Der „Autor“ von Sarah Fieldings *The Governess* oder *The Little Female Academy, Calculated for the Entertainment and Instruction of Young Ladies in their Education* (1749) ist hinreichend angemessen: „Auf den folgenden Seiten

liche Leistung lag und liegt immer noch darin, daß sie den Leser dazu bringen, sie als ein lebendiges Orakel anzusehen. Sie geben dem Leser sicheres Geleit, nicht nur in der Welt der Romane, in denen sie auftreten, sondern auch im Hinblick auf die moralischen Wahrheiten, die in der Welt außerhalb des Buches bestehen. Eine Fehlleistung erbringt hier derjenige Kommentator, der Allwissenheit für sich in Anspruch nimmt und dabei Dummheit und Voreingenommenheit erkennen läßt.[15]

„Tristram Shandy" und das Problem der formalen Kohärenz

Die dritte Möglichkeit des Mißlingens ist sowohl weiter verbreitet als auch ein Problem, das anzupacken schwieriger ist: das Fehlen einer formalen Kohärenz. Wie ich in Kapitel V zu zeigen versucht habe, können

---

soll euch bewiesen werden, daß Stolz, Eigensinn, Arglist, Neid und, kurz gesagt, jede Art von Bosheit die größten Torheiten sind, die von uns Besitz ergreifen können ... Was die Bestätigung dieser Wahrheit angeht, bin ich auf den guten Willen aller meiner kleinen Leser angewiesen. Eine Vorsichtsmaßregel ist jedoch zu beachten, nämlich: Daß ihr euch durch diese Liebe und Zuneigung nicht in allerlei mißliche Lagen bringen und sogar zu Fehlern verleiten laßt: Denn diese Haltung wird euch natürlich ... zu allen möglichen Irrtümern verleiten, wenn ihr euch nicht hütet, für eure Gefährtinnen eingenommen zu sein – nur, weil sie umgänglich sind –, ohne zunächst zu bedenken, ob sie gut genug sind, um eure Liebe zu verdienen" (S. IX–X).
Wir können unmöglich wissen, wie eine junge Dame im achtzehnten Jahrhundert auf diesen sehr einschlägigen Kommentar reagiert hätte; wir erkennen jedoch unschwer, daß er für jeden im zwanzigsten Jahrhundert lebenden Menschen, sei es ein Erwachsener oder ein Kind, unerträglich geworden ist.

15 Wie stark ein Autor seine Wirkungen durch die falsche Art von Selbstportrait aushöhlen kann, zeigt das folgende Vorwort zu *The History of Cleanthes, an Englishman of the highest Quality, and Celemene, the Illustrious Amazonian Princess* (1757): „Die folgenden Seiten hat jemand verfaßt, der nicht aus Eigennutz oder um des Beifalls willen schreibt, sondern lediglich zum Vergnügen. Meine Situation ist die: Da ich keiner wirklichen Beschäftigung nachgehe, würde mir oft die Zeit lang, wenn ich nicht bemüht wäre, verschiedene Möglichkeiten der Rekreation ausfindig zu machen, um so diesen Zeitraum auszufüllen." Falls irgendein Leser davon noch nicht völlig abgeschreckt ist, gibt sich der schwerfällige Autor selbst mit einem entscheidenden Schlag den Rest: „Zu guter Letzt beschloß ich, meine eigenen Fähigkeiten zu erproben: Dies habe ich getan; und aus der Vielfalt von Abenteuern in meiner Erzählung geht klar hervor, daß ich sowohl alte als auch moderne Literatur gelesen habe, denn mein Werk ist eine Komposition, die aus beiden Quellen schöpft ... Ich schreibe nicht in der Absicht, Ruhm zu erlangen; und als Beweis nenne ich meinen Namen nicht, in der Hoffnung, daß man niemals auch nur vermuten möge, ich sei ein Autor gewesen."

bestimmte, um ihrer selbst willen angestrebte Qualitäten in Konflikt mit anderen Qualitäten oder Wirkungen geraten, und die Geschichte des sich einmischenden Erzählers, sei er allwissend oder unzuverlässig, kennt Hunderte von Büchern, in denen ein gesondertes Interesse an diesem Erzählstil in Konflikt mit anderen Wirkungen gerät. Gerade diejenigen Qualitäten, die von großen Erzählern geschaffen werden, können, wenn sie um ihrer selbst willen angestrebt werden, die Werke, zu deren Nutzen die Erzähler angeblich erfunden werden, umwandeln oder zerstören.

Für viele Kritiker scheint *Tristram Shandy* in dieser Hinsicht mit am schlimmsten zu sein. Das „verrückte", „lediglich kuriose" „zusammengewürfelte Allerlei", das England und den Kontinent 1760 im Sturm eroberte, wurde von Anfang an unter anderem als ein literarisches Puzzle angesehen. Ist es einfach ein zusammengebrauter komischer Roman, in dem die Possen von Walter, Toby und Tristram durch erzählende Kommentare mehr verschleiert werden als je ein komisches Geschehen zuvor? Ist es eine Sammlung spielerischer philosophischer Essays, wie diejenigen Montaignes, nur überzuckert mit mehr Fiktion, als es Montaigne für nötig hielt? Oder ist es eine Satire in der Tradition von Swifts *Ein Märchen von einer Tonne (A Tale of a Tub)*, der, wie Sterne es selbst nannte, „alles einbezieht, was ich mir als belachenswert vorstelle"? Selbst die vielen modernen Kritiker, die dem Werk seine eigene Art von Einheit zugestehen und sich zuversichtlich einen Weg bahnen durch die Windungen und Wendungen, die scheinbaren Digressionen, die sich als „Progreß" erweisen, und die zeitlichen Raffungen und Schichtungen, haben keine Einigkeit über die Frage erzielen können, was für ein Werk es in Wirklichkeit ist.[16]

Gleichgültig, von welchem Standpunkt aus wir ein solches Buch zu apperzipieren suchen, das Geheimnis seiner Kohärenz und seiner Form scheint in erster Linie in der Rolle zu liegen, die Tristram, der auftretende Erzähler spielt. Er ist in gewisser Weise selbst das zentrale Thema, welches Stoffe zusammenhält, von denen wir ohne die Flatterhaftigkeit, mit der er auftritt, niemals den Eindruck gehabt hätten, daß sie überhaupt gesondert bestehen. Seine doppelte Behauptung – er wisse und wisse doch nicht, was er wolle – bringt einfach das zum Ausdruck, war wir von Anfang bis Ende als selbstverständlich erfahren: daß er uns in mancher Hinsicht einen Roman wie jeden anderen gibt und daß

---

[16] Die beste kürzlich erschienene Zusammenfassung der Probleme und eine der gleichzeitig vernünftigsten Beurteilungen der formalen Brillanz und der literaturgeschichtlichen Wirkung des *Tristram Shandy* bietet Alan D. McKillop, *Early Masters of English Fiction*, Kap. V.

er es in mancher Hinsicht nicht tut. Ein sehr großer Teil des Buches besteht aus Äußerungen über seine schriftstellerische Arbeit und seine rhetorische Beziehung zum Leser.

In weniger als fünf Minuten muß meine Feder schon ins Feuer geworfen sein ... Ich habe bis dahin nur noch zehn Dinge zu tun. Ich habe ein Ding zu benennen, ein Ding zu bedauern, ein Ding zu hoffen ... und für ein Ding zu bitten. Deswegen denn nenne ich dieses Kapitel das Kapitel von Dingen; und mein nächstfolgendes Kapitel, das ist, das erste Kapitel in meinem zukünftigen Teile, wenn ich lebe, soll mein Kapitel von Zwickelbärten sein, um doch einigen Zusammenhang in meinem Werke beizubehalten.

Das Ding, das ich bedaure, ist, daß die Dinge in so dichten Scharen auf mich eingedrungen sind, daß ich nicht bis zu der Stelle in meinem Werke habe gelangen können, nach welcher ich den ganzen Weg lang mit solcher Begierde getrachtet habe: und das ist, die Feldzüge, besonders aber die Liebesgeschichte meines Onkels Toby, deren Begebenheiten von so sonderbarer Natur sind und von solchem cervantischen Zuschnitt, daß, wenn mir's nur glücken will, eben dieselben Eindrücke damit auf anderer ehrlicher Leute Gehirn zu machen, welche sie in den meinigen erregen, ich dafür stehe, das Buch soll sich in der Welt schon durchhelfen – weit besser, als sein Verfasser vor ihm konnte. – O Tristram! Tristram! wenn's nur erst einmal so weit wäre, so soll das Ansehen, das dich als Schriftsteller begleiten wird, den manchen Übeln das Gegengewicht halten, die dich als Mann befallen haben ... Kein Wunder, wenn mich so sehr nach diesen Liebeshändeln juckt. Sie sind das Pfaffenhäppchen in meiner ganzen Geschichte (S. 480).[17]

Nun, was für ein Werk lesen wir also hier? Ist dieses „Erzählen" ein rhetorisches Mittel, das dazu erfunden ist, die Realisation der dramatischen Elemente zu unterstützen? Was ist denn eigentlich das dramatische Thema im Jamesschen Sinne (Kap. IV)? Wenn wir in *Tristram Shandy* eine Analogie zu entdecken versuchen, etwa im Hinblick auf die Figur und Geschichte der Isabel Archer in *Bildnis einer Dame*, was entdecken wir dann? Ist es die systematische Zeitabfolge der Ereignisse, die mit der Verwundung von Onkel Toby bei der Belagerung von Namur anno 1695 beginnt und die endet mit, nun, mit was? Schon sind wir in Schwierigkeiten. Enden die Ereignisse mit dem letzten im Werk genannten Datum, wenn Tristram beschreibt, wie er in einem purpurroten Wams und gelben Pantoffeln vor seinem Schreibpult sitzt, an „diesem zwölften Tag im August 1766", in „einer höchst tragikomischen Erfüllung" der Prophezeiung seines Vaters, wonach er weder denken noch handeln sollte wie irgend eines anderen Mannes Kind? Können wir sagen, daß dies ein Ereignis ist, das während des Schreibens

[17] *Tristram Shandy* (Manesse Zürich, 1948). Alle Zitate stammen aus dieser Ausgabe.

stattfindet, wohingegen die Belagerung von Namur ein Ereignis ist, das mit zum „Gegenstand" des Schreibens gehört? Das letzte Ereignis im Hinblick auf das „dramatische Objekt" ist – welches? Die „Hosenepisode" im sechsten Band? Bestimmt nicht die Ereignisse des letzten Kapitels, die vier Jahre vor Tristrams Geburt stattfinden. Die Reise des herangewachsenen Tristram durch Europa? Aber dies ist eigentlich eine Abschweifung während des *Schreibens*, Teil der gleichen Ereigniskette, die ihn an seinem Schreibpult sitzen und jenes kuriose Buch schreiben läßt, das aus seinem Charakter resultiert, der wiederum aus den Theorien seines Vaters resultiert, die . . .

Der auftretende Erzähler läßt sich hier nicht mehr von dem unterscheiden, was er erzählt. James' Ideal eines nahtlosen Gewebes von Gegenstand und Behandlung ist hier rein zufällig verwirklicht, mehr als ein Jahrhundert vor seiner Zeit – und in einem Werk, das völlig ungeordnet zu sein scheint.

Drei traditionelle Formen: Komischer Roman, Essaysammlung und Satire

Um zu verstehen, wohin Tristram wirklich gehört, sollten wir einen kurzen Blick auf drei seiner Vorgänger werfen. Obwohl dieses Buch nicht als historische Studie konzipiert ist, konfrontiert uns gerade die Geschichte der Erzähler vor Sternes Zeit, eingebettet in drei große literarische Strömungen, mit den entscheidendsten Fragen zum Problem des Gegensatzes zwischen dramatischer Form und der Rhetorik des Erzählens. Wie wir vielleicht erwarten, entsprechen diese drei Strömungen in groben Umrissen den drei bekanntesten Thesen zur Form von *Tristram Shandy:* ein aus den Nähten geplatzter komischer Roman; eine überzuckerte Sammlung philosophischer Essays und eine vielseitige Satire.

Selbst wenn einer der Romanautoren zwischen 1749 und 1760 in der Lage gewesen wäre, eine so monumentale komische Handlung zu schaffen, wie Fielding sie entfaltet hat, hätten viele von ihnen seine genau kontrollierten witzigen Einfälle leichtfertig ausgeweitet und so das im Plot verborgene Potential an Komik über die Maßen beansprucht. Eines der augenfälligsten Beispiele dafür ist das Werk *Charlotte Summers, the Fortunate Parish Girl,* welches ein Jahr nach *Tom Jones* anonym veröffentlicht wurde.[18] Der Erzähler nimmt für sich in Anspruch, der

[18] Nicht datiert, aber im allgemeinen mit 1749 oder 1750 angegeben. Ohne plausible Gründe wird es Sarah Fielding zugeschrieben. Zu anderen in den fünfziger Jahren des achtzehnten Jahrhunderts geschriebenen Werken, die ausdrücklich bekunden, welchen Dank sie dem „König der Biographen" schulden,

„Erstgeborene aus der poetischen Nachkommenschaft des hochberühmten Biographen von *Joseph Andrews* und *Tom Jones* zu sein" (S. 3). Aber obwohl er sich „unter dem stärksten Zwang" fühlt, „jede Handlung dieses Herrn nachzuahmen" (S. 4), und in der Tat sehr viele deutlich erkennbare Kunstgriffe in *Tom Jones* kopiert, ist das Verhältnis der Rhetorik zum komischen Plot in *Charlotte Summers* ein ganz anderes. Der Autor verwertet in der Tat Einmischungen, wie sie zu seiner Zeit gerade in Mode sind, und obwohl er dies recht klug anstellt, entsteht eine krasse Uneinheitlichkeit: Die Kritiker sagten damals, der Stil habe begonnen, dem Stoff den Rang streitig zu machen.

Manchmal besteht dieses Drama des Erzählens aus einem Dialog zwischen dem „Ich" und einem „Leser", mit dem der wirkliche Leser sich mehr oder weniger leicht identifizieren kann. Häufiger ist es ein Dialog zwischen dem „Ich" und einem lächerlich wirkenden hypothetischen Leser, der gleich jedem anderen in dem Buch eine komische Figur abgibt. Der „Beau *Thoughtless*", die „hübsche Miss *Pert*", die „grauhaarige Mrs. *Sit-her-time*" und „*Dick Dapperwit*" mischen sich beständig „leidenschaftlich" ein, um sich über die Geschichte oder das Verhalten der Personen zu beklagen. Das kurioseste Beispiel für dieses eigene Drama des Erzählens ist ein dreistes Stück von Albernheit, das das „Leser"-Paar Miss Arabella Dimple und ihr Dienstmädchen Polly vorführen. „Bitte Madam, wo soll ich beginnen, haben gnädige Frau dort einen Knick gemacht, wo sie zuletzt war? – Nein, dummes Ding, das habe ich nicht; das Buch ist in Kapitel unterteilt, um dieser unschönen Sitte vorzubeugen." Sie strengen ihr Gedächtnis an: „Jetzt fällt es mir wieder ein – der Autor hat es mir ja eingeschärft –, daß ich aufhörte am Ende des – ich glaube, es war das sechste Kapitel. Geh zum siebten Kapitel über und laß mich hören, wie es anfängt – Polly liest: ‚Siebtes Kapitel – Der Tod des Eichhörnchens meiner Lady *Fanciful* . . .'" Miss Dimple unterbricht sie: „Halt ein, Mädchen, du liest zu schnell; und ich verstehe nicht ein Wort von dem, was du sagst . . . Ich hätte nicht so weit hinten anfangen dürfen – Geh zurück bis zum Ende des Kapitels, in dem der Dummkopf von einem Autor uns auffordert, ein Schläfchen zu halten, und merk dir, wo er uns verläßt. – Oh ja, Ma'am, ich habe es gefunden; hier ist es. Wie gnädige Frau sagten, er sagt . . ." (I, 68f.). Sie liest den Schluß von Kapitel IV, einen Text, der dem Leser bereits einige Seiten zuvor begegnet ist. Und dann, nach sechzehn weiteren, laut gelesenen Seiten, mischt sich der Erzähler ein: „Aber der Leser muß daran denken, daß *Polly*, Miss *Dimples* Mädchen, während dieser gan-

---

oder deutliche Anzeichen für eine tiefgreifende Beeinflussung durch seine Erzähltechnik zeigen, vgl. Bibliographie, Abschn. V.

zen Zeit liest. Sie ist gerade so weit gekommen, als sie sich umschaut und entdeckt, daß ihre Herrin fest schläft . . . Es ist Zeit, das Kapitel zu beschließen, wenn die hübsche Miss *Dimple* darüber einschläft." [19]

Derartige Scheinleser werden gegen das kunstvolle Selbstportrait des Erzählers ausgespielt, der, halb Clown, halb Orakel, nur ganz entfernt etwas mit einem logisch zu erschließenden Autor zu tun hat. Es ist, als habe der Autor bewußt beschlossen, seinen „Vater F – g" nur von seiner kapriziösen Seite her zu imitieren und ungleich Fielding die „Lehrmeinung ernst zu nehmen, nach der ein Autor trotz all seiner kritischen Überlegenheit das absolute Recht hat, wann und wo es ihm beliebt, abzuschweifen und sich und seinen Lesern mit allem Vergnügen zu bereiten, was ihm gerade in den Sinn kommt, ob es nun mit dem jeweiligen Thema etwas zu tun hat oder nicht" (I, 28f.). Unnötig zu sagen, daß die arme Charlotte Summers in Anwendung dieser Doktrin oft – was bei Tom nie wirklich der Fall ist – über Seiten hinweg vergessen wird. Ein angeblich komischer Roman wird hier von spaßigen Einlagen in einzelne Teile zerrissen.[20]

Eine ganz andere Wirkung erzielt eine ähnlich erscheinende Kaprice in den Werken einer weiteren Tradition, nämlich der Tradition der mehr zusammenhängenden als zusammenhanglosen Selbstportraits, für die Montaigne das beste Beispiel bietet. Bei einer ganzen Reihe von Werken, die bis zu Montaignes *Essais* führen und darüber hinausgehen, fand Sterne kunstvolle und wunderliche Kommentare, die ihren Sinn in sich selbst tragen und mehr oder weniger von jedem anderen erzählerischen Interesse losgelöst sind. Montaignes Buch, eine weitschweifige Sammlung von Meinungen über dieses und jenes, verdankt all seine dramatische Kohärenz dem konsequent inkonsequenten Portrait des Autors selbst in dessen Eigenschaft als Schriftsteller, und der „Montaigne", der hier in Erscheinung tritt, ist ebenso faszinierend, wie es jeder beliebige Romanheld sein könnte. Ebenso wie Tristram erzählt er uns eine ganze Menge über seine moralischen und körperlichen Eigenschaften, genug vielleicht, um den Anspruch zu rechtfertigen, er

[19] Ein weiteres Beispiel für diese „Doppelspiegelung" bietet Mark Harris' *The Southpaw*, in dem ein mit „11-A" überschriebenes Kapitel darüber berichtet, wie der Erzähler Kapitel XII seinen Freunden vorliest. Sie erheben gegen jeden Abschnitt von Kapitel XII Einwände, und er streicht und streicht in einem fort, bis nur noch ein Satz übrig ist. Dieser Satz leitet dann Kapitel XIII ein; Kapitel XII gibt es also nicht.

[20] Einen umfassenderen Bericht über diesen wie auch über andere komische Romane der fünfziger Jahre vor Shandys Zeit gebe ich in „The Self-Conscious Narrator in Comic Fiction before *Tristram Shandy*", *PMLA*, LXVII (März 1952), 163–85.

„zeichne sich selbst". Aber er gibt uns weit mehr: einen fortlaufenden Bericht über die Entstehung des Buches während des Schaffensprozesses und somit ein fortlaufend ergänztes Portrait seiner Person als Autor. „Ich stellte mich selbst meinem Selbst vor als Argument und als Thema. Dieses Buch ist in der Welt einzig und in seiner Art und seine Konzeption ist abenteuerlich und extravagant; das einzig Erwähnenswerte bei dieser Angelegenheit ist die Extravaganz: Denn bei einem so unfruchtbaren und bedeutungslosen Thema hätte selbst der beste Handwerker der Welt keine Form finden können, die geeignet gewesen wäre, es in irgendeiner Weise der Wertschätzung zu empfehlen" (II, 85).[20a] Er erörtert ausführlich seine Begrenztheit als Mann ohne Vorkenntnisse, als der er daran geht, ein Buch zu schreiben, das wahrer sein wird als die Bücher anderer. Seine „Phantasie und Urteilskraft tappen nur im dunklen", und er schreibt, „alles, was mir in den Sinn kommt, gleichgültig, was" (I, 214). Er hat „natürlich einen witzigen und allgemein vertrauten Stil; aber er ist eigentümlich und eignet sich nicht für öffentliche Belange, dagegen ist er wie die Sprache, die ich spreche, zu kompakt, ungleichmäßig, abrupt und eigenwillig" (I, 398). Ebenso wie Tristram Shandy, der seiner Feder folgt, wo immer sie ihn hinführt, arbeitet er „ohne Vorüberlegungen, ohne Plan, das erste Wort bedingt das zweite, und so weiter bis zum Ende des Kapitels" (I, 400). Er verteidigt seine Abscheifungen in derselben Manier wie Tristram: „Diese allgemeinen Bemerkungen schweifen etwas von meinem Thema ab. Ich komme vom Weg ab, aber das geschieht mehr aus Freizügigkeit als aus Versehen. Meine Phantasiegebilde folgen eines dem anderen, aber manchmal mit großem Abstand; und sie schauen aufeinander, aber mit schiefem Blick ... ich liebe dichterische Wanderungen, auf denen gehupft und gesprungen wird ..." (III, 348f.). Er prophezeit, wobei er die von Tristram angekündigten vierzig Bände ahnungsvoll antizipiert, daß er fortfahren wird, unablässig und ohne Mühe ... solange es auf der Welt Tinte und Papier gibt" (III, 263). Und ebenso wie Tristram argumentiert er oft und ausführlich mit den von ihm postulierten Lesern: „Nun gut, aber irgend jemand wird zu mir sagen, daß dieses Vorhaben, das Selbst eines Menschen zum Thema einer schriftstellerischen Arbeit zu machen, eigentlich [nur] bei ungewöhnlichen und berühmten Menschen entschuldigt werden könne ... Es ist sehr wahr, das gebe ich zu und weiß ich sehr gut, daß ein Handwerker kaum von seiner Arbeit

[20a] Die Zitate stammen aus der Übersetzung von Charles Cotton, da diese den größten Einfluß auf die englische Literatur ausgeübt hat, besonders durch die Vermittlung von John Dunton und Sterne. Kapitel- und Seitenangaben beziehen sich auf die zweite Ausgabe; London, 1693.

aufschauen wird, um sich einen gewöhnlichen Sterblichen anzusehen ... Andere werden ermutigt, von sich selbst zu sprechen, weil sie das Thema für wertvoll und ergiebig hielten; *ich* dagegen bin um so kühner, als das Thema so dürftig und unfruchtbar ist, daß man *mich* nicht der Großtuerei verdächtigen kann" (II, 641f.).

Die volle Wirkung dieser ganzen Erörterung über seine Person als eines neuen Schriftstellertyps kann man erst erfassen, wenn man sein Buch noch einmal liest und dabei sein Augenmerk ausschließlich auf dieses Phänomen richtet; sie kann durch das Zitat sicher nicht vermittelt werden. Wichtig ist jedoch die Erkenntnis, daß die einzige formale Kohärenz, die Montaigne für sich beansprucht, von genau dem Material gewährleistet wird, das viele moderne Romanautoren, die etwas auf sich halten, automatisch als destruktiv und unkünstlerisch ablehnen würden. Vielleicht ein Fünftel dieses Werkes besteht aus bloßen Kommentaren.

Es ist zwar kein Roman; in den *Essais* gibt es keine durchgehende Erzählung. Aber gerade aus diesem Grund bietet es die ausgezeichnete Möglichkeit, einen Kommentar zu untersuchen, wenn er keine andere Funktion hat als die, er selbst zu sein. Mehr noch, wenn wir uns den „Montaigne" genau ansehen, der aus diesen fertigen Seiten hervortritt, können wir nicht umhin, jede einfache Unterscheidung zwischen Fiktion und Biographie oder Essay abzulehnen. Der Montaigne aus dem Buch ist auch mit der größten Phantasie nicht der wirkliche Montaigne, der sich ohne Rücksicht auf eine „ästhetische Distanz" über die Seite ergießt. Trotz seiner endlos wiederholten Behauptung, „er präsentiere sich dem Auge des Lesers so, wie er von Natur aus sei" (II, 718), erleben wir ihn oft, wie er sich zu Wandlungen seines Selbst bekennt. Wendungen wie „soweit es mir im Hinblick auf die Öffentlichkeit gestattet ist" finden sich fast überall dort, wo er seine Absicht kundtut, sich selbst zu portraitieren. „Wenn ich diese Gestalt nach meinem Ebenbild in eine Gußform bringe, bin ich so oft gezwungen, mich zu läutern und in die richtige Lage zu bringen, daß der Abguß nunmehr wahrheitsgetreu ist und sich in gewisser Weise selbst geformt hat. Da ich aber für andere male, stelle ich mich in einer Farbe dar, die besser ist als meine natürliche Gesichtsfarbe" (II, 543). „Nun aber enthülle ich hier, soweit dies der Anstand zuläßt, meine Neigungen und Vorlieben ..." (III, 329). „Und obendrein muß ein Mann, der an die Öffentlichkeit tritt, sich frisieren, herrichten und zurechtmachen ..." (II, 75). Sich frisieren und zurechtmachen tut er bestimmt: Wir brauchen seine Lebensumstände nicht zu erforschen, um das zu wissen, wir, die wir gelernt haben, beim Lesen hinter die sich frisierenden und zurechtmachenden rollenbewußten Erzähler eines Proust, Gide, Huxley und Mann zu schauen.

Diese erschaffene fiktionale Figur ist es, die die verstreuten Gedanken zusammenzieht. Anders als in *Charlotte Summers* ist der eingeschobene Kommentar hier weit davon entfernt, einen ansonsten kohärenten Stoff zu zerreißen, ja, hier wird etwas vereint – zwar immer noch sporadisch –, das sonst unerträglich diffus wäre. Und bei einer großen Anzahl von Werken nach Montaigne hätte Sterne ähnliche Wirkungen feststellen können.[21]

Der dritte Shandy-Einfluß, den ich hier kürzer behandeln muß, findet sich auch in zahllosen Satiren und Burlesken wieder, angefangen von Rabelais über Erasmus und Swift bis hin zu einer Unmenge nicht so bedeutender Autoren in den Jahrzehnten unmittelbar vor *Tristram Shandy*. Da die rhetorische Intention dieser Werke jedem Leser evident ist, ist es für gewöhnlich klar, welche Funktion die auftretenden Sprecher haben, seien es nun Narren, Spitzbuben oder Weise; niemand beschuldigt sie einer unsinnigen Zusammenhanglosigkeit. Doch in mancher Hinsicht kommen Werke dieser Tradition noch näher als *Charlotte Summers* oder die *Essais* an etwas heran, das wir in dem „grundlegend neuen" *Tristram Shandy* entdecken. Während in den komischen Romanen, die einen rollenbewußten Erzähler einsetzen, die Organisation der Geschichte selbst von den Einmischungen des Erzählers in der Regel unberührt blieb, steht der Erzähler in Werken wie *Ein Märchen von einer Tonne* viel mehr im Mittelpunkt: Wie in *Tristram Shandy* verändert seine Person den eigentlichen Plan des Werkes, das, was den Progreß von Kapitel zu Kapitel ausmacht. Wenn Swifts drittklassiger Schreiberling „sich einmischt", unterscheidet sich die Qualität dieser Einmischung völlig von allem, was wir bisher gesehen haben; selbst wenn die Erzähler von *Charlotte Summers* und *Ein Märchen von einer Tonne* genau die gleichen Worte verwendeten, wäre es in dem einen Fall eine echte Einmischung in mehr prinzipielle Fragen, wohingegen in dem anderen die „Einmischungen" selbst von wesentlicher Bedeutung für die Wirkung wären. Genauso wie *Tristram Shandy* das verrückte Buch ist, das es wegen der Lebensumstände und Meinungen des Mannes, von dem es handelt, zu sein scheint, ist auch des Schreiberlings *Märchen von einer Tonne* (im Unterschied zu Swifts) das schrecklich armselige Etwas, das es wegen der angenommenen literarischen Meinungen und intellektuellen Gepflogenheiten, die das Buch attackiert, zu sein scheint.[22] Hauptziel der Satire ist also hier der „Autor".

---

[21] Vgl. Bibliographie, Abschn. V, C.

[22] Vgl. Bibliographie, Abschn. V, C.

Wenn wir Tristram Shandy im Lichte dieser Traditionen betrachten, erkennen wir, daß Elemente von allen dreien das Werk mit zusammenhalten: Es hat eine Art komischen, wenn auch „aus den Nähten geplatzten" Plot; es liefert uns ein stimmiges Gesamtbild von dem widersprüchlichen Geist eines Menschen; und es ist in seiner Gesamtheit das lächerliche Produkt eines schrulligen Erzählers wie des drittklassigen Schreiberlings. Nur unter einem dieser Aspekte wirkt der Kommentar als Bruch; unter den beiden anderen ist die dramatische Darbietung des Schreibvorgangs das wichtigste Element des Zusammenhalts.

Aber indem Sterne diese drei Traditionen miteinander kombiniert, schafft er etwas genuin Neues: Da Tristram anders als Montaigne wirklich eine Geschichte zu erzählen versucht, hat sein Ringen als Schriftsteller selbst eine Art Plot-Form, wie sie bei Montaigne nicht möglich ist. Obwohl diese Handlung die komische Handlung sprengt, die er zu erzählen vorgibt, sind beide Handlungen in Wirklichkeit voneinander abhängig, so wie Swifts Geschichte von den drei Brüdern und der drittklassige Schreiberling, der diese Geschichte erzählt. Und doch wird hier, im Gegensatz zu dem, was wir bei *Ein Märchen von einer Tonne* erkannt haben, das Schreiben eines Buches als solches anscheinend nicht einfach mit dem Ziel dargestellt, sich über andere Schriftsteller und deren Meinungen lustig zu machen; trotz des großen Anteils beiläufiger Satire scheint sich Tristrams Handlung, die darin besteht, dieses Buch zu schreiben, ebenso wie die großartigen komischen Handlungen eines Tom Jones oder Don Quijote über jede satirische Intention zu erheben, um letztlich als etwas dazustehen, das der Leser um seiner selbst willen genießt: Die Satire ist da, um dem Leser den Genuß der Komik zu verschaffen, und nicht umgekehrt.

Die Komplexität dieses komischen Geschehens zeigt sich am deutlichsten, wenn wir bei Tristrams Wesen zwei Aspekte unterscheiden: den lächerlichen und den sympathischen. Einerseits entspricht Tristrams Handlungsweise, zumal er sich in viele Schwierigkeiten selbst hineinmanövriert, irgendeinem beliebigen komischen Geschehen, welches von Zuschauern verfolgt wird, die besser informiert sind als die handelnde Person. Sie erzeugt jene dramatische Ironie, die wir erleben, wenn wir sehen, wie Tartuffe Orgons Ehefrau den Hof macht, und wissen – was Tartuffe nicht weiß –, daß Orgon unter dem Tisch sitzt: d. h., wir lachen über ihn und freuen uns auf die komische Demaskierung. Andererseits stehen wir, da Tristram in vielerlei Hinsicht bewundernswert ist, auf seiner Seite. Er steht unüberwindlichen Hindernissen gegenüber, die wir alle kennen: Das Phänomen der Zeit, unsere uns selbst überraschenden Sinnesänderungen und die menschliche Animalität, wie sie alle unsere Bemühungen untergräbt, das Ideal zu erlangen.

Unter dem ersten dieser Aspekte betrachtet, ist Tristram hoffnungslos unfähig. Sterne setzt seinen unbeholfenen einundvierzigjährigen Helden an den Schreibtisch in seinem Arbeitszimmer, so als sei er auf einer Bühne, wunderlich gekleidet und beim Schreiben mit Tinte herumspritzend. Sein Leben ist hoffnungslos verpfuscht durch die Ungeschicklichkeit bei seiner Zeugung, die bei seiner Geburt eingedrückte Nase, die Verwechslung bei seiner Namensgebung und eine Reihe anderer Mißgeschicke, wie sie für das Haus der Shandys typisch sind. Bei solch einem Mann als Hauptperson sind unsere Erwartungen, die wir an die Auflösung des komischen Geschehens knüpfen, natürlich sehr verschieden von dem, was wir in komischen Romanen wie *Tom Jones* oder auch *Charlotte Summers* erwarten. Obwohl wir immer fatalere Mißgeschicke des jungen Tristram und seines Onkels Toby zu erleben hoffen, sind unsere Erwartungen, den herangewachsenen Tristram in immer größere erzähltechnische Schwierigkeiten verstrickt zu sehen, sogar noch höher gespannt. Immer besteht die hohe Wahrscheinlichkeit, daß seine Geschichte nicht zu Ende erzählt wird, sind doch seine Fehlschläge so zahlreich. Doch wird es auch immer wahrscheinlicher, daß die Geschichte, die er erzählen *will*, auch erzählt wird, da er von seiner Warte aus gesehen offenbar Erfolg um Erfolg erzielt. Wenn er zum Schluß kommt, machen wir eine Entdeckung, die wir die ganze Zeit über schon halb erwartet haben. „Du liebe Zeit", sagte meine Mutter, „wovon handelt denn diese Geschichte überhaupt?" „Von einem Hahn und einem Stier, eine unglaubliche Geschichte", sagte Yorick . . . Und eins von den hübschesten Geschichtchen dieser Art war's, die ich je gehört" (S. 940). Wahrhaft eine nach all den kühnen Versprechungen kläglich ausgefallene komische Antiklimax. Und doch, je länger wir seinen Schlußteil betrachten, desto mehr Anzeichen erkennen wir dafür, daß er sehr wohl die Geschichte erzählt hat, die *er* im Sinne hatte, so lächerlich diese Geschichte auch sein mag.

Das Erzählen seiner Geschichte ist an sich schon hauptsächlich deswegen komisch, weil sein Gegenstand, betrachtet man ihn als Stoff für einen konventionellen komischen Roman, seinem Wesen nach nichts enthält, was diese ganze Komplexität erfordern würde. Das ganze Chaos macht er allein. Sterne und der Leser sind sich immer einer klaren, einfachen Abfolge von Ereignissen bewußt, die man mühelos auf hundert Seiten hätte erzählen können. Wir haben eigentlich nur zwei einfache Erzählstränge: Tristrams Zeugung, Geburt, Namensgebung, Beschneidung und Bekleidung mit einer Hose sowie Onkel Tobys Liebeswerbung um die Witwe Wadman. Die beiden werden geschickt durch die neun

Bände hindurchlaviert, und der neunte Band bringt etwas zu einem guten Ende, das Tristram uns gegenüber immer wieder als sein „Pfaffenhäppchen" ausgegeben hat, jene Geschichte, die er sich „die ganze Zeit über" zu erzählen „beeilt" hat, wie nämlich Onkel Toby durch sein Werben um die Witwe zu seiner Sittsamkeit kam.[23] Die Ironie, die Tristram entgegenwirkt, beruht auf dem Gegensatz zwischen dieser grundlegenden Einfachheit und dem phantastischen Chaos, das Tristram daraus macht. Ganz im Sinne dieses Gegensatzes ist es, daß Tristrams Erzählung um so belustigender wirkt, je größer die tatsächliche Einfachheit und je größer die scheinbare Komplexität ist. Wir haben in der Tat ein Werk entdeckt, bei dem wir sagen können: je mehr Kommentar, desto besser.

Aber Tristrams Ringen um sein Buch bietet Aspekte, die den Leser zwingen – vielleicht insbesondere den modernen Leser –, seine Partei zu ergreifen. Immerhin sind seine beiden Erzählstränge nur dann einfacher Art, wenn man sie als Stoff für einen traditionellen Roman ansieht. Wenn ein ehrlicher Schriftsteller ebenso wie Tristram versucht, die innere Realität, die volle Wahrheit über die Frage darzulegen, in welcher Beziehung sein Leben und seine Meinungen zueinander und zur Wahrheit selbst stehen, dann ist er in Schwierigkeiten; ja, er führt einen von Anfang an aussichtslosen Kampf. Doch werden wir zu der Überzeugung gebracht, daß dieses Unterfangen sinnvoll, wenn auch hoffnungslos ist. Im Vergleich zu all den Kunstgriffen, mit denen man in konventionellen Romanen der Frage aus dem Wege geht, welche Beziehung die fiktionale Welt zur realen Welt hat, wirken Tristrams Anstrengungen imponierend; wir, die wir von Ford und anderen (Kap. II) Lektionen über den höchsten Wert der Realität gelernt haben, mögen Tristrams Bemühen sogar überbewerten und etwas von der Lächerlichkeit übersehen, auf die es Sterne ankommt. Auf jeden Fall aber können

---

[23] Vgl. Theodore Baird, „The Time-Scheme of *Tristram Shandy* and a Source", *PMLA*, LI (1963), 803–20; James A. und seine Werksausgabe von *Tristram Shandy* (New York, 1940), Einführung, S. XLVIII–LI; und mein „Did Sterne Complete *Tristram Shandy?*", *Modern Philology*, XLVII (Februar 1951), 172–83. Als scharfsinnige Arbeit, die zu meiner Behauptung, Sterne habe „die ganze Zeit über" geplant, sein Buch mit diesem „Pfaffenhäppchen" zu beschließen, skeptisch Stellung nimmt, vgl. McKillop, *Early Masters*, S. 213 f. Zwar gibt es, wie McKillop sagt, neben dem Erzählen von Onkel Tobys Geschichte unzählige andere Möglichkeiten, Tristrams Leben und Meinungen *nicht* zu erzählen. Doch stützt sich meine Behauptung auf den Umstand, daß keine dieser anderen Möglichkeiten rhetorisch dadurch intensiver genutzt wird, daß vom Beginn des ersten Bandes an wiederholt Versprechungen gemacht werden, besonders aber am Ende jedes gesondert veröffentlichten Bandes.

wir nicht umhin, mit ihm zu fühlen in diesem Ringen – und sei es noch so humoristisch ausgedrückt –, bis zur inneren Realität der Ereignisse vorzudringen, die sich nie fassen läßt und sich dem Zugriff des Künstlers immer gerade noch entzieht. Wenn wir James' Äußerungen über diese Fragen mit Anteilnahme lesen, wie können wir dann Tristram die gleiche Anteilnahme verweigern? „In der Wirklichkeit und ganz allgemein haben Relationen nirgendwo ein Ende, und die vornehmste Aufgabe des Künstlers ist es nun, niemals etwas anderes zu tun, als nach eigenen geometrischen Gesetzen jenen Kreis zu ziehen, in dem sie dann doch glücklich aufzuhören *scheinen.*" [24] Niemand weiß besser als Tristram, was James meint, und zuweilen liest sich die Beschreibung seines Problems wie eine komische Version von James. Es ist z. B. interessant, einen Schritt zurückzutreten und die beiden Meister der Amplifikation in ihrem Ringen um die Vermittlung der Zeit zu beobachten:

Diese ewige Zeitfrage besteht daher für den Romanautor immer, und immer als etwas Schreckliches; unter den Bedingungen der Wahrheit liegt der Nachdruck immer auf der *Wirkung* der großen Zeitspanne und Abfolge, der „im Dunkel liegenden Vergangenheit und Schlucht", und unter den Bedingungen der literarischen Konvention auf der Wirkung von Gedrängtheit, Komposition und Form. Es ist wirklich eine Angelegenheit, die alle, mit Ausnahme der Beherzten, erschreckt und zu erbärmlichen Auslassungen und Verstümmelungen Zuflucht nehmen läßt, doch würde der Schrecken in der Tat noch weiter um sich greifen, wenn das allgemeine Wissen um die Schwierigkeit größer wäre.[25]

Dieses tapfere Herz, Tristram, das sich der Schwierigkeiten ebenso bewußt ist wie James, formuliert das Problem noch etwas konkreter:

Ich bin diesen Monat ein ganzes Jahr älter, als heute vor zwölf Monaten, und da ich, wie Sie sehen, schon fast bis auf die Hälfte meines vierten Bandes gelangt bin und noch nicht weiter als bis auf den ersten Tag meines Lebens, so geht daraus klar hervor, daß ich schon jetzt dreihundertvierundsechzig Tage mehr zu schreiben habe, als ich zuerst begann, so daß ich, anstatt wie ein gewöhnlicher Schriftsteller pflegt, in meinem Werke mit dem, was ich daran getan, weiterzukommen – vielmehr geradeso viele Bände zurückgekommen bin. Sollte noch jemals ein Tag in meinem Leben ein so geschäftiger Tag sein als dieser (und warum nicht?) und die Taten und Meinungen an demselben so lange Beschreibungen beanspruchen (und aus welchem Grunde sollten sie kürzer abgefertigt werden?), da ich auf diese Weise gerade 364 Tage geschwinder lebte, als ich schreibe, um so mehr werde zu schreiben haben, und folglich, je mehr Ewr. Wohlgeboren lesen, um so mehr werden Ewr. Wohlgeboren zu lesen haben ... Laß mich schreiben, wie ich mag und wie ich will, nach Horazens

---

[24] Vorwort zu *Roderick Hudson*, in *The Art of the Novel*, ed. R. P. Blackmur (New York, 1947), S. 5.

[25] *Op. cit.*, S. 14.

Rat mitten in meine Materie hineinfallen: ich werde mich niemals einholen – trotz alles Treibens und Peitschens; wenn auch das Ärgste zum Argen kommen sollte, habe ich doch immer einen Tag vor meiner Feder voraus, und ein Tag ist genug für zwei Bände, und zwei Bände werden genug sein für ein Jahr (S. 421 f.).

Sterne und der Leser sind zwar in abgeschwächter Form von der mißlichen Lage Tristrams mit betroffen; die Komödie besteht teilweise darin, daß Tristram selbst hier beschließt, über das hinauszugehen, was Sterne oder James für vernünftig halten würden. Aber Sterne sieht sich ebenso wie der Leser der Welt des Chaos in der flüchtigen Zeit gegenüber, die das Bemühen des Künstlers, jene Welt wahrheitsgetreu wiederzugeben, ohne in das Chaos selbst zu geraten, bedroht. Es überrascht kaum, daß moderne Künstler versucht haben, das ganze Buch als einen Kampf mit der Zeit zu deuten oder als ein Bemühen, von der Welt der Zeit zu einer Welt größerer Wahrheit zu gelangen. Es ist mehr als das, aber in der tapferen Gestalt des kleinen Exzentrikers haben wir tatsächlich einen Vorläufer der vielen modernen Erzähler – bei Joyce, Proust, Huxley, Gide, Mann und Faulkner unter anderem –, die James' Botschaft in die Tat umsetzen, wenn sie den aussichtslosen Kampf des Lesers gegen die Zeit führen. Sicher wäre es absurd zu erörtern, ob der Kommentar aus dem Arsenal des Erzählers entfernt werden soll, solange er diesen Kampf führt. Der Kampf stellt sich *im* Kommentar selbst dar; das Erzählen ist zum Darstellen geworden. Jeder Kommentar ist eine Handlung; jede Abschweifung ist in einem tieferen Sinne „progressiv", als Tristram es sagen will, wenn er sich rühmt, daß er mit seiner Geschichte vorwärtskomme.

Shandyscher Kommentar – gut und schlecht

Nachdem Sterne den Kommentar quantitativ und qualitativ ausgebaut hatte, bis er für das ganze Buch beherrschend wurde und eine neue Art von Einheit schuf, wurden verschiedene Aspekte von *Tristram Shandy* in späteren Werken imitiert – diese erschienen zuerst in überwältigend großer Anzahl, wurden dann weniger und erschienen schließlich nur noch „tropfenweise", wenn auch stetig, bis das zwanzigste Jahrhundert den großen Durchbruch des rollenbewußten Erzählers brachte.[26] Vgl. 188, 202

Ebenso wie beim zuverlässigen Erzählen ist es auch hier nicht leicht, die Unterschiede zwischen „gut" und „schlecht" anhand von Textauszügen zu veranschaulichen. Ein alberner Kommentar in einem klugen

[26] Vgl. Bibliographie, Abschn. V, C und D.

Werk kann eine eigene Art von Vergnügen bereiten; ein alberner Kommentar in einem albernen Werk erzeugt lediglich Langeweile.

Einige der Einmischungen in Thomas Amorys *John Buncle* (1756) wären z. B. in *Tristram Shandy* vielleicht gar nicht so fehl am Platze: „Ich habe kaum das Recht, irgendwelche außergewöhnlichen Verstandeskräfte für mich zu beanspruchen, da mein Geist langsam arbeitet, wie es nun einmal in den unteren Rängen der Literaten üblich ist; doch war ich immer mit sehr großem Fleiß bei der Sache: Mein ganzes Leben habe ich mit Lesen und Nachdenken verbracht: Und trotzdem bin ich zu meiner Zeit vielen Frauen begegnet, denen ich, obwohl sie sehr wenig belesen waren, bei verschiedenen Themen einfach nicht gewachsen war" (S. 274). Hier ein eingefügter Gedankenstrich und dort eine etwas lebendigere Diktion, und die Stelle würde Tristram zugeschrieben werden können. Wenn wir aber aus dem Kontext erfahren, daß diese Äußerung in keiner Weise ironisch, sondern als ehrliche Lobpreisung des weiblichen Verständnisses gemeint ist, wirkt sie entgegen Amorys Absicht belustigend. Andererseits sind viele der Einmischungen von Swifts drittklassigem Schreiberling in *Ein Märchen von einer Tonne* an sich schon in höchstem Maße dümmlich. Obwohl aufmerksame Leser überall das Wirken von Swifts Genie erkennen, wäre es nicht schwer, relativ umfangreiche Einschübe ausfindig zu machen, die, wörtlich genommen, ebenso langweilig wie diejenigen Amorys wären:

> Ich hoffe, wenn dieser mein Traktat in fremde Sprachen übersetzt wird (wie ich denn ohne Eitelkeit versichern kann, daß die Mühe der Sammlung, die Treue des Berichts und das große Interesse, das die Sache für die Allgemeinheit hat, solcherlei Gerechtigkeit reichlich verdienen), so werden die würdigen Mitglieder der fremden Akademien, besonders die in Frankreich und Italien, diese demütige Gabe zur Förderung des allgemeinen Wissens günstig entgegennehmen ... Und so fahre ich in großer Seelenzufriedenheit fort, dieweil ich mir überlege, wieviel Vorteil der ganze Erdball vermutlich durch meine Arbeit haben wird.[27]

Der Erzähler ist hier ein stumpfsinniger und törichter Mann, aber das Buch, das er „schreibt", ist großartig, zum Teil wegen des Gegensatzes zwischen seiner Rolle und derjenigen des implizierten Autors.

Demnach muß ein gelungener Kommentar zwei Erfordernisse erfüllen: er muß einem Kontext angemessen und für diesen Kontext selbst von Nutzen sein.[28] Aber so notwendig dieses ist, so ist damit allein der

[27] „Ein Märchen von einer Tonne", in *Prosaschriften, II* (Reiss Berlin, 1910), S. 121 f.

[28] Im allgemeinen beruhen die gelungenen Imitationen auf neu entdeckten Verwendungsmöglichkeiten für diese Art Erzähler. Diderot und Bage z. B. hatten beide Erfolg mit wirklich neuartigen Werken. Diderot schafft in *Jakob*

Erfolg noch nicht gewährleistet. Man könnte Dutzende von mißlungenen Kommentaren anführen, die angemessen sind und in genau dem gleichen Sinne wie in *Tristram Shandy* funktionale Bedeutung haben. In all diesen Fällen gibt ein auftretender Erzähler vor, eine ganz bestimmte Geschichte zu vermitteln, während er in Wirklichkeit eine andere erzählt; oftmals werden eine ganze Reihe komischer Details darüber mitgeteilt, wie der Held auf die Welt kam und welchen bestimmenden Einfluß sein Charakter auf das Buch hat, das er schreibt. Die Erzähler mischen sich allesamt „nach Belieben" in ihre angeblichen Geschichten ein, um ihre eigenen Ansichten darzutun, und alle rühmen sich ihres Geistes und ihrer Exzentrizität. Man könnte eine genaue Schilderung ihrer geistigen Gepflogenheiten geben, die sie identisch erscheinen ließe. Man könnte dann behaupten, ein echtes literarisches Genre entdeckt zu haben, und könnte für den sich einmischenden Autor Stilregeln aufstellen, die alle Kommentatoren fortab befolgen müßten. Wie würden wir dann aber die Tatsache einordnen, daß die gleichen Worte, die der eine Erzähler mit großer Wirkung gebraucht, albern und deplaziert sind, wenn sie von einem anderen Erzähler kommen, der genau dieselbe Wirkung anzustreben scheint? Anhand welcher Regeln können wir feststellen, welcher der drei folgenden Textauszüge aus einem der „großen Bücher" stammt und welche Büchern entnommen sind, die fast völlig und zu Recht in Vergessenheit geraten sind? Ich habe ein paar Eigennamen abgeändert.

1. Und nun bitte ich alle heutigen und künftigen Kritiker, da ich sie in das Geheimnis meines Genies und Humors eingeweiht habe, alle kritischen Bemerkungen, deren sie fähig sind, für das *Leben*, und die *Meinungen* zu sammeln, worüber zu schreiben ich mich anschicke. Ich weiß bis jetzt selbst nicht mehr als der Mann im Mond, welche Art *Leben*, welche *Meinungen* dabei herauskommen mögen: Aber angenommen (um dem Vorwurf des Eigendünkels zu entgehen), sie verdienen etwas mehr als nur eine oberflächliche Behandlung von seiten der Kritiker, so halte ich es für angebracht, sie an dieser Stelle darauf

---

und sein Herr (*Jacques le fataliste* [1796; geschrieben 1773]) einen Erzähler, der anhand der fatalistischen Prinzipien, die sein Schreiben bestimmen, jene fatalistischen Prinzipien veranschaulicht, die das Buch und das Leben selbst bestimmen. Bage konkretisierte in *Hermsprong* (1796) seine satirische Botschaft – etwa nach Art von Swift – in den Schwächen seines Erzählers. Andererseits ist das Resultat natürlich unbefriedigend, wenn literarische Mode mehr oder weniger den einzigen Anstoß zu einer solchen Erzählweise gibt (*The Man of Feeling* [1771]), oder wenn die Imitation so deutlich ist, daß sie als bloßes Plagiat erscheint (*Yoricks Meditations* [1760]), oder wenn der Kommentar anscheinend hauptsächlich einem unreifen Exhibitionismus des Autors dienen soll (Hemingways *Tod am Nachmittag [Death in the Afternoon]*).

hinzuweisen, daß sie sich von dem Augenblick an, in dem sie diesen Text lesen, durch meine besondere Genehmigung ermächtigt und berechtigt fühlen sollen, ihre Waffen, gewöhnliche und außergewöhnliche, bereitzuhalten, um ihnen den Garaus zu machen, sofern dies in ihrer Macht steht; was ihren guten Willen angeht, so zweifle ich nicht daran ...

2. Nachdem ich vom Ende des letzten Kapitels an zurückgesehen und das Gewebe des Geschriebenen in Augenschein genommen habe, finde ich es notwendig, daß auf dieser und den nächstfolgenden fünf Seiten eine gute Quantität fremder Materie eingeschaltet werde, um das rechte Ebenmaß von Weisheit und Torheit beizubehalten, ohne welches kein Buch ein einziges Jahr zusammenhängen würde. Eine armselige schleichende Digression (welche ein Mann, wenn's nicht des Namens wegen wäre, ebensogut auf der ebenen Heerstraße fortgängeln könnte) will's auch nicht ausmachen. Nein; wenn's doch einmal eine Digression sein soll: so muß es eine recht rasche sein, und das über eine rasche Sache dazu, wobei weder das Pferd noch der Mann anders als im Zurückprallen aufgefangen werden kann.

Die einzige Schwierigkeit ist, woher nehmen wir die zu diesem Dienste erforderliche Remonte. Die Phantasie hat ihre Mucken, der Witz will nicht gesucht sein und der fröhliche Scherz (so ein gutherziges Geschöpf er ist) will niemals kommen, wenn man ihn ruft, und legt man ihm auch ein Königreich zu Füßen. Das Beste für einen Menschen ist, daß er sein Gebetbuch zur Hand nimmt.

3. *Mein Leben ist eine fortgesetzte Digression, von der Wiege bis zur Bahre; so war es vor meiner Geburt und wird es auch sein, wenn ich tot und verwest sein werde* – diese Geschichte habe ich während des größten Teils dieser sieben Jahre im Schweiße meines Angesichts geschrieben; und nachdem nun nach großen Anstrengungen und Mühen meine Aufgabe und Verantwortung hier endet und alles für den Druck bereit ist, versende ich diesen *Ersten Band* mit Hilfe des Postillions, der dann Schläge und Schimpfworte austeilen kann (wenn die Kritiker ihm in die Quere kommen), um so für all seine übrigen *kleinen Mitbrüder*, die noch folgen sollen, die entsprechende Ellbogenfreiheit zu schaffen. *Mein Name* ist TRISTRAM SHANDY, alias –"'s lag mir gerade auf der Zunge, wenn's rausgekommen wär', *hätt' ich sie mir abgebissen* ...

So *feige* ich auch bin, ich weiß nicht, wie viele *Eigenschaften eines Löwen* wohl in mein Wesen Eingang gefunden haben, und *so klein mein Körper ist*, mein *Ur*großvater könnte von einem Wal oder einem Elephanten abstammen. Du erinnerst dich sicher an die Geschichte mit dem *Hund, der die Katze tötete, die die Ratte fraß* – denn ich liebe es, *philosophische Probleme* anhand allgemeiner Beispiele zum Nutzen des weniger gebildeten Teils dieser Welt zu veranschaulichen –, ja, besonders hier ... aber ich neige zu der Annahme (*unter Freunden gesagt*), wenn überhaupt etwas dran ist, daß die meisten löwenhaften Eigenschaften *irgendwoanders* Eingang gefunden haben, in einem anderen Zweig der Familie; und daß mehr vom *Schaf*, vom sanften Lamm oder ähnlich harmlosen unschuldigen Geschöpfen in meine Natur *geschweift* ist.

Selbst dem Leser, der Tristrams Stil gut genug kennt und festgestellt hat, daß der zweite dieser drei Auszüge von ihm stammt, könnte es möglicherweise Schwierigkeiten bereiten, nicht nur für seine Überlegenheit über die beiden anderen einzutreten, sondern auch dafür, daß er im Gegensatz zu diesen verdientermaßen in Vergessenheit geratenen Texten einen Anspruch auf Größe hat. Doch ist die Quelle des ersten Auszugs, *The Life and Opinions of Bertram Montfichet, Esq.* (1761), eine klägliche Imitation, von der man kaum fünf Seiten in einem Stück lesen kann. Der dritte Text, John Duntons *Voyage Round the World; or, a Pocket Library* (1691), ist, obgleich er demjenigen *Montfichets* weit überlegen ist, unerträglich langweilig, wenn man ihn entweder mit Montaignes *Essais* vergleicht, die er oft ausgiebig kopiert, oder mit Sternes Werk, das erhebliche Anleihen bei ihm macht.

Es ist schwierig, eine allgemeine Beschreibung der Ziele oder Techniken von *Tristram Shandy* zu geben, die nicht auch genau auf die beiden anderen Werke paßt. Warum also ist Sternes Werk um so vieles besser, nicht nur in seiner Gesamtwirkung, sondern sogar in der Textur von Zeile zu Zeile, von Kommentar zu Kommentar, wenn wir die Kommentare zurück in den Kontext stellen? Sterne kannte die Antwort, zumindest teilweise. „Ich hab es unternommen, wie Sie sehen, nicht bloß mein Leben, sondern auch meine Meinungen zu schreiben, in der Hoffnung und Erwartung, daß, wenn Sie erst meinen Charakter kennten und wüßten, von was für einem Schlage von Sterblichen ich bin, das eine Ihnen desto mehr Geschmack an dem andern beibringen würde. So wie Sie weiter mit mir fortgehn, wird die kleine Bekanntschaft, die eben unter uns anfängt, zu einer Vertraulichkeit ausschlagen, und diese, oder die Schuld müßte an einem von uns beiden liegen, wird in Freundschaft endigen. – *O diem praeclarum!* dann wird nichts, was mir begegnet ist, für Kleinigkeit an sich selbst oder für langweilig in der Erzählung gehalten werden" (S. 17f.).

Unsere Kenntnis von seinem Charakter läßt in der Tat alles, was ihn berührt hat, erwähnenswert erscheinen. Unsere Freundschaft mit ihm ist in einer Hinsicht vollkommener als jede Freundschaft im wirklichen Leben, weil wir alles wissen, was es über Tristram zu wissen gibt, und weil wir die Welt so sehen, wie er sie sieht. Unsere Interessen korrespondieren mit seinen Interessen, und sein Stil geht somit in einen größeren Kontext ein, der ihn mit belebt; in dieser Hinsicht nimmt sich unsere Beziehung zu ihm mehr als Identifikation denn als Freundschaft aus, obwohl wir in vielerlei Hinsicht „unsere Distanz zu ihm bewahren". Halbherzig erstrebt Montfichet die gleiche Wirkung, aber seine armseligen Gestalten Tante Dinah und Onkel Dick, Pastor Yorrick (*sic*) und Doktor Rantum, mit denen er seinen Kommentar umgibt, weisen darauf hin, daß dieser von einem verächtlichen Mann gesprochen wird. Während „nichts, das Tristram berührt hat, als etwas seinem Wesen nach Triviales angesehen wird", wird alles, was Montfichet berührt hat, verunglimpft – seien es nun sein bisexueller Onkel oder die Philosophien von Descartes und Locke; wir beurteilen somit jedes Detail in sich selbst, ohne daß es von irgendeinem allgemeinen Glanz verklärt würde. „Don Kainophilus", Duntons Erzähler, ist da etwas erfolgreicher, aber seine Person kann die ihm auferlegte Bürde nicht tragen; sein Geist ist schwach, seine „Weisheit" oft töricht, und seinen Behauptungen, auch dem klügsten Leser stets um einen Sprung voraus zu sein, steht oft die Tatsache entgegen, daß wir seine Schritte schon lange vorher prophezeien können.

Aber Tristram ist Tristram.

Ich wollte, entweder mein Vater oder meine Mutter, oder lieber alle beide, denn im Grunde war der eine so gut dazu verbunden als der andere, hätten hübsch daran gedacht, worauf sie ausgingen, als sie mich zeugten; hätten sie gehörig in Erwägung gezogen, was für ein wichtiges Geschäft sie verrichteten, daß es nicht nur die Hervorbringung eines vernünftigen Wesens beträfe, sondern daß, möglicherweise, die glückliche Bildung und Mischung seines Körpers, vielleicht sein Genie, und sogar die Beschaffenheit seines Gemütes und, da sie kein Wort fürs Gegenteil anführen konnten, selbst das Wohl seines ganzen Hauses ihre Richtung von der Beschaffenheit annehmen möchten, welche damals über Leib und Seele die Oberhand hatte – hätten sie alles dieses gehörig erwogen und darnach gehandelt, ich bin innig überzeugt, ich würde eine ganz andere Figur in der Welt gemacht haben als diese, in der mich nun der Leser nach aller Wahrscheinlichkeit sehen wird. Glauben Sie mir nur, liebe Leser, dies ist keine so unbedeutende Sache, als wohl viele unter Ihnen denken mögen. Sie haben alle, ich wette, von den Lebensgeistern gehört, und wie solche vom Vater dem Sohne eingeflößt werden ... Nun gut! Verlassen Sie sich auf mein Wort ... (S. 7 f.).

Auf sein Wort verlassen wir uns, aber nur zeitweise, und die daraus resultierende ergötzliche Mehrdeutigkeit vergrößert ständig unsere Vorstellung von den Möglichkeiten der Erzählkunst.

Aber ebenso vergrößert Sterne unsere Vorstellung von ihren Problemen. Wir verlassen uns nur zeitweise auf sein Wort; von all den vielen Problemen, die der Leser des *Tristram Shandy* mit dem Leser moderner Erzählwerke teilt, ist das auf eine unbestimmte Weise unzuverlässige Urteil des Erzählers hier das schwerste.

Mit seiner eigenen Konfusion macht er unseren Weg beschwerlich und unsicher. Die Geschichte unzuverlässiger Erzähler von *Gargantua* bis *Lolita* ist in der Tat für den arglosen Leser voller Fußangeln, von denen einige nicht besonders schlimm, andere jedoch hinderlich oder sogar verhängnisvoll sind.

Man achte auf die Schwierigkeiten im nachstehend zitierten einfachen Text, verfaßt von Tristrams Vorfahr „Don Kainophilus, alias Evander, alias Don John Hard-Name" in *Voyage Round the World:*

– aber *o! Meine Mutter, o! Meine liebste Mutsch!* Warum hast du mich verlassen? Warum bist du so bald, so sehr früh schon gegangen – *Kinderfrauen* sind lieblos, traurige lieblose Geschöpfe; und, ach, der kleine *Evander* erleidet vielleicht einen Schock in seiner Wiege, wenn du stirbst ... Dein Tod führt mich zum *Haus der Tränen* – er verdirbt mir alle meine *Freuden,* zerstreut in alle Winde, *was mir geblieben ist* ... verfolgt mich, zerstört mich, macht einen *Märtyrer* aus mir und läßt meinen Geist wieder *ziellos umherschweifen,* so wie meine Füße umhergeirrt sind: – Aber was nützt dies alles – könnte ich auch all die *irischen Klageweiber* dazu bekommen ... über ihrem Grab zu jammern und zu klagen, sie würden sie nicht wieder ins *Leben* zurückbringen – denn sie war tot ... – Wenn du fragst, was sie war, das will ich dir sagen – sie war eine *Frau* und doch *keine Frau,* sondern ein *Engel.*

Ist die komische Wirkung dieser Sentimentalität beabsichtigt? Vielleicht. Aber es ist schwer, sich Gewißheit zu verschaffen. Es gibt keine direkten Anhaltspunkte, die uns den Weg weisen. Der Kontext selbst ist mehrdeutig, obwohl die dann folgende, sich über eine ganze Seite erstreckende Lobrede in vielen Punkten ernst gemeint zu sein scheint. Selbst wenn wir uns die Mühe machen, in Duntons Biographie nachzuschlagen, und aus seinem Werk *Life and Errors* sowie aus anderen Quellen ersehen, daß die in *Voyage* beschriebene Mutter Evanders Punkt für Punkt Duntons eigener Mutter entspricht, wobei Daten und Charakterzüge ebenso zusammenpassen, wie das bei jeder ernst zu nehmenden Autobiographie der Fall wäre, können wir immer noch nicht sicher sein. Unsere Probleme bei der Bestimmung der auktorialen Distanz in solch einem Werk mit komischer Wirkung gleichen, kurz gesagt, den Problemen, die wir bei der Lektüre eines großen Teils ernster Erzählliteratur nach James haben. Sobald der Autor einmal beschlossen hat, fortzugehen und keinen Brief zu schicken,[29] kann der Versuch des Lesers, genau zu bestimmen, wie weit er sich entfernt hat, in der Tat ein schwieriges Unterfangen sein. Obwohl der Erzähler sich vielleicht oft selbst ein Bein stellt, weiß der Leser dies nur dann, wenn sein eigenes Gefühl für das, was gut und richtig ist, besser ist – d. h. dem des verschwundenen Autors ähnlicher –, als es das des Erzählers ist. Dadurch daß Sterne solche mehrdeutigen Praktiken in den Hauptstrom der Erzählkunst einfließen läßt, entwickelt er eine Art von Vertrauen in das überlegene Urteil des Lesers, das zuvor nur bei esoterischen Werken und bei manchen Formen der ironischen Satire erforderlich war.[30]

---

[29] Rebecca West, *Henry James* (London, 1916), S. 88.

[30] Vgl. William Bragg Ewald jr., *The Masks of Jonathan Swift* (Cambridge, Mass., 1954): „Man kann nicht, wie in *Ein Märchen von einer Tonne,* Homer ironisch dafür verurteilen ... daß er die englische Staatskirche falsch aufgefaßt

Das stärkste Extrem dieser neuen Bürde des Lesers äußert sich immer dann, wenn zwischen dem gefühlsmäßig verbindenden Effekt der Vertrautheit mit einem Erzähler oder Reflektor und dem distanzierenden Effekt der von uns mißbilligten Charakterzüge eine Spannung besteht. Wir haben es bei *Tristram Shandy* gesehen: Immer wenn ein Erzähler eine Schwäche von sich offenbart, stößt uns die Schwäche selbst meistens ab oder gibt uns zumindest Anlaß, über ihn zu lachen, während der Akt ehrlicher Selbstoffenbarung uns wiederum anzieht.

Diese doppelte und mitunter widersprüchliche Wirkung ist eines der Hauptthemen des dritten Teils. Bevor wir uns jedoch den modernen unpersönlichen Romanautoren zuwenden, die sich damit auseinandergesetzt haben, sollten wir uns zunächst einmal ein älteres Werk genauer anschauen, in dem die Kontrolle der Distanz meisterhaft realisiert ist. Da dies ein Werk sein sollte, in dem ein sich selbst enthüllender Protagonist sowohl geliebt als auch kritisch beurteilt werden soll, ist die Entscheidung für Jane Austens *Emma* nur natürlich.

habe ... es sei denn, den Lesern ist bewußt, daß Homer Vorzüge hat, die von einer solchen Kritik unberührt bleiben. Es sind Fehler entstanden, als Kritiker versuchten, Swift mehr nach ihren eigenen Normvorstellungen zu interpretieren als nach den seinigen" (S. 188). Man sollte bedenken, daß die Entscheidung hinsichtlich dieser Art von Distanz in komischen Romanwerken weniger wichtig erscheinen kann, als sie es in der Satire oder ernsten Romanwerken ist. Sterne und Dunton können es überstehen, wenn ihre Intentionen über weite Strecken völlig mißverstanden werden, ohne daß der Leser den Verdacht hegt, es sei etwas nicht in Ordnung. Diese Unentschiedenheit und dieses scheinbare Entgegenkommen können dem schwachen Autor natürlich als eine Art Schutz dienen. Wenn z. B. Sternes Grammatik Schwächen zeigt, braucht er sich keine Sorgen zu machen: Der Leser wird die grammatischen Fehler sicher Tristram zuschreiben.

IX Kontrolle der Distanz in Jane Austens „Emma"

Sympathie und Urteil in „Emma"

Henry James beschrieb einmal Jane Austen als eine Romanautorin aus Instinkt, deren Wirkungen, von denen einige zugestandenermaßen vortrefflich seien, sich am besten als „Teil ihrer Unbewußtheit" erklären ließen. Es ist, so sagte er, als ob sie über ihrem Handarbeitskorb „in Gedanken versinke", ins „Spintisieren" verfalle und danach „ihre fallengelassenen Maschen" als „kleine Meisterstreiche der Imagination" wieder aufnehme.[1] Diese wohlmeinende Kritik ist in verschiedenen Formen immer wieder aufgegriffen worden, so in allerjüngster Zeit mit der Behauptung, Jane Austen schaffe Romangestalten, auf die der Leser nicht so reagieren könne, wie sie es bewußt beabsichtigt.[2]

Obwohl wir nicht damit rechnen können, auf die Frage, ob Jane Austen sich ihrer eigenen Kunst völlig bewußt war, eine endgültige Antwort zu finden, offenbart sich uns doch bei der sorgfältigen Untersuchung der Technik irgendeines ihrer Romane ein Bild, das sich von dem der in sich versunkenen Jungfer mit ihren Stricknadeln erheblich unterscheidet. Besonders in *Emma*, wo es wirklich viele Möglichkeiten für technische Mißgriffe gibt, sehen wir einen der unbestrittenen Meister in der Rhetorik des Erzählens am Werk.

Im Anfangsteil von *Emma* hat die junge Heldin alle Voraussetzungen für ein verdientes Glück, mit einer Ausnahme. Sie besitzt Intelligenz, Witz, Schönheit, Vermögen und eine gesellschaftliche Stellung, und ihr gehört die Liebe der Menschen, die um sie sind. Ja, sie dünkt sich vollkommen glücklich. Die einzige Gefahr für ihr Glück, eine Gefahr, der sie sich nicht bewußt ist, kommt von ihr selbst: Bezaubernd wie sie ist,

---

[1] „The Lesson of Balzac", *The Question of Our Speech* (Cambridge, 1905), S. 63. Ausführlichere Zitate bietet R. W. Chapmans unentbehrliches Werk *Jane Austen: A Critical Bibliography* (Oxford, 1955). Einige wichtige Austen-Beiträge, die Chapman aus Zeitgründen nicht mehr berücksichtigen konnte, sind: (1) Ian Watt, *The Rise of the Novel* (Berkeley, Calif., 1957); (2) Stuart M. Taves Rezension von Marvin Mudricks *Jane Austen: Irony as Defense and Discovery* (Princeton, N. J., 1952), in *Philological Quarterly*, XXXII (Juli 1953), 256 f.; (3) Andrew H. Wright, *Jane Austen's Novels: A Study in Structure* (London, 1953), S. 36–82; (4) Christopher Gillie, „*Sense and Sensibility*: An Assessment", *Essays in Criticism*, IX (Januar 1959), 1–9, bes. 5 f.; (5) Edgar F. Shannon jr., „*Emma*: Character and Construction", *PMLA*, LXXI (September 1956), 637–50.

[2] Vgl. z. B. Mudrick, *op. cit.*, S. 91, 165; Frank O'Connor, *The Mirror in the Roadway* (London, 1957), S. 30.

kann sie weder ihren übermäßigen Stolz ehrlich einsehen noch davon ablassen, sich in das Schicksal anderer einzumischen. Es mangelt ihr sowohl an Großmut als auch an Selbsterkenntnis. Sie entdeckt und berichtigt ihre Fehler erst, nachdem sie sich und ihre engsten Freunde beinahe ins Verderben gestürzt hat. Nach ihrer charakterlichen Wandlung aber ist die gerüstet für eine Vermählung mit dem Mann, den sie liebt, dem Mann, der für den Leser das ganze Buch hindurch die Eigenschaften verkörpert, die ihr abgehen.

Es ist klar, daß Jane Austen sich mit einem derart allgemeinen Plot große Schwierigkeiten machte. Obgleich Emmas Fehler als solche komisch sind, drohen sie ständig ernsthaften Schaden anzurichten. Doch muß sie sympathisch bleiben, da der Leser sonst ihre Wandlung nicht herbeiwünschen und sich später nicht genügend darüber freuen würde.

Offenbar besteht das Problem bei einem derartigen Plot darin, eine Methode zu finden, die es dem Leser gestattet, über die von der Heldin begangenen Fehler wie auch über ihre Bestrafung zu lachen, ohne seinen Wunsch, ihre Wandlung und somit ihr verdientes Glück zu erleben, damit zu schwächen. In *Tom Jones* wird, wie wir gesehen haben, diese doppelte Wirkung teils durch die Erfindung von Episoden erzielt, die Sympathie hervorrufen und den Leser jeder möglichen ernsthaften Sorge entheben, und teils durch direktes und wohlwollendes Kommentieren. *Emma* erfordert eine andere Methode, da die meisten Episoden die Fehler der Heldin veranschaulichen müssen und somit entweder unsere gefühlsmäßige Distanz oder unsere Besorgnis vergrößern. Wenn uns Emmas Fehler nicht in der ironischen Textur von Zeile zu Zeile sichtbar gemacht werden, können wir die Komödie, wie sie für uns vorbereitet wurde, nicht vollauf genießen. Wenn wir auf der anderen Seite die Heldin nicht liebgewinnen, wie Jane Austen selbst es uns vorausgesagt hat [3] – wenn wir sie mit dem Fortschreiten des Romans nicht immer mehr ins Herz schließen –, können wir weder auf ihre glückliche und verdiente Verbindung mit Knightley hoffen, die auf ihre Wandlung folgt, noch einen derartigen Schluß als ehrlich ansehen.[4] Jede Lösung

[3] „Eine Heldin, die niemandem außer mir sehr gefallen wird" (James Edward Austen-Leigh, *Memoir of His Aunt* [London, 1870; Oxford, 1926], S. 157).

[4] Die beste Untersuchung dieses Problems bietet Reginald Farrers „Jane Austen", *Quarterly Review*, CCXXVIII (Juli 1917), 1–30; nachgedruckt in William Heaths *Discussions of Jane Austen* (Boston, 1961). Ein Kritiker hält dieses Buch für eine Fehlleistung, da das Problem nie von Jane Austen selbst erkannt wurde: Mr. E. N. Hayes betrachtet in dem bisher wohl ablehnendsten Beitrag zu *Emma* das ganze Buch als Beispiel für das Unvermögen der *Autorin*, Emmas Fehler zu erkennen. „Offensichtlich wollte Jane Austen Emma in Schutz

des Problems, die darauf hinausgelaufen wäre, entweder die Liebe zu der Heldin oder das klare Durchschauen ihrer Fehler zu reduzieren, hätte fatale Folgen gehabt.

Sympathie durch Kontrolle der inneren Einblicke

Die Lösung des Problems, wie die Sympathie trotz der fast nicht wiedergutzumachenden Fehler aufrechterhalten werden könnte, bestand in erster Linie darin, die Heldin selbst als eine Art Erzähler einzusetzen und sie, wenn auch in der dritten Person, über ihre eigenen Erfahrungen berichten zu lassen. Soweit wir wissen, hat Jane Austen nie irgendeine Theorie aufgestellt, die ihre eigene Praxis berücksichtigt; sie erfand keine Begriffe wie James' „zentrale Intelligenz" oder „klarer Reflektor", um damit zu beschreiben, wie sie die Welt des Buches vorwiegend mit Emmas Augen sieht. Wir können daher nie mit Sicherheit wissen, inwieweit James' Vorwurf der „Unbewußtheit" berechtigt war. Aber ob sie sich nun in Spekulationen über ihre Methode erging oder nicht, ist kaum von Belang; an der Brillanz ihrer Lösung gibt es jedenfalls nichts zu deuteln. Dadurch daß die Autorin den größten Teil der Geschichte aus der Sicht Emmas darstellt, erreicht sie mit Sicherheit, daß wir mit Emma gehen und uns nicht gegen sie stellen. Es geht nicht einfach darum, daß Emma mit dem unanfechtbaren Zeugnis ihres Gewissens den Beweis erbringt, daß sie als Ausgleich viele gute Eigenschaften besitzt, die nicht nach außen in Erscheinung treten; ein solches Zeugnis hätte in Form eines auktorialen Kommentars gegeben werden können, wenn auch vielleicht nicht mit der gleichen Eindringlichkeit und Überzeugungskraft. Viel wichtiger ist: Der durchgängig aufrechterhaltene innere Einblick bringt den Leser dazu, einen glücklichen Ausgang für seine Heldin zu erhoffen, und zwar völlig unabhängig von den Eigenschaften, die sich ihm offenbaren.

Von außen betrachtet, wäre Emma eine unsympathische Person, wenn wir sie nicht ebenso wie Mr. Woodhouse und Knightley gut genug kennten, um ihren wahren Wert zu erschließen. Obwohl wir zwar noch leicht dazu verleitet werden könnten, über sie zu lachen – ein wohlwollendes Lachen wäre es nicht. Während die schließliche Aufdeckung ihrer Fehler und ihre Demütigung für einen ungerührten Leser künstlerisch einen Sinn hätten, würde ihre Vermählung mit Knightley unwichtig, wenn nicht gar bedeutungslos werden. Wenn wir nicht Emmas

---

nehmen ... Die Autorin befindet sich daher in der zweifelhaften Lage, die Heldin sowohl zu lieben als auch zu verachten" („'Emma': A Dissenting Opinion", *Nineteenth-Century Fiction*, IV [Juni 1949], 18 f.).

Glück und ihre Wandlung wünschen, die allein dieses Glück ermöglichen kann, wird ein gutes Drittel dieses Buches hoffnungslos langweilig erscheinen.

Doch ist wohlwollendes Lachen nie leicht zu bewirken. Viel leichter ist es, eigens einen Narren für komische Effekte einzusetzen und der Heldin edlere Aufgaben vorzubehalten. Wohlwollend zu lachen ist oft besonders schwierig bei Personen, deren Fehler sich nicht von entsprechenden Tugenden herleiten lassen. Der habgierige, aber geistreiche Volpone kann uns nur so lange auf seiner Seite halten, wie seine Opfer habgieriger und weniger geistreich sind als er, sobald aber die unschuldigen Opfer, Celia und Bonario, die Bühne betreten, wandelt sich die Qualität des Humors; wir haben kein uneingeschränktes Vergnügen mehr an seinen Triumphen. Im Gegensatz dazu sind die großen sympathischen komischen Helden oft hauptsächlich deswegen komisch, weil ihre Fehler, wie Onkel Tobys Sentimentalität, aus dem Exzeß einer Tugend entstehen. Don Quijotes Verrücktheit wird teilweise durch einen übertriebenen Idealismus, durch eine übertriebene Besorgnis für die Unglücklichen verursacht. Jede närrische Geste von ihm ist ein weiterer Grund für uns, den gutmütigen alten Narren zu lieben, und wir können somit in etwa dem gleichen Geist über ihn lachen, in dem wir über unsere eigenen Fehler lachen – mit Wohlwollen und Nachsicht. Vielleicht sind wir deswegen zu verachten; Menschen, die keinen Sinn für Humor haben, empfinden ein solches Lachen oft als üble Flucht. Nimmt man aber Eigenliebe als das, was sie ist, so lachen wir über uns in einer zutiefst nachsichtigen Weise, und wir lachen in der gleichen Weise über Don Quijote: Wir sind überzeugt, daß er ebenso wie wir das Herz auf dem rechten Fleck hat.

Bei Emmas komischen Mißverständnissen dient nichts der gleichen Wirkung. Ihre Fehler sind keine übersteigerten Tugenden. Sie versucht Harriet nicht aus übergroßer Güte zu manipulieren, sondern aus einem Streben nach Macht und Bewunderung. Sie flirtet mit Frank Churchill aus Eitelkeit und Unverantwortlichkeit. Sie behandelt Jane Fairfax ungerecht, weil Jane *gute* Eigenschaften besitzt. Sie nutzt Miss Bates aus, weil es ihr im wesentlichen an „Zartgefühl" und „Wohlwollen" fehlt.

Wir brauchen uns nur vorzustellen, wie Emmas Geschichte aus der Sicht von Jane Fairfax oder Mrs. Elton oder Robert Martin aussähe, um zu erkennen, wie wenig unsere Sympathie einer natürlichen Betrachtungsweise entspringt, und um einzusehen, wie unausweichlich die Entscheidung ist, Emma als Reflektor der Ereignisse einzusetzen – wie getrübt ihre Sehweise auch immer sein muß. Für Jane Fairfax, die das ganze Buch hindurch die meisten der von Emma erst am Schluß entdeckten Werte verkörpert, ist die frühe Emma unerträglich.

Aber Jane Austen läßt uns nie vergessen, daß Emma nicht das ist, als was sie vielleicht erscheinen könnte. Jedem Abschnitt, der ihren Missetaten gewidmet ist – und selbst diese werden größtenteils aus ihrer Sicht gesehen –, entspricht ein Abschnitt, der ihren Selbstvorwürfen gewidmet ist. Wir erleben ihr rüdes Benehmen gegenüber der armen einfältigen Miss Bates, und wir sehen es lebhaft vor uns. Aber ihre Gewissensbisse und ihr Bußgang zu Miss Bates nach Knightleys Vorwürfen sind eine sogar noch lebhaftere Erfahrung. Wir erleben ihre wiederholten Versuche, Harriet auf einen falschen Weg zu führen, doch wird uns ausführlich und anschaulich ihre Selbstkasteiung vorgeführt (Teil I, Kap. 16, 17, 18). Wir erleben sie, wie sie stolz damit prahlt, daß sie es nicht nötig habe, zu heiraten, wobei sie fast ebenso großtuerisch mit ihrem „Vermögen" prahlt wie Mrs. Elton (Teil I, Kap. 10). Aber wir kennen sie zu gut, um ihre lauten Gedanken für bare Münze zu nehmen. Und später (Teil III, Kap. 12) sehen wir sie so weit geläutert, daß sie etwas eingesteht, was wir schon die ganze Zeit über wußten: ein echtes menschliches Bedürfnis nach Liebe. „Wenn alles eintraf, was im Kreise ihrer Freunde geschehen konnte, wäre Hartfield im Vergleich zu früher öde und verlassen und ihr bliebe nur die Aufgabe, mit einem um das zerstörte Glück trauernden Herzen ihren Vater aufzuheitern. Mit dem Kinde, das man in Randalls erwartete, würden die Freunde enger verbunden sein als selbst mit Emma, es würde Mrs. Westons Herz und Zeit ganz ausfüllen ... Alle Guten würden ihnen so entrückt" (S. 301f.).[5]

Die vielleicht ergötzlichsten Eindrücke, die uns der durchgängige Einblick in das Wesensinnere einer sehr verwirrten und sehr reizenden jungen Frau vermittelt, gehen von ihren häufig um Knightley schweifenden Gedanken aus. Sie schätzt seine überragende Weisheit und Tugend im wesentlichen das ganze Buch hindurch richtig ein, und wenn wir *seine* Autorität so ernst nehmen, so stützen wir uns dabei hauptsächlich auf die ihre. Und doch geht jeder Gedanke, den sie sich über ihn macht, in die falsche Richtung. Knightley macht ihr Vorwürfe; der Leser weiß, daß Knightley im Recht ist. Aber Emma?

Emma gab keine Antwort und suchte heiter und unbekümmert auszusehen, in Wirklichkeit aber war ihr recht unbehaglich zumute und sie wünschte sehr, daß er ginge. Sie bereute nicht, was sie getan hatte. Sie glaubte immer noch, über das Recht und die Empfindlichkeit einer Frau stünde ihr eher ein Urteil zu als ihm. Trotzdem empfand sie etwas wie einen gewohnheitsmäßigen Respekt vor seinem Urteil im allgemeinen, deshalb war es ihr unlieb, daß es so laut gegen

---

5 *Emma* (Fischer Frankfurt, 1961). Alle Zitate stammen aus dieser Ausgabe.

sie sprach; und daß er ihr in so zorniger Verfassung gegenüber saß, war ihr sehr unangenehm (S. 51).

Noch augenfälliger wird die mangelnde Selbsterkenntnis, wenn Mrs. Weston andeutet, Knightley könnte vielleicht Jane Fairfax heiraten.

Von ihren Einwänden gegen eine Heirat Mr. Knightleys ließ sie nicht um einen Fingerbreit ab. Sie konnte darin nur ein Übel sehen. Es wäre eine große Enttäuschung für Mr. John Knightley [Knightleys Bruder], also auch für Isabella; für die Kinder ein wirklicher Schaden – und für sie alle eine höchst unliebsame Veränderung und ein empfindlicher Verlust. Ihr Vater würde viel von seinem täglichen Behagen einbüßen – und was sie selber anging, sie konnte die Vorstellung, daß Jane Fairfax nach Donwell Abbey käme, überhaupt nicht ertragen. Eine Mrs. Knightley, hinter der sie alle zurücktreten müßten? Nein, Mr. Knightley durfte niemals heiraten! Der kleine Henry mußte Erbe von Donwell bleiben (S. 163).

Noch weiter könnte Selbsttäuschung kaum gehen, zumindest nicht bei einem Menschen von hoher Intelligenz und Sensibilität.

Doch hat all dies die gleiche Wirkung, die unsere Nachsicht gegenüber unseren eigenen Fehlern in unserem eigenen Leben hat. Während immer nur unreife Leser sich wirklich mit einer Romangestalt identifizieren und jedes Gefühl für Distanz und folglich auch jede Möglichkeit künstlerischen Erlebens verlieren, tendieren wir dahin, auf jedes Ereignis, das Emma betrifft, gefühlsmäßig ebenso zu reagieren wie diese selbst. Wenn sie ein Gefühl der Unruhe oder Scham überkommt, haben wir analoge Empfindungen. Die moderne Erkenntnis, daß solche „Empfindungen“ nicht identisch sind mit jenen, die wir unter ähnlichen Umständen in unserem eigenen Leben haben, macht uns leicht blind für die Tatsache, daß eine ästhetische Form ebenso aus Gefühlsmustern wie aus anderen Materialien gestaltet werden kann. Es ist absurd, so zu tun, als ob unsere Gefühle und Wünsche, mit denen wir auf die Fiktion reagieren, deshalb nicht existieren oder nicht existieren sollten, weil sie in einem sehr realen Sinne uneigennützig sind. Indem Jane Austen den sympathisierenden inneren Einblick als durchgehend verwendet, beherrscht sie eines der wirksamsten Mittel zur Gleichschaltung der emotionalen Reaktion der unvollkommenen Heldin und der des Lesers.

Die Sympathie für Emma kann sowohl dadurch gesteigert werden, daß innere Einblicke in andere Personen unterbleiben, als auch dadurch, daß Einblicke in ihr Wesen gewährt werden. Die Autorin wußte z. B., daß jeder umfassendere Einblick in die Persönlichkeit der Jane Fairfax fatale Folgen gehabt hätte. Nirgendwo treten die Unzulänglichkeiten impressionistischer Literaturkritik deutlicher zutage als in jener oft auf solche Nebenfiguren anspielenden Bemerkung, daß die Schöpfer solcher Figuren sie zwar gerne lebendig gestaltet hätten, aber nicht gewußt hätten, wie.[6] Jane Austen wußte sehr gut, wie man eine solche Figur lebendig gestalten konnte; Anne in *Anne Elliot (Persuasion)* ist eine Art heroisierte Jane Fairfax. Aber in *Emma* muß Emma alle anderen überstrahlen. Es geht nicht nur darum – obgleich das auch wichtig ist –, daß auch der flüchtigste Blick in das innere Wesen von Jane alle Absichten der Autorin, den Leser über Frank Churchill im unklaren zu lassen, durchkreuzt hätte. Das Hauptproblem besteht darin, daß jede umfassendere Vorstellung von ihr sie sympathischer als Emma selbst erscheinen ließe. Jane ist Emma in den meisten Dingen überlegen, bis auf die Gunst des Glücks, die Emma zur Heldin des Buches macht. Was Geschmack und geistige Anlagen, Verstand und Herz betrifft, ist sie Emma überlegen, und Jane Austen, die immer Gefahr läuft, unsere Sympathie für Emma zu verlieren, kann keinerlei Abschweifungen riskieren. Jane könnte zwar mit weniger Tugenden ausgestattet und *alsdann* lebendiger gestaltet werden. Aber damit würde der Herz- und Gedankenlosigkeit, die Emma im Umgang mit der nahezu makellosen Jane zeigt, ein großer Teil der Wirkung genommen.

Kontrolle des Urteils

Aber gerade die Wirksamkeit der Rhetorik, die dazu bestimmt ist, Sympathie zu erzeugen, könnte unter Umständen zu einer schwerwiegenden Fehldeutung des Buches führen. Verringert sich die emotionale Distanz, so verringert sich – wohl oder übel – auch die moralische und intellektuelle Distanz. Wenn wir auf Emmas Fehler „von innen nach außen" reagieren, so als seien es unsere eigenen, kann es leicht dazu kommen, daß wir sie nicht nur verzeihen, sondern auch übersehen.[7]

---

[6] A. C. Bradley behauptete z. B. einmal, Jane Austen habe Jane Fairfax durchgängig so interessant gestalten wollen, wie sie es am Ende wird, doch „war ihr diesmal der Moralist in Jane Austen im Wege. Die heimliche Verlobung ist für sie ein so schwerwiegender Affront, daß sie sich scheut, unser Herz für Jane zu gewinnen, solange er nicht zu großem Unglück geführt hat" („Jane Austen", in *Essays and Studies, by Members of the English Association*, II [Oxford, 1911], 23).

[7] Ich kenne nur eine umfassende Arbeit, die den Versuch unternimmt, sich mit der „Spannung zwischen Sympathie und Urteil" in der modernen Literatur auseinanderzusetzen: Robert Langbaums *The Poetry of Experience* (London, 1957). Langbaum führt an, daß im dramatischen Monolog, mit dem er sich in erster Linie befaßt, die durch die direkte Protraitierung innerer Erfahrungen erzeugte Sympathie den Leser dazu veranlaßt, sein moralisches Urteil aufzuheben. So wird bei der Lektüre von Brownings Portraits moralischer Degeneration – z. B. der Herzog in „My Last Duchess" oder der Mönch in „Soliloquy of a Spanish Cloister" – unser moralisches Urteil unterdrückt, „weil wir lieber

Es besteht natürlich keine Gefahr, daß Leser, die das Buch bis zum Ende lesen, Emmas schwerwiegende Fehler übersehen werden; da sie diese Fehler selbst sieht und darüber berichtet, wird am Ende alles kristallklar. Die wirkliche Gefahr, die in diesem Experiment liegt, besteht darin, daß Leser die Fehler dann übersehen, wenn sie begangen werden, und ihnen somit viel von der Komödie verlorengeht, die fortlaufend auf Emmas verzerrter Sehweise beruht. Wenn Leser, die Emma nicht mögen, die Vorbereitung auf die Vermählung mit Knightley nicht genießen können, dann können Leser, die ihre Fehler nicht mit absoluter Sicherheit erkennen, nicht im einzelnen die Vorbereitung auf die komische Demütigung genießen, die dieser Hochzeit vorausgehen muß.

Man könnte anführen, daß dies kein wirkliches Problem darstelle, da die literarischen Konventionen ihrer Zeit ein zuverlässiges Kommentieren gestattet hätten, wo immer dies erforderlich gewesen wäre, um Emmas Fehler genau einzuordnen. Aber Jane Austen richtet sich nicht nach diesen Konventionen, von denen sie die meisten schon lange Zeit parodiert und abgelegt hat; ihre Technik wird von den Erfordernissen des Romans bestimmt, den sie schreibt. Wir erkennen dies deutlich, wenn wir die Arbeitsweise in *Emma* derjenigen in *Anne Elliot*, dem darauffolgenden und als letztes abgeschlossenen Werk gegenüberstellen. In *Emma* gibt es viele Bruchstellen in der Erzählperspektive, weil Emmas umwölkter Geist nicht die ganze Arbeit leisten kann. In *Anne Elliot*, wo die Perspektive der Heldin nur in einem Punkt falsch ist, nämlich in ihrer Unkenntnis der Liebe des Kapitän Wentworth, gibt es nur wenige solcher Brüche. Anders als bei Emma genügt hier Anne Elliots Bewußtheit für die meisten Erfordernisse des Romans, in dem sie die dominierende Rolle spielt. Sobald die ethische und geistige Grundstruktur in der Einführung des Erzählers erstellt ist, treten wir in Annes Bewußtsein ein und bleiben viel fester daran gebunden als an dasjenige Emmas. Zwar müssen wir uns immer noch an ein anderes

an der Macht und Freiheit des Herzogs teilhaben, an dem harten Kern seines Charakters, dem er fanatisch die Treue hält. Die vorübergehende Aufhebung des moralischen Urteils ist in der Tat von Bedeutung, denn so wird der Maßstab geliefert für den Preis, den wir für das Privileg bezahlen, diesen außergewöhnlichen Mann in vollem Umfang würdigen zu können" (S. 83). Obwohl ich glaube, daß Langbaum den Umfang, in dem ein moralisches Urteil bestehen bleibt, selbst nachdem psychologische Lebendigkeit ihre Wirkung getan hat, erheblich untertreibt, und obwohl er „Moral" vielleicht zu eng definiert, wenn er Dinge wie Macht, Freiheit und fanatische Treue gegenüber dem eigenen Charakter davon ausschließt, ist sein Buch eine anregende Einführung in die Probleme, die durch die innere Portraitierung unvollkommener Charaktere aufgeworfen werden.

Bewußtseinszentrum halten, wenn etwas dargestellt werden muß, das mit Annes Bewußtsein nicht dargestellt werden kann; da jedoch ihr Bewußtsein viel mehr für uns leisten kann als dasjenige Emmas, braucht es nur selten ausgeblendet werden.

Der für rhetorische Zwecke bemerkenswerteste Einschnitt in *Anne Elliot* kommt ziemlich früh. Wenn Anne das erste Mal wieder mit Kapitän Wentworth zusammentrifft – nach all den Jahren der Trennung, die auf ihre Weigerung, ihn zu heiraten, folgten –, ist sie überzeugt, daß sie ihm gleichgültig ist. Die Hauptentwicklung in *Anne Elliot* führt zu ihrer schließlichen Entdeckung, daß er sie immer noch liebt; *sie* steht daher von Anfang an unter einer starken und unausweichlichen Spannung. Der Leser glaubt jedoch wahrscheinlich, daß Wentworth immer noch Interesse hat. Alle Konventionen der Kunst sprechen für einen solchen Glauben: Die Emphase liegt eindeutig auf Anne und ihrem Unglück; der Geliebte ist zurückgekehrt; wir brauchen nur noch, vielleicht etwas gelangweilt, auf den unvermeidlichen Ausgang zu warten. Anne erfährt (Kap. 7), daß er gesagt habe, sie wäre so verändert, daß „er sie nicht wiedererkannt hätte".[8] „Es konnte nicht anders sein, als daß diese Worte sich in ihr festhakten. Allein, sie begann sich glücklich zu preisen, daß sie ihr zu Ohren gekommen waren. Es ging etwas Ernüchterndes von ihnen aus; sie dämpften die Erregung; sie stellten ihr inneres Gleichgewicht und damit ihren Frieden wieder her." Und nur ein einziges Mal werden wir dann plötzlich in Wentworths Gedanken versetzt: „Frederick Wentworth hatte solche oder ähnliche Worte gebraucht, ohne freilich zu ahnen, daß sie bis zu ihr selbst weitergetragen würden. Er hatte sie erschreckend verändert gefunden und, um seine Meinung befragt, mit dieser nicht zurückgehalten. Er hatte Anne Elliot nicht verziehen. Sie hatte ihm übel mitgespielt . . ." – und so fährt er fort, fünf weitere Absätze lang. Die notwendige Feststellung, daß Frederick sich selbst für indifferent hält, ist getroffen worden, und das wäre ohne eine Art Loslösung von Annes Bewußtsein nicht möglich gewesen.

Am Schluß des Romans erfahren wir, daß Wentworth selbst sich in diesem kurzen inneren Einblick getäuscht hat: „. . . daß er sie hatte vergessen wollen, und dies auch erreicht zu haben meinte. Er hatte sich gleichgültig geglaubt, während er bloß böse auf sie war . . ." Wir möchten vielleicht protestieren, daß es unfair sei, solche Gedanken nicht schon früher auszusprechen, doch können wir es kaum für „ein Versehen" halten, wie Miss Lascelles es nennt.[9] Hier werden innere Einblicke ab-

---

[8] *Anne Elliot* (Manesse Zürich, 1966), S. 106 f., 414, 425.

[9] *Jane Austen and Her Art* (Oxford, 1939), S. 204.

sichtlich mit dem Ziel manipuliert, unser durch Konventionen geprägtes Gefühl der Sicherheit zu zerstören. Wir werden somit dazu gebracht, Anne auf ihrem langen und beschwerlichen Weg bis hin zu der Entdeckung zu begleiten, daß Frederick sie letzten Endes doch liebt.

Die außerdem noch wichtigen erzählperspektivischen Brüche in *Anne Elliot* kommen am Beginn und am Schluß. Das erste Kapitel ist ein ausgezeichnetes Beispiel dafür, wie ein geschickter Romanautor mit Hilfe der eigenen, direkt zum Leser sprechenden Stimme auf ein paar Seiten etwas erreichen kann, wofür selbst der beste Romancier mehrere Kapitel benötigt, wenn er nichts außer der dramatischen Handlung verwendet. Am Schluß tritt die Autorin wieder in Erscheinung und bestätigt nochmals unüberhörbar, was wir von Anfang an empfunden haben: daß die Heirat Wentworth-Elliot etwas Gutes ist.

> Wer kann noch im Zweifel sein über das, was sich daran schloß? Haben sich zwei junge Leute einmal das Heiraten in den Kopf gesetzt, so werden sie mit der größten Beharrlichkeit ziemlich sicher ihr Ziel erreichen, mögen sie noch so arm, noch so unbedacht und, aller Voraussicht nach, zum höchsten Glück einander noch so unnötig sein. Dies mag, als Abschluß eines Buches, moralisch sehr zweifelhaft klingen, doch ich halte es für die Wahrheit; und wenn Pärchen wie die obengenannten ihren Willen durchsetzen, wie sollten dann ein Kapitän Wentworth und eine Anne Elliot, unterstützt durch geistige Reife, das Bewußtsein von der Richtigkeit ihres Tuns und ein gemeinsames unabhängiges Vermögen, nicht die Kraft haben, jeden Widerstand zu besiegen? [10]

---

[10] Es scheint einigen modernen Kritikern, die gewöhnlich ohne die Hilfe der Autorenstimme daran gehen, Werte in einem unpersönlich oder ironisch dargebotenen Kontext ausfindig zu machen, Schwierigkeiten zu bereiten, einen zuverlässigen Kommentar wie diesen auszuwerten, wenn er dargeboten wird. Selbst ein so scharfsinniger Leser wie Mark Schorer z. B. verkünstelt sich unnötig an der Frage des Stils und insbesondere der Metapher – Hinweisen auf die Normen, an denen die Autorin ihre Romangestalten mißt. Bei der Lektüre von *Anne Elliot* findet er diese Hinweise unter den Metaphern „Handel und Eigentum, Kontor und ererbter Grundbesitz", die darin en masse vorkommen („Fiction and the Matrix of Analogy", *Kenyon Review* [Spätjahr 1949], S. 540). Niemand würde bestreiten, daß der Roman voll von solchen Metaphern ist, obwohl Schorer etwas zu scharfsinnig vorgeht, wenn er für seine Sache bestimmte veraltete Metaphern anführt, die Austen nicht ohne umständliche Umschreibungen hätte vermeiden können (bes. S. 542). Die entscheidende Frage ist aber sicher: Was genau haben diese Metaphern des Kontors in dem Roman zu suchen? *Wessen* Werte sollen sie enthüllen? Schorer, der es gewohnt ist, moderne Erzählwerke zu lesen, in denen der Autor sehr wahrscheinlich keine direkte Hilfestellung bei der Beantwortung dieser Frage gibt, läßt sie eigentlich unbeantwortet; mitunter scheint er fast anzudeuten, daß Jane Austen sich unbewußt verrät, wenn sie diese Metaphern einflicht (z. B. S. 543).

Mit Ausnahme dieser wenigen Einmischungen und der einen in Kapitel XIX ist Annes Bewußtsein in *Anne Elliot* ausreichend, aber wir können uns nie völlig auf Emma verlassen. Es überrascht kaum, daß Jane Austen zahlreiche Korrektive eingefügt hat, um sicherzustellen, daß wir ihre Irrtümer genau einordnen.

Das Hauptkorrektiv ist Knightley. Seine Kommentare zu Emmas Irrtümern sind ein natürlicher Ausdruck seiner Liebe; er kann dem Leser und gleichzeitig auch Emma sagen, wo ihre Irrtümer liegen. So kann nichts von dem, was Knightley sagt, unerheblich sein. Jede Bestätigung eines Wertes, jede Beschuldigung wegen falschen Verhaltens ist in sich selbst eine Handlung im Plot. Wenn er Emma vorwirft, Harriet zu manipulieren, wenn er sie wegen ihrer Oberflächlichkeit und wegen ihres falschen Stolzes angreift, wenn er ihre Schwatzhaftigkeit und ihren Flirt mit Frank Churchill verurteilt und wenn er ihr schließlich ihr „unverschämtes“ und „gefühlloses“ Verhalten Miss Bates gegenüber vorhält, dann haben wir das auf dramatische Weise dargebotene Urteil Jane Austens über Emma. Aber es kommt von jemandem, der Emma im wesentlichen wohlgesinnt ist, so daß die Urteile, die dieser gegen sie fällt, als vorläufig erachtet werden. Seine Sympathie verstärkt die unsere, selbst wenn er kritisiert, und ihr Respekt vor seiner Meinung, der in der Selbstdemütigung nach erfolgter Kritik deutlich wird, ist einer der Hauptgründe, weshalb wir ihre Wandlung erwarten.

Wenn Henry James versucht hätte, einen Roman über Emma zu schreiben, und eingehend über das Problem nachgedacht hätte, wie ihre Geschichte sich dramatisch erzählen ließe, hätte er keinen besseren Weg als diesen finden können. Es ist natürlich möglich, sich *Emma* ohne Knightley als *Räsonneur* vorzustellen, ebenso wie es möglich ist, sich *Die goldene Schale (The Golden Bowl)* etwa ohne die Assinghams als *ficelles* vorzustellen, die etwas reflektieren, das der Prinz oder die Prinzessin nicht sehen. Aber obwohl Knightley weniger freien Raum zur Verfügung hat als die Assinghams und fast nie in einer Innenschau sichtbar wird, kommt er Jane Austens Absichten eindeutig besser ent-

---

Aber der Roman gibt wirklich sehr klare Antworten auf diese Fragen. Die Einführung, die direkt vom absolut zuverlässigen Erzähler kommt, legt unzweideutig und ohne „Analogie“ den Konflikt dar zwischen der Welt der Elliots, deren Werte bedingt sind durch Selbstsucht, Dummheit und Stolz – und der Welt von Anne, einer Welt, in der „Vornehmheit des Geistes und Sanftheit des Charakters“ die höchsten Werte sind. Die von Schorer hervorgehobenen kommerziellen Werte sind nur eine Auswahl aus einer im eigentlichen reichen Vielfalt von Übeln. Und Annes eigene zum Ausdruck gebrachte Ansichten geben dem Leser immer wieder direkte Wegweiser.

gegen, als es jeder realistisch eingeschränkte *ficelle* je tun könnte. Dadurch daß Jane Austen die Rolle des Kommentators mit der Rolle des Helden kombiniert, arbeitet sie ökonomischer als James, und obwohl Ökonomie ebenso gefährlich ist wie jedes andere Kriterium, wenn es allgemein angewandt wird, hätte vielleicht selbst James davon profitiert, wenn er die Ökonomie genauer untersucht hätte, die mit einer Figur wie Knightley erzielt werden kann. Es ist, als ob James es gewagt hätte, aus einer der vier Hauptpersonen, so etwa aus dem Prinzen, eine wahrhaft gute, kluge und scharfsichtige Figur zu machen, mehr einen vollkommen klaren als einen teilweise konfusen „Reflektor".

Da Knightley schon früh als völlig zuverlässig eingeführt wird, benötigen wir keine Einblicke in seine geheimen Gedanken. Er hat keine geheimen Gedanken, mit Ausnahme der uneingestandenen Tiefe seiner Liebe zu Emma und seiner Eifersucht auf Frank Churchill. Die anderen Hauptpersonen haben mehr zu verbergen, und Jane Austen verfährt, je nachdem, ob es ihren Absichten dienlich ist, sehr frei, wenn es darum geht, uns Einblicke in das Herz ihrer Figuren zu gewähren oder sie uns vorzuenthalten. Immer wird die scheinbare Verletzung der Konsequenz konsequent den besonderen Erfordernissen der Geschichte Emmas gerecht. Manchmal wechselt die Perspektive einfach nur, um unsere gespannte Erwartung in eine bestimmte Richtung zu lenken, so wenn Mrs. Weston am Ende ihres Gesprächs mit Knightley über die schädlichen Folgen von Emmas Freundschaft mit Harriet eine mögliche Verbindung von Emma mit Frank Churchill andeutet. „Damit suchte sie zugleich zu verhüten, daß Mr. Knightley von ihrem und Mr. Westons Lieblingstraum etwas witterte. Denn in Randalls hegte man gewisse Wünsche für Emmas Zukunft, von denen aber noch niemand etwas ahnen sollte" (S. 33).

Ein Einwand dagegen, daß wir jeweils in die Personen schlüpfen, die unseren unmittelbaren Bedürfnissen am besten dienen, ist, daß dieses Vorgehen auf einen bloßen Trick schließen läßt und daß es die Illusion der Realität unweigerlich zerstört. Wenn Jane Austen uns erzählen kann, was Mrs. Weston denkt, warum dann nicht, was Frank Churchill und Jane Faifax denken? Offenbar deshalb, weil sie ein Geheimnis schaffen will, und um das zu tun, muß sie dem Leser willkürlich und auffällig das Privileg verweigern, Einblick in Personen zu nehmen, deren Inneres zuviel enthüllen würde. Aber wird dieses Geheimnis nicht damit erkauft, daß der Glaube des Lesers an Jane Austens Integrität erschüttert wird? Wenn sie einfach etwas zurückhält, das sie ebensogut gleich berichten könnte – wenn ihr Vorgehen nicht von der Eigenart ihres Stoffes bestimmt wird –, warum sollten wir sie dann ernst nehmen?

Wenn in jedem Erzählwerk eine natürliche Oberfläche verlangt würde, dann wäre dieser Einwand berechtigt. Wenn wir aber den Roman *Emma* in seiner Eigengesetzlichkeit lesen wollen, läßt sich die eigentliche Frage in bezug auf diese wechselnden Perspektiven nicht anhand allgemeiner Prinzipien beantworten. Jeder Autor hält etwas zurück, das er „ebensogut" gleich berichten könnte. Es geht immer um intendierte Effekte, und die Entscheidung für einen Effekt schließt immer unzählige andere Effekte aus. So muß man hier nach dem Gebrauch des Geheimnisses in *Emma* fragen, aber der Widerstreit besteht nicht zwischen einem abstrakten Ziel, um das sich Jane Austen nie Sorgen macht, und einer kläglichen Mystifikation, mit der sie sich verrät. Der Widerstreit besteht vielmehr zwischen zwei Effekten, an denen beiden ihr viel gelegen ist. Auf der einen Seite geht es ihr darum, so lange wie möglich den Eindruck des Geheimnisvollen aufrechtzuerhalten. Auf der anderen ist sie in jeder Weise bestrebt, das Gefühl des Lesers für dramatische Ironie zu steigern, wobei sie gewöhnlich das, was Emma weiß, dem Wissen des Lesers entgegensetzt.

Wie in den meisten Romanen vermindern alle Schritte, die zur Mystifizierung unternommen werden, unweigerlich die dramatische Ironie; und immer wenn dramatische Ironie dadurch gesteigert wird, daß dem Leser Geheimnisse mitgeteilt werden, von denen die Romangestalten noch keine Ahnung haben, wird das Geheimnis unweigerlich zerstört. Je länger wir im Zweifel über Frank Churchill sind, desto schwächer wird unser Gefühl für den ironischen Gegensatz zwischen Emmas Vorstellungen und der Wahrheit. Je früher wir Frank Churchills heimlichen Plan durchschauen, desto größer ist unser Vergnügen über Emmas unzählige Mißdeutungen seines Verhaltens und desto geringer ist unser Interesse an dem bloßen Geheimnis der Situation. Und wir alle meinen beim zweiten Lesen neue Höhepunkte dramatischer Ironie zu entdecken, die aus dem völligen Fehlen des Geheimnisvollen resultieren; in dem Bewußtsein, auf welch abgrundtiefe Irrtümer Emma selbst zusteuert, entdecken selbst diejenigen unter uns, die beim ersten Lesen vielleicht nahezu alle Details des Churchill-Geheimnisses enträtselt haben, zusätzliche ironische Effekte.

Aber zweifellos hätten diese ironischen Effekte schon beim ersten Lesen vermittelt werden können, wenn Jane Austen bereit gewesen wäre, ihr Geheimnis preiszugeben. Eine einzige Äußerung in ihrem Namen – „seine heimliche Verlobung mit Jane Fairfax" – oder ein kurzer Einblick in einen der beiden Liebenden hätte uns jede ironische Anspielung bewußt machen können.

Die Autorin muß daher entscheiden, ob sie das Geheimnis auf Kosten der Ironie erkaufen will. Für viele von uns ist Jane Austens Entscheidung in diesem Punkt die vielleicht schwächste Seite dieses Romans. Es ist ein Gemeinplatz unserer Literaturkritik, daß Literatur von Rang Spannung erzeugt, die nicht auf das „Was", sondern auf das „Wie" ausgerichtet ist. Bloße Mystifikation wurde von so vielen zweitrangigen Schriftstellern gemeistert, daß Jane Austens Bemühungen um Mystifikation zweitrangig erscheinen.

Aber wiederum müssen wir uns fragen, ob eine Literaturkritik effektiv sein kann, die eine abstrakte Qualität gegen eine andere aufrechnet. Gibt es eine Norm der dramatischen Ironie, die für alle Werke oder auch nur für alle Werke eines bestimmten Typs verbindlich ist? Hat irgendeiner je ein „Gesetz des ersten und des zweiten Lesens" formuliert, das uns genau sagt, wieviel von unserem Vergnügen auf Seite eins von unserem Wissen über das, was auf der letzten Seite geschieht, abhängig ist? Wir fordern ganz zu Recht, daß die Bücher, die wir hervorragend nennen, so beschaffen sein müssen, daß sie einer wiederholten Lektüre standhalten können, wir brauchen jedoch nicht zu verlangen, daß sie bei jedem Lesen ein und dieselbe Art von Vergnügen bereiten. Die modernen Werke, deren Autoren sich damit rühmen, daß ihre Bücher niemals einfach gelesen, sondern nur wiedergelesen werden können, mögen in der Tat sehr gut sein, doch *werden* sie nicht dadurch gut, daß ihnen ihre geheimen Vergnügen nur durch wiederholte Lektüre entrungen werden können.

In jedem Fall ist der größere Nutzen der inneren Einblicke selbst dann klar ersichtlich, wenn man der Kritik an Jane Austens Bemühungen um eine Mystifizierung zustimmen würde: Die Streiflichter, die auf andere Gestalten geworfen werden, verhindern, daß Emmas Glanz uns völlig blendet.

Der zuverlässige Erzähler und die Normen in „Emma"

Wenn es in diesem Buch bloß darum ginge, geistige Klarheit über Emma zu gewinnen, müßten wir sagen, daß die Handhabung der inneren Einblicke und die extensiven Kommentare des zuverlässigen Knightley über das erforderliche Maß hinausgehen. Aber wenn die Komödie und Romanze maximale Intensität besitzen soll, ist selbst dies unzureichend. Die „Autorin selbst" – nicht unbedingt die wirkliche Jane Austen, sondern ein implizierter Autor, der in diesem Buch durch einen zuverlässigen Erzähler dargestellt wird – steigert die Effekte, indem sie unser geistiges, moralisches und emotionales Fortschreiten beim Lesen steuert. Sie erfüllt natürlich die meisten der in Kapitel VII beschriebenen Funktionen. Aber ihre wichtigste Aufgabe besteht darin, beide Aspekte der durchgängig verwendeten zweifachen Betrachtungsweise hervorzuheben: unseren inneren Einblick in den Wert der Persönlichkeit Emmas und unsere objektive Wahrnehmung ihrer großen Fehler.

Die Autorin eröffnet *Emma*, wobei sie in meisterlicher Weise Emma und gleichzeitig die Werte vorstellt, an denen sie gemessen werden muß: „Emma Woodhouse, hübsch, klug, reich, mit einem behaglichen Heim und von glücklicher Anlage, schien mit vielen der schönsten Gaben des Daseins gesegnet. Sie war nun fast einundzwanzig Jahre auf der Welt, ohne mit Leid und Verdruß noch viel Bekanntschaft gemacht zu haben." Dieses „schien" wird unverzüglich durch noch direktere Einschränkungen verstärkt. „Das war freilich das Schlimme an diesen Verhältnissen, daß sie gar zuviel ihren Willen bekam und nicht wenig von sich eingenommen war. Dies sollte ihren mannigfachen Freuden bedrohlich werden. Aber die Gefahr machte sich noch so wenig bemerkbar, daß sie in ihnen alles andre als eine Ungunst des Schicksals sah" (S. 7).

Nichts von dem hätte von Emma selbst gesagt werden können, und wenn es durch ihr Bewußtsein dargestellt worden wäre, hätte es der Leser nicht in der erforderlichen Weise, nämlich bedenkenlos, akzeptieren können. Entsprechend dem größten Teil der ersten drei Kapitel ist es auch ein nichtdramatischer zusammenfassender Bericht, der unter dem Vorwand der Charaktereinführung Emmas ersten Fehler im Zusammenhang mit Harriet und Mr. Elton vorbereitet. In diesen Kapiteln erfahren wir vieles von dem, was wir durch den Erzähler wissen müssen, aber mehr und mehr überläßt die Autorin die Aufgabe der Zusammenfassung Emma, da sie sich immer sicherer ist, daß wir genau wissen, wieweit man Emma vertrauen kann. Immer wenn wir uns von den „eigentlichen Übeln" abkehren, vor denen wir in bezug auf Emma gewarnt werden, fallen die Sehweise des Erzählers und Emmas zusammen: Wir können z. B. nicht genau sagen, wer von ihnen das Urteil über Mr. Woodhouse abgibt – „durch Geistesgaben hatte er wohl nie geglänzt" (S. 8) – oder wer Mr. Knightley als einen Mann „von lebhaftem und klarem Geist" beurteilt, der ein „stets willkommener" (S. 10) Gast in Hartfield sei, oder nicht einmal, wer jene Äußerung tut – „Wirklich war Mr. Knightley einer der wenigen Menschen, die Emma Woodhouse nicht ohne Fehl und Tadel fanden, und der einzige, der es ihr sagte" (S. 11).

Aber es kommt vor, daß Emma und ihre Autorin weit voneinander entfernt sind, und die direkte Anleitung der Autorin hilft dem Leser bei seinem eigenen Bruch mit Emma. Die wundervolle Ironie der ersten Beschreibung Harriets, die aus Emmas Sicht erfolgt (Kap. III), könnte zweifellos auch ohne all die einleitenden Kommentare von vielen Lesern intellektuell erfaßt werden. Aber sicher wird selbst für den scharfsinnigsten Leser ihre Wirkung dadurch gesteigert, daß er das Gefühl hat, neben der Autorin zu stehen und gemeinsam mit ihr genau zu verfolgen, wie Emmas Urteil fehlgeht. Wichtiger ist vielleicht noch, daß der durchschnittliche, weniger scharfsinnige Leser bis dahin die Stufe des Verständnisses erreicht hat, von der aus er die ironischen Wirkungen erfassen kann. Zweifellos würden die meisten Leser einige der gegen Emma gerichteten Stachel übersehen, wenn der Roman, wie es bei einem ernsthaften modernen Romanautor sehr gut der Fall sein könnte, mit dieser Beschreibung anfinge:

Zwar überraschte Miss Smith [Emma] in der Unterhaltung durch keinerlei besonders gescheite Äußerungen, doch alles in allem fand sie sie sehr anziehend; sie war nicht peinlich schüchtern, so daß man ihr jedes Wort aus dem Munde ziehen mußte, doch auch nicht im entferntesten vorlaut, sondern wußte so fein den geziemenden Abstand zu wahren, schien so rührend dankbar, daß sie nach Hartfield kommen durfte, und zeigte sich so ungekünstelt davon beeindruckt, daß hier alles viel vornehmer aussah, als sie gewohnt war, daß Emma sich sagte, sie müsse ein verständiges Mädchen sein und verdiene, ermutigt zu werden. Und Ermutigung sollte ihr werden. Diese sanften blauen Augen ... sollten nicht an die zweitrangige Gesellschaft von Highbury ... vergeudet werden (S. 20).

Und so fährt Emma fort, wobei sie sich mit jedem Wort verrät und offen ausspricht, wie sie über ihre eigene Güte und ihren Wert im allgemeinen denkt. Harriets frühere Freunde „waren zwar recht brave Leute, aber ein schädlicher Umgang für sie“ (S. 20). Ohne sie zu kennen, weiß Emma, daß sie „wahrscheinlich grob und ungeschliffen sind, gänzlich ungeeignet als nächste Freunde eines Mädchens, das sich nur noch ein bißchen mehr an Kenntnissen und feiner Lebensart anzueignen brauchte, um vollkommen zu werden“ (S. 20 f.). Und sie schließt mit dem Ausbruch des schönsten Egotismus: „Sie würde sich Harriets annehmen, würde sie fördern, sie von ihren unwürdigen Bekannten lösen und in die gute Gesellschaft einführen; sie würde ihre Ansichten wie ihre Manieren formen. Das wäre eine interessante Aufgabe und sicherlich ein gutes Werk, ihrer eigenen Person, ihrer Muße, ihren Fähigkeiten höchst angemessen“ (S. 21). Selbst für den findigsten Leser wäre es nicht leicht, ohne die zuvor gegebene direkte Anleitung einen absolut geraden Kurs durch diese ironischen Passagen zu steuern. Emmas Ansichten sind nicht so exotisch, daß sie niemals von einer Romanautorin ihrer Zeit hätten vertreten werden können. Sie können effektiv nur dann als Anhaltspunkte für *ihren* Charakter dienen, wenn sie eindeutig als Anhaltspunkte für Jane Austens Ansichten ausgeschlossen werden. Der unreflektierte Katalog, in dem Emmas egotistische Absichten mit Harriet so aufgeführt werden, als handle es sich um Dienste, die *sie* leisten wird, erzielt dadurch seine volle Wirkung, daß er ausdrücklich in eine Welt von Werten eingepaßt wird, die Emma selbst erst am Schluß des Buches entdecken kann.

Die volle Bedeutung der sorgfältig ausgearbeiteten Skala von Normen, die von der Autorin direkt auferlegt wird, offenbart sich erst bei der Betrachtung dieses Schlusses. Die Ereignisse reihen sich in einfacher Folge aneinander: Emmas Schwächen und Fehler werden ihr in einer raschen und demütigenden Aufeinanderfolge von Vorwürfen von seiten Knightleys und durch die Schläge von seiten der harten Wirklichkeit bewußt gemacht. Diese Erschütterung ihres Selbstgefühls bewirkt dann schließlich eine echte Wandlung (sie rafft sich z. B. dazu auf, sich bei Miß Bates zu entschuldigen, etwas, das sie vorher nie hätte tun können). Ihre charakterliche Wandlung beseitigt das einzige Hindernis, das sich Knightleys Heiratsantrag in den Weg stellt, und die Hochzeit folgt. Zu guter Letzt „... fanden die guten Wünsche, die Hoffnungen, die Zuversicht und die Prophezeiungen der kleinen Schar getreuer Freunde, die der Feier beiwohnten, in dem vollkommenen Glück dieses Ehebundes ihre schönste Erfüllung" (S. 347).

Dieses Ende erscheint vielleicht unecht, wenn wir Emma und Knightley als reale Personen betrachten. So klagt G. B. Stern in *Speaking of Jane Austen*: „Oh, Miss Austen, es war *keine* gute Lösung; eine schlechte Lösung, ein Unhappy-End, könnten wir über die letzten Seiten des Buches hinaussehen." Edmund Wilson prophezeit, daß Emma einen neuen Schützling à la Harriet finden wird, da sie von ihrer „Vorliebe für Frauen" nicht geheilt sei. Marvin Mudrick lehnt Jane Austens explizite Rhetorik sogar noch entschiedener ab; er glaubt, daß Emma immer noch eine „unverbesserliche Ausbeuterin" ist und daß der Schluß ironisch gedeutet werden muß.[11]

Aber gerade weil dieser Schluß weder das Leben selbst noch einfache literarische Ironie ist, ist er so sehr dazu angetan, das Gefühl einer vollständigen und wirklich vollkommenen Lösung alles Vorausgegangenen zu verstärken. Wenn wir die Werte betrachten, die mit dieser Heirat verwirklicht werden, und sie mit jenen vergleichen, die in konventionellen Heiratsgeschichten verwirklicht werden, erkennen wir, daß Jane Austen meint, was sie sagt: Dies wird ein glücklicher Ehebund sein, weil es einfach nichts mehr gibt, das die Vollkommenheit dieses Glücks beeinträchtigen könnte. Darin erfüllt sich jeder Wert, der in der Welt des Buches verkörpert ist – mit der einzigen möglichen Ausnahme, daß Emma es vielleicht niemals lernt, sich so, wie sie sollte, ihrer Lektüre

[11] Die beiden ersten Zitate stammen aus Wilsons „A Long Talk about Jane Austen", *A Literary Chronicle: 1920–1950* (New York, 1952). Das dritte aus *Jane Austen*, S. 206.

und ihrem Klavierspiel zu widmen! Es ist eine Verbindung der Intelligenz: der „Vernunft", des „Verstandes", der „Urteilskraft". Es ist eine Verbindung der Tugend: des „guten Willens", der Großmut, der Uneigennützigkeit. Es ist eine Verbindung des Gefühls: des „Geschmacks", des „Zartgefühls", der „Liebe", der „Schönheit".[12]

Ganz allgemein vermittelt uns also dieser Plot eine Erfahrung, die, oberflächlich gesehen, derjenigen ähnelt, die uns die meisten Tragikomödien und der größte Teil der billigsten Volkskunst anbieten: Wir werden dazu gebracht, bestimmte gute Dinge für bestimmte gute Romanfiguren zu wünschen, und dann werden unsere Wünsche befriedigt. Wenn wir uns von allgemeinen Kriterien bestimmen ließen, die sich aus unserer berechtigten Langeweile angesichts solcher Werke ableiten, müßten wir dieses Werk verwerfen. Der entscheidende Unterschied liegt jedoch in der bestimmten Qualität der angesprochenen Werte und der bestimmten Qualität der Romanfiguren, die gegen diese Werte verstoßen oder sie verwirklichen. Alle billigen Hochzeitsgeschichten der Welt sollten uns nicht dazu bringen, daß wir über unser Vergnügen an der Vermählung von Emma mit Knightley verlegen werden. Denn es ist mehr als nur die Vermählung, an der wir Vergnügen haben: es ist die *Richtigkeit dieser* Vermählung als Abschluß aller komischen Verkehrungen, die vorausgegangen sind. Das Gute für Emma besteht sowohl in ihrer notwendigen Wandlung als auch in der daraus resultierenden Heirat. Die Vermählung mit einem intelligenten, liebenswürdigen, guten und attraktiven Mann ist das Beste, was dieser Heldin geschehen kann, und die Leser, die das nicht empfinden, sind meiner Überzeugung nach weit davon entfernt zu wissen, worum es Jane Austen geht – was sie auch immer über die Einstellung der „verbitterten Jungfer" zur Ehe sagen mögen.

Wir Heutigen fühlen uns wahrscheinlich von jeder derartigen Formulierung unangenehm berührt. Wir schätzen für gewöhnlich einen per-

[12] Man hat in letzter Zeit die Werte Zartgefühl und Wohlwollen bei Jane Austen gerne unterbewertet, als eine Reaktion auf eine vorangegangene Generation, die das Bild der „sanften Jane" zu sehr strapaziert hat. Richtig eingesetzt hat dieser Trend anscheinend mit D. W. Hardings „Regulated Hatred: An Aspect of the Work of Jane Austen", *Scrutiny*, VIII (März 1940), 346–62. Ich empfinde gegen diese Schule von Lesern zwar nicht so starke Aversionen wie R. W. Chapman (vgl. sein Buch *A Critical Bibliography*, S. 52, und seine Besprechung von Mudricks Arbeit in *T. L. S.* [19. September 1952]), doch halte ich es für erforderlich, das Pendel wieder in die andere Richtung schwingen zu lassen: Wenn Jane Austen das „weiche Herz" preist, ist es ihr damit ernst, obgleich sie auch die Autorin ist, die das harte Herz mit „gebändigtem Abscheu" geißeln kann.

fekten Schluß in unseren Romanen nicht – selbst nicht im Sinne der „Vollendung" oder Vollständigkeit, wie ihn Jane Austen augenscheinlich anstrebte. Wir weigern uns, ihn anzuerkennen, wenn wir ihm begegnen: man vergegenwärtige sich die vielen Versuche, Dostojewskis Erfolg bei Aljoscha und Staretz Sossima in *Die Brüder Karamasoff* zu leugnen. Viele von uns empfinden es als peinlich, überhaupt über Emotionen zu sprechen, die auf moralischem Urteil beruhen, besonders wenn diese Emotionen in irgendeiner affirmativen Weise eingesetzt werden. Emma hat in dieser Hinsicht fast das ganze Buch hindurch etwas „Modernes" an sich. Ihre Selbsttäuschung über das Heiraten ist fast ebenso groß wie über andere wichtige Angelegenheiten. Emma prahlt vor Harriet mit ihrer Gleichgültigkeit gegenüber dem Heiraten, wobei sie gleichzeitig unbewußt verrät, wie völlig unzureichend ihre Vorstellung von den Quellen menschlichen Glücks ist.

Wie ich mich kenne, Harriet, habe ich einen unternehmenden, regsamen Geist und mancherlei Interessen, an denen ich einen unabhängigen Rückhalt habe, und ich sehe nicht ein, warum es mir mit vierzig oder fünfzig schwieriger sein sollte, mich zu beschäftigen, als mit einundzwanzig. Alles das, womit wir Frauen sonst unsre Augen und Hände und unsern Geist beschäftigen, wird mir dann ebenso offenstehen wie jetzt, oder doch nicht wesentlich anders. Wenn ich weniger male, so lese ich mehr; wenn ich die Musik aufgebe, werde ich sticken (S. 66).

Emma beim Sticken! Wenn sie sich nur selbst kennen würde!

Und was das Herz braucht – denn das ist ja in Wahrheit der große wunde Punkt, das zu entbehren ist das eigentliche Übel, das es zu vermeiden gilt, wenn man *nicht* heiratet –, darin habe ich's gut; ich kann mich ja den Kindern meiner geliebten Schwester widmen. Sie werden wahrscheinlich zahlreich genug sein, einem den Lebenslauf mit Empfindungen jeglicher Art auszufüllen, soviel man nur hoffen und fürchten kann. Und wenn ich sie auch nicht so lieben kann wir ihr Vater und ihre Mutter, behagt mir das doch mehr als die allzu heißen und blinden Gefühle. Meine Neffen und Nichten! Ich werde oft eine Nichte bei mir haben (S. 66 f.).

Ohne nun feierlich zu werden – der Text ist ja herrlich komisch –, erkennen wir, daß der Humor hier in der Tat sehr tiefen Quellen entspringt. Ja, es kann ihn nur der Leser vollauf genießen, der eine Anschauung vom menschlichen Glück erlangt hat, die sehr viel tiefer ist als Emmas „Trost" und „Anspruch" und „Bedürfnis". Eine Anschauung, bei der es nicht einfach um die Ehe geht, sondern um eine Art von liebendem Miteinander, das sich nicht wie dasjenige Emmas im vorliegenden Fall danach ausrichtet, ob der „geliebte" Mensch den eigenen Grundbedürfnissen dienlich ist.

Die komische Wirkung dieser ablehnenden Haltung gegenüber der Ehe wird erheblich verstärkt durch die Tatsache, daß Emma die Ehe für *andere* immer als das höchste Gut ansieht und daß sie eigentlich unbewußt ihre Freundin Harriet dazu ermuntert, sich gerade in den Mann zu verlieben, den sie selbst liebt, ohne es zu wissen. Die ergötzliche Auflösung entspricht somit unseren Wünschen, nicht nur weil sie etwas äußerst Gutes für Emma ist, sondern weil sie sich als äußerst komisches Ergebnis aus Emmas tiefer Fehleinschätzung ihrer selbst und der menschlichen Bedingungen herausstellt. Will man es mit dem Schema des fünften Kapitels ausdrücken, so befriedigt dieser Schluß sowohl unser stoffliches Interesse, unseren Wunsch, alles möge gut ausgehen für Emma, als auch unser Verlangen nach den Qualitäten, die diesem Stoff künstlerisch angemessen sind. Diese Lösung ist somit wirkungsvoller, als wenn sie von einem dieser Elemente allein getragen würde. Die andere große Auflösung des Werkes – Harriets Vermählung mit ihrem Bauern – untermauert diese Interpretation. Emmas Versündigung an Harriet ist etwas viel Schlimmeres als unberufenes Einmischen in anderer Leute Angelegenheiten. Harriets Aussichten auf eine glückliche Zukunft – Aussichten, die völlig von ihrer Heirat abhängen –, zerstören heißt der Bösartigkeit so nahe kommen, wie es ein Autor für eine Heldin, die geliebt werden soll, gerade noch riskieren kann. Wir können mit Emma über diesen Fehler (Teil III, Kap. 18) nur deshalb lachen, weil Harriets Aussichten auf eine glückliche Zukunft wiederhergestellt sind.

Andere Werte, wie Geld, Abstammung und „Einfluß" sind in *Emma* realistisch genug, aber nur soweit sie gutem Geschmack, gutem Urteilsvermögen und hoher Moral förderlich sind oder von diesen Eigenschaften beherrscht werden. Geld allein kann eine Mrs. Churchill schaffen, aber ein Mann oder eine Frau „ist töricht, ohne Geld zu heiraten". Einfluß, der unberührt vom Verstand bleibt, kann einen sehr bedeutungslosen Mr. Woodhouse schaffen; wird er weder vom Verstand noch von der Tugend beeinflußt, kann er die viel verächtlicheren Mr. und Miss Elliot in *Anne Elliot* schaffen. Aber es ist angenehm, Einfluß zu besitzen, und er richtet keinen Schaden an, es sei denn, man nimmt ihn, wie die frühe Emma es tut, zu ernst. Charme und Eleganz ohne ausreichende moralische Kraft können einen Frank Churchill schaffen; wenn sie nicht durch Sittlichkeit kultiviert werden, können sie gemeine Charaktere hervorbringen wie Henry Crawford in *Mansfield Park* oder Wickham in *Stolz und Vorurteil.* Selbst die höchsten Tugenden sind für sich genommen fehl am Platz: Wohlwollen allein schafft eine komische Miss Bates oder einen Mr. Weston, Urteilsvermögen ohne genügendes Wohlwollen einen komischen Mr. John Knightley und so fort.

Ich nehme gern das Risiko auf mich, mit einer solchen Aufzählung Gemeinplätze zu geben, denn nur so kann man die volle Wirkung der umfassenden Vorstellung Jane Austens erkennen. Die einzelnen Werte werden hier zweifellos viel genauer eingeordnet, als es in irgendeiner in ihrer Zeit verbreiteten konventionellen Philosophie möglich gewesen wäre. Sicher sind es immer nur wenige Leser gewesen – zu Jane Austens Zeit und heute –, die sich in völliger Übereinstimmung mit den Normen der Autorin befanden, als sie diesen Roman begannen. Aber sie wurden und werden während des Lesens dazu gebracht, sich ihrer Vorstellung anzuschließen, und so geht es uns auch.

Direkte Urteile über Emma Woodhouse

Wir haben nebenbei fast schon genug über die Kehrseite der Medaille gesagt – die Beurteilung bestimmter Handlungen in ihrem Verhältnis zu den allgemeinen Normen. Aber es bedarf noch eines Wortes darüber, wie Emma mit Hilfe direkter Kommentare im einzelnen in die Hierarchie der Werte „eingeordnet" wird, die der Roman aufstellt. Ich muß z. B. nicht nur davon überzeugt sein, daß Zartgefühl für die Empfindungen anderer Menschen ein wichtiger Wesenszug ist, sondern auch davon, daß die besondere Verhaltensweise Emmas gegen die wahren Gebote des Zartgefühls verstößt, wenn ich die Episode, in der Emma Miss Bates beleidigt und Knightley anschließend Vorwürfe erhebt, vollauf genießen will. Wenn ich mich weigere, Emma dafür zu tadeln, finde ich vielleicht eine Art intellektuelles Vergnügen an dieser Episode, und wahrscheinlich bin ich der Überzeugung, daß jeder Kritiker, der von dem „Glauben" an Zartgefühl spricht, welcher in einem solchen Kontext wirke, die Sache zu ernst nimmt. Ich kann die Episode jedoch nie in ihrer vollen Wirkung genießen oder ihren formalen Zusammenhang erfassen. Gleichermaßen muß ich nicht nur die Meinung teilen, daß schreckliche Langweiligkeit ein kleinerer Fehler sei im Vergleich zu der großen Tugend des „Wohlwollens", sondern auch die, daß Miss Bates, die diesen Fehler und diese Tugend exemplifiziert, damit einen Anspruch auf den ihr von Emma verweigerten Respekt hat. Tue ich dies nicht – wobei ich dennoch über Miss Bates lachen kann –, kann ich Emmas schlechtes Benehmen ihr gegenüber kaum verstehen, geschweige denn, mich daran ergötzen.

Aber diesen negativen Urteilen muß eine größere Billigung ihres Verhaltens entgegenwirken, und, wie erwartet, enthält der Roman eine Fülle direkter Apologien für Emma. Ihr Hauptfehler, der Mangel an Wohlwollen oder Zartgefühl, muß nicht nur unter Bezugnahme auf den Wertkodex gedeutet werden, den das Buch als Ganzes erstellt – ein Kodex, nach dem sie große Fehler aufweist; er muß auch unter Bezugnahme auf die harten Fakten ihrer Umwelt beurteilt werden, einer Welt von Menschen, deren Eigennutz und Egoismus unterschiedlich ausgeprägt ist, angefangen von Knightley, der seine Vollkommenheit einbüßt, wenn er Frank Churchill, seinen Rivalen, zu beurteilen versucht, bis hin zu Mrs. Elton, die die meisten Fehler Emmas auch besitzt, aber keine ihrer Tugenden. In solch einer Umgebung wird Emma leicht verziehen. Wenn sie z. B. Miss Bates beleidigt, erinnern wir uns daran, daß Miss Bates in einer Welt lebt, in der viele andere gefühllos und grausam sind. „Miss Bates besaß wahrscheinlich die allerkläglichsten Chancen von der Welt, die Gunst der Leute zu gewinnen, und keinerlei Geistesgaben, um sich daran schadlos zu halten und Übelgesinnten wenigstens äußeren Respekt einzujagen" (S. 18). Es wäre zwar falsch, nur diesen „gebändigten Abscheu" in Jane Austens Welt zu sehen und dabei das Zartgefühl und die Großmut zu übersehen, doch ist der Abscheu vor der Bösartigkeit durchaus vorhanden, und es gibt genügend Beispiele für Schlechtigkeit, die Emma im Vergleich dazu beinahe erstrahlen lassen.

Oft macht Jane Austen diese „Apologie durch Vergleich" ausdrücklich. Wenn Emma kurz vor dem Ende des Buches Knightley die Unwahrheit über Harriet sagt, wird sie mit einem verallgemeinernden Hinweis auf die menschliche Natur entschuldigt. „Selten, sehr selten enthüllt das Bekenntnis eines Menschen die ganze Wahrheit; selten kommt es vor, daß nicht etwas ein bißchen verschleiert bleibt oder mißverstanden wird. Aber wenn, wie in diesem Fall, zwar das Verhalten, nicht aber das Gefühl mißverstanden wird, ist es vielleicht nicht sehr wichtig. Wenn Mr. Knightley Emmas Herz so empfänglich fand, so bereit, sein Herz anzunehmen, so gab er sich damit jedenfalls keinen Illusionen hin" (S. 308).

Der implizierte Autor als Freund und Führer

Nach allem, was über die meisterliche Verwendung des Erzählers in *Emma* gesagt worden ist, bleiben immer noch einige „Einmischungen", die mit einer direkten Beziehung zur Geschichte selbst nicht erklärt werden können. „Was sagte sie?" fragt der Erzähler im entscheidenden Moment der wichtigsten Liebesszene. „Natürlich was sich gehört. Das tut eine Dame immer. Genug jedenfalls, um ihm zu zeigen, daß er nicht zu verzweifeln brauchte – und um ihn zum Weitersprechen zu bewegen" (S. 308). Einige Leser sehen darin einen Beweis für das Unvermögen der Autorin, eine Liebesszene zu schreiben, da hier auf die „Illusion der Realität" verzichtet wird.[13] Aber wer hat *Emma* je so weit

[13] Edd Winfield Parks, „Exegesis in Austen's Novels", *The South Atlantic Quarterly*, II (Januar 1951), 117.

unter dem täuschenden Eindruck gelesen, es handle sich um ein realistisches Portrait, das plötzlich durch den unnatürlichen Auftritt des Erzählers in Stücke gerissen wird? Wenn der übergroße Einfallsreichtum des Erzählers jene Illusion zerstört, die diesem Werk eigen ist, dann ist der Roman schon lange vorher in die Brüche gegangen.

Aber wir sollten nun in der Lage sein, genau zu erkennen, warum der Witz des Erzählers auf dem emotionalen Höhepunkt des Romans nicht im geringsten fehl am Platze ist. Wir haben gesehen, wie die inneren Einblicke in die Charaktere und die auktorialen Kommentare von Anfang an dazu verwendet worden sind, die Werte in eine Ordnung zu bringen, sie darin zu halten und unser Verhalten gegenüber Emma mitzubestimmen. Aber wir sehen hier auch ein schönes Beispiel für einen Autor, der als Freund und Führer auftritt. „Jane Austen“ ist ebenso wie „Henry Fielding“ ein Muster an Witz, Weisheit und Tugend. Sie spricht nicht über ihre Qualitäten; im Gegensatz zu Fielding weist sie in *Emma* nicht direkt auf ihre Kunstfertigkeit hin. Dennoch wird uns aber selten gestattet, sie zu vergessen. Wenn wir diesen Roman lesen, nehmen wir sie als jemanden, der all das verkörpert, was wir am meisten bewundern. Sie ist ebenso großmütig und weise wie Knightley; ja, ihr Urteil ist eine Nuance schärfer. Sie ist ebenso feinsinnig und geistreich, wie Emma sich wohl gern selbst beurteilen würde. Ohne sentimental zu sein, hat sie eine Vorliebe für Zartgefühl. Es gelingt ihr, Wohlhabenheit und gesellschaftliche Stellung angemessen, aber nicht übermäßig hoch zu bewerten. Sie erkennt einen Toren, wenn sie einem begegnet, aber im Gegensatz zu Emma weiß sie, daß es unmoralisch wie auch töricht ist, grob zu Toren zu sein. Kurzum, sie ist ein vollkommener Mensch, jedenfalls innerhalb der Vorstellung von Vollkommenheit, die das von ihr geschriebene Buch vermittelt; sie erkennt sogar, daß menschliche Vollkommenheit, wie *sie* sie exemplifiziert, im wirklichen Leben nicht ganz erreicht werden kann. Der Prozeß, den sie beherrscht, ist natürlich ein Zirkel; ihr Charakter legt für uns die Werte fest, nach denen dann wiederum ihr Charakter für vollkommen befunden wird. Dieser Zirkel hat jedoch keinen nachteiligen Einfluß auf den Erfolg ihrer Bemühungen; ja, er gewährleistet ihn sogar.

Ihre „Allwissenheit“ ist daher viel bemerkenswerter, als der Begriff für gewöhnlich impliziert. Alle guten Romanschriftsteller wissen alles über ihre Gestalten – jedenfalls alles, was sie wissen müssen. Und die Frage, wie ihre Erzähler all das ausfindig machen, was *sie* wissen müssen, die Frage der „Autorität“ also, ist relativ einfach zu beantworten. Die eigentliche Auswahl geht viel tiefer, als dieses vermuten ließe. Es ist eine Wahl des moralischen, nicht lediglich des erzähltechnischen Blickwinkels, aus dem die Geschichte erzählt wird.

Im Gegensatz zu den zentralen Intelligenzen von James und seinen Nachfolgern hat „Jane Austen" am Ende des Romans nichts dazugelernt, was sie nicht schon zu Beginn wußte. Sie brauchte nichts dazuzulernen. Alles Wichtige war ihr bereits bekannt. Wir haben das Privileg, gemeinsam mit ihr ihre Lieblingsgestalt zu beobachten, wie diese von einer wesentlich niedrigeren Stufe aus ihren Weg nimmt zu der auf hohem Niveau stehenden Gemeinschaft mit Knightley, „Jane Austen" und denjenigen Lesern, die klug, gütig und scharfsinnig genug sind, um auch dort oben hinzugehören. Wie Katherine Mansfield sagt: „Im Grunde hegt jeder wirkliche Bewunderer von Romanen die beglückende Vorstellung, er allein – der er zwischen den Zeilen liest – sei der heimliche Freund ihrer Autoren geworden."[14] Diejenigen, die die „sanfte Jane" als heimliche Freundin lieben, bewerten Ironie und Witz vielleicht zu niedrig; diejenigen, die in ihr die eigentlich größte der Shawschen Heldinnen erblicken, eine mit den Waffen der Ironie Funken versprühende Heldin, bewerten vielleicht die auf Zartgefühl und Wohlwollen liegende Emphase zu niedrig. Aber nur sehr wenige können ihr widerstehen.

Die Illusion ihrer Gegenwart als Charakter ist daher ohne Abstriche genauso wichtig wie jedes andere Element der Geschichte. Wenn sie sich einmischt, wird die Illusion nicht zerstört. Die einzige Illusion, an der uns etwas liegt – die Illusion, eine sehr private Reise mit einer kleinen verwegenen Schar von Lesern zu unternehmen, die nicht auf den Kopf gefallen sind und die das Herz auf dem rechten Fleck haben –, wird eigentlich noch verstärkt, wenn uns die romantische Liebesszene versagt wird. Ebenso wie der Autorin selbst liegt uns nichts an der Liebesszene. Wir finden Liebesszenen in den Werken fast jedes Romanautors, aber nur hier finden wir einen Geist und ein Herz, die uns Klarheit ohne allzu große Vereinfachung geben können, Sympathie und romantische Liebe ohne Sentimentalität und beißende Ironie ohne Zynismus.

[14] *Novels and Novelists*, ed. J. Middleton Murry (London, 1930), S. 304.

(Obnarratur)
Verschiedene Textrealisierungen rhetorischer Vergegenwärtigung (evidentia)

0. Phantasma (Einbildungskraft), Konstruktion
1. Schilderung als affektive, subjektive Wiedergabe (bes. von Zuständen)
2. Unmittelbarkeit der Lyrik (vgl. Voege)
3. personales Erzählen (Stanzel), Menschen „Darstellung" (vgl. Stanzel: J. J. Engel)
4. „objektives" Darstellen à la Flaubert u. James
5. Illusion (James: Intensität der Illusion, vgl. S. 51), vgl. Fiktion
6. Realismus (vgl. S. 47 f.) Natürlichkeit
7. „fruchtbarer Augenblick" (Lessing), Verwandlung des Zustands in lebendige Handlung (Lessing Laokoon 17)

vgl. Sympathie, Stimmung (B. Becker), Nouveau Roman
Perspektive (Point of View)

Konnotate der Evidenz: Affekt
Fehlen der intellektuell begrifflichen [illegible]

Identifikation (Sympathie 163)

Leser = <u>Freund</u> des Autors 268, auch vorher schon mal